ZHONGGUO LIDAI
WENHUASHI SHUXI

U0623091

中国历代文化史书系

宋代地域文化史 修订版

SONGDAI DIYU WENHUASHI

程民生/著

APTIME
时代出版

时代出版传媒股份有限公司
安徽文艺出版社

图书在版编目（ＣＩＰ）数据

宋代地域文化史/程民生著.—合肥：安徽文艺出版社,2017.1
（2024.7 重印）
（中国历代文化史书系）
ISBN 978-7-5396-5915-2

Ⅰ．①宋… Ⅱ．①程… Ⅲ．①地方文化－文化史－中
国－宋代 Ⅳ．①K244.03

中国版本图书馆 CIP 数据核字(2016)第 258658 号

出 版 人：姚 巍　　　　　　总 策 划：朱寒冬
责任编辑：周 丽　　　　　　装帧设计：徐 睿

出版发行：安徽文艺出版社　www.awpub.com
地　　址：合肥市翡翠路 1118 号　邮政编码：230071
营 销 部：(0551)63533889
印　　制：安徽芜湖新华印务有限责任公司　(0553)3916126

开本：710×1010　1/16　印张：24.5　字数：450 千字
版次：2017 年 1 月第 1 版
印次：2024 年 7 月第 2 次印刷
定价：89.80 元

目录

contents

附表目录

序　言

　　无论在历史上还是在现实中，人们都能强烈地感觉到：同一个时代内不同的地域文化是多么的千差万别。越来越多的学者——史学家、思想家、文化学家、文学家、地理学家等都抵挡不住其诱惑，迈向了这一比较荒芜但又绚丽多彩的学术领域。

一

　　时空限制性是人类一般文化存在的显著特征。从空间维度上看，人类总是在自己直接所处的地域空间创造着自己的文化，形成各自独特的文化形态和文化传统。所谓地域文化，是指一定地域内文化现象及其空间组合特征。其基础是人类赖以生存的地理环境。在文化的形成及发展中，地理环境通过影响人类活动，而对文化施加影响。不同人群所处的独特地域环境所形成的文化隔离，也有效地保持了不同地域文化的独特发展趋向。尽管由于文化传播工具的进步使不同地域间文化的相互影响日益扩大，但漫长的历史所形成的文化隔离仍在不同时代、不同地域发生着不同程度的作用。这种文化发展的空间限制性所形成的文化的地域性，成为一种文化强制力量，制约着不同地域的文化性质、类型、水平、方向和速度。

　　任何文化都是人的创造品，是特定人群在特定生存环境中进行生存的方式和表现，也即社会实践活动及其结果。一般而言，文化的本质除了阶级性之外，还主要表现在两个方面：一是时代性，二是地域性。文化的存在既是时间上的进展，更是空间上的分布。文化的时代性，指在相同时代或相同社会发展阶段上所共有的与该时代相适应的文化特点。时代性所展现的文化，特点是依时代更迭而不断变迁，在历史转折的关头，甚至是前后对立的巨变，阶段性很强。地域性所展现的文化，则相对稳定，有

序
言
001

着多元的特定模式和传统。二者之间,像一阴一阳那样密切关联,互相成体,互相补益,互相制约,构成了文化存在与发展的内在机制。多变的时代内容,可以使地域文化推陈出新,避免故步自封;并经过选择,稳定在一定地域,成为地域文化内容,使文化得以积累与存在。而稳定的地域内容以自己鲜明的个性特色和传统,为时代内容的变化提供基地,使文化不断发展,或独领风骚,扩展为时代文化。[①] 地域文化及其研究的重要性,就是如此明了。

从学术价值及方法论上讲,研究一个时代的地域文化,打破了传统史学囿于按时间和类型排列文化现象和人物的窠臼,打通了时空,转换和增广了历史研究的视角,从文化空间特征及其联系的角度,促进文化史的研究,给研究者提供了极为广阔的天地。

宋代地域文化的研究对象,正是宋代文化在各地区的形态、特点联系及演变。时间与空间相结合,趋同性与多样性相结合,共性与个性相结合,展示出的将是多维的宋代文化形态。

二

中国地域文化在漫长的历史中,经历了一个既强化又融合的过程。强化的主要是特色,融合的主要是内容。上古时代的地域文化,大致有中原华夏文化和东夷、西戎、北狄、南蛮文化,各有不同的层次和鲜明的特色。经过碰撞与融合,在更广大的中原地区汇聚成汉文化。汉文化又依据各地自然环境和历史,形成巴蜀、三秦、三晋、齐鲁、燕赵、荆楚、吴越等地域文化。随之出现文化发展的黄金时代,春秋战国时的阴阳、儒、道、法、墨、名、兵、农等诸子百家,就是建立在地域文化基础之上的。

与时代文化相比,地域文化虽然相对稳定,但绝不是静止不变的,其自身有缓慢变化,在时代文化浪潮冲击下也会有较快的发展。只是像兄弟姐妹那样,年龄、性质、个性不同,发展的速度与程度不同。我国文明主

---

① 庞朴:《文化的民族性与世界的多元化》,《时代与传统》1995 年 1 辑。

要发祥于黄河中下游地区,在相当长的历史时期内,文明的演变以关中地区为轴心,以北方为主要舞台。广大南方地区在同一大文化圈内,依照所处地理环境和时代环境,按自己的风格缓慢发展,北方文化大规模的南下传播不断地加速其发展。

春秋战国之后,魏晋南北朝时期是又一次南北方文化明显对峙时期。由于频繁战乱的破坏,加以少数民族入主,掺进了落后乃至野蛮的成分,北方文化有所衰弱;由于大批北方人民及贵族士大夫南迁,加以政权建立、政治力量的强化,南方文化有了重大发展。对峙则强化了各自特色。

隋唐大一统时代,相对融合的南北文化在各自基础上共同发展,创造了繁荣昌盛的盛唐文化。传统的地域文化格局仍然恢复到以长安及洛阳为中心,以北方的西部、中部地区为重心。南方文化与之相比,还有很大的差距。

唐末五代十国的再次分裂割据,西北、北方北部的大面积领土为少数民族政权所有,其他各地的地域文化有了不同程度的强化。传统的地域文化格局开始变化:重心东移,以洛阳、开封为中心,以北方东部、中部为重心。南方文化在东南地区的南唐、吴越形成新规模。整个文化重心倾斜到了东部地区。

一个不同寻常的时代来临了。

入宋以来重整河山,实现了部分统一。北宋版图远不及隋唐盛世,尤以北方领土更为狭小。虽然仍保持着重要的繁华区和农业区,但丧失了原有的活动空间和发展余地。原来的内地成为边防地带,并经常受到外患干扰破坏。时代环境不利于经济、文化的发展,部分地区的发展速度减慢乃至衰退。与此同时,在和平环境中的南方文化迅速发展,进入黄金时代。尤其是东南地区势头迅猛,于北宋后期终于赶上并超过了北方地区。地域文化格局发生了历史性的巨变:文化重心移向东南地区,由此奠定了地域文化的新格局。这意味着北方文化难以独领风骚,暗示着黄河流域凝聚力的减弱。

北宋灭亡之后,宋金对峙也即南北对峙。北方文化再度遭受战火摧

残,南方文化持续发展。两浙杭州成为南宋政治、经济、文化中心所在地,巩固了东南地区文化重心的地位。宋朝以后的元、明、清三代,不再出现分裂割据状态。尽管政治中心及文化中心北移至现今的北京,但文化重心长期稳定在东南地区。文化中心首次与文化重心长期脱离,政治力量已不能再左右文化重心所在地。这意味着,宋代完成的地域文化格局变化,表明大规模的南北文化融合基本完成,与我国经济重心南移基本同步,而稍超前。

显而易见,宋代文化不但如学术界熟知的那样,在时代上具有承前启后的重大意义,更有地域文化巨变的重大意义。我国文化重心在几千年的历史中唯一的一次巨大变迁完成在北宋,足以证明北宋一朝在我国历史中的枢纽地位是何等重要。本书的基本线索,就是研究这一变化的种种问题。其意义已不限于宋代文化和历史,也是中国文化和历史中的一个关键问题。

三

了解宋代地域文化,对于广大读者来说,有必要首先了解宋代的地域区划。

宋代地域区划的基础是行政区划。宋代行政区划分为三级,即路级,府、州、军、监级,县级。以路级而论,北宋设18路1京(或24路):东京开封府(北宋末又称京畿路)、京西路(京西北路、京西南路)、京东路(京东东路、京东西路)、河北路(河北东路、河北西路)、河东路、陕西路(永兴军路、秦凤路),以上属北方地区;淮南路(淮南东路、淮南西路)、两浙路、江南东路(简称江东路)、江南西路(简称江西路)、荆湖北路(简称湖北路)、荆湖南路(简称湖南路)、福建路、成都府路、梓州路、利州路、夔州路、广南东路(简称广东路)、广南西路(简称广西路),以上属南方地区。

南宋以淮河、大散关与金国为界。原南方地区中,除了淮南路中淮河以北的海州、涟水军、泗州北部、宿州、亳州、寿州北部(今江苏连云港、涟水、盱眙北、安徽宿州、亳县、凤台北)划归金国外,其余全在南宋版图之内。原北方地区有 12 个州郡仍属南宋，即京西路的均州、光化军、房州、襄阳府、随州、郢州、信阳军、金州（今湖北十堰东、老河口北、房县、襄樊、随州、钟祥、河南信阳、陕西安康），其中信阳军划属南宋湖北路，金州划属利州东路，其余仍称京西南路。陕西路的岷州（改称西和州）、成州、阶州、凤州（今甘肃西和、成县、武都、陕西凤县东）则组成利州西路。南宋的路级行政区划是：两浙西路、两浙东路、江南东路、江南西路、淮南东路、淮南西路、荆湖南路、荆湖北路、京西南路、福建路、成都府路、潼川府路（即原梓州路）、利州东路、利州西路、夔州路、广南东路、广南西路，凡 17路。一般仍沿袭北宋 13 路的说法。

就大区域而言，宋代俗称又以京师开封及京西路为中心，将周围地区分为四大块：河北、河东、陕西，称西北（全称西北三路，有时简称"三路"）；京东路称东北；淮南、两浙、江东、江西、福建、湖北、湖南，称东南（有时也将广东、广西包括在内。本书严格意义上的东南主要指两浙、江东、江西、福建）；成都府路、梓州路、利州路、夔州路（合称川蜀四路，简称"四川"）；广东、广西称西南。个别时候还按东、西、南、北四方位将有关州郡或地区泛称东州、西州、南州、北州。

"西北"一词最常用，但含义差别很大。宋代严格的西北地理概念是专指上述西北三路，但有时也用来代表北方各地。如宋孝宗时"奖用西北之士"，京东兖州（今山东兖州）人尹穑即被任用为监察御史。[①] 又如北宋末年，宦官李彦、杨戬在京西汝州（今河南汝州）置局括公田，"始于汝州，浸淫于京东、西，淮西北……当时谓朱勔结怨于东南，李彦结怨于西北"[②]。则京东、京西乃至淮南西北部也可与东南相对称西北。宋孝宗奖用西北之士时，淮南宿州（今安徽宿州）人王希吕也被任用为秘书省正字。[③] 可知南宋时的西北又泛指南宋领土以北的原宋代领土。

---

① 《宋史》卷 372《尹穑传》。京东人辛弃疾自称："稼轩居士，生长西北，仕宦东南。"见《五百家播芳大全文粹》卷 93。
② 《宋史》卷 468《杨戬传》。
③ 《宋史》卷 388《王希吕传》。

　　人们说"东西"时,往往涵盖了一切,通常不是一个地理位置概念,顶多出现的地理联想是太阳起落的一条线;人们说"南北"时,却是两条线的地理概念,别无他意。可见在我国同一纬度中,东西方概念比较模糊,而不同纬度的南北方概念十分明确。如罗大经曾指出:"自古战争,惟曰南北,而罕曰东西。"①如同我国江河主要都是自西向东的流向一样,东西部沟通容易,南北方则相对隔离,差别很大。本书以宋代18路1京为基本地域区划,在研究各路文化诸问题基础之上,重点探讨的问题之一就是南方文化和北方文化的比较。

---

① 《鹤林玉露》丙编卷4《东西》。

第一章　各地风俗特点及影响

在社会文化中,研究风俗是最为困难的,风俗既有此一时彼一时的差别,更有此一地彼一地的差别。如果单就时代泛泛而论,几乎没办法下笔,讲了价值也不大。必须从地域角度论述。具体的风俗因地而异,千奇百怪,即俗话所说的:十里不同风,百里不同俗。若单项罗列,将不胜其烦,难免流于琐碎。况且,历史上的各地风俗,由于史料记载和传世多少不同,有的方面、有的地方比较多,有的方面、有的地方则绝无仅有。

风俗在社会文化尤其是精神文明中,又是最基本、最重要的,是一种典型的大众文化。各地风俗是长期形成的,有自然环境的原因,有社会环境的原因,还有时代环境的原因,使生活此中的人群形成一种心理定式,形成具有某种特定价值观念的心理结构。因而反映着一个地方独特的精神状态,造就着当地居民的精神风貌、群体性格,陶冶着当地居民的文化素质和文化类型。风俗研究是地域文化研究的入门之路。舍此而他求,则不免有隔靴搔痒之感。

宋代地域文化及研究之所以不同于宋代文化及研究,就在于前者侧重一个时代的空间差异,是宋代文化研究的具体化或立体化,也就是说,注重探讨各地文化特色。那么,研究各地风俗,既然不可能一一细说,实际上也没有必要。最合适的办法就是从宏观角度在史料中发现有代表性的、主要的风俗特点,也就抓住了要害和本质,也就便于比较,有利于认识宋代社会和文化。对于现代精神文明的建设,也不无借鉴意义。

第一节　北方风俗的基本特点

由于史料限制和侧重点的不同,这里所论述的风俗,主要是指人的精神风貌和群体性格,即宋人所说的习性。大体说来,宋代北方风俗有三大特点很突出,具有代表性。

1. 质直忠厚

像气候寒冷一样，宋代北方居民普遍具有质直忠厚这一共同特性，也即质朴老实，干板直率，忠诚厚道。翻开《宋史·地理志》，在各路总叙中，北方各地大都被揭示出这一点。如京东路，"大率东人皆朴鲁纯真，甚者失之滞固"；河北路，"人性质厚少文"；陕西路，"其俗颇纯厚……质木"；河东路，"其俗……朴直"。呈现着一派浓郁的质朴古风。

具体到各州郡，大都如此。以陕西路为例，据宋本《方舆胜览》载，天水军(今甘肃天水南)"人性质直"；凤州(今陕西凤县)"质直好义"；阶州(今甘肃武都)"性多质直"；同庆府(今甘肃成县)"其民质朴"，等等。

在太行山区的河东路，居民朴实忠厚的风俗表现得最为突出。宋神宗在一道批示中称赞道，河东"其民风俗，素号忠厚"①。对于统治者来说，这一风俗主要是指人心淳古，一般情况下安分守己，不大惹是生非。宋哲宗时毕仲游指出："臣见河东土风淳固，盗贼稀少。人民耕田力作，衣食至薄，而罕敢为非，比之他方，狱司刑罚十无一二。"②如其中的潞州(今山西长治)，"陵阜多，川泽少，故有余于力而不足于智。虽强聒难令，而无椎牛发冢、群行剽劫之患，斯有取焉尔"③。山多水少，使当地居民倔强而近乎愚昧，民风厚重而近乎迟滞，善于忍耐。宋神宗元丰末年，保甲法走向反面，北方各地保丁经常因缘作乱，"他路保甲拥兵入县镇，贼杀官吏，群盗通行数州，独河东保甲不为犬吠之盗"④，令宋政府颇感宽慰。显然，这是由自然环境所决定的。地处山区，偏僻闭塞，生产条件恶劣，生活艰辛，只有一个心思致力劳作，别无他求。当然，一旦剥削压迫严重得超过了承受能力，他们则会显出暴烈的一面。

北方地区的这一风俗特色有两面性，既可以说是美德，也有缺陷的一面，即"甚者失之滞固"或"不足于智"，拙木呆板，缺乏灵活性。

---

① 《续资治通鉴长编》(以下简称《长编》)卷264，熙宁八年五月戊寅。
② 《历代名臣奏议》卷116。
③ 《乐静集》卷11《上郓州安抚刘莘老相公书》。
④ 《长编》卷364，元祐元年正月丁未纪事。

北方人的忠义常为宋人所称道。宋代与北方辽、夏、金为敌国,北方居民深受外患侵略的危害,所以敌我观念、是非观念强,爱憎分明,在国家危亡之际,常在忠义方面有突出表现。靖康末,被宋金双方共同赞誉为围城时唯一的死节士大夫李若水,即是河北洺州曲周(今河北曲周)人。现举南宋初的三件小事为例,以见一斑。

建炎三年(1129 年),流亡中的南宋政权内部发生了"苗、刘之变"。一位刺客夜间潜至负责平叛的张浚住所,但并不是要杀人,而是要救人。他恳切地对张浚表白道:"仆,河北人,粗读书,知顺逆,岂为贼用! 顾为备不严,恐有后来者。"这位河北刺客深明大义,不顾个人安危,不为叛乱者所利用,反而提醒张浚注意安全。然后,连自己姓名也不肯留下,悄然而去。① 他以忠义的河北人自许,印证了河北"土风浑厚,人性质朴,则慷慨忠义之士固宜出于其中"的风俗②。

绍兴十年(1140 年),金兵抓获宋河东经略使王忠植,押到庆阳(今甘肃庆阳)城下,迫使他劝守城宋军投降。王忠植则大声呼喊道:"我河东步佛山忠义人也,为金所执,使来招降。愿将士勿负朝廷,坚守城壁,忠植即死城下!"遂为金兵所杀。③

南宋初兵荒马乱,出现许多以乱兵为主的匪帮祸国殃民,其中一支的首领是河东人吴锡,自称是前河东、河北宣抚司一军官的亲属。在其攻打孝感(今湖北孝感)时,守臣以他是河东人而激责道:"河东人劲气直,汝之先又登显仕,何不图报国,而为盗以干诛?"吴锡听了很惭愧,"感悟"之后,表示"愿得自新",不久即接受了招安。④ 足见北方多忠义之士已在人们心目中形成固定印象,是北方人,就理应讲忠义。

2. 劲勇强悍

《宋史·地理志》指出,河东路"其俗刚悍";陕西路"其人劲悍";河

① 《建炎以来系年要录》(以下简称《系年要录》)卷22,建炎三年四月戊申。
② 《鸡肋编》卷中。
③ 《系年要录》卷138,绍兴十年十一月乙卯。
④ 《系年要录》卷28,建炎三年八月乙巳。

北路"大率气勇尚义,号为强忮。土平而近边,习尚战斗";京东路"民性愎戾而好讼斗"。简略地概括了北方地区的又一风俗特色,即劲勇强悍。具体表现在三个方面。

其一,体魄健壮。"西北地高而寒,其民体厚而力强,气刚而志果"①。在自然环境的作用下,北方居民身躯厚重魁梧,性格刚强坚韧。如河东人由于"地高气寒,故坚忍而寿"②,"天性劲勇,耐辛苦"③;河北"风俗耐辛苦,尚武勇"④;京东则多大汉,如徐州(今江苏徐州)"其民皆长大,胆力绝人"⑤,郓州(今山东东平)"人多魁岸"⑥等等即是。朱熹甚至说:"北方地气厚,人皆不病。"⑦人皆不病固然是夸张之语,但说明北方人体质强壮。在寒冷、土厚水深的环境中,病菌相对少些,人的抵抗能力也强。这些都成为北方人劲勇强悍的生理基础。

其二,尚武好战。北方历来为边防重地和内外战争的主战场,长期的战争环境对居民产生了极大影响。正如南宋初枢密副使、陕西庆州(今甘肃庆阳)人王庶所言:"臣生于陕西,其风气渐染、耳目所闻见者,莫非兵事。祸乱以来,尝欲以气吞强敌。则所谓讲和者,非臣之所能也。"⑧因而,屡经战火洗礼的北方人,大都好斗敢战。如河北:"夫耻怯尚勇,好论事,甘得而忘死,河北之人殆天性然。"⑨河东"人尤劲悍好武"⑩。陕西路"大抵夸尚气势,多游侠轻薄之风,甚者好斗轻死"⑪。京东路如徐州,"古

---

① 《李觏集》卷17《强兵策》。
② 《乐静集》卷11《上郓州安抚刘莘老相公书》。
③ 《欧阳修全集·河东奏草》卷上《论宣毅万胜等兵札子》。
④ 《宋文鉴》卷85,刘牧《送张损之赴任定府幕职序》。
⑤ 《苏东坡全集·续集》卷11《上皇帝书》。
⑥ 《太平寰宇记》卷13。
⑦ 《朱子语类》卷138《杂类》。
⑧ 《系年要录》卷122,绍兴八年十月己卯。
⑨ 《宋史》卷284《宋祁传》。
⑩ 《长编》卷234,熙宁五年六月乙卯。
⑪ 《宋史》卷87《地理》3。

用武之国，故其人悍坚，恃气尚力，易为攻剽"①。青州(今山东青州)也是"俗劲而强"②。广大北方居民普遍地以怯懦为羞耻，以武勇为习俗。因而，豪放慷慨，雄风四起。典型如河北路，自古形成的燕赵雄风，至宋代依然浩荡如故："今河北之民，实古赵魏之俗也。悲歌慷慨，起则椎剽掘冢，赵俗也；刚强多豪杰，侵夺少恩礼，好生分者，魏俗然也。二者至今皆然。"③邻近河北的河东路潞州(今山西长治)，也属于同一氛围："国俗尚武，人气多豪……悲歌慷慨，寝以成风。"④这一特色就是崇尚武力，任侠仗义，为情绪所驱而舍生忘死，不畏后果。既是阳刚之美，又是粗犷之气。因而，北宋及南宋前期的宋朝士兵及将领，绝大多数都是北方人。

其三，强悍豪横。上述习俗的发展，极易走向极端而蛮横粗暴，对社会影响更大。尤以陕西为严重。如古都长安一带的永兴军路，形成了恃力仗势欺压乡邻、为患地方的"豪横"恶习。类似史料很多，大体上可分成两类。一类是官户及恶少，"长安故都，衣冠子弟多豪恶"⑤，"长安多大豪及有荫户，尤不可号令"⑥。挟前代都城之余威，结合自身的政治权势，这些人把当地旧俗表现得尤为恶劣。另一类是地方土豪。如盩厔县(今陕西周至)"民高訾常以雄横相镇迮，号难治"⑦。耀州(今陕西耀县)甚至有一由"豪富无赖"者纠集数百名地痞所组成的"没命社"，专门闯荡有红白喜丧之事的人家，群起勒索饮食，"倨坐席端，意气自若，醉饱乃去"。稍有不满，即哄然闹事，"极力死斗"，案发后则推出一人做替罪羊，"邑里患而畏之，无如之何"⑧。完全是一帮泼皮无赖。

---

① 《后山居士文集》卷14《徐州学记》。
② 《给事集》卷2《显谟阁待制知兖州郭照知青州》。
③ 《景迂生集》卷2《朔问下》。
④ 《武夷新集》卷6《潞州新敕承天禅院记》。
⑤ 《长编》卷138，庆历二年十一月辛卯。
⑥ 《宋朝事实类苑》卷23。
⑦ 《丹渊集》卷37《都官员外郎钱君墓志铭》。
⑧ 《彭城集》卷36《薛颜神道碑》。

京东路在这方面也是比较突出之地:"西兖奥区,旧俗豪悍"①;"齐俗凶悍,人轻为盗劫"②。民风强悍所造成的社会问题同样是很严重的。

3. 勤劳节俭

北方地区历来最为重视农业生产,宋代北方居民勤奋劳作的社会风气十分浓厚。《宋史·地理志》载:陕西路"其民恭农桑,好稼穑";京东路"其俗……勤耕纴";河东路"勤农织之事业"。而在其他各路的总叙中,除四川外,都没有类似的评语,表明北方勤劳务农是一大风俗特色。

与此相关的是北方居民生活节俭。典型例子即是河东路。《宋史·地理志》言河东人"善治生,多藏蓄,其靳啬尤甚";苏辙说"汾晋之民,俭而能勤,易以术富"③,可谓抓住了其克勤克俭的特点。具体如潞州:"其俗俭啬固陋,克于自守,尔我不相易。故急衣食而缓节义,重财赂而薄婚姻。"④河东人视财如命,勤为生财,俭为节财,都靠辛苦自身形成,落下了吝啬之名,而且在精神文明建设方面有所欠缺。这种习俗,随着河东人的迁移,也扩散到外地。宋太宗灭北汉之后,迁徙河东居民移居到京西路的河南府、郑州、汝州(今河南洛阳、郑州、汝州)等地,"垦田颇广,民多致富,亦由俭啬而然乎!"⑤比如说汝州"侨寓者多晋人,习尚俭啬,室宇仅蔽风雨,不厌庳陋,车马衣服,大率称是"⑥。只注重积蓄,不追求享受,即使富了也不露富。陕西如成州(今甘肃成县)也有相同的习俗,"西康人勤生而啬施……廪藏赤仄,至累世不发,惟冠昏丧葬许用之";"上下以俭约自持,苦陋而甚朴"⑦。虽然富裕多积蓄,但勤俭持家,自我刻薄,过着简陋的生活。京东路的潍州(今山东潍坊)一带,"俗不好奢田器贵"⑧,即是

---

① 《文庄集》卷29《故保平军节度使……魏公墓志铭》。
② 《宋史》卷374《范纯仁传》。
③ 《栾城集》卷28《马默河东运使》。
④ 《乐静集》卷11《上郓州安抚刘莘老相公书》。
⑤ 《宋史》卷85《地理》1。
⑥ 《摘文堂集》卷12《香山天寍观音禅院新塑大阿罗汉记》。
⑦ 《陇右金石录》卷4《广化寺记》;《宋本方舆胜览》卷72《同庆府》。
⑧ 《温国文正司马公文集》卷6《送朱校理知潍州》。

勤俭重农的一个典型。此外,北方人的娱乐消费也极少,生活单调,缺乏色彩,如"河朔之俗,不知嬉游"即是一例①。

以上三大风俗特点,在宋代北方尤其是西北三路,具有普遍意义和代表性,构成了北方风俗的底色,奠定了北方文化的基础。

第二节　南方风俗概况

一、南方风俗的基本特点

南方风俗的基本特点,主要是相对北方风俗的基本特点而言的,当然,也是南方各地相对普遍的风俗。由于地理环境、社会背景以及历史发展过程的不同,宋代南方风俗与北方地区差异很大,形成鲜明的对比,在很大程度上几乎都是相对的。概括起来,大体有以下五点。

1.灵巧轻扬

宋人对南方风俗多有灵巧轻扬的评语,主要是指其灵活、机巧、轻率、浮躁。《宋史·地理志》在南方多数地区的总述中即指出了这一情况:

> 淮南:"人性轻扬";
> 四川:"性轻扬,喜虚称";
> 两浙:"善进取,急图利,而奇技之巧出焉";
> 江南:"其俗性悍而急;"
> 广南:"民性轻悍"。

晁补之也概括道:"夫大江之南,五湖之间,其人便捷而多能,轻清而好奇。"②可见这是南方各地共有的特性。表现在智力上,显得头脑灵活,反应敏捷。刘攽说"南方人性皆慧黠"③即是事实。表现在精神状态上,

---

① 《欧阳修全集·居士外集》卷6《从潭游船见岸上看者有感》。
② 《鸡肋集》卷51《上苏公书》。
③ 《彭城集》卷38《著作佐郎周君墓志铭》。

则是富于进取心和好奇心,而且喜欢标新立异。如江西:"士风好为奇论,耻与人同,每立异以求胜。"①表现在处事为人上,便有些轻浮。苏舜钦言"越(此泛指两浙等地)俗浮薄,节行不坚"②即是。籍贯两浙苏州(今江苏苏州)的范仲淹也说:"浙人轻佻易动,切宜戒之!"③表现在人际关系上,则是人情淡薄,不如北方人厚道。浙西有民谚说道,"苏、杭、两浙,春寒秋热。对面厮啜,背地厮说","言其反复如此"。意思是当面说好话,背后说坏话。浙东也有类似民谚:"有山无木,有水无鱼,有人无义。""地无三尺土,人无十日恩。"④缺乏牢固的忠义观念。这些两浙的民谚,表明当地人对此习俗也是反感的。

2. 柔弱

柔弱,既表现在体格上,也表现在性格上。以体格而论,南方居民多矮小质弱。如广西"男子身形卑小","彼广南人皆半羸长病,一日力作,明日必病,或至死耳"⑤。难以从事重体力劳动。福建也是"人才短小"⑥。宋代招募士兵讲究身高,南方人多"格尺不及",达不到规定身体高度⑦。即使勉强充数,也难以成为真正的战士。宋仁宗庆历年间扩充军队,新增添的虎翼兵,"自南中选填,材质绵弱,自云不知战斗,见贼恐死!"⑧一时传为笑谈。在嗓子的音量上,则显得低弱。南宋孝宗时,皇宫阁门充当赞喝的卫士多选用北方人,"声雄如钟"。这一代北方人消亡以后,只好用明州、台州、温州、越州(今浙江宁波、临海、温州、绍兴)人充任,"其声鲍鱼音矣"⑨。顿失雄洪之声,不足以显示皇宫气派。

---

① 《朱子语类》卷 124。
② 《苏舜钦集》卷 13《杜谊孝子传》。
③ 《朱子语类》卷 129。
④ 《鸡肋编》卷上。
⑤ 《岭外代答》卷 10《十妻》;卷 3《惰农》。
⑥ 《长编》卷 312,元丰四年四月甲申。
⑦ 《系年要录》卷 115,绍兴七年十月辛亥。
⑧ 《长编》卷 132,庆历元年五月甲戌。
⑨ 《贵耳集》卷下。

性格同样是柔弱骄脆的。宋哲宗元祐元年(1086年),刘挚说北方五路弓手"最号强劲","其材艺、捕缉胜于他路";而川蜀、江浙等南方地区的弓手,"皆习于骄脆,不肯出力为公家任捕察之责"①。习性娇柔怯懦,自然不能胜任追捕违法的凶恶之人。各路大都如此,如四川"民性懦弱"②,"俗习柔良"③;福建的漳州、泉州、兴化军、福州(今福建漳州、泉州、莆田、福州)"其民怯弱,少有为盗者"④;湖北常德(今湖南常德)"人气和柔"⑤;两浙路尤为典型,《宋史·地理志》言其"人性柔慧",朱熹更言,"浙人极弱"⑥。庄绰也举例说:

> 世以浙人屏弱,每指钱氏为戏。云:(钱)俶时有宰相姓沈者,依为谋臣,号"沈念二相公"。方中朝加兵湖湘,俶大恐,尽集群臣问计云:"若移兵赶来,谁可为御?"三问无敢应者。久之,沈相出班奏事,皆倾耳以为必有奇谋。乃云:"臣是第一个不敢去底!"⑦

两浙人之怯懦,已成为被取笑的对象。吴越国主动纳土归顺宋政权,显然是因弱而有自知之明的。宋代各路都有乡兵负责维护地方治安,唯两浙例外,进一步表明当地居民的柔顺。

民间的怯懦,使之在一般情况下甘心忍受邪恶势力的欺压,不敢反抗。例如婺州浦江县(今浙江浦江)居民,面对官吏的贪婪残暴,"则熟视咨嗟而不敢出一怨愤语"⑧;湖北鄂州(今湖北武汉)的老百姓,"虽有沈

---

① 《长编》卷389,元祐元年十月庚寅。
② 《渑水燕谈录》卷8。
③ 《长编》卷239,熙宁五年十月庚子。
④ 《系年要录》卷56,绍兴二年七月辛巳。
⑤ 《宋本方舆胜览》卷30《常德府》。
⑥ 《朱子语类》卷130《自熙宁至靖康用人》。
⑦ 《鸡肋编》卷下。
⑧ 《陈亮集》卷35《钱元卿墓志铭》。

冤，莫能往诉，至于极病，秪只悲吟"①。可谓逆来顺受。不到万不得已，不会奋起反抗。吕颐浩指出，"中原之人强悍壮实，东南之人柔脆怯弱"②，正是对南北习性特点的概括。

3. 奢侈

南方许多地区存在着奢侈之风，具体说是讲究排场，追求浮华。在饮食、住宅、游乐等方面投入过多的、有的是不必要的财力和精力，只看重眼前的面子和口腹、感官的享受，不计长远，超前消费。这一习俗，集中体现在两浙和四川的成都府路。

《宋史·地理志四》指出：两浙路"俗奢靡而无积聚，厚于滋味"。主要指其风俗浮夸，有钱物即挥霍享乐，没有积蓄，热衷于在食品口味上下功夫。曾在两浙任地方官的苏轼揭示道："三吴风俗，自古浮薄，而钱塘为甚。虽室宇华好，被服粲然，而家无宿舂之储者，盖十室而九。"③具体说明了其浮薄在于：外表豪华，内里空虚。从以下几个方面，可进一步了解其习俗。

居室器用："越俗僭宫室，倾赀事雕墙。"④欧阳修的诗句，反映了当地人对居室的装饰是不惜钱财的。"杭人素轻夸，好美洁"，家里若有一百贯钱，必定会将大部分用来装修门窗，购置器用；一到灾荒年景，由于没有积蓄，只好出卖这些不实用的器物，卖不出时，甚至于劈成木柴"列卖于市，往往是金漆薪"⑤！连并非富户的人家，在奢侈之风的浸淫下，哪怕是借钱欠债，也要装点门面。这样，家中"有漆器装折，却日逐籴米而食，妻孥皆衣弊衣，跣足而带金银钗钏，夜则赁被而宿！似此者，非不知为费，欲其外观之美而中心乐为之耳"⑥。家无隔夜之粮，挡寒之被，但有华丽的摆设，面子上好看，心中就满意了。

---

① 《宋文鉴》卷70，张商英《鄂州谢上表》。
② 《三朝北盟会编》卷176，绍兴七年正月十五日。
③ 《苏东坡全集·续集》卷36《上吕仆射论浙西灾伤书》。
④ 《欧阳修全集·居士集》卷2《送慧勤归余杭》。
⑤ 《宋朝事实类苑》卷60《杭人好饰门窗什器》。
⑥ 《说郛》卷25《白獭髓·杭州流俗》。

饮食：饮食求精求美，"厚于滋味"。欧阳修诗云："南方精饮食，菌笋鄙羔羊。饭以玉粒粳，调之甘露浆。一馔费百金，百品罗成行。"①当然，只有富人才能如此。美味佳肴，据说以两浙最好。有句谚语说是："不到长安辜负眼，不到两浙辜负口。"②意思是若要享受口腹之美，就须到两浙。

游玩：游山玩水，是杭州人生活的重要内容。"杭人喜邀……今为帝都，则其益务侈靡相夸，佚乐自肆也。"③"临安风俗，四时奢侈，赏玩殆无虚日"④。所谓奢侈，不在于花钱多少，而在于花费是否必要和有无相应的经济能力。富人骄奢淫逸，宜乎其理；若穷人也荒于游乐，就属于风气问题了。如每年祠山神诞辰日，习俗游玩西湖，"至如贫者，亦解质借兑，带妻挟子，竟日嬉游，不醉不归。此邦风俗从古而然，至今亦不改也。"又如端午节，有诸多应景的游乐活动，"不特富家巨室为然，虽贫乏之人，亦且对时行乐也"⑤。"对时行乐"——及时行乐的习俗根深蒂固，透出了浮薄或潇洒。

杭州之外，两浙其他州郡大都盛行奢侈之风。据《宋本方舆胜览》所载如下：

平江府（今江苏苏州）："骄奢好侈"；

镇江府（今江苏镇江）："人性骄奢"；

安吉州（今浙江湖州）："奢侈而亡积聚"；

绍兴府（今浙江绍兴）："奢靡而无积聚"；

瑞安府（今浙江温州）："土俗颇沦于奢侈"。

---

① 《欧阳修全集·居士集》卷2《送慧勤归余杭》。
② 《类说》卷53，辑《谈苑·辜负口眼》。
③ 《江湖长翁集》卷22《游山后记》。
④ 《梦粱录》卷4《观潮》。
⑤ 《梦粱录》卷1《八日祠山圣诞》；卷3《五月》。

从上可见,两浙地区的奢侈之风不是一朝一夕形成的,也不以经济条件为转移,是人生观、价值观的取向,实质是浮夸或享乐主义。

西南地区的成都府路一带,奢侈之风同样盛行。《宋史·地理志五》言四川人"所获多为遨游之费,踏青、药市之集尤盛焉,动至连月。好音乐,少愁苦,尚奢靡"。梁周翰甚至说:"五方之俗,擅于繁侈,西南为域中之冠也。"①可见其奢侈程度不亚于两浙,并且更具有乐观主义胸怀。与两浙相比较,四川人还有一个特点是不讲究虚荣而讲实际,更偏爱饮食、游乐:"蜀俗奢侈,好游荡。民无赢余,悉市酒肉为声技乐。"②没有积蓄,有钱便挥霍一空,花费在口腹、耳目之乐上。对于游乐,更为倾心。苏轼在一首诗中说:"蜀人衣食常苦艰,蜀人游乐不知还。"③在游玩方面十分潇洒大方。例如成都府郫县(今四川郫县)人张愈,性乐山水,兴致一来,"虽数千里辄尽室往,遂浮湘、沅,观浙江,升罗浮,入九疑,买石载鹤以归"④。颇有道家仙逸气韵。对于蜀人的奢侈之风,北方人是看不惯的。濮州(今山东鄄城北)人张咏任成都府长官时,鉴于"蜀人性游侈",力图矫正其弊,曾亲自春米,"以勤啬教之",意在使蜀人学习北方的勤俭习俗。⑤

其他南方地区也存在不同程度的奢侈风气。如福建福州人热衷于装饰房屋,"人以屋室钜丽相矜,虽下贫必丰其居"⑥。广东广州人则喜爱游玩,"其俗喜游乐"⑦。广西的柳州人也是"喜嬉乐"⑧,与四川相似。

以上特点,显示了南方人的享乐主义,客观上反映出南方人生活情趣多样化。喂养宠物也是一个表现。如东南地区喜养鹁鸽:"东南之俗,以

① 《成都文类》卷26《张咏益州重修公署记后系》。
② 《宋史》卷257《吴元载传》。
③ 《苏东坡全集·前集》卷1《和子由蚕书》。
④ 《宋史》卷458《张愈传》。
⑤ 《儒林公议》卷上。
⑥ 《曾巩集》卷19《道山亭记》。
⑦ 《永乐大典》卷21984,章棨《广州府移学记》。
⑧ 《曾巩集》卷14《送李材叔知柳州序》。

养鹁鸽为乐,群数十百,望之如锦。"①养金鱼的风气在南宋杭州颇为盛行:"今中都有蓄鱼者,能变鱼以金色,鲫为上,鲤次之。贵游多凿石为池,真之檐桶间以供玩……又别有雪质而黑章,的砾若漆,曰玳瑁鱼,文采尤可观……惟杭人能饵蓄之。"②说不得是奢侈,而是有闲情逸致,发展了我国的观赏动物。

4. 好讼

诉讼,即告状打官司以争曲直胜负。南方许多地区的居民热衷于此,也善于此。现举例如下。

四川:"川峡之民好讼。"③如其中的洋州(今陕西洋县)居民即以"健讼"著称④。

两浙如明州鄞县(今浙江宁波)"鄞民讼繁夥"⑤。处州(今浙江丽水)"喜讼斗","狱事视他郡为难"⑥。严州(今浙江建德东)"喜兴词诉,在官日多,在野日少,耕能不废乎?"⑦这句话是严州长官在劝农文中的揭示和告诫,其好讼之习已严重到影响日常农业生产的地步了。处州松阳县(今浙江松阳),甚至有专门团体"业嘴社","专以辩捷给利口为能"⑧。

湖南:"湖湘之民,率多好讼。"连偏远的邵州(今湖南邵阳)"珥笔之风亦不少"⑨。所谓珥笔,在这里的意思是随身携带笔以随时记录、收集证据,准备以后打官司用。湖南的中心地区潭州(今湖南长沙)更为严重。郑獬言:"长沙民最喜讼,号难治。"⑩令地方官深感苦恼。

---

① 《四朝闻见录》丙集《鹁鸽诗》。
② 《桯史》卷12《金鲫鱼》。
③ 《宋会要·刑法》3之50。
④ 《宋本方舆胜览》卷68《洋州》。
⑤ 《舆地纪胜》卷11《庆元府》。
⑥ 《龟山集》卷30《吴子正墓志铭》。
⑦ 《耻堂存稿》卷5《严州劝农文》。
⑧ 《癸辛杂识》续集上《讼学业嘴社》。
⑨ 《名公书判清明集》卷8《侵用已检校财产论如擅支朝廷封桩物法》。
⑩ 《郧溪集》卷19《先公行状》。

福建："亩直浸贵，故多讼。"①福建可耕地少，争夺土地导致众多的诉讼。其中的泉州（今福建泉州）"其民机巧趋利，故多富室，而讼牒亦繁"②。

广东以广州为典型："不耻争斗，妇代其夫诉讼，足蹑公庭，如在其室，诡辞巧辩，喧啧涎谩。被鞭笞而去者，无日无之！"③妇女也加入了打官司的队伍，毫不畏怯，巧言善辩，屡遭惩治而不改悔。

江东以歙州（今安徽歙县）为代表："民习律令，性喜讼。"居民家中都置有特殊的账本，凡是听到别人的任何一点隐私，马上记在本子上，详细具体到当时的姿势是站是坐、什么时辰、说了什么话等等。一旦兴起词讼，就拿出来作为证据。"其视入狴牢、就桎梏，犹冠带偃簪，恬如也"④。当地社会简直是人自为战，互为敌对，如在敌营。打官司像家常便饭一样成为日常生活的重要内容。

好讼风气最为浓烈的地方要数江西路。宋代江西百姓，被人们称作"珥笔之民"，"以终讼为能"⑤，以善于打官司为荣。《宋史·地理志四》指责江南东、西路"尤好争讼"，主要就是指江西。其好讼之风的严重性，表现在两个方面。

其一，盛行不正常的诉讼。许多诉讼或是任意夸大其词，或是无理取闹，或是报复陷害，或是受别有用心、谋取酬金者的挑唆。如临江军新淦县（今江西新干）"词讼最多，及至根究，大半虚妄，使乡村善良枉被追扰。若官司不察曲直，遂使无辜受害。皆缘坊郭、乡村破落无赖，粗晓文墨，自称士人，辄行教唆，意欲骚扰乡民，因而乞取钱物"⑥。那些破落无赖的乡土士人，是近乎职业化的讼棍，在官与民之间、民与民之间舞文弄墨，兴风作浪。既是好讼习俗的产物，又使好讼习俗更加恶劣。

① 《宋史》卷89《地理》5。
② 《彭城集》卷21《新差权发遣泉州……制》。
③ 《永乐大典》卷21984，章棨《广州府移学记》。
④ 《欧阳修全集·居士外集》卷11《欧阳颖墓志铭》。
⑤ 《豫章先生文集》卷1《江西道院赋》。
⑥ 《名公书判清明集》附录二《徐铠教唆徐莘哥妄论刘少六》。

其二,盛行学讼,法律知识普及或者说是普法教育十分发达。为了打官司或应付诉讼,人们对法律知识很感兴趣。学讼的方式有三:1. 举办诉讼技巧"讲座"。"长少族坐里闾,相讲语以法律。意向小戾,则相告讦;结党诈张,事关节以动视听"①。众人相聚,谈话的主题常常是法律,互相传授经验教训。2. 开设专门学校。有的是从小培养少年儿童,教其学讼:"江西州县百姓好讼,教儿童之书有如《四言杂字》之类,皆词诉语。"②有的是开设讼学:"江西人好讼,是以有'簪笔'之讥。往往有开讼学以教人者,如《金科之法》,出甲乙对答及哗讦之语。盖专门于此,从之者常数百人。"③规模比一般州学还大。3. 有专门的教科书。除了上举《四言杂字》《金科之法》外,沈括还发现了另一种,"世传江西人好讼,有一书名《邓思贤》者,皆讼牒法也。其始则教以侮文;侮文不得,则欺诬以取之;欺诬不可得,则求其罪劫之。盖思贤,人名也。人传其术,遂以之名书。村校中往往以授生徒"④。该书纯属侮文弄法的大杂烩。从上可见,好讼不仅是社会风俗的重要组成部分,甚至成为一种事业。

好讼习俗,大都盛行于人多地狭的州县。人多地狭,则斤斤计较,摩擦就多,所谓"壤沃而利厚,人繁而讼多(指江西袁州)"即是⑤。好讼是一种文化现象。从民风上看,说明民风嚣薄,自私自利,人际关系紧张;另一方面,也说明有一定的文化知识。黄幹言抚州临川(今江西抚州)人"以其文而工于讼"即是⑥。法律意识强,从宏观上讲是文明程度的提高,只是这些法律意识不是遵守法律,而是钻法律空子,利用法律、曲解法律、干扰破坏法律,这就另当别论了。

5. 趋利重商

南方习俗看重实际利益,勇于大胆追求财利。因而熙熙攘攘,皆为利

---

① 《曾巩集》卷 17《分宁县云峰院记》。
② 《宋会要·刑法》3 之 26。
③ 《癸辛杂识》续集上《讼学业嘴社》。
④ 《梦溪笔谈》卷 25。
⑤ 《正德袁州府志》卷 13,〔宋〕杨大雅:《新建郡小厅记》。
⑥ 《勉斋集》卷 34《临川劝谕文》。

往,商业意识浓厚。著名文学家、军事家辛弃疾,山东历城(今山东济南)人,青少年时代生长在北方,后率义军南渡,卒于南方。在他脑海里,南北两方有一条清晰的界线,形成的观念影响其终身:

> 人生在勤,当以力田为先。北方之人,养生之具不求于人,是以无甚富甚贫之家。南方多末作以病农,而兼并之患兴,贫富斯不侔矣。故以"稼"名轩。①

他指出,北方多是自给自足的小农经济,与市场较少发生联系;南方社会则是商业社会,因重视经商而对农业生产发生不良影响。而长期生活在南方的北方人辛弃疾,不仅没有入乡随俗,反而强化了重农轻商观念,其"稼轩"之号,就表明了他的坚定立场。南北方在这个问题上的差别,又是如此鲜明。

南方社会商业活动兴盛,各个阶层都卷入了经商大潮。在广西钦州(今广西灵山),广大妇女人人经商:"城郭墟市,负贩逐利,率妇人也。"②两广地区的僧人更是积极:"广南风俗,市井坐估,多僧人为之,率皆致富。"③经商成为僧人的重要事业。在商品经济发达的东南地区,商业活动更是如火如荼。《宋史·地理志》言两浙人"善进取,急图利"即是典型。如杭州:"习俗浮泊,趋利而逐末。"④贫困山区严州(今浙江建德东)甚至建造了一座招商神祠,"以招商为名,岂非土俭俗贫,假懋迁之利以粒斯民,故汲汲耶?"⑤严州人热切希望发展商业的心情十分迫切,其商业观念已神圣化。江东路南康军建昌县(今江西永修西北)的土神则直接参与商业活动。当地供奉的紫姑神,即扶乩下降会在沙盘上写字的神,在

---

① 《宋史》卷401《辛弃疾传》。
② 《岭外代答》卷10《十妻》。
③ 《鸡肋编》卷中。
④ 《古灵先生文集》卷19《杭州劝学文》。
⑤ 《景定严州续志》卷4。

浓厚的商业气氛中职能专业化,相传会预测商情:"每告以先事之利,或云下江茶贵,可贩;或云某处米乏,可载以往。必如其言获厚利。"①其实哪里是神在指挥作怪？实在是人的精神为商业所主导了。在淮南路,经商是当地一大特色,《宋史·地理志》概括其人文地理时说:"人性轻扬,善商贾,鄽里饶富,多高赀之家。"商业的地位可想而知。

更有说服力的是,广大饱读诗书的南方士人同样汲汲于财利,热衷于经商。如宋宁宗时,四川奔赴杭州赶考的进士,不放过长途旅行的机会,兼顾着贩运商品的活动,"蜀士嗜利,多引商货押船"。因一路上关卡林立、手续繁多,常常耽误了科考日期。② 显然,在嗜利的四川士子心目中,经商发财与及第做官是同样重要的。许多聚集在杭州学习、待考的士子,为谋生或挥霍的需要,毫无矜持地干起了贩卖酒醋的行当,"行朝士子,多鬻酒醋为生"③。可谓半商半士、勤商俭学。如此还不算出格,更有甚者,彻底撕开了斯文的面具,从事违法的走私活动:"私盐用工省而利厚,由是不逞无赖盗贩者众。江、淮间,虽衣冠士人,狃于厚利,或以贩盐为事。"④在厚利的诱惑下,"衣冠士人"和"不逞无赖"哪里还有什么区别呢？在贩运私茶的队伍中,也时常能看到士人的身影。梅尧臣曾专作一首《闻进士贩茶》诗,记述了士人贩茶的违法行径:

山园茶盛四五月,江南窃贩如豺狼。

顽凶少壮冒岭险,夜行作队如刀枪。

浮浪书生亦贪利,史笥经箱为盗囊。

津头吏卒虽捕获,官吏直惜儒衣裳。

却来城中谈孔孟,言语便欲非尧汤。

三日夏雨刺昏垫,五日炎热讯旱伤。

① 《夷坚甲志》卷16《碧澜堂》。
② 《宋史》卷156《选举》2。
③ 《张氏可书》。
④ 《宋史》卷182《食货》下4。

百端得钱事酒炙,屋里饿妇无糇粮。

一身沟壑乃自取,将相贤科何尔当!①

既然装经书的箱子变成了装私茶的盗囊,既然士人变成了违法谋利的豺狼,还有什么人不能经商,还有什么有利可图的事不能干呢?在他们看来,利是利,义是义,二者并非像传统儒家思想中是对立的。谋利丝毫不影响他们大谈仁义。

义利之辩是自孔孟以来儒家的重要命题。孔子曰:"君子喻于义,小人喻于利。"孟子认为义利不可兼得。宋代的二程继承了这一正统思想,也认为"大凡出义则入利,出利则入义"②。另一位洛阳人富弼持同样观点:"臣闻为国者以义为利,不以利为利。"③北方人的义利观基本上是重义轻利,既保守又虚伪,显然不利于社会的发展。

思想比较解放的南方人打破了正统的义利观,建立了调和义利的新观念。如四川人苏洵提出"利者义之和","利亡则义丧……义利、利义相为用,则天下运诸掌矣"④。江西人李觏说:"利可言乎?曰:人非利不生,曷不可言!"并直接抨击孟子:"孟子曰何必言利,激也!焉有仁义而不利者乎?"⑤既敢倡利又竭力为国求利的江西人王安石也认为:"利者义之和,义固所为利也。"⑥这一思潮的发展,到南宋遂形成浙东事功派的功利主义。如其代表人物之一的叶适主张:"以义和利,不以义抑利"⑦,并公然申明:"四民交致其用而后治化兴,抑末崇本,非正统也。"⑧批判了重农抑商观念,为发展商业鸣锣开道。这些大胆先进的观念,无疑是南方趋利

---

① 《宛陵集》卷34。

② 《河南程氏遗书》卷11。

③ 《长编》卷336,元丰六年闰六月丙申。

④ 《嘉祐集》卷9《利者义之和论》。

⑤ 《李觏集》卷29《原文》。

⑥ 《长编》卷219,熙宁四年正月壬辰。

⑦ 《习学记言序目》卷27。

⑧ 《习学记言序目》卷19。

重商习俗的结晶,对历史发展起着积极作用。

二、南方风俗的非礼法性特点

宋代南方风俗的最大特点,就是在许多方面与封建礼法不相符合。这些非礼法性,使南方地区的风俗保持着一定程度的独立性。

封建礼法,也即儒家的伦理纲常等正统的社会规范,起源于北方地区,在北方早已占统治地位,深入人心。南方广大地区自秦汉以来逐渐受其影响,其过程谓之"风化"。到了宋代,传播速度虽然加快,毕竟地理遥远,风俗迥异,相当一部分地区不同程度地还保留着原有习气乃至"蛮夷之风",与封建礼法还有一定距离,也即与北方礼乐文化还有较大差异。南宋时,越州(今浙江绍兴)人陆游曾说:

> 予少时,犹及见赵、魏、秦、晋、齐、鲁士大夫之渡江者,家法可观。虽流离九死中,长幼逊悌,内外严正,肃如也。距今未五十年,散去四方,寝不能如故时。①

陆游对北方人流落南方后仍保持的家庭封建礼法感到新奇,表示赞叹。而随着时间的推移,北方人家渐渐融化在南方习俗之中,原来保持的礼法自然淡化了,如浮冰融之于南方的温水。南北方礼教程度之不同,由此可见一斑。

南方风俗的非礼法性,在地域分布上比较广泛,即使东南、四川等文化发达地区也是如此,而愈往南愈严重:"疑其俴南越,袭瘴蛊余气,去京师愈远,风化之及者愈疏,乘其丰富以放于逸欲宜矣。"②地理因素是其基本原因。下面,先就江南、广南两地风俗的非礼法性做地域性的介绍。

江南东、西两路文化发达,但宋人对这一地区的风俗不合礼法多有指

---

① 《渭南文集》卷34《杨夫人墓志铭》。
② 《李觏集》卷23《虔州柏林温氏书楼记》。

责。《宋史·地理志四》即特别揭露其"丧葬或不中礼"。其他礼义孝悌等伦理观念颇多乖谬。刘辉在《起俗记》中指出该地区居民"仁义茅塞，视谦让犹咳唾然，雇孝弟犹赘疣然。父之殖产也，及其身存而豫判之，三子则三之，五子则五之。子擅聚不告于父，弟私积不存于兄。"①将仁义、谦让、孝悌等礼法视为多余之物乃至是可厌弃之物。宗法观念淡漠，父子、兄弟各以自己为中心而谋取私利。又如黄幹在《新淦劝农文》中说当地"父子轻于相弃，夫妇轻于相离，兄弟轻于相讼"②。封建的父子之道、兄弟之道、夫妇之道对他们没有什么约束作用。甚者，对于君臣之道也不在乎。庄绰于南宋初路过江西赣州（今江西赣州），派史卒带钱购买日常用品，竟遭到拒绝。当地人说他们的钱在此不能使用，因为："宣政、政和是上皇无道钱，此中不使！"公然指责宋徽宗为无道之君，将宋徽宗朝所铸的货币排斥在市场之外。庄绰感叹道"其无礼不循法度，盖天性，亦山水风气致然也！"③忠君思想或愚忠思想，在这里是看不到的。又如江东宣州（今安徽宣城），也是"习俗未深于教化"，"遗俗尚疑于大信"④。封建礼法的教化，对当地还没有足够的影响。

江南地区尚且如此，偏僻荒凉的广南地区所受封建礼法的影响也就更小了。《宋史·地理志六》指出，广南"大率民婚嫁、丧葬、衣服多不合礼，尚淫祀，杀人祭鬼……人病不呼医服药"，而信奉巫师。几乎所有不符合封建礼法的南方习俗，在广南地区都有典型表现。宋太宗曾对此深表反感："岭峤之外，封域且殊。盖久隔于华风，乃染成于污俗。朕常览传记，备知其土风，饮食男女之仪，婚姻丧葬之制，不循教义，有亏礼法"，因而下诏要求当地官员采取措施，"多方化导，渐以治之"⑤。宋政府所做的努力确实不少，只是移风易俗不是短期能成功的，故而没有多大效果。

---

① 《全宋文》卷 1661。
② 《勉斋集》卷 34。
③ 《鸡肋编》卷下。
④ 《咸平集》卷 30《司法参军张玄珪考词》；《录事参军朱适考词》。
⑤ 《宋会要·刑法》2 之 3。

如宋哲宗绍圣三年（1096年），章楶说广州等地"巨室父子或异居焉，兄弟骨肉急难不相救，少犯长、老欺幼，而不知以为非也；嫁娶间无有媒妁者，而父母弗之禁也；丧葬送终之礼犯分过厚，荡然无制，朝富暮贫，常甘心焉。岂习俗之积久，而朝廷之教化未孚欤？"①章楶所列举的例子，都是严重违背礼法的，而且在以后相当长的时期内也没有多大改变。朝廷教化的力量，千里迢迢到达广南已没有什么效果了。

南方风俗的非礼法性，主要有以下几个内容。

1. 婚嫁丧葬

红白喜事是人生大事，也是社会人文景观，集中反映着一个地方的习俗，也最维系着封建礼法，为封建士大夫所关注。庄绰说：

> 南方之俗，尤异于中原故习……如民家女子（娶来），不用大盖，放人纵观。处子则坐于榻上，再适者坐于榻前……丧家率用乐，衢州开化县为昭慈太后举哀亦然。今适邻郡人皆以为然，不复禁之。如士族力稍厚者，棺率朱漆。又信卜时日，卜葬当远，且惜殡攒之费，多停柩其家，亦不设涂鐟，至顿置百物于棺上，如几案焉。过卒哭则不祭，唯旦望、节序，薄具酒荈祭之，亦不哭。是可怪也。②

这些具体的婚丧习俗，使北方士大夫庄绰感到奇怪，因为与北方习俗不一样，换句话说，就是不合礼法。如福建漳州（今福建漳州）的婚丧习俗，连福建人朱熹都不满，"以习俗未知礼"，担任知州时，曾在漳州大力宣扬正统的丧葬嫁娶礼仪。③ 两浙的明州（今浙江宁波）也是如此，"四明去朝廷远，其俗吉凶祭祀，冠婚聚会，皆无法"④，所谓"无法"，自然是指无封建正统礼法。台州（今浙江临海）的婚丧习俗自由而随便，"男夫之家，视娶妻

---

① 《永乐大典》21984，章楶《广州府移学记》。
② 《鸡肋编》卷上。
③ 《宋史》卷429《朱熹传》。
④ 《华阳集》卷40《辛氏墓志铭》。

如买鸡豚;为妇人者,视夫家如过传舍。偶然而合,忽尔而离,淫奔诱略之风,久尔愈炽,诚可哀也!"婚姻关系松散,没有约束性,两性关系相应比较自由。丧事同样不合礼法:"(丧服)亲属相犯,问以服纪、年月,皆言不知。以此观之,则死时不为服,服而不终其制者亦多矣。其去禽兽岂远哉!"① 士大夫的反感,到了切齿咒骂的程度!

封建礼法,最重于男女关系,即所谓"万恶淫为首"。南方习俗则偏偏在这个问题上比较混乱。号称文明昌盛的两浙,民间风行妇女有代价地结好情夫:"两浙妇人皆事服饰、口腹,而耻为营生。"平民百姓之家往往难以供她们花费,便听任其与别人私通,民间称之为"贴夫"。为社会习俗所认可,"公然出入,不以为怪"。居住在寺院附近者,其"贴夫"都是和尚,多者达四五人。② 福建的泉州同安县(今福建同安)有另一种婚姻形式:

> 自旧相承,无婚姻之礼。里巷之民贫不能聘,或至奔诱,则谓之引伴为妻,习以成风。其流及于士子,富室抑或为之,无复忌惮。其弊非特乖违礼典,渎乱国章而已,至于妒娟相形,稔成祸衅,则或以此杀身而不悔。习俗昏愚,深可悲悯!③

同安县的婚配不由媒妁之言、父母之命等程序,而以引诱、私奔为主要形式,引起许多社会治安问题。二广地区的婚姻风俗最为自由开放,男女青年相爱即可结合,典型的婚姻自主。平民百姓家的女儿,长到十四五岁即自力更生,开始为自己准备嫁妆,办齐之后,即嫁给自己的心上人,父母并不加干涉。④

野合在南方习俗中颇令人侧目。在此仅举淮南、广西的两个例子。

---

① 《赤城集》卷37《天台令郑至道谕俗七篇》。
② 《鸡肋编》卷中。
③ 《晦庵先生朱文公文集》卷20《申严昏礼状》。
④ 《鸡肋编》卷中。

王禹偁在一首诗中隐晦记述了地处长江以北的淮南滁州（今安徽滁州）有关习俗：

> 滁民带楚俗，下里同巴音。
> 岁稔时又安，春来恣歌吟。
> 接臂转若环，聚首丛如林。
> 男女互相调，其词事奢淫。
> 修教不易俗，吾亦弗之禁。
> 夜阑尚未阒，其乐何湛湛！[①]

地方官虽认为这是"淫风"，但也无可奈何。广西的南仪州（今广西岑溪）更加突出。每个月的中旬，男女青年即身穿盛装，在夜色中吹笙玩乐，互相倾诉爱慕之情，俗称"夜泊"。夜深人静，互相中意的男女便一对对相拥寻找幽僻之处结合，次日早晨方各自散去。[②] 在当地，这是天经地义的习俗，而从封建礼法角度看，无疑是恶劣不堪的淫乱。

2. 杀婴

多子多福，是传统的封建思想。南方许多地方的家庭却没有这种观念，不注重人丁旺盛，有一定数量的儿女之后，再有出生的孩子，即弃杀不养。这一习俗，以人口众多的东南地区最为突出，纷纷采取这种控制人口的措施。

江东："安于遗风，狃于故习……男多则杀其男，女多则杀其女。习俗相传，谓之'薅子'，即其土风。"江宁府（今江苏南京）、饶州（今江西波阳）、信州（今江西上饶），都有此习俗，而宣州（今安徽宣州）、歙州（今安徽歙县）最为严重。[③]

---

① 《小畜集》卷5《唱山歌》。
② 《太平寰宇记》卷163《南仪州》
③ 《宋会要·刑法》2之58。

江西:"江西之俗,生子不能赡,即委弃不顾。"①

两浙如衢州(今浙江衢州)、严州(今浙江建德东)一带:"田野之民,每忧口众为累,及其生子,率多不举。"②处州(今浙江丽水)山脊地贫,谋生艰难,"生男稍多,便不肯举,女则不问可知",乡村之间人口性别比例因此严重失调,男多于女,致使男青年无妻可娶,只好到别的州郡去买。③

湖北如岳州(今湖南岳阳)、鄂州(今湖北武汉)农民,每家习惯上只养两个男孩、一个女孩,以后再有所生,一律弃杀。④

不举子之风最盛行的地区是福建。"福建地狭人稠,无以赡养,生子多不举"⑤。自然环境容量有限,是此风的客观根源。一些州郡以三男二女为限,超过此数便不养育,生下即在准备好的水盆中溺死,良心上过不去,美其名曰"洗儿"。因为没有相应的经济条件养活多余的孩子。⑥西部的建宁府、南剑州、汀州、邵武军(今福建建瓯、南平、长汀、邵武)四地更严重,只要一个独生子:"例不举子,家止一丁。纵生十子,一子之外,余尽杀之。"⑦穷人这么做,尚属迫不得已,士人、富室也不举子,显然不单纯是经济问题,而是习俗问题了。杨时说上述四川居民"计产育子,习以成风,虽士人亦为之,恬不知怪……富民之家,不过二男一女"⑧。富人仅比穷人多要一个儿子。足见风俗浸淫的社会制约力相当严重。

3. 父子兄弟分财析居

封建时代历来推崇和睦相处的大家庭,数世同堂被认为是家庭美德、社会美谈,封建统治者将其视作宗法观的基地和社会稳定的基础。南方人对这一套却不感兴趣,他们有自己的生活方式和观念,在个人主义的前

---

① 《漫塘集》卷33《故吏部梁侍郎行状》。
② 《宋会要·刑法》2之147。
③ 《范成大佚著辑存·奏札·论不举子疏》。
④ 《苏东坡全集·前集》卷30《与朱鄂州书》。
⑤ 《宋史》卷173《食货》上1。
⑥ 《麈史》卷上。
⑦ 《鄮峰真隐漫录》卷8《福州乞置官庄赡养生子之家札子》。
⑧ 《龟山集》卷3《寄俞仲宽别纸其一》。

提下,不重视对家庭成员的义务。人一成年,便热衷于独立,和长辈分家,与兄弟争财,营造自己的小家庭。

五代十国时期,一些割据政权顺适民俗,允许父子分家。如福建地区的统治者即不干涉"部民子孙别籍异财"①。二广的南汉政权甚至规定必须分家:"刘氏时,应祖父母、父母在,子孙既娶,即令析产。其后富者数至千金,而贫者或不能自给。"②分家之后,各显其能,贫富差异出现。宋朝统一南方后,以传统伦理纲常治国,并从赋税收入的现实角度考虑,禁止父母在而子孙异居。但禁令归禁令,南方的民间习俗是难以改变的,异居现象普遍存在。如四川地区,是《宋史·地理志》中唯一被指责"亲在多别籍异财"的地方。其实东南各地同样如此:

> 东南之俗,土狭而赋俭,民啬于财,故父、祖在,多俾子、孙自营其业,或未老而标析其产。近岁因为之立法,虽曰欲绝异时争讼之弊,而纷纭斗阋,殊无睦婣忠厚之气。士大夫每以为病也。③

分家的客观原因是经济状况不佳,而人人都在关注不多的家产,无论长辈还是晚辈,都希望另立门户,不受拖累或担心吃亏。然而由此又引起新的矛盾,家庭内部解决不了,奔向公堂,求助于官府,争讼不已。骨肉亲情,荡然无存。欲求其风俗淳厚,从何而得呢?

4. 称呼与时序

封建礼法注重正名——名不正则言不顺。其中包含着等级观念,容不得含糊。南方许多地区不仅是含糊,简直是混乱、颠倒,常令北方人惊骇。

称呼讲究尊敬与避讳,为亲者讳,为长者讳,为尊者讳。但两浙民间相互常以畜生谩骂,对长辈的名字也不知避讳:"浙人虽父子、朋友,以畜

---

① 《长编》卷94,天禧三年七月丁卯。
② 《长编》卷108,天圣七年五月己巳。
③ 《南涧甲乙稿》卷16《铅山周氏义居记》。

生为戏语,而对子孙呼父祖名,为伤毁之极!"①在潼川府路(即梓州路)的绍熙府(今四川荣县),居民"姓名颠倒,不知礼法"②。两广人对于称呼更随便,根本不在乎封建礼法,敢直接与皇家抗衡。宋代皇帝俗称"官家",皇帝的女婿俗称"驸马"。而广南人称舅舅为"官",称姑姑为"家",称女婿为"驸马","皆中州所不敢言"。皇帝不在场或与皇帝无关的情况下,严禁乱呼"万岁",但广南每逢除夕大放爆竹时,"军民环聚,大呼万岁,尤可骇者"③!从封建礼法角度看,这有背叛皇帝的嫌疑,或属于僭越,容易使人萌生异心,至少是对皇帝的不尊重。宋政府有法律规定,乱喊"万岁"者判处二年徒刑④,可是对广南的这种习俗并不能制止。

与名分相同,岁时节序也是朝廷尊严的体现。朝廷颁布的历法,谓之"正朔",奉正朔即表明归顺。南方一些地区,尤其是广南,民间则不奉正朔,完全按当地习俗行事:"岭南所重之节:腊一、伏二、冬三、年四。"⑤将正月初一的年节,排在节日的第四位而不予重视。个别地区如藤州(今广西藤县)更加严重:"俗不知岁,唯用八月酉日为腊,长幼相贺以为年。"⑥宋政府在节序上并没有统一广南。

5. "女作登于男"

在男尊女卑的封建礼法约束下,女主内,男主外,使占人口一半的广大妇女很少能从事社会活动和户外生产劳动。在北方,这是正常的,在南方就不正常了。南方不少地区的妇女不但从事男子的工作,甚至成为主要的社会生产劳动者和社会活动者。

例如湖北岳州(今湖南岳阳),"妇人皆习男事";"女子皆服力役,刍荛价卖,力夺男夫,否则耻之"⑦。妇女不但像男子一样从事体力劳作和

---

① 《鸡肋编》卷上。
② 《宋本方舆胜览》卷64。
③ 《鸡肋编》卷下。
④ 《庆元条法事类》卷80。
⑤ 《太平老人袖中锦·岭南节》。
⑥ 《宋本方舆胜览》卷40。
⑦ 《岳阳风土记》;《宋本方舆胜览》卷29。

商业活动,而且胜过男子,否则的话,就会为社会风俗所不容忍,被人耻笑。显然当地风俗是以女子劳作为光荣的。福建如福州:"市廛阡陌之间,女作登于男。"①妇女的劳作活动胜于男子。四川的情况类似,据陆游记载:"大抵峡中负物率著背,又多妇人。"②至少在背负物品的劳动中,女子多于男子。

在广西,男女分工完全与北方颠倒,男耕女织的生产模式在许多地方不存在,男既不耕,女亦不织,而是男主内,女主外:

> 深广之女,何其多且盛也!男子身形卑小、颜色黯惨;妇人则黑理充肥,少疾多力。城郭虚市,负贩逐利,率妇人也……夫者终日抱子而游,无子者则袖手安居。③

身强力壮的女子,代替男子成为主要社会生产者,男子要靠女子养活。广东广州的妇女,如前文所揭示,常代替丈夫四处奔走,出入官府打官司。其男子在社会生活中的作用可想而知。

宋代南方风俗的非礼法性,大致如上所述。下面谈几点看法。

宋代的北方领土比唐代小得多,河北路北部只到现今冀中保定、天津一带;陕西路西部到现今甘肃大水,北宋后期开边,最远时到青海西宁。北方原来的主要少数民族纷纷独立,建立政权,与宋朝相对峙。宋朝北方境内的少数民族只散居在陕西、河东沿边地区,虽然数量不少,但对广大内地的风俗没有多大的影响。原因之一,是北方传统观念强调华夷之别,对少数民族风俗有一种自觉的抵制意识。南方地区就不同了。

广西、广东、四川、湖南、湖北、福建等地,或集中、或分散地居住着众多的少数民族,不仅边疆地区有,内地数量也很多。例如,湖北的澧州、鼎州、辰州,湖南的邵州、全州(今湖南澧县、常德、沅陵、邵阳、广西全州)五

---

① 《淳熙三山志》卷39《土贡》。
② 《渭南文集》卷48《入蜀记》。
③ 《岭外代答》卷10《十妻》。

地,"各有蛮猺啸聚,依山阻江,迨十余万"①。也就是说,南方广大地区是"夷夏杂居"格局。

少数民族与汉族的最主要区别,就是风俗不同。奇异多彩、特色浓郁的少数民族风俗,本身就构成了南方风俗特色的一部分,又扩散影响到邻近的汉族居民。这是南方风俗比北方更复杂、丰富乃至相反的一个原因,也是南方风俗具有许多非礼法内容的一个原因。

沈括曾指出:"大凡北人衣冠文物,多用唐俗。"②宋代北方社会继承了唐代的精神文明,自属理所当然,问题在于:同样经历唐代270多年历史的南方社会,为什么很少留下盛唐文明的痕迹呢? 史实表明,南方社会在唐代并未汇进时代文明的主流,受中原影响有限,到北宋中后期,仍然能看到形式上的明显差别。时代文化的地域传承表明,南方和北方的发展既不同路,更不同步。以礼乐文明为主体的北方文化的一元性,长期未能统一多元的南方文化。

在此必须指出的是,所谓非礼法性,仅是指与朝廷所在地的北方风俗相对而言的,宋人所用的是北方传统封建礼法的标准。我们今天看来,应该注意两点。

其一,各地风俗不同,自有各自的地理环境、社会环境和历史发展阶段的客观原因,整体上适应着当地社会的需要。尤其是少数民族风俗,应予以尊重。与汉族风俗或北方风俗可以比较,但不能一概用后者为标准指责前者。许多风俗,如婚丧、节序等等,只有形式不同,很难说有什么优劣之分。从简便、实用、个性发展角度而言,南方民俗的某些内容甚至可以说比北方先进。

其二,不可否认,处在落后经济条件或社会形态中的某些偏僻地区和少数民族风俗,毕竟有其简陋性,例如杀人祭鬼、信巫不信医药等即是。先进地区的某些规范礼法,对其加强影响、移风易俗,是正常的行为和交

---

① 《东轩笔录》卷1。
② 《梦溪笔谈》卷6。

流,具有促进其发展的积极意义。

第三节　各地风俗比较

宋代各地主要风俗特点如上所述,下面的任务是,对这些特点,用比较的方式加以讨论,进一步分析其间的差异,也即进一步明确各自的特点。

一、南北风俗比较

宋代各地风俗,差异最大的是北方地区与南方地区,它几乎表现在各个方面,而且几乎都是相对的。首先举几个一般情况如下。

对江河的称呼:"南方之人,谓水皆曰江;北方之人,谓水皆曰河。"[1]如南方的长江、西江、闽江、嘉陵江、始兴江、涪江等等;北方的黄河、汴河、蔡河、滹沱河、漳河、葫芦河等等。

对口味的嗜好:"大底南人嗜咸,北人嗜甘。"[2]"大率南食多咸,北食多酸"[3]。宋代南方人喜爱咸食,北方人喜爱甜食或酸食。与现代的"南甜北咸"相反。

对位置的选择:"南人尚左,北人尚右。"[4]南方人以左为贵,北方人以右为贵。

对歌声的感觉:"南人之歌,南人闻之则喜,北人闻之则悲;北人之嘻叹,北人闻之则悲,南人闻之则漠然而已矣。"南方人的歌声,是为抒发其欢欣,北方人的嘻叹,是为泄发其忧愤,南方人北方人互相听了之所以没有同感甚至有相反的感觉,"非人情固不同也,其所居者然也"[5]。喜怒哀乐的人之常情是一样的,只是各自所处的地理环境不同,表达方式也就难

---

① 《宋景文公笔记》卷上《释俗》。
② 《梦溪笔谈》卷24。
③ 《萍洲可谈》卷2。
④ 《齐东野语》卷10《古今左右之辨》。
⑤ 《横塘集》卷15《代赵征上太守书》。

以被对方所认同。又如"北人喜鸦声而恶鹊声,南人喜鹊声而恶鸦声"①。朱彧言:"东南谓乌啼为凶,鹊噪为吉,或呼为喜鹊。顷在山东,见人闻鹊噪则唾之,乌啼却以为喜。不知风俗所见如何。"②现代北方地区与宋代南方地区一样,以喜鹊的鸣叫为吉祥之声,以乌鸦的聒噪为不祥之声,而宋代北方却完全相反。这种差异,不仅与地理环境、社会环境有关,也与审美水平与角度以及迷信有关。由上也可看出,北方社会风俗中有一种悲壮气息。

宋代南方的社会习俗,大体是以灵巧、柔弱、追求享乐及财利、好讼以及与传统的封建礼教相悖的现象为特点,许多方面都与北方形成明显对照。由于反差大,引起宋人强烈的兴趣,士大夫们对此多有论述,主要是以西北为一方、东南为一方进行比较,为我们的进一步探讨提供了便利。如宋祁是这样说的:

> 东南,天地之奥藏,宽柔而卑;西北,天地之劲方,雄尊而严。故帝王之兴,常在西北,乾道也;东南,坤道也。东南奈何? 曰:其土薄而水浅,其生物滋,其财富,其为人剽而不重,靡食而偷生,士懦脆而少刚,笞之则服。西北奈何? 曰:其土高而水寒,其生物寡,其财确,其为人毅而近愚,食淡而勤生,士沉厚而少慧,屈之不挠。③

庄绰有类似的议论:

> 大抵人性类其土风。西北多山,故其人重厚朴鲁;荆扬多水,其人亦明慧文巧,而患在轻浅,肝膈可见于眉睫间。不为风俗所移者,唯贤哲为能耳。④

---

① 《墨客挥犀》卷2。
② 《萍洲可谈》卷2。
③ 《宋景文公笔记》卷下《杂说》。
④ 《鸡肋编》卷上。

还有其他的论述,看法大同小异。归结起来有以下二点。

首先,充分肯定地理环境对风俗的塑造作用,属于唯物主义的态度。宋人认识到了地势地貌及水文因素,认识到了气候及自然植被因素。这是各地的生存方式、生活方式以及文化、风俗的基本前提。

其次,东南人习性的优点是柔和温顺,智慧灵巧,弱点是意志薄弱,轻扬浮浅。相对而言,西北人习性的优点是刚毅勤奋,质朴厚道,弱点是粗犷愚木。

宋人的这些比较并不全面,也有些绝对化,但确实反映了一些实际情况,颇有价值,至少使我们看到了宋代南北方风俗的独特性和比较的相对性。

具体到个人而言,其习性的形成,有先天的因素,也有后天的因素。有两例关于南北风俗对某个人习性影响的个案十分有趣,从中可以进一步了解北方习俗的某些方面。

一是韩琦。韩琦是北宋名相,世代为河北路相州(今河南安阳)人,"故其状貌奇伟,而有厚重之德"。但他是其父韩国华任福建泉州知州时出生于官舍的,"故为人亦微任术数",有一定的心机,"有闽士之风。皆其土风然也"①。这就是说,韩琦既秉承了世代相传的河北人的体型和习性,又有在出生地沾染的某些福建习性。

另一个例子相反。两浙路婺州义乌(今浙江义乌)人何茂宏,出生于其祖父任职的河北恩州(今河北清河),"故公之状貌端厚,意象轩昂,而胸次疏豁。是非长短,人得以望而知之。读书为文,亦不肯过为巧丽,取于适用而已。大略似北人者。岂其风土固如此?"②在河北出生的两浙人何茂宏,更多地体现了北方人的禀性。

这两个例子其实反映了许多问题,就本节的主旨而言,我们了解到地

---

① 《懒真子》卷5。
② 《陈亮集》卷36《何茂宏墓志铭》。

第一章 各地风俗特点及影响

方风俗的强大影响力,更了解到宋代河北人习性特色中状貌端伟、直率厚重及质朴的一面。显然,在宋人心目中,这是河北人或北方人的标准,反之,则是南方人的形象。

二、"重法地"与"道院"所对比的南北风俗

习俗民风如何,直接关系到社会秩序问题。统治者的统治方式也是因地制宜,用法轻重不一。

对于社会治安问题严重的一些州县,宋政府曾将其列为"重法地",也就是说在这些地区采取严厉措施,用酷法从重治罪。如范祖禹所说:"今重法之地,独为匪民,一人犯罪,连及妻孥,没其家产,便同反逆。"[①]对"重法地"的居民按匪民对待,犯法者抄没家产并株连妻儿。现将"重法地"的分布列表如下。[②]

表1 　　　　　　　　元祐初"重法地"分布表

地 区	数量	州县名称
开封府	3	东明县(今河南兰考北)、考城县(今河南民权西)、长垣县(今河南长垣南)
京西路	1	滑州(今河南滑县东)
京东路	12	应天府(今河南商丘)、郓州(今山东东平)、兖州(今山东兖州)、曹州(今山东曹县西北)、徐州(今江苏徐州)、齐州(今山东济南)、濮州(今山东鄄城北)、济州(今山东巨野)、单州(今山东单县)、沂州(今山东临沂)、淮阳军(今江苏邳县南)、广济军(今山东定陶)
河北路	8	澶州(今河南濮阳)、博州(今山东聊城)、沧州(今河北沧州南)、邢州钜鹿县(今河北巨鹿)、平乡县(今河北平乡西)、洺州鸡泽县(今河北鸡泽西)、平恩县(今河北曲周东)、肥乡县(今河北肥乡)
淮南路	5	亳州(今安徽亳州)、寿州(今安徽凤台)、濠州(今安徽凤阳东)、泗州(今江苏盱眙)、宿州(今安徽宿州)
福建路	3	南剑州(今福建南平)、汀州(今福建长汀)、建州(今福建建瓯)

---

① 《范太史集》卷24《乞除贼盗重法状》。
② 《长编》卷394,元祐二年正月乙亥。在此前后,也有部分"重法地"名单,与这次公布的大同小异。

"重法地"全部分布在东部地区,其中北方有24州县,南方有8州县,北方是南方的3倍。最多的是京东路,京西路仅滑州一地。滑州行政区划虽然归属京西,实际上却与京西任何一州也不接壤,孤零零地处于开封府、河北、京东之间,与之风土相通,倒是与土风平和的京西隔绝了。因此说,宋代"重法地"主要集中在东北地区,也即这里的民风剽悍。

与"重法地"相对的是被宋代士大夫美称为"道院"的州县。也就是民淳俗静,狱讼稀少,政务清闲,有如道院一般清静的地方。现将收集到的有"道院"之称的州郡列出。[①]

表2　　　　　　　　宋代"道院"分布表

地 区	数量	州县名称
两浙路	2	两浙道院江阴军(今江苏江阴)、海东道院明州象山县(今浙江象山)
淮南路	2	淮南道院通州(今江苏通州)、淮东道院泰州(今江苏泰州)
江东路	3	江东道院广德军(今安徽广德)、太平州(今安徽当涂),东南道院南康军(今江西星子)
江西路	1	江西道院筠州(今江西高安)
湖南路	1	湖南道院桂阳军(今湖南桂阳)
广东路	1	新州(今广东新兴)
福建路	1	闽中道院漳州(今福建漳州)
成都路	1	西州道院简州(今四川简阳)
潼川路	2	东蜀道院遂宁府(今四川遂宁)、东州道院叙州(今四川宜宾)

这里的14处"道院",全在南方。而据笔者涉猎的范围内看,北方没有一处被称为"道院"的。南方地区的"道院"现象,可以说是其柔弱特点的反映。

如此这般,便引出了一个新问题:"道院"现象与好讼之风是不是矛盾呢?回答是不矛盾。二者各是不同州县的情况,习俗大相径庭,不足为奇。再者,好讼主要反映了民与民之间的关系紧张,民与官之间只有告状

---

① 主要来源于《宋本方舆胜览》《舆地纪胜》。

与受理的频繁接触关系,不是对抗关系。例如淮南高邮军(今江苏高邮):"其间桀黠之民,好以讼相雄,往往挟法律以议吏是非,然亦不敢犯长吏,故易治而难服。"①顶多对吏人发些怨恨之语,却不敢向官府发难。"道院"则既反映了民与民之间关系缓和,也反映了民与官之间没有多少接触。二者在官民之间的关系上基本是一致的。

对比北方,则会看到不同的情况。宋哲宗元祐四年(1089年),知徐州孙觉说:"彭门地左事鲜,土风淳陋。出无过使、游士将迎之勤,居无簿书、牒诉、鞭朴之烦。俗喜剽劫,轻命抵死,过是无足治者。"②徐州百姓不好讼,解决矛盾的方式是用武力拼命或者是抢劫。而官府对此似乎是司空见惯了,除非是大案要案,并不多加过问。

从以上两个例子还可以得出一个结论,那就是南方多文斗、北方多武斗。

无论是"重法地"还是"道院",主要都是从刑狱角度而言的。深入探讨南北方刑事案件的多少,可以进一步说明有关问题。

宋代刑事案件数量的资料,系统的都是大辟——死刑案件。北宋时,全国各地每年死刑案件平均大约2000件左右。如宋仁宗嘉祐七年(1062年),天下断大辟1683人;宋英宗治平元年(1064年)为2493人。③其中南北方各多少,虽不得而知,但看一下南宋时的相关数字,就可以做出判断。据《建炎以来系年要录》,高宗一朝各年断大辟人数如下表(表见下页)。

南宋版图绝大多数是南方地区,这就意味着,尽管南宋初内外各种矛盾更加激烈,但死刑案件比北宋时大大减少,也即北宋时每年2000件左右的死刑案件,绝大多数发生在北方地区。宋高宗朝平均每年不足64人,最少仅16人,表明南方地区正常的大案要案很少。下面是两个具体例子。

① 《宋本方舆胜览》卷46。
② 《国朝二百家名贤文粹》卷137,孙觉:《秀楚堂记》。
③ 《长编》卷197,嘉祐七年十二月末;卷203,治平元年十二月末。

表3　　　　　　宋高宗朝各年断大辟人数表

年代	建炎三年	绍兴二年	绍兴十二年	绍兴十三年	绍兴十四年	绍兴十五年	绍兴十六年	绍兴十七年	绍兴十八年	绍兴十九年	绍兴二十年	绍兴二十一年	绍兴二十二年	绍兴二十三年	绍兴二十四年	绍兴二十五年	绍兴二十六年	绍兴二十七年	绍兴二十八年	绍兴三十年
人数	324	324	24	88	26	91	48	35	32	31	25	22	16	25	19	21	30	19	47	31

其一，据江休复言："绵州二岁断大辟一人，凤翔府半年断二十余人。"①以此推断，宋仁宗时，陕西凤翔府（今陕西凤翔）二年约为80余人，而成都府路绵州（今四川绵阳）仅1人！宋徽宗政和六年（1116年）、七年，淮南东路11州军"坐杀人而死者才十有二人，刑几措也"②。即每年平均6人，每州每年平均半个人。

其二，宋神宗熙宁中，赵诚在梓州路富顺监（今四川富顺）任职，一任两年间，仅发生两次杖罪小案；元丰中，南京（今河南商丘）军巡院长官刘勃却忙得不可开交，一任中小案不说，断绞刑260余、斩刑60余、钉剐27，死刑案件多达347！而且，这并不是南京所有的死刑案件，仅是军巡"一院之数也"③，另有府院、左右司理院等也是刑狱机构。

四川与北方相比，简直是天壤之别的两个世界！从苏轼对家乡眉州（今四川眉山）所做的介绍，可以使我们看到有关背景：

> 其民事太守、县令如古君臣，既去，辄画像事之，而其贤者，则记录其行事以为口实，至四五十年不忘。富商小民，常储善物而别异之，以待官吏之求。家藏律令，往往通念，而不以为非，虽薄刑小罪，终身有不敢犯者。④

眉州百姓循规蹈矩，对官吏毕恭毕敬，因而很少触犯刑律。

---

① 《江邻几杂志》。
② 《斐然集》卷26《翁彦深神道碑》。
③ 《画墁录》卷1。
④ 《苏东坡全集·前集》卷32《眉州远景楼记》。

第一章　各地风俗特点及影响

再看两浙。司马光指出："吴越素不习兵,以故常少盗贼",顶多有些结帮贩运私茶、私盐的行为,偶尔与官方发生冲突,"在于两浙,最为剧贼。然皆权时利合,事讫则散,不能久相屯结,又无铦利兵器,止偷商税,不敢剽掠平人"①。这些走私贩子,不过是临时聚结,目的是偷漏商税,既无意与官方兵刃相见,更不敢抢劫平民,成为真正的盗贼。

北方就大不一样了。如河北:"惟河北土地坚劲,风俗喜乱善盗,什伍千百,不待号召。"②处处冒烟,火光四起,动辄便可风起云涌。京东更是"素多盗贼,狴犴囚系,倍于他路"③,元丰时,半年间被官方捕杀的就达700人④。甚至有曹州、濮州人"专为盗贼"之说⑤。京东大地犹如龙潭虎穴,号为难治。苏轼对此也有议论,不过这次充满了忧患:

> 自来河北、京东常苦盗贼,而京东尤甚,不独穿窬祛箧、椎埋发冢之奸,至有飞扬跋扈、割据僭拟之志……凶愚之民,殆已成俗。自昔大盗之发,必有衅端。今朝廷清明,四方无虞,而此等常有不轨之意者,殆土地风气习俗使然,不可不察也。⑥

"朝廷清明"固然是谀辞,京东阶级压迫、剥削严重是风俗"好乱"的根本原因,但民风强悍也确实值得注意。

宋神宗在这个问题上,曾从习性角度做过比较。熙宁六年(1073年),王安石向宋神宗汇报河北发生有"谋变"之事件,宋神宗说:"河北人愚!东南人即难诱合此事。"⑦他的意思是,河北人不明事理,不顾后果,轻易就会受人唆使作乱;而东南人精明,明哲保身,对此类事不热心,不会

① 《温国文正司马公文集》卷16《论两浙不宜添置弓手状》。
② 《长编》卷280,熙宁十年二月乙未。
③ 《山左金石志》卷18《徽宗奖谕敕书碑》。
④ 《宋史》卷344《李常传》。
⑤ 《宋史》卷192《兵》6。
⑥ 《苏东坡全集·奏议集》卷15《代李琮论京东盗贼状》。
⑦ 《长编》卷246,熙宁六年八月己卯。

一点就着火。

北方之刚悍,南方之柔弱,无疑是宋代民风的基本差异。同时必须注意,这并不是绝对的,在一定条件下,到一定程度就会发生变化,从而显示出民风习俗及其社会影响更深刻的一面。苏辙就宋代西部地区的陕西、河东与四川做过有关分析比较:

> 今夫秦晋之民,偶悗而无所顾,负力而傲其吏。吏有不善,而不能有所容也,叫号纷呶,奔走告诉,以争毫厘曲直之际;而其甚者,至有怀刃以贼其长吏,以极其忿怒之节,如是而已矣。故夫秦晋之俗,有一朝不测之怒,而无终身戚戚不报之怨也。
>
> 若夫蜀人,辱之而不能竟,犯之而不能报,循循而无言,忍诟而不能骤发也。至于其心有所不可复忍,然后聚而为群盗,散而为大乱,以发其愤懑不泄之气。虽有秦晋之勇,而其为乱也志近而祸浅;蜀人之怯,而其为变也怨深而祸大。①

两个地区的居民,面对官方的剥削压迫持不同的态度:西北居民无所顾忌,有所不满即发泄一通,乃至铤而走险,诉诸武力;如一团茅草,一点就着,烧完为止。四川居民恰恰相反,受了欺压,不敢反抗,一味忍辱负重,将怨愤之火埋在心里,聚积日久,到了实在难以忍受之时,终于轰然爆发,酿成大乱。如一堆湿树桩,难以点燃,烧起来就是持久的大火。

事实正是如此。通观宋代农民起义形势,总共有3次大的起义战争,即四川的王小波、李顺起义,两浙的方腊起义,荆湖的钟相、杨么起义,全在南方的长江上中下游地区。北方却只有众多的小规模起义。现据何竹淇先生《两宋农民战争史料汇编》,按路统计北宋各地农民起义的次数(结合其他史料,统计时稍有损益)制表如下,以资参考。

---

① 《栾城应诏集》卷5《蜀论》。

表4　　　　　　北宋农民起义次数时空分布简表

时代＼地区	开封路	京西路	京东路	河北路	河东路	陕西路	淮南路	两浙路	江东路	江西路	湖北路	湖南路	福建路	成都路	梓州路	利州路	夔州路	广东路	广西路	不详地
太祖朝(17年)	1	2	1			1				1				5	1	1	1	1	2	
太宗朝(21年)		7	9	9	2	4	2	2	1	2	1			1	3	4		1	1	2
真宗朝(25年)	1	2	7	5	1		1	·	1					1						2
仁宗朝(43年)	2	9	15	8	4	5	7	1	1	1	2	1	2	1				1	5	1
英宗神宗朝(22年)	4	4	12	6	1	3	3	1	7	1		4		1						
哲宗朝(15年)		1	4			2	3							1				2		
徽宗钦宗朝(27年)	2	5	18	6	3		5	6	3	3	1	2	1	1						6
总　计	10	30	66	34	11	15	21	9	7	12	4	4	2	12	6	1	3	9	8	6

需要说明的是，上表只是见诸记载的农民起义，并不完全。再者，起义规模差距很大，性质不尽相同。但从宏观上考察，仍有其价值。

表中显示，北宋时大大小小的农民起义约278次。其中北方6地发生166次，南方13地发生106次。最多的地区是京东路，凡66次；最少的是利州路，仅1次。结合前边的论述可以明确，北方的起义次数多而零散，没有形成大的气候，组织程度、斗争艺术、规模和影响都不及南方。而且宋代没有发生过一次南北联合的全国性大起义战争，显出地域性很强的特点。

成都府路自王小波、李顺起义之后，北宋时只发生过4次起义事件，其中真正动干戈的仅有王均兵变，而不是百姓造反。两浙路在宋徽宗朝以前的百余年间，也只有3次记录：一次是僧人谋反未遂；一次以"群盗"名闻于朝廷；一次有"小寇"，严格说都不是武装起义。但到北宋末年，随着剥削压迫的加剧，终于爆发了震动东南的方腊起义。苏辙的前番理论，看来适应于整个南方和北方。

宋朝军队的部署，在某种程度上就是针对民风状况而来的。宋仁宗时禁军的屯驻分布就是代表。①

①　据王曾瑜先生：《宋朝兵制初探》，中华书局，1983年版，第34—54页。

表5

宋仁宗朝各地禁军兵力表

地区	开封路	京西路	京东路	河北路	河东路	陕西路	淮南路	两浙路	江东路	江西路	湖北路	湖南路	福建路	成都路	梓州路	利州路	夔州路	广东路	广西路
营数	684	165	140	254	160	329	58	18	13	18	39	23	10	3	6	0	0	3	5

当时禁军共有1928营(指挥),其中北方地区驻有1732营,南方地区驻有196营。南方驻军仅占总数的10.1%。四川的利州路、夔州路居然没有禁军。京师开封驻军最多,是"守内虚外"国策的产物,也是保护朝廷的必要措施。京西驻军多,同样是拱卫京师的需要。陕西、河东、河北与西夏、辽国相邻,必须屯驻大军抗御入侵,保卫国防,而且民风剽悍,需有相应的镇压力量。京东并不沿边,大量的驻军主要是维护治安,对内镇压。而人口、面积都占多数的广大南方地区,宋政府认为比较安全,所以只派驻了1/10的兵力。

反过来说,北方虽有重兵部署,并没有能够制止不间断的农民起义和治安状况的恶化;南方虽无重兵部署,长时间内倒也相安无大事。这深刻说明了民风习俗在社会环境中的作用,进一步显示了南北习俗的重大差异。

第四节　乡土观念与地域偏见

地域文化的最大特点就是地域独特性。不同的地域文化之间,必然有一定程度的不相适应。世代相袭的各地风俗习惯,使人们对生长地的一切都感到亲切合理,而对异地的东西在新奇之外,总有不习惯乃至排斥。固执者常会付出很大的代价。

宋代初年,南唐使者、扬州人徐铉首次来到北方的开封。见惯了绸绢服装的徐铉,看到不少人穿着适应北方气候需要的毛褐,觉得很粗俗,十分反感,"见被毛褐者辄哂之"。南唐入宋以后,徐铉来到北方做官,因事被贬为静难军行军司马,地在高寒的陕西邠州(今陕西彬县),但他"终不

御毛褐,致冷疾",死于邠州。① 连关系到生命健康的服装尚且不通融随和,何况其他事物呢?

宋代地域文化的差异性之所以比较突出,有其特殊的历史原因。宋以前及宋初,有一段长达数十年的唐末五代十国割据时期,各地相互隔绝乃至敌对,政治独立、军事封锁使各地特点受到强化,地域文化更具独特性。北宋以后,北方为金国占领,南宋时的南方地区又一次与北方隔绝长达一百多年之久,文化的地域性因而更加突出。

风俗习惯的差异、各地交往了解的不充分以及政治等原因,常常使人强化乡土观念并引起地域偏见。

一、南人北人的矛盾及地域之争

北宋时期,尤其是北宋前期,南人、北人之间的矛盾主要表现为北方人士对南方人士的轻蔑与排斥。

宋初立国于北方,最早继承的是后周的领土,仅限于北方的一大部分地区。随后,用了十多年的时间,陆续统一了南方诸国。以中原正统和胜利者自居的北方官员,在地理上、心理上难免有优越感,在政治上对南方人有所防范,在地域上对南方人有所轻视。如对南唐旧臣,普遍看不起。开封人李穆就曾说:"吾观江表冠盖,若中立有道之士,惟徐公(铉)近之耳。"②言外之意,除了徐铉在操守品行上稍好些外,其他南唐旧臣皆不足论。史称徐铉"性简淡寡欲,质直无矫饰"③,与北方人相近,当是其免遭偏见非议的一个因素。

地域之争中最重要的问题当首推"禁中誓碑"问题。宋代有记载,说宋太祖赵匡胤刻有一块誓碑,专为传给后世子孙皇帝遵守。誓碑内容各种记载不尽相同,但首要的一条都是不准任用南方人为宰相:

① 《宋史》卷441《徐铉传》。
② 《儒林公议》卷下。
③ 《宋史》卷441《徐铉传》。

> 后世子孙无用南士作相、内臣主兵。①
>
> 用南人为相、杀谏官，非吾子孙。②

成书于宋徽宗朝的《道山清话》，对此有专门记载：

> 太祖尝有言："不用南人为相。"《实录》《国史》皆载，陶谷《开基万年录》《开宝史谱》言之甚详。皆言太祖亲写"南人不得坐吾此堂"，刻石政事堂上。或云自王文穆（王钦若——引者注）大拜后，吏辈故坏壁，因移石于他所，后浸不知所在。既而王安石、章惇相继用事，为人窃去。如前两书，今馆中有其名而亡其书也。顷时尚见其他小说往往互见，今皆为人节略去。人少有知者，知亦不敢言矣。

该书认定有此誓碑，只是由于南方人相继为相而有意使之消失了。该书作者姓名已失传，据考证，可以知道的背景有三点：一、作者长期在国史馆任职，接触过大量秘籍；二、作者是洛阳人；三、成书于宋徽宗崇宁末大观初。时正值福建人蔡京等以恢复新法之名贬斥"元祐党人"之际，作者对此不满，而且书中"颇诋王安石之奸"③，显然是站在保守派立场上的。上条文字的揭示，当是有感而发，本身即是北方人对南方人不满的表达。

　　究竟有没有誓碑，史学界尚未搞清楚。不过，誓碑的基本精神却为不同时期的朝廷所贯彻。其中"不用南人为相"，在宋初两朝即是事实。到了宋真宗时，有所改变。宋真宗曾想任命江西临江军（今江西新余）人王钦若为相，遭到时相大名府莘县（今山东莘县）人王旦的反对：

> 钦若遭逢陛下，恩礼已隆，且乞令在枢密院，两府任用亦均。臣见祖宗朝未尝使南方人当国，虽古称立贤无方，然必贤士乃可。臣位

---

① 《邵氏闻见录》卷1。
② 《云麓漫抄》卷4。
③ 参见《四库全书总目》卷141。

居元宰,不敢阻抑人,此亦公议也。

王旦一方面强调宋太祖、宋太宗两朝不用南人为相,另一方面暗示王钦若不是贤士,公议不佳。宋真宗听了,只好暂时打消这个想法。至王旦去世后,才将王钦若任命为相。王钦若因此曾颇有情绪地对人说:"为王子明(旦)故,使我作相晚却十年!"①从此,南方人不准为相的禁令被打破。

在此之前,华州下邽(今陕西渭南北)人寇准为执政大臣期间,公开表示出自己对南方人的不满,"尤恶南人轻巧"。宋真宗大中祥符八年(1015年),科举考试完毕,在最后确定状元人选时,按朝廷规矩须以"材质可者"为状元,目测之后而定。当时成绩最好者有二人,一为京东人蔡齐,一为江西人萧贯。蔡齐"仪状秀伟,举止端重",已为宋真宗所属意。知枢密院寇准又说:"南方下国人,不宜冠多士。"于是以蔡齐为状元。寇准下朝后高兴地说:"又与中原夺得一状元!"②视南方为下国,恶南人之轻巧,在当时可以说代表了许多北方士大夫的观点。

江西抚州(今江西抚州)人晏殊,以神童被召试入朝,受到皇帝的赞赏,赐以同进士出身。宰相寇准又表示不满,说:"殊,江外人。"③意思是不该给南方人如此恩遇。

北宋初,南方人在朝廷做官者极少,主要原因是南方许多地方尚不在宋朝版图之内。南方逐步统一后,大批的南方人开始涌入朝廷。至宋真宗时,南方的在朝官员已十分活跃,形成了较大势力,有意无意地与北方官员进行较量,争权夺利。王钦若等人先后排挤掉了北方士大夫寇准、赵安仁,与楚州(今江苏淮安)人刘承珪、建昌军(今江西南城)人陈彭年、南剑州(今福建南平)人林特、苏州(今江苏苏州)人丁谓结为党羽,"踪迹诡

---

① 《长编》卷90,天禧元年八月庚午。

② 《长编》卷84,大中祥符八年二月癸卯。按,北宋末仍有以南方为下国之论。靖康元年,太学生四川人杨诲上书时即提到:"江左、西蜀,偏方下国。"见《三朝北盟会编》卷36。

③ 《宋史》卷311《晏殊传》。

异,时论谓之五鬼"①。此处所谓"时论",恐怕就是代表了北方人的看法,对这几位南方官员的作风十分反感。京东人王曾、开封人马知节以及宋真宗即持此种看法。

在地方官的选用上,宋初曾存在着对南方人政策性的地域偏见。

对一个地方的风俗是否熟悉或适应,关系到地方官能否因地制宜。陕西夏县(今山西夏县)人司马池曾任杭州知州,他本性"质易",又"不知吴俗",被人弹劾,降知毗邻其家乡的虢州(今河南灵宝)。②最熟悉一地风俗者,莫过于本地区或邻近地区的人,"仕宦之优,莫如乡国,知其吏民之态,习其风俗之宜,所治而安,于治为易"③。因而宋政府任用地方官时,一般不回避其家乡,有时甚至专门选用本地人做本地官。如宋真宗咸平六年(1003年)诏:"京朝官任河北路诸州通判、盐场务及幕职州县官,其令选乡贯在本路、历任无赃罪者充。"④但是,在宋初,朝廷对新收复的南方地区在政治上不放心,规定南方人不得任南方地方官。宋太宗太平兴国七年(982年)诏:

> 西蜀、岭表、荆湖、江、浙之人,不得为本道知州、通判、转运使及诸事任。⑤

禁令涉及范围,包括四川,广南,荆湖南、北,江南东、西,两浙等大部分南方地区。另外,出于对南方人"柔弱"的轻视,宋真宗时曾有官员上书,各地负责维护治安的巡检官"当择武勇、心力强明者,乞不用福建、荆湖、江、浙、川、峡"之人和文资出身者充任。⑥

南北混一既久,中央集权制巩固,对南方地区的戒备心渐渐减弱,全

---

① 《长编》卷78,大中祥符五年九月戊子。
② 《宋史》卷298《司马池传》。
③ 《栾城集》卷28《郑亶通判睦州》。
④ 《长编》卷55,咸平六年七月庚寅。
⑤ 《长编》卷23,太平兴国七年十二月。
⑥ 《长编》卷63,景德三年五月戊午。

由北方人充任南方地方官既不方便,也不现实,到宋真宗时开始放宽禁令。天禧元年(1017 年)诏:"选人本贯江南、两浙、福建者,许去本乡三百里外注官。"①天禧五年(1021 年),审官院进一步提出:"京朝官本贯在荆湖、江、浙者,望比类福建、淮南人,许任本路。"朝廷同意了这一建议。②在任命南方人宦守乡邦时,有时特意点明知俗而仕的意图。如在任命两浙人张询为两浙路提点刑狱的诏书中说:"吴越之人,文巧好利,奸狱多有。汝长于其乡,而知其情伪,往将典宪。"③

四川的情况例外。由于四川地势险固,历来多有割据,而且"俗轻而易摇"④,宋政府对此始终保持着戒心。对四川州郡主要地方官的选择极为谨慎,并一般不许本地人充任。仅举宋神宗熙宁年间的有关诏令便可知晓。

熙宁八年(1075 年)诏:"川峡四路知州、通判、四路人差授,不得以本路人为代。"

熙宁十年二月诏:"自成都府,梓、利、夔州路知州、通判,不得差川峡人。"

熙宁十年三月诏:"自今川峡四路转运、提点刑狱、提举常平官,不得兼差川峡人。"⑤

直到宋徽宗大观三年(1109 年),有关禁令仍坚持不变:"诏四川郡守并选内地人任之。"⑥不过,个别时期也有例外。

如此看来,宋政府一直担心四川人可能会依据天险割据,"自顷诸公

① 《长编》卷 90,天禧元年十一月。
② 《长编》卷 97,天禧五年七月戊戌。
③ 《栾城集》卷 29《张询浙宪》。
④ 《华阳集》卷 30《右骐骥副使蒋揆可庄宅使》。
⑤ 《长编》卷 264、280、281。
⑥ 《宋史》卷 20《徽宗纪》2。

议论，多以蜀人为疑，苟可以防闲阻遏，无不为矣。"①其实，这一看法不无偏见。历来割据四川者，大多并不是四川人：

> 自昔乱蜀者非蜀人。如张鲁、李特、刘闻、王健、孟知祥之类，皆北人也。本朝王均、张信，东京人，王孝忠，蔡州人。中间唯饥民王小波以岁荒盗食耳，非本有反意也。近者吴曦兄弟与其谋主姚淮源、米修之，皆德顺军人，董镇，饶州人。②

> 蜀虽阻剑州之险，而郡县无城池之固，民性懦弱，俗尚文学。而世以为蜀人好乱，殊不知公孙述及刘阐、王健、孟知祥辈，率非土人，皆以奸雄乘中国多事，盗据一方耳。③

除了王小波起义外，历来乱蜀者都不是四川人。这一问题的揭示，更说明四川"民性懦弱"。因此不会轻易造反，却容易受到"奸雄"的挟持。

在野士大夫对南方人的偏见，以邵雍为典型。河北人、久居洛阳的邵雍，宋英宗朝与客人在洛阳天津桥散步时，突然听到杜鹃的啼鸣，立即惨然不乐。客人忙问怎么回事？邵雍说，洛阳原本没有杜鹃，"今始至，有所主"。他解释道："不三五年，上用南士为相，多引南人，专务变更。天下自此多事矣！"客人更加不解地问道："闻杜鹃何以知此？"邵雍说："天下将治，地气自北而南；将乱，自南而北。今南方地气至矣，禽鸟飞类，得气之先者也。"④从南方禽类飞到北方洛阳，推断南方地气北渐，南方人要为宰相，天下将要混乱。所指即几年后的王安石变法。此说源自他所认定的伏羲八卦运行顺序，自属荒诞，但说明了北方人对南方根深蒂固的偏见。

反过来说，南方士大夫同样存在着轻视北方人的偏见。宋哲宗元祐

---

① 《眉山唐先生文集》卷7《辩蜀论》。
② 《续编两朝纲目备要》卷10，开禧三年二月。
③ 《渑水燕谈录》卷8。
④ 《邵氏闻见录》卷19。

年间,京东人赵挺之与江西人黄庭坚同在馆阁任职,黄庭坚仅仅因为赵挺之是"鲁人",而"意常轻之"。致使赵挺之对其恨之入骨,后来不遗余力地排斥黄庭坚①。另一个江西人孙勰,曾任京东郓州(今山东东平)州学教授,每读到诸生的文章不满意时,总爱说:"吾江西人属文不尔!"②明白无误地表达出对自己家乡的自豪感和对郓州学生的轻蔑。第三个例子还是江西人看不起京东人。江西人欧阳修与京东应天府虞城(今河南虞城北)人赵概在朝为同事,由于赵概"性厚重寡言,修意轻之"③。江西人的自负与傲慢,由此可见一斑。如果说江西人对京东人的文章水平或文风有看法尚且情有可原的话,那么,仅仅因为是京东人或习性而轻蔑之,就是典型的地域偏见了。

由于风俗习性的好坏早已有传统的标准,而这传统的标准来自儒家思想,所以,一些南方士大夫不免受其影响,个人情感移向北方,从而鄙薄南方。如福建人陈瓘,曾在其所著《遵尧集》中专论南北风俗,公开表达自己的倾向。他虽然"乡里在南方,坟墓在南方,饮食、风土皆以南方为便,亲戚故旧并是南方人",但对南方风俗中熏陶出来的南方士人不满意,反对他们"重南轻北"的做法。④"陈公莹中,闽人也,而专主北人。以北人而后可以有为,南人轻险易变,必不可以有为"⑤。应该认识到,这其中有北宋后期党争的因素在内,有一定的政治内容,故而也有偏激。

另一个例子是江西人欧阳修。他对家乡吉州(今江西吉安)风俗不满意,从中年开始,就一心要在京西颍州(今安徽阜阳)安家定居,并写下了大量的《思颍诗》。而对家乡颇有微词。

(欧阳修)自葬郑夫人之后,不复归故乡。其作《吉州学记》云:

---

① 《挥麈后录》卷6。
② 《渭南文集》卷32《曾文清公墓志铭》。
③ 《涑水记闻》卷3。
④ 《长编》卷246,熙宁六年七月庚午注文。
⑤ 《童蒙训》卷中。

"幸余他日因得归荣故乡,将见吉之士皆道德明秀而可为公卿;问于其俗,而婚丧饮食皆中礼节;入于其里,而长幼相孝慈于其家;行于其郊,而少者扶其羸老,壮者代其负荷于道路。然后乐学之道成,而得时从先生者老,席于众宾之后,听乡乐之歌,饮献酬之酒,而以诗颂天子太平之功……"虽有此言,而迄不践。乐颖昌山水,作《思颖诗》,退休竟卜居焉。前辈议其无回首敝庐、息间乔木之意。近时周益公归休,尹直卿以诗相贺之云:"六一先生薄吉州,归田去作颖昌游……"①

欧阳修的《吉州学记》,用的是婉转的希望口气,暗示其习俗并不像他希望的那样淳朴和"中礼节",因而"薄吉州"风俗,甚至不愿再回归故乡,简直要与之决裂了。

又如范仲淹,晚年原打算在原籍苏州(今江苏苏州)选择坟地,但嫌其"风俗太薄",改在了洛阳。②

二、对四川、福建人的偏见及"闽蜀同风"问题

宋代四川、福建是地域文化特色比较突出的地区,各自代表着南方文化的某些方面,与北方文化不尽相同,也最易使某些人对其产生地域偏见。尤其是北方人,对这两地所表现出的带有共性的习俗,颇觉反感。

对四川人,为其起了绰号叫"川蟲直"。黄庭坚载:"蟲直(据原注反切,音喇午。疑"蟲"字即"蟲"),泥不熟也。中州人谓蜀人放诞不遵轨,辄曰:川蟲直"③。蟲直是宋代中原地区的俗语,据史料可理解为不规矩、不成熟。换句话说,宋代四川人的习性比较洒脱,有点儿放诞,与中原地区传统的封建礼法不相一致,因而使中原人看不惯,受到蔑视。

对福建人,也起了绰号叫"福建子"。朱彧记载:"中州人每为闽人所

①　《鹤林玉露》甲编卷1《仕宦归故乡》。
②　《范文正公集·尺牍》卷下《仲议待制》。
③　《涪翁杂说》。

窘,目为'福建子',畏而憎之之辞。"①据福建人杨亿说"闽士轻狭"②,司马光曾说王安石"心术似福州"③,大致都是说福建人有心机,好捉弄人,致使北方人难以应付,不堪忍受,对其又怕又厌恶。其实不只是北方人,南方其他地方的人对福建人也有如此恶谥。如江西人王安石,被福建人吕惠卿出卖排挤,罢相退居江宁(今江苏南京)以后,往往写"福建子"三字以泄胸中愤怒④。四川人苏轼、苏辙兄弟,与吕惠卿是政敌。吕惠卿遭贬责后,在谢表中有"虫臂鼠肝,悉冥心于造化"之语以讥刺二苏,苏轼见了气愤地说:"福建子亦会做文字!"⑤

　　苏轼与吕惠卿的矛盾,主要是政治矛盾,地域偏见是由此派生的。其实,社会舆论原本是把四川人、福建人绑在一起的——即世人认为"闽蜀同风"。

　　"闽蜀同风",是指福建和四川有某些共同的风俗。宋代以前就有这种说法。王得臣说:"世言闽蜀同风,孙光宪作《北梦琐言》以为不同,大略引蜀有不仕之类以为异。孙盖蜀人也,故主其乡风。"王得臣列举了一些事实后,认定"闽蜀同风"的存在,"则知古语之传盖不虚耳"⑥。孙光宪是五代宋初陵州贵平(今四川仁寿东北)人,所作《北梦琐言》,记载晚唐、五代的朝野杂事。今中华书局本《北梦琐言》20卷,佚文4卷,未见有此条,当是迭失。从王得臣引用的话来看,可以证明至少在唐代就有这种说法,而孙光宪是不同意的,为四川人做了辩解。苏轼对此说也很不满。宋哲宗元祐年间,苏轼与河北人刘安世同在朝中,分别为"蜀党""朔党"人物,"东坡勇于为义,或失之过,则器之(刘安世)必约以典故"。二人的政治分歧与习性又导致出地域偏见。当时有人宣扬"闽蜀同风,腹中有虫",以闽蜀两个字都从虫来污蔑闽蜀之人。苏轼当着众人的面勃然变

①　《萍洲可谈》卷3。
②　《宋史》卷311《章得象传》。
③　《道山清话》。
④　《宋史》卷471《吕惠卿传》。
⑤　《密斋笔记》卷3。
⑥　《麈史》卷下《风俗》。

色,反驳道:"《书》称'立贤无方',何得乃尔!"刘安世却接过话茬攻击道:"某初不闻其语。然立贤无方,须是贤者乃可。若中人以下,多系土地风俗,安得不为土习风移?"讲述的虽然是一般与个别的关系,实际上确认了"闽蜀同风"。苏轼竟无言可对,默然而已。[①]

那么,究竟"闽蜀同风"有哪些内容,惹得四川人如此生气、竭力否认呢?有关内容说法不同。北宋后期,安州(今湖北安陆)人王得臣的说法是:

> 世言闽蜀同风……今读书应举、为浮屠氏,并多于他所;一路虽不同,相逢则曰"乡人",情好倍密;至于亲在堂兄弟异爨、民间好蛊毒者,此其所同者。[②]

南宋初,福建兴化军(今福建莆田)人黄公度有次提到:

> 闽蜀相望,各在西南一隅,而习俗好尚,实有东州齐鲁遗风。蜀由汉以来,号为文物善地,闽又其最后显者。[③]

南宋度宗咸淳年间,担任福州连江(今福建连江)知县的眉州(今四川眉山)人宋日隆说:

> 日隆蜀之眉人也,而令于闽。闽蜀风马牛不相及,前辈乃以为同风,每窃疑之。三载兹邑,目文物之盛,科馑之勤,真与吾眉同。[④]

上述三种论据的提供者,一个湖北人,一个福建人,一个四川人,具有

---

① 《邵氏闻见后录》卷20。
② 《麈史》卷下《风俗》。
③ 《知稼翁集》卷下《兴化军重建军学记》。
④ 《嘉庆连江县志》,〔宋〕宋日隆旧序。

代表性,从不同角度认可了"闽蜀同风"。区别是,外地人所说比较全面,两地当事人则只承认优良的一面。综合起来,可以看出在以下五个方面,福建、四川有相近之处。

1. 福建、四川(主要指成都府路)都是文明昌盛之地,文化普及,士人读书热情高涨,科举考试人数众多。

2. 宗教气氛浓重,都有众多的佛教僧侣。

3. 乡土观念强,在外地碰见老乡,倍感亲切。

4. 宗法观念弱,弟兄们一成人,即分别与父母分家另立门户。

5. 民间蓄养蛊毒,用此谋害仇人。

以上几点相同之处,在宋代大体上都是存在的,其主要内容,在本书的有关章节中可以得到证实。当时社会上流传的有关内容,可能不止这些,恐怕更多的是不良的一面。否则的话,四川人何必竭力否认呢?

此外,还有一件事又一次将闽蜀的某些人绑在了一起,使"闽蜀同风"问题具体化、极端化。宋钦宗靖康末年,金兵灭掉北宋朝廷,准备撤离开封时,要带走30名通经术的太学生为金国服务,并发给300贯治装费以引诱之。即有100多位太学生报名愿北上。金人又说:"金国不要汝等作大义、策论,各要汝等陈乡土方略利害。"于是,"诸生中有川人、闽人者,各争持纸笔,陈山川险易、古人攻战据取之由以献。又妄指倡女为妻,要取军前。后金人觉其苟贱,复退者60余人。士之无守,有如此者!"①为了个人利益,不耻投敌叛国的人,未必都是闽蜀之士,这些闽蜀太学生当然只是闽蜀之士中的极少数败类,不能代表广大闽蜀士人。史料中特意将其揭露出来,当与"闽蜀同风"的社会成见和北方人对其反感不无关系。

福建、四川习俗的某些共同特点,大约如上所述。当然,两地之间的不同点更多。比较学的价值在于,相近的事物,以寻找不同点为重要;相远的事物,以寻找共同点为重要。宋代福建、四川,一个在东南端,一个在

————

① 《系年要录》卷2,建炎元年二月乙亥注,引赵甡之《遗史》。

西南端,相距万里之遥,在宋朝南方所有的路中,二者相距最远,正所谓风马牛不相及。为什么偏偏是这两路,被认为有如此相似的习俗呢?

线索还要从最基本的自然环境和社会环境中去寻找。

第一,两路的地理环境相对封闭。四川是四塞之国,西川更是处于成都盆地之中。福建则是三面环山,一面临海:"如闽之四境,南控大海,三面皆崇山峻岭。稍加人力,不复可犯。"①与四川相似。因此,容易形成比较独特的习俗,自我意识、乡土意识较强。

第二,两路"地狭人稠"问题最为突出。两路的人口虽然不是全国最多的,但与境土面积和可耕地联系起来看,人口压力问题就十分严重了。宋徽宗崇宁元年(1102 年),成都府路口数为 2492541 人,土地面积为54818.38 平方公里,每平方公里口数 45.5 人,密集程度为全国之最;南宋嘉定十六年(1223 年),口数为 3171003 人,每平方公里口数 57.8 人,仍是全国之最。② 福建每平方公里口数虽居全国中游,但福建是著名的"八山一水一分田"的地方,可耕地少,人口的环境容量小,"四民皆溢"的现象十分突出,"居今之人,自农转而为士、为道、为释、为技艺者,在在有之,而惟闽为多。闽地褊,不足以衣食之也,于是散而之四方"③。在《宋史·地理志》中,只有两个路被提到土狭人稠,正是福建与四川。福建:"土地迫狭,生籍繁夥,虽硗确之地,耕耨殆尽。"四川:"地狭而腴,民勤耕作,无寸土之旷。"面临着相同的社会环境。

既封闭又土狭人稠,"闽蜀同风"现象由此产生。由于土狭人稠,劳动力剩余,积极者便向读书出仕发展,消极者便遁入空门谋生,读书人和僧侣因而众多。同样的原因,社会矛盾复杂,争夺财富引起与父母兄弟分家以及以蛊报仇事情较多。由于封闭,地域观念和乡党意识得到强化,到了外地,不存在原来可能的摩擦,抱成一团,共同对付或多或少的地域歧视。

---

① 《系年要录》卷 47,绍兴元年九月壬戌。
② 《历史研究》1957 年第 3 期,袁震:《宋代户口》附表。
③ 《缘督集》卷 17《送缪帐幹解任诣铨改秩序》。

任何一个地方的风俗,都包含着优良的一面和粗陋的一面,闽、蜀当然不能例外。只是应该注意地域偏见对某些方面的强调与夸大。两地相比之下,"闽蜀同风"的内容,无论哪方面都以福建最为突出,四川与之相近,多少也有点儿是比附上去的,因而四川人对此说最为不满。

上述问题还可以使我们得到一个感觉,那就是闽蜀文化已形成咄咄逼人之势,对北方以及南方其他地区产生冲击和威胁,引起了北方等地的不安。广东、广西更偏远,其习俗也更有特色,人们对其并没有什么特别的偏见,原因就在于当地文化相当落后,形不成什么气候和扩散力量,不引人注目。

"闽蜀同风"诸问题给人的启示还有,不仅使我们看到了地域文化的联系性,更使我们看到了地域文化的特殊性,而特殊性难免有不相适应之处,产生些抵触。北方与闽蜀以及整个南方之间,乃至闽蜀之间,都有类似问题。

三、党争中的地域问题

北宋中后期的政治局势,一个明显特征是党争不断。党争是政治斗争,其中有的是改革与保守之争,有的是官场争权夺利之争,有的只是意气之争。由于参加者的习性和观念不同,难免有意无意地掺杂着地域意识,虽然不是党争中的实质和主流,但也是一个很有影响、不能忽视的重要内容,使党争更加复杂。对这些问题的讨论,可反映出宋代地域文化的某些侧面。

话题从宋神宗朝开始。

宋神宗熙宁年间,举国上下掀起了一场轰轰烈烈的改革运动。这场深刻而伟大的运动,暴露了宋代社会的矛盾,同时也暴露了所有参与者的政治态度和素质。围绕着王安石变法,形成了改革派与保守派。他们自觉不自觉地代表着某一阶级、阶层和集团的利益,也多少受到各人生长环境的地域影响。

这场运动刚刚拉开序幕,就出现了地域偏见和政治偏见。

熙宁二年(1069 年)十月,福建人陈升之被任命为相。宋神宗问陕西人司马光:"近相升之,外议云何?"司马光回答说:"闽人狡险,楚人轻易。今二相皆闽人,二参政皆楚人,必将援引乡党之士,充塞朝廷。风俗何以更得淳厚?"①当时宰相在位者,一是福建泉州(今福建泉州)人曾公亮,一是福建建州(今福建建瓯)人陈升之;任参知政事者,一是江西抚州(今江西抚州)人王安石,另一人似指当年四月刚去世的湖北江陵(今湖北江陵)人唐介。之所以说司马光的这番议论有偏见,一是以地域论人之品性,受传统观念的支配,不加任何区别地将东南人士一概斥之"狡险""轻易",是唯心主义的形而上学。即使按变法画线也不正确,如唐介就是反对王安石变法者,并非与其同气。二是有政治偏见。他作为保守派,认为变法与风俗淳厚相背离,而保守就是风俗淳厚。

当时其他人也感觉到了地域习性在政治中的影响。司马光与变法派人物吕惠卿,曾在宋神宗面前为变法之事而激烈论战。吵过之后,两人气色截然不同:司马光"气貌愈温粹",吕惠卿则"怒气拂膺,移时尚不能言"。人们因此说:"一个陕西人,一个福建子,怎生厮合得着!"②禀性不同,加剧了政治上的分歧。这些人以及司马光对人物籍贯背景的敏感,至少说明了当时宋人的地域意识,并将地域观念带入政治。

正如众所周知的那样,在变法运动中存在着一个现象:南方人士所起的积极作用多些,北方人士所起的消极作用多些。请看下表。

表6　　　　　　　**变法派与保守派主要人物籍贯表**

变 法 派		保 守 派	
姓 名	籍 贯	姓 名	籍 贯
王安石	江西抚州	司马光	陕西陕州
吕惠卿	福建泉州	富弼	京西河南府
曾 布	江西建昌军	文彦博	河东潞州

---

① 《宋史纪事本末》卷37;《道山清话》所载略同。

② 《道山清话》。

变 法 派		保 守 派	
姓 名	籍 贯	姓 名	籍 贯
章 惇	福建建州	韩 琦	河北相州
王 韶	江东江州	吕 诲	开封府
蔡 卞	福建兴化军	刘 挚	河北永静军
吕嘉问	淮南寿州	韩 维	开封府
蔡 确	福建泉州	吕大防	陕西京兆府
李 定	淮南扬州	吕公著	淮南寿州
邓 绾	成都府路成都	范纯仁	两浙苏州
韩 绛	开封府	郑 侠	福建福州

对两派人物籍贯的考察,有两个问题应该明确。

其一,变法派中,南方人士为多,北方人士为少;保守派中,北方人士为多,南方人士为少。这可以说明,南方人士朝气蓬勃,锐意进取;而北方人士则老成持重,因循守旧。从某种程度上讲,这是地域习俗不自觉的表现。再者,北方人传统观念浓重,长期形成了思维定式,不善变通;加以北方久经各种动乱,内心深处有求稳定的愿望。南方人受传统观念影响比较少,没有一定之规的约束,善于变通,注重实际利益。

其二,变法是一场政治运动,政界人物总是以政治利益为生命的,而政治利益是超地域的。因而,同乡之人,政见并非一致,即使亲戚朋友,在政治面前也会分道扬镳。变法派中以福建人为多,但反对变法最激进者之一郑侠也是福建人。开封人韩绛、韩维,江西人王安石、王安国都是同胞兄弟,但政见大相径庭,又是政敌。这是政治意识和思想意识自觉的表现。那种把王安石变法运动归结为南北风俗人物矛盾产物的观点,是不正确的。

宋哲宗即位以后,朝政在太皇太后高氏的把持下,起用保守派,斥逐变法派,党争更加复杂。渐渐地由是非之争变为意气之争,新旧党的阵线也不单以是否改革划分。然而,南北地域观念仍然有阴影显现。

元祐五年(1090 年),御史中丞苏辙等交章弹劾守尚书右丞、福建福州人许将。殿中侍御史福建人上官均、监察御史江南人徐君平则为许将申冤,上章救护。苏辙等人又指责上官均与许将有"乡曲之好,素相结托",互为表里,一并弹之。从这场斗争中,两位大臣——左仆射兼门下侍郎吕大防和门下侍郎刘挚,分别从不同角度感到了地域之争的因素。吕大防说:"常疑人分别南北似非理,今观之,岂不可骇?"而刘挚正是南北地域观念较强者,他认为:徐君平是王安石的学生,怀疑与许将是同党。而近来召江西建昌军(今江西南城)人邓润甫、江东饶州(今江西波阳)人彭汝砺入朝,京东郓州(今山东东平)人梁焘去朝,朝廷中的南方人比较多,提醒吕大防注意。而吕大防"顾疑挚分别南北",不赞成刘挚以地域画线的观点,使刘挚感到担忧,"此深可虑也"①。可以看到,刘挚对南方官员颇有戒心。

不久,吕大防与刘挚在这个问题上又产生分歧。元祐六年(1091 年)三月,朝廷讨论人事安排。其中螭头——起居舍人一职,吕大防等人意欲任命福建人陈轩,刘挚则认为江西人黄庭坚、孔武仲更合适。吕大防笑着批评刘挚说:"公未免分别南人,南人如轩,莫粗可用?"刘挚争辩说:"非分别也。向所议武仲及庭坚,岂非南人? 轩非不可用也,恐于此官非宜耳。"二人争执不下,当时只好搁置起来。② 在这件事上,刘挚并没有排斥南方人,而吕大防则从他以前的观念中认为刘挚有地域偏见,刘挚当然不能接受。两位大臣不同形式的地域观念,影响了官职安排。

当时,确实也存在着以地域命名的宗派及党争。即元祐年间的"蜀党"与"洛党""朔党"之争。《宋史纪事本末》中专有《洛蜀党议》一卷,可知是件大事。洛党多京西洛阳人,有程颐、朱光庭及淮南无为(今安徽无为)人贾易;蜀党多四川人,主要有苏轼、苏辙、吕陶等;朔党多河北人,主要有刘挚、王岩叟、刘安世及京东人梁焘等,辅之者多。

元祐元年(1086 年),朝廷召程颐为崇政殿说书,召苏轼为翰林学士。

---

① 《长编》卷 452,元祐五年十二月辛卯。
② 《长编》卷 456,元祐六年三月丁亥。

程颐道学气息浓重，是个古板的人，干什么事都要用古礼。苏轼认为他不近人情，对他很讨厌，经常讥诮侮辱程颐。二人因此结下仇恨，开始斗争。苏轼在《试馆职策问》中曾说道："今朝廷欲师仁祖之忠厚，而患百官有司不举其职，或至于偷；欲法神考之励精，而恐监司守令不识其意，流入于刻。"①程颐的门人左正言朱光庭、右司谏贾易，抓住这两句话大做文章，弹劾苏轼谤讪先朝。殿中侍御史吕陶、右司谏淮南泰州（今江苏泰州）人王觌以及范纯仁等则为苏轼辩解。不久，程颐又得罪了皇帝与大臣，惹起一片攻击。御史中丞两浙人胡宗愈、给事中两浙人顾临、谏议大夫江西人孔文仲交章弹劾程颐，说他"人品纤污，天资憸巧"，强烈要求将其治罪，赶出朝廷。元祐二年八月，程颐罢为权同管勾西京国子监，贾易出任地方官，知怀州（今河南沁阳）；而在此之前，即这一年的二月份，朱光庭已被差出使河北赈济灾荒。洛党都遭贬斥。② 以后，程颐、贾易连遭排斥。蜀洛党争，以洛党失败告终。

蜀洛党争之际，王岩叟曾与朱光庭等一起攻击苏轼。后来刘挚罢相时，朱光庭为给事中，曾封还诏书以示不同意。可见朔党与洛党关系密切，因而有人曾称刘挚等人为洛党。元祐八年（1093 年），监察御史黄庆基指出："前日陛下罢黜刘挚、王岩叟、朱光庭、孙升、韩川辈，而后洛党稍衰。然而洛党虽衰，川党复盛矣，百禄之亲戚朋游皆在权要。"③由此也可以说，朔党是洛党的延续，换言之，是部分北方官僚对四川官僚的斗争。所谓川党之盛，是指当时门下侍郎苏辙、礼部尚书苏轼、中书侍郎范百禄、翰林侍讲学士范祖禹等政要权贵，都是四川人。他们还援引了一批乡党：

苏轼、苏辙、范百禄辈，各有奏举及主张差除之人，惟苏轼为多，或是亲知及其乡人。有在要近，有在馆职，有为教官，有作监司，有知

---

① 《长编》卷 393，元祐元年十二月壬寅。
② 《长编》卷 404，元祐二年八月辛巳。
③ 《长编》卷 482，元祐八年三月己丑。

州军,不可以数考。是致仕路有不平之叹!①

如黄庆基指责说,范百禄自执政以来,援引吕陶为起居舍人,岑象求为诸王位说书,任宋焰为"职田供给号为优厚"的肥差凤州(今陕西凤县)知州,扈充为利州(今四川广元)知州,这些都是四川人。而凤州原有沈迈待缺已久,硬是被改任泉州(今福建泉州)。又如四川官员冯如晦在夔州路转运使任上犯有错误,御史台调查处理尚在进行,按规定不准任用。但范百禄因同乡关系,"遽除馆职,差知梓州"②。这些委任,有的不合理,有的不合法,都由于是四川乡党而得到特别照顾。在一般情况下,朝廷中的官员哪个地方的人多些,哪个地方的人少些,本是正常现象,若当权者多援引乡党,就必然引起其他官员的不满与疑忌,从而加深地域偏见。朝廷对此不能不做些调整:范百禄随即被罢为知河中府(今山西永济西),但监察御史董敦逸、黄庆基也因"言尚书右丞苏辙、礼部尚书苏轼不当",罢为湖北转运判官和福建转运判官。③ 双方打成平局。不过,这已不单纯是朔党与川党的斗争,如前引史料揭示,朔党主要人物已离开了朝廷,而这次攻击川党的两位官员,黄庆基不详何地人,董敦逸则是江西人。向乡党观念强、任官不避嫌的川党进攻的,已不限于北方官员了。以上三党之争,真正形成气候的是川党,足见其势头之盛。

元祐年间的三派党争,从政治上看,基本是保守派内部无原则的宗派倾轧。最初的起因是程颐与苏轼个人观念与性格不同,并没有政治的分歧。二人虽同属保守派,程颐则显得迂腐些,苏轼显得洒脱而不拘小节。朱熹曾评论道:

> 东坡与荆公固是争新法,东坡与伊川是争个什么? ……只看东坡所记云:"几时得与他打破这'敬'字!"看这说话,只要奋手捋臂,

---

① 《长编》卷482,元祐八年三月末。
② 《长编》卷482,元祐八年三月戊子。
③ 《长编》卷484,元祐八年五月辛卯。

放意肆志,无所不为便是!①

如此意气之争,可以说是南北文化之间的一种冲突,他们二人各自体现了南北地域文化的某些方面。

四、南宋时期的地域观念与偏见

在新的历史条件下,南宋人的地域观念与偏见,在许多方面更加突出。

两宋之际,由于金兵侵略及北方沦陷,大批北方士民扶老携幼,逃往南方。南北文化在灾难的驱使下又一次被迫最大限度地交流,也不可避免地产生矛盾。南方居民一下子还难以适应如此众多的北方移民,不同程度地有排斥情绪。绍兴七年(1137年),韩肖胄向宋高宗报告说:

> 江北士民流离失所,江南士民多忌且恶之,若无所容者。②

其中既有文化冲突,更有种种利益冲突。身在异乡的北方人,生活颇艰难。秦桧所谓的"可耸动天下"的"南人归南、北人归北"谬论③,除了政治上的反动外,也潜含着排斥北方人的意思。后来的辛弃疾,从另一个角度忧心忡忡地指出:

> 事有甚微而可以害成事者,不可不知也。朝廷规恢远略,求西北之士,谋西北之事,西北之士固未用事也,东南之士必有悻然不乐者矣。缓急则南北之士必大相为斗。南北之士斗,其势然也。④

---

① 《朱子语类》卷130《自熙宁至靖康用人》。
② 《三朝北盟会编》卷176,绍兴七年正月十五日。
③ 《三朝北盟会编》卷151,绍兴二年八月二十七日。
④ 《辛稼轩诗文笺注·九议》其9。

实际情况虽然并不像辛弃疾预料得那么严重,但他已经感受到的,应是事实。

南北分裂之后,地域文化的对比更明显,南方地域文化的特点更突出。由于国势虚弱,在民风习性上,南方人深深地感到了自身的缺陷与弱点。如陆游曾当面对皇帝表示其忧虑说:

> 且吴、蜀、闽、楚之俗,其浑厚劲朴,固已不及中原矣。若夫日趋于拘窘怯薄之域,臣实惧国势之寖弱也。①

陈亮说得更明白:

> 夫吴、蜀天地之偏气,钱塘又吴之一隅……公卿将相大抵多江、浙、闽、蜀之人,而人才亦日以凡下。场屋之士以十万数,而文墨小异,已足以称雄于其间矣。陛下据钱塘已耗之气,用闽、浙日衰之士,而欲鼓东南习安脆弱之众,北向以争中原,臣是以知其难也。②

他们不约而同地有一种绝望感,向往北方的豪壮之气。因而,为了重振雄风,以"固根本",宋孝宗时大力"收用西北人才","奖用西北之士"③。但并不能从根本上改变其弱势。

南渡的北方人,也进一步体会到南北差异。如秦桧声誉正高时,前任宰相陕西解州(今山西运城西南)人赵鼎,对有人称赞秦桧是"今之贤者"大不以为然,做出了自己的判断:"此南方之所谓贤者,北方之贤者必不尔也。"④以地域观念为标准,南方与北方对"贤者"的概念不一样。由此看到,老一代的北方人,对南方人怀有鄙薄之见。

---

① 《渭南文集》卷4《上殿札子》2。
② 《宋史》卷436《陈亮传》。
③ 《宋史》卷388《唐文若传》《王希吕传》;卷372《尹穑传》。
④ 《系年要录》卷169,绍兴二十五年八月癸巳。

　　下面谈谈南方地区内部的四川问题。

　　南宋的政治中心在东南端的杭州,对四川而言,比北宋时距开封的距离更远,更显偏僻。四川与东南的联系因而也是有限的,如绍兴时潼川府路转运判官王之望所说:"蜀人之至东南者,皆士大夫,不然则公吏与富民尔。其贫乏之徒,固不能远适,虽至峡外亦无缘与士大夫接。"①百姓之间的交流不多,益生隔阂。南宋政府对四川多采取特殊政策,如四川财政是单独的系列;科举考试不必到中央,在当地举行"类省试";地方官改官指标单独划分等等,突出了四川的特殊性。四川人的乡土观念进一步增强。如宋高宗绍兴末年的"采石之战",宋方获胜,主帅是四川隆州仁寿(今四川仁寿)人虞允文。其门下士将有关资料编辑成册,以夸耀其功,"允文,蜀人也,首自蜀中,传写之士皆和之,于是蜀人家家有传本矣"。据说其中颇多夸大之处。② 有着强烈乡土意识的四川人,无不将虞允文引以为荣,对"采石之战"胜利的兴奋,远过于有直接利害关系的东南地区居民。宋理宗时,潼川府中江(今四川中江)人监察御史吴昌裔"荟萃周、汉以至宋蜀道得失、兴师取财之所",著书名《蜀鉴》③;又如绍兴十八年(1148年)四川类省试,策问题目为《古今蜀人才盛衰之故》,汉州德阳(今四川德阳)人何耕在对策中"极论蜀士徇道守节,无心于世,引楚相子文三仕三已之说为证"。时相秦桧见了,十分厌恶,怀疑是在为被贬斥的前宰相、汉州人张浚鸣不平。④ 再如著名史学家、隆州井研(今四川井研)人李心传,"有史才,通故实,然其作吴猎、项安世传,褒贬有愧秉笔之旨。盖其志常重川蜀,而薄东南之士云。"⑤李心传看不起东南人,在为湖南人吴猎、湖北人项安世作传时,不能够实事求是,掺杂有个人偏见。

　　四川人与朝廷的矛盾,时有出现。朝中当权者,常寻机压制四川官

　　① 《系年要录》卷174,绍兴二十六年九月末。
　　② 《三朝北盟会编》卷139,绍兴三十一年十一月八日。
　　③ 《宋史》卷408《吴昌裔传》。
　　④ 《系年要录》卷158,绍兴十八年八月癸巳。
　　⑤ 《宋史》卷438《李心传传》。

员。陕西人赵鼎为相时,因曾与四川人张浚交恶,对四川人连带排斥,"凡蜀士仕于朝者,皆为鼎沮抑"。如眉州丹棱(今四川丹棱)人孙道夫即是一例。宋尚宗说如不是赵鼎压抑,二十年如他即"登从班矣"①。到了江宁府(今江苏南京)人秦桧当权时,仍是由于张浚的缘故而"深抑蜀士",致使"蜀中宦游者多隔绝"②。秦桧死后,情况才有所改变,如绍兴二十六年(1156年),一次提拔了孙道夫、唐文若、黄贡、虞允文等四位四川官员③。

宋孝宗时,围绕着潼川府路资州(今四川资中)人赵雄,发生了一场风波。赵雄在淳熙五年(1178年)单独任宰相,这时四川人在朝廷任职者较多,"仅十数",引起了其他地区官员的不满。及赵雄失宠不再受到皇帝的重视后,有人便趁机上书,揭发赵雄私其乡党,宋孝宗顿时产生了怀疑。不久,两个四川人陈岘、王渥被任命为四川制置和茶马官,"命从中出",并不是赵雄所为。但赵雄已成惊弓之鸟,怕有闲言,上表求外任。宋孝宗假意挽留,却故意说道:"丞相任事不避怨,选才无乡旧。"遂翻下脸来将赵雄罢相,出为泸南安抚使。赵雄罢相,在朝的四川人普遍感到不安:"蜀士在朝者皆有去意"。这时,比较开明的新任宰相王淮意识到问题的严重性,说:"此唐季党祸之胎也,岂圣世所宜有?"将这些蜀籍朝士以次进迁,"蜀士乃安"。④ 通过这一事件,可以看到三个问题。

其一,四川人在朝稍多,就会引起疑虑,并会因结党营私、任人唯亲的罪名导致蜀籍宰相下台。

其二,四川人在朝比较多,并非赵雄个人权力所能做到的,但他确实援引过同乡。如曾荐举简州(今四川简阳)人刘光祖试馆职;曾为三位蜀士向权考功郎官王信说项等即是。⑤ 他受到猜疑,并非毫无根据。

---

① 《系年要录》卷179,绍兴二十八年二月丙午。
② 《宋史》卷381《赵逵传》。
③ 《系年要录》卷171,绍兴二十六年正月甲子。
④ 《宋史》卷396《赵雄传》《王淮传》。
⑤ 《宋史》卷396《史浩传》;卷400《王信传》。

其三,赵雄罢相后,在朝蜀士皆有去意,作为乡党,或是怕受牵连,或是表示不满。说明他们把自己看成了一个地域集团,有一荣皆荣、一损俱损的共同意识,再次显示出其乡党观念。

从国防、政治上考虑,南宋统治集团对四川是十分重视的,不断有人呼吁"重蜀"以笼络人心:"盖朝廷之待巴蜀,必有大过于江、淮、闽、浙、湖、广之民,而后有以大慰巴蜀之心,使其常有不能忘朝廷之心,则缓急之际斯有不忍负朝廷之意。"①朝廷不断调节四川与东南、与中央的关系。在任官用人上,既不使之在朝人数过多,也不使之在朝人数过少。如宋宁宗嘉定年间,四川吴曦叛乱平息后,"朝论以蜀士在朝者少,又特召四人"②。

对于紧靠两浙的福建之人,南宋时社会上仍存在着不满与偏见。朝廷中尤以宋孝宗为突出。

淳熙四年(1177年),福建兴化军(今福建莆田)人龚茂良以首参行宰相事,因事求外任。宋孝宗说:"朕极知卿,不敢忘。欲保全卿去,俟议恢复,卿当再来。"所谓恢复,是指举兵收复北方失地。当日同意他罢执政外任。不料想,龚茂良在再次见到宋孝宗奏事时,却大谈恢复,手疏有关恢复的六事。龚茂良平生不喜言兵,罢任去国之日乃言恢复事,是听信了别人的谎话:"若言恢复,必再留。"所以迫不及待地谈论恢复。宋孝宗感到很惊讶:"卿五年不说恢复,何故今日及此?"退朝后极为恼怒,说:"福建子不可信如此!"意思是说龚茂良轻狭,为贪位变化太快,与历来"福建子"的习性一脉相承。龚茂良此举,确实失策,弄巧成拙。但据朱熹后来从龚茂良儿子那里得到的手疏六事副本中发现,内容虽是恢复,"而其意乃极论不可轻举,犹平生素论也。"毕竟时机不对,引起宋孝宗强烈反感,竟将其贬斥,安置英州(今广东英德),遂死于贬所。③

以后,宋孝宗对福建人颇有成见,不予信任。在一次讨论成都府长官

① 《雪山集》卷3《论固本疏》。
② 《朝野杂记》乙集卷11《淳熙至嘉定蜀帅荐士总记》。
③ 《宋史》卷385《龚茂良传》。

人选时,宰相王淮推荐福建泉州人留正。宋孝宗马上敏感地表示不满:"非闽人乎?"王淮忙做了一番解释:"立贤无方,汤之执中也。必曰闽有章子厚(惇)、吕惠卿,不有曾公亮、苏颂、蔡襄乎?必曰江浙多名臣,不有丁谓、王钦若乎?"宋孝宗这才表示同意。[①] 留正后来成为一代名相,对"立贤无方"的古训做了又一次注脚。

还应该指出的是,《宋史·奸臣传》中,列入20人。其中10人是福建人,他们是:蔡确、吴处厚、吕惠卿、章惇、蔡京、蔡卞、蔡攸、蔡翛、蔡崈、黄潜善。他们中有货真价实的奸臣,也有掺入偏见的有争议人物。但不管怎么说,这些人无疑加重了世人对福建人的地域偏见。

从以上事实可以看到,宋人的地域观念是浓重的。其中有乡土观念,由此产生乡党意识,再派生出排他意识;再者即地域偏见,通常是以自己习熟的风俗为标准,蔑视其他地区的风俗,以某一地区一般风俗大而化之,或以某一地区个别现象、个别人物代表整体,这就不可避免地导致地域争执,对社会产生不良影响。

---

① 《宋史》卷396《王淮传》。

第二章 各地文化概况及人才素质

第一节 北方各地文化概况

一、开封、洛阳的文化形态

在宋代所有的城市中,地位最显赫的莫过于四京:东京开封府(今河南开封)、西京河南府(今河南洛阳)、南京应天府(今河南商丘)、北京大名府(今河北大名),四京全在北方。就文化状况而言,最重要的是开封府和河南府。

像所有的京师一样,宋代开封是全国的文化中心,乃百嘉所毓、人文精华荟萃之地。无论是文化设施、文化活动,还是文化素质、文化品位,都是第一流的,代表着宋代文化发展的繁荣和高度。

其基本特点,可做如下归纳:

1.正统性。开封是宗庙社稷所在地,文化中心是由政治中心派生出来的。都城文化的主要方面,必然是为封建政治服务的,也必然受皇家气息熏陶,雍容华贵,正统大雅。周邦彦是如此描绘的:

> 挈俗学之芜秽,诋淫辞而击掊……术艺之场,仁义之薮,温风扇和,儒林发秀,宸眷优渥,皇辞结纠。荣名之所作,庆赏所诱,应感而格……复有佩玉之音,笾豆之容,弦歌之声,盈耳而溢目,错陈而交奏,焕烂乎唐虞之日,雍容乎洙泗之风。①

这些赋辞,尽管是美饰夸张之语,倒也能反映出只有京师才可以有此文化气质和性质。

---

① 《宋文鉴》卷7,周邦彦:《汴都赋》。

2.综合性。开封万方辐辏,既是国内各地文化交流的中心,也是亚洲各国文化交流的中心。各种文化如百川归海,在此汇集,受到同化,受到点化,加以融合,加以提高,结聚成绚丽多姿、博大精深、独一无二的综合文化。开封人"阔略大量,天下无之也"①,即是兼容并包精神的具体反映。孟元老说开封"八荒争凑,万国咸通,集四海之珍奇,皆归市易;会寰区之异味,悉在庖厨"②。正是京师文化综合性的体现。如宗教,既有佛教、道教等,也有自波斯传入的祆教:"东京城北有祆庙。祆神本出西域,盖胡神也,与大秦穆护同入中国,俗以火神祠之。京师人畏其威灵,甚重之。"③本是外国拜火教,开封容纳了,并改造成民间火神。就国内而言,宋初收复后蜀、荆南、南唐、吴越、南汉、闽、北汉,其君主将相、图籍文物都汇聚于开封,为皇家所役使,为朝廷所利用。如宫廷乐队教坊,就是由开封原有的乐工和荆南乐工 32 人、后蜀乐工 139 人、南唐乐工 16 人、北汉乐工 19 人以及各地藩镇进献的乐工 83 人所组成,"由是,四方执艺之精者皆在籍中"④。又如云韶部由南汉宦官 80 人组成,四夷乐有善于演奏高丽乐的河北镇州(今河北正定)伶官 28 人,能演奏北方少数民族音乐的契丹回归人员 52 人,陕西米脂寨(今陕西米脂)所降服的戎乐 43 人等,其目的在于使"四海之欢心"⑤,达到各地方人的满意。这正是京师文化综合性的独特意义之一。

3.表率性。京师开封作为首善之地,其文明诸方面是全国各地效法的榜样。"圣朝祖宗开国,就都于汴,而风俗典礼,四方仰之为师"⑥。地方对京师文明的学习追求,也即崇敬仰慕,实质是政治上、文化上的向心力。陈俞舜指出:

---

① 《东京梦华录》卷5《民俗》。
② 《东京梦华录·序》。
③ 《墨庄漫录》卷4。
④ 《宋史》卷142《乐》17。
⑤ 《宋会要·乐》5 之 39。
⑥ 《都城纪胜·序》。

今夫诸夏必取法于京师。所谓京师则何如？百奇之渊，众伪之府，异服奇器，朝新于宫廷，暮仿于市井，不几月而满天下。①

王安石也有同样的言论：

且以圣人之化，自近及远，由内及外。是以京师者风俗之枢机也，四方之所面内而依仿也……至于发一端、作一事，衣冠车马之奇，器物服玩之具，旦更奇制，夕染诸夏。②

京师的任何新事物都为全国所关注并很快就模仿起来，中心城市文化的辐射功能和主导作用极为突出。如宋徽宗宣和年间京师服饰的变化即是明显例子："宣和之季，京师士庶竞以鹅黄为腹围，谓之腰上黄；妇人便服不施衿纽，束身短制，谓之不制衿。始自宫掖，未几而通国皆服之。明年，徽宗内禅……"③京师的时装一二年间即风行全国，传播速度十分迅速。

4.创造性。开封文化的综合性，本身即蕴含着创造性；而且开封群彦汪洋，也富于创造性。如前引史料中所说，开封是"百奇之渊"，不断有"奇器""奇制"产生，也即在不断地创新。就官方来说，设有全世界最早的火药作坊，将火药用于武器；创制的水运仪象台，将浑仪、浑象、司辰三位一体，用水运转，达到古代天文仪器的新水平。民间艺术方面，则诞生出一些新的种类。如说唱艺术中的小说：

小说，起宋仁宗。盖时太平盛久，国家闲暇，日欲进一奇怪之事以娱之，故小说得胜。头回之后，即云："话说赵宋某年，间阎淘真之本之起。"亦曰："太祖太宗真宗帝，四帝仁宗有道君。"④

———————————————

① 《都官集》卷2《敦化》5。
② 《王文公文集》卷32《风俗》。
③ 《桯史》卷五《宣和妖服》。
④ 〔明〕郎瑛：《七修类稿》卷22《小说》

据此,应该说小说是宋代开封的产物,或者说是京师文化的独特产物。宋仁宗时,开封还诞生了另一新的说唱艺术——吟叫:

> 市井初有叫果子之戏,其本盖自至和、嘉祐之间叫紫苏丸泪乐工杜人经十叫子之始也。京师凡卖一物,必有声韵,其吟哦不同,故市人采其声调,间以词章,以为戏乐也。今盛行于世,又谓之吟叫也。①

聪明敏感的开封人,从叫卖音乐中发现了其艺术价值,予以发掘整理,加工成吟叫艺术,搬上舞台,风行全国。

开封文化是全国性的,它如果不是首都,无论如何也不会那么发达;同时,开封文化也是地域性的,其基座是中原文化,是数千年中原文化发展的硕果。高度繁荣的开封文化,占据了宋代文化的鼎峰,把宋代北方文化增高了一个层次,为我国历史文化的发展做出了巨大贡献。

西京河南府,即洛阳,是宋代文化的又一宝地。

入宋以后,九朝古都洛阳的政治中心地位刚刚丧失,那种特有的神圣惯力仍在延续,保持着强大的文化、政治吸引力。宋政府对洛阳长期恋恋不舍,不仅将其尊为西京,还几乎使之重新成为首都。宋太祖建隆三年(962 年),扩建开封皇城北隅,即移植了洛阳旧宫,“命有司画洛阳宫殿,按图修之,皇居始壮丽矣”②。通过向旧京的模仿,开封皇宫才摆脱了五代时小朝廷的狭陋,堂而皇之了。开宝九年(976 年),宋太祖前往洛阳,此行目的有三。

其一,举行合祭天地的南郊大礼。南郊祭祀是历代帝王最重要的活动之一,所谓“国之大事,在祀与戎”即是。南郊大礼应当在京师开封南郊圆丘举行,但这一次却是在洛阳,实在是罕见的。

---

① 《事物纪原》卷 9。
② 《宋史》卷 85《地理》1。

其二，企图迁都。出生在洛阳夹马营里的赵匡胤，晚年怀念故乡，"乐其风土，尝有迁都之意"。在准备西行时，起居郎李符上书，提出不宜迁都的"八难"，可见当时也讨论过迁都事宜。李符的意见，赵匡胤并没有接受。及至洛阳，"见洛阳宫室壮丽，甚悦"，更坚定了迁都决心。后来经晋王赵光义等人的再三劝阻，才勉强同意不迁都，"今姑从之"，内心仍眷恋着洛阳。

其三，选定皇陵。早在乾德元年(963年)，赵匡胤就将其父亲赵弘殷的安陵从开封迁到洛阳巩县(今河南巩县东)。这次来洛阳谒拜祭祀，并为自己后事做了安排："登阙台，西北向发鸣镝，指其所曰：'我后当葬此。'"①从而确定了巩县宋陵区，使洛阳成为宋朝皇家圣地。

宋真宗曾两次驻跸洛阳，每次都引起迁都讨论。但宋真宗认为洛阳交通条件不如开封，"谷洛浅滞，辇运艰阻，谅非久居之所"，没有同意。②宋仁宗景祐年间，朝中又一次动了迁都的议论。宋仁宗曾有所动心，就此事询问过宰相吕夷简。③到了宋徽宗政和元年(1111年)，皇帝打算来洛阳朝谒诸陵，下令重修洛阳宫城，历时五年，"功役甚大，为费不赀"④，洛阳宫殿重新焕发了青春。

壮丽的皇宫、庄严的皇陵以及陪都地位，使宋代洛阳成为仅次于东京开封的重要地区。这些都为宋代洛阳文化的发展奠定了基础。加以优越的地理条件，悠久的都城历史，洛阳聚集了众多士大夫，号称"衣冠渊薮"，"洛阳衣冠之渊薮，王公将相之圃第，鳞次而栉比"⑤；"西都缙绅之渊薮，贤而有文者，肩随踵接"。⑥高品位的居民素质，营造出浓郁的文化氛围。

洛阳的贵族世家和士大夫，主要由四部分组成。

① 《长编》卷17，开宝九年。
② 《长编》卷65，景德四年二月乙酉；卷75，大中祥符四年三月。
③ 《范文正公集》卷19《论西京事宜札子》；《范文正公集·年谱》景祐三年。
④ 《宋史》卷85《地理》1。
⑤ 《说郛》卷26。
⑥ 《温国文正司马公文集》卷66《矜瞻堂记》。

1. 原有历代相传的贵族。"洛阳多大家,世以谱牒相付授,宁氏、刘氏尤为著姓。"如刘氏,自北齐刘环隽为中书侍郎,历代都有名宦:隋文帝时赠尚书右丞刘坦、唐太宗时洪州大都督刘政会,一直到宋初御史中丞刘温叟、权知开封府刘烨、宋哲宗时的右正言刘唐老,都是一脉相承的刘家显贵。连宋仁宗朝的明肃皇太后刘氏也想与之联宗,索看其家谱,不料竟遭到拒绝。① 在他们身上,集中体现了高层次的传统文化。如刘温叟:"性重厚方正,动遵礼法……事继母以孝闻,虽盛暑非冠带不敢见。五代以来,言执礼者惟温叟焉。"②历经唐末五代之乱,而洛阳文明根基仍不动摇。

2. 由外地迁来的贵族。如五代后唐时灭掉前蜀,"朝廷颇疑蜀人,凡有势力、赀产之族,悉令遣入洛"③。宋太宗平定盘踞在河东的北汉后,采取"空其地"的政策,将居民大批迁往内地,其中"尽括僧、道隶西京寺观,官吏及高赀户授田河南"④。宋徽宗时,宗室人口众多,"京师不能容",便将赵匡胤第四子秦王赵德芳的后代迁往西京居住,谓之"西外"⑤。南宋孝宗皇帝即出自这一支,是赵德芳的六世孙。

3. 退休的士大夫及其后代。许多权贵退休后,都乐于定居洛阳,或葬在洛阳,他们的后代便成为洛阳人。如五代宋初高官侯益,本西河(今山西汾阳)人,去世后葬于洛阳,其后代"遂为河南人";名著《太平寰宇记》作者乐史,抚州(今江西抚州)人,晚年在洛阳做官,定居于此,"其后世有显人,遂为河南大族"⑥。其子即乐黄目,著名的学者、官僚。这一部分人,在洛阳的士大夫中为数不少。

4. 西京留守司官员。洛阳既是西京,就要设置相应的中央机构,如分司御史台、国子监等,由执政、侍从及一般官员充任。但并没有实际权力

---

① 《邵氏闻见录》卷16。
② 《宋史》卷262《刘温叟传》。
③ 《能改斋漫录·逸文》。
④ 《宋史》卷4《太宗纪》1。
⑤ 《朱子语类》卷111《论财》。
⑥ 《河南先生文集》卷15《侯咏墓志铭》;《黄氏墓志铭》。

和繁忙的公务,御史台仅行香拜表日押班,为士大夫休闲之地(后来也是朝廷安置责降官员之所)。如著名书法家李建中,"性简静,风神雅秀,恬于荣利,前后三求掌西京留司御史台。尤爱洛中风土,就构园池,号曰'静居'"①。另一典型例子即司马光,宋神宗熙宁年间因与王安石政见不同,"请判西京御史台归洛,自是绝口不论事……凡居洛十五年,天下以为真宰相"②,并在此完成了史学巨著《资治通鉴》。

显然,洛阳有陪都之尊贵,却没有东京开封那种浓厚的政治气氛,因而成为士大夫的乐园,人文荟萃。张琰在《洛阳名园记序》中说:

> 夫洛阳,帝王东西宅,为天下之中,土圭日影得阴阳之和,嵩少瀍涧钟山水之秀,名公大人为冠冕之望,天匠地孕为花卉之奇。加以富贵利边,优游闲暇之士配造物而相妩媚,争妍竟巧于鼎新革故之际,馆榭池台、风俗之习、岁时嬉游、声诗之播扬、图画之传写,古今华夏更莫比。

洛阳特殊的自然环境、历史地位所形成的文化形态,在此描绘得可谓淋漓尽致。不断有文坛佳话、文坛盛况出现。

宋仁宗天圣、明道之间,在洛阳任职的有钱惟演、欧阳修、梅尧臣、尹洙、谢绛、张先等名士,"一府之士皆魁杰贤豪,日相往来,饮酒欢呼,上下角逐,争相先后以为笑乐"③。文人豪士性情相投,每日饮酒歌诗,一派太平盛世的文化景象。

宋神宗熙宁年间,在洛阳聚集了一批老年士大夫:"以道德为朝廷尊礼者,大臣曰富韩公(弼),侍从曰司马温公(光)、吕申公(公著),士大夫位卿监以清德早退者十余人,好学乐善者几二十人。"④三十多位士大夫

① 《宋史》卷441《李建中传》。
② 《宋史》卷336《司马光传》。
③ 《欧阳修全集·居士集》卷27《张子野墓志铭》。
④ 《邵氏闻见录》卷19。

同居一城，真可谓冠盖相望。元丰五年（1082年），宰相文彦博留守西京，郊仿唐代白居易举办的"九老会"①，"悉聚洛中士大夫贤而老自逸者，于韩公（富弼）第置酒相乐，凡十二人"，盛况超过唐代，并令人将此画了下来，各赋诗一首。人们将此举赞美为"洛阳耆英会"，举世艳羡。不久，又有司马光等人的"真率会"，文彦博等人的"同甲会"，"皆洛阳太平盛事也。"②只有在洛阳，才会有这种情景：东京开封没有这种宽松的环境，其他地方又没有这么多的高官名流。

邵雍有诗石："洛阳自为都，二千有余年。举步图籍中，开目古今间。"③二千多年的中心文明积淀，形成了极为丰厚的文化土壤。古代典章制度多出于此，文物古迹触目皆是，本身就是一部价值很高、品位很高的经典。如此陈陈相因，耳濡目染，加以家学渊源，名士荟萃，造就了大批人才，并结聚成空前绝后的洛阳地域文化高峰。

洛阳多士大夫，而"故家大族子弟，颇皆好古文"④。这是洛阳基础文化的特色，也正是古都文化的本色。他们摆脱了故都原来的政治浮躁，潜心学问。如洛阳人高志宁的曾祖、祖父，在五代时即"皆以儒术自富，不求闻达。父素，能世其学"，高志宁在此熏陶下，"幼沈敏，博学强记，未冠已能通六经，尤深于大《易》"⑤。在此基础上，不仅诞生了吕蒙正、张齐贤、富弼等一大批名臣贤相，儒学人物更是群星灿烂。宋初有聂崇义、崔颂，后来有程迥及哲嗣程颢、程颐，二程的学生刘绚、李籲、郭忠孝、郭雍、张绎、尹焞等。尤其是二程，"体贴"出"天理"二字，成为统治中国思想界数百年，影响到东亚、东南亚的"程朱理学"奠基人。遂使洛学成为新儒学的正宗，洛阳成为理学圣地，在中国哲学史上树立起一座丰碑。仅此，就使洛阳在中国文化史上据有极高的地位。

---

① 《渑水燕谈录》卷4。
② 《邵氏闻见录》卷10。
③ 《击壤集》卷1《寄谢三城太守韩子华舍人》。
④ 《曲洧旧闻》卷3。
⑤ 《安阳集》卷47《故卫尉卿致仕高公墓志铭》。

洛阳的文化水土也为外地人成材提供了良好的温床。福建人黄伯思,宋徽宗朝初期任河南府户曹参军。他好古文奇字,而"洛下公卿家商、周、秦、汉彝器"很多,他如鱼得水,"研究字画体制,悉能辩正是非,道其本末,遂以古文名家,凡字书讨论备尽"①。另一典型例子即邵雍。

邵雍20多岁路过洛阳时,便受到强烈的吸引:"爱其山水、风俗之美,始有卜筑之意。"②30多岁时,终于携家从河北卫州共城(今河南辉县)迁居洛阳,在此埋葬了双亲,定居于安乐窝。他为了求学,曾游历各地,"逾河、汾,涉淮、汉,周流齐、鲁、宋、郑之墟。久之,幡然来归,曰:'道在是矣。'遂不复出。"③他是个真正要做大学问的人,考察遍了国内名区,比较出了优劣,认定洛阳是道理所在,最适宜求学治学,将此作为最后归宿,在此建立了博大精深的先天象数学,对后世产生了深远影响。地灵人杰的效应,又一次得到验证。

总之,北宋时期,是洛阳文化史上又一辉煌时代,在一定程度上与开封形成对峙或起补充作用。陪都是相对首都而言的,西京洛阳文化形态是相对东京开封而言的。开封是当权派的首都,洛阳是在野派的首都;开封是宋朝正堂,洛阳是宋朝别墅;开封红尘滚滚,争权夺利,是政治家的战场,洛阳花气蒙蒙,修身养性,是学问家的天堂;开封是显赫的太阳,洛阳是淡雅的月亮。

开封与洛阳一起,集中体现了北宋时期北方文化的繁荣,这一繁荣,建立在政治优势和传统优势基础之上。我之所以单独将其论述,一是因为典型而重要,二是因为相关史料多。至于北方其他地区的文化概况,由于史料稀少,就不能如此从容了。只能就有限的史料或间接的史料,对个别地区作一简单介绍。

---

① 《宋史》卷443《黄伯思传》。
② 《邵氏闻见录》卷18。
③ 《宋史》卷427《邵雍传》。

二、北方其他地区文化概况

京西路土风平和,环抱东西二京,受其文化扩散的影响,具有较好的文化氛围。洛阳之外,许州(今河南许昌)、颍州(今安徽阜阳)也是士大夫聚集之地。

许州毗邻洛阳,宋人常将其与洛阳相提并论。马永卿言:"许、洛之间,极多奇士。"①张邦基言:"许、洛两都,轩裳之盛,士大夫之渊薮也。党论之兴,指为许、洛两党。崔德符(鹦)、陈叔易(恬)皆戊戌生,田承君(昼)、李方叔(廌)皆己亥生,并居颍昌阳翟,时号戊己四先生,以为许党之魁。"②许州文人所形成的声势,可与洛阳相比美。其中的崔鹦、陈恬,"皆许昌先贤,俱从伊洛诸公游,有文章盛名,节行亦当"③。还应指出的是,他们二人虽为"许党"头面人物,只是名气大而已,据《雪浪斋日记》言:"颍昌富文物,崔匽(即崔鹦)、陈恬犹为下士。"④可见他们背后还有一大批水平更高而不求闻达的士人。江东人朱弁,北宋末居住在新郑(今河南新郑),与许州接壤,"所与交游者,皆洛、许故家大族子弟,颇皆好古文"⑤。因而闻见日广,南渡后写出《曲洧旧闻》一书。以上可见,许州文化名气颇大,文人贤士众多,形成了地域性的文人集团,在社会上有一定地位和影响。

位于京西东南端的颍州,土沃水美,兼南北风俗,也是一个文化重地,"地濒淮颍,厥土良沃,水泉鱼稻之美,甲于近甸。言卜居者,莫不先之。故自庆历以来,贤士大夫往往经营其处,以为闲燕之地"⑥。优美的自然环境吸引了士大夫们来此居住,促进了当地文化发展。欧阳修对此地最

---

① 《懒真子》卷5。
② 《墨庄漫录》卷4。
③ 《涧泉日记》卷下。
④ 《宋诗纪事》卷32。
⑤ 《曲洧旧闻》卷3。
⑥ 《苏魏公集》卷61《少府监致仕王君墓志铭》。

为留恋,晚年在此定居,并写出《归田录》。本地士人也为社会所注目,如邹浩言"颍州多士,至今有古风"①;苏辙诗"汝颍亦多士,后来非老成"②,即指新一代文人正在成长。

郑州(今河南郑州)夹居在东西两京之间,经济虽然落后,却得地理位置和两京文化熏陶之利,文化状况较好。北宋初年,毕士安的母亲携年幼的毕士安三择定居地,以求一个文化环境良好的地方,最后因"郑多士大夫,子弟有贤者,乃自宋复与公(毕士安)之郑。果得处士杨朴及韩丕、刘锡,从之游。公于是博综群经,通诸子百家之言",不久即中了进士,后来成为名相。③ 毕士安的母亲,效法孟轲之母三择佳邻,为儿子选择了一个有利于成材的地方,用心良苦,终于实现了最高理想。

京东历来是文化发达之地,以"鲁多儒"而闻名于世。宋代仍是人才辈出,陈师道《赠田从先》诗云:"衣冠鲁国动成群,忧患相从只有君。"④知识分子数量很多。文化状况及读书风气,在整体上比其他路都要好些。如齐州(今山东济南):

> 带泺水而表历山,其山川杂见于《春秋》《孟子》《史记》诸书,舜之遗迹,盖至于今可考。士生其间,多通儒名卿秀杰之士,而以笔墨驰骛相高,往往多清丽雄放警绝之词,与其山川称。⑤

悠久的历史形成的传统优势,遗传至宋代,孕育了一批批学者和文人;山水的清丽、习俗的雄放,使之多有警绝的诗文。如宋初隐居不仕的齐州高士田告,既"笃学好文,理致高古",著有学术著作《禹元经》,又善文学,"诗尤清丽",为当时齐州宗师,从学者达数百人之多,培养出许多优秀

①　《道乡集》卷25《兑斋记》。
②　《栾城集》卷4《赵少师……作诗献欧阳公》。
③　《西台集》卷16《丞相文简公行状》。
④　《后山居士文集》卷6。
⑤　《渭南文集》卷14《云安集序》。

人才。①

郓州（今山东东平）"地连邹鲁、分青齐，硕学通儒，无绝古今"②。有着优良的文化传统，聚集着不少士大夫之家，"汶上多士族"③。陆游对此地颇为推重，"郓为东方大郡，宋兴以来多名公卿。虽摈不仕及仕而不显者，如穆参军修、士兵部建中、学易刘先生跂，皆既死而言立，化行于家，至今学者尊焉。"④他所列举的三个当时不走运的人，穆修是古文大家及古文运动的开创者之一，士建中、刘跂则是开创自己学派的大儒，对后代都有深远的影响。

胶东半岛最东端的登州（今山东蓬莱）属偏僻荒凉之地，宋神宗元丰年间据其知州说："吾州虽小，而学者众"，其中有"异才宿望"成为当年京东路解元。⑤ 登州文化是有一定实力的。淄州（今山东淄博南）有一些比较著名的学者，如贾公疏"以著书扶道为己任，著《山东野录》七篇，颇类《孟子》"；王樵精通《老子》《易经》，受到京东学者贾同、李冠等人的景仰。再者，自幼年随母改嫁到淄州的范仲淹，也是由淄州文化培养成材的。⑥

北宋中期，京东涌现出许多以豪放而不得志为特点的文人。如刘潜、吴颢、石延年、韦不伐、陈靖、田度、马武等十余人，"皆负豪杰之气不得聘，相与纵酒为尚"。庆天府（今河南商丘）人、著名士大夫张方平也曾与其同为一气。⑦ 又如青州（今山东青州）人张在，自幼即善做文章，"尤精于诗"，深得文彦博的赞赏，但在科举上奇蹇不遇，老死于场屋；青州人张荷，"性高洁，为文奇涩"，所著《过非》极受著名隐士种放的称赞，但科考场上连连不中，落魄而死；青州人刘概，"笃学好古"，富弼、范仲淹、文颜

---

① 《渑水燕谈录》卷4《高逸》。
② 《太平寰宇记》卷13。
③ 《麈史》卷下《风俗》。
④ 《渭南文集》卷34《杨夫人墓志铭》。
⑤ 《竹隐畸士集》卷19《伯姐墓志铭》。
⑥ 《渑水燕谈录》卷1《谠论》；卷7《歌咏》。
⑦ 《乐全集》卷34《谢苏子瞻寄乐全集序》。

博等名贤对他十分赞赏,只是"天姿绝俗,与世相龃龉,故久不仕",晚年科场上才得到成功,但不再出仕;濮州(今山东鄄城北)人杜默,是石介的门生,"少有逸才,尤长于歌篇",被石介将其与诗豪石延年、文豪欧阳修并称为当世的歌豪,屡入考场,也未能如愿,遂落魄放荡,自暴自弃。① 杜默有首流传于世的作品云:"学海波中老龙,圣人门前大虫。推倒杨朱、墨翟,扶起仲尼、周公。"这首诗歌极自负,充满学究气,固然豪壮无比,但缺乏艺术性。苏轼指责说:"吾观杜默豪气,正是京东学究饮私酒、食瘴死牛肉,醉饱后所发者也。作诗狂怪,至卢仝、马异极矣,若更求奇,便作杜默。"②虽不免有地域偏见,倒也是实情。通过这些事例,可以得到两个印象:第一,京东文化气氛浓厚,民间颇多奇才怪才;第二,京东文化的某些方面不大符合朝廷口味,或者说是跟不上时代潮流。一叶知秋,上述文人的落魄不遇,又透露出京东文化没落的端倪。

河北、河东、陕西三路,地处边防,入宋以来,不以文化繁荣称。一是为军务繁忙所掩盖、所冲击;二是与文化发达地区相比,一般状态上有所不及。以地方政府这一层次而论,表现得就比较明显。如河北:"河北知州、军多武臣,其幕职官又或经学出身,而书断案牒颇不通。"③防边备战是当地的主要任务,所配备的地方官员以武将为多,当地经生出身的幕职官连日常文书也难以应付,文化素质可想而知。这种状况自宋仁宗天圣以后虽然有所改变,但西北三路由其边防性质所决定,文化事业的发展并没有大的起色。居民的整体文化素质相对较差。如苏辙说:"至于(西北)三路等处,民间不谙书算"④,即是一个方面。

同时应该认识到,西北地区一些地方保持着良好的文化传统。如河北恩州清河县(今河北清河西):"人物盛丽,饮食甘美,又多贤士大夫,今

① 《渑水燕谈录》卷1《谠论》;卷4《高逸》;卷6《文儒》;卷7《歌咏》。
② 《苕溪渔隐丛话》前集卷25。
③ 《长编》卷108,天圣七年十月癸丑。
④ 《栾城集》卷44《论衙前及诸役人不便札子》。

人乐从之游。"①是一个文明昌盛之乡。真定府藁城县(今河北稿城):"厥土惟上,其民实繁。户扇仁风,市多君子,崇儒重本,人皆富心。"②在这个礼仪之邦中,人们尊重知识,崇尚儒学。陕西京兆府(今陕西西安)一带,传统的文化中心仍有余韵,居民中士人比例较大,"长安故都,举人及衣冠子弟甚众"③;其属县蓝田(今陕西蓝田)"旧隶正畿,古称名邑,俗饫诗书,乡富礼义"④,有着较高的文化水平和素养。又如解州闻喜县(今山西闻喜),"闻喜自前世,固缙绅大夫之林薮也"⑤,文化基础颇厚。

　　西北三路的一般文化状况之所以不显眼,另一重要原因是有关地域文化整体记述的资料传世稀少,无法展开述说。从人才数量等方面看(后文即将论述)河北等地的文化并不落后,有的还居于前列。

　　南宋时期,西北属于金朝,这时的有关史料相对多些。我们不妨以河东为例,看一下其文化状况,会令人吃一惊的。元好问说,自金熙宗皇统年间(1141—1148年)以来,潞州上党(今山西长治)、泽州高平(今山西高平)一带,"士或带经而锄"⑥。读书风气浓厚,农民也有一定文化水平。金章宗明昌二年(1191年),宋元吉在隰州(今山西隰县)某县任主簿,因出巡检视田灾,走遍全县各地,"观其民风俭而不陋,朴而不野……其间人物,举止有体,出言有章,郁然有吾儒之气象者"⑦。乡民们普遍文质彬彬,反映出当地文化状况较好。而平阳府洪洞县(今山西洪洞)更有一番文化发达景象:"其俗好学尚义……每三岁大比,秀造辈出,取数倍多……家置书楼,人畜文库。"⑧当地习俗热爱学习,崇尚道德,书籍十分丰富而普及,人才辈出,文化气氛绝不亚于南方。金朝的河东路不再是边

---

① 《竹隐畸士集》卷9《与赵伯山书》。
② 《常山贞石志》卷11,徐晟:《大宋真定府藁城县重修文宣王庙堂记》。
③ 《长编》卷85,大中祥符八年八月甲午。
④ 《金石萃编》卷129,董储:《蓝田县重修玄圣文宣王庙记》。
⑤ 《温国文正司马公文集》卷66《闻喜县重修至圣文宣王庙记》。
⑥ 《金文最》卷30,元好问:《寿阳县学记》。
⑦ 《金文最》卷25,宋元吉:《兴儒里记》。
⑧ 《金文最》卷28,孔天监:《藏书记》。

防地区,所以社会环境比宋朝大大改善,文化状况比北宋时发达,在情理之中。但不可能没有北宋时的基础,由此可推测到,北宋时的河东文化并非很落后。

第二节　南方各地文化概况

一、宋代南方文化发展的特点

宋代南方地域文化,大体上可划分为三个地区。一是东南的两浙、福建、江东、江西;二是以成都府路为主的四川地区;三是淮南、湖北、湖南、广东、广西。其中,以前两个地区为发达地区,后一地区为一般或落后地区。

宋代南方文化的代表,应是东南地区和四川地区。从发展角度而言,有以下两个突出特点值得重视。

其一,以前所未有的速度迅猛崛起。南方文化起步晚,与北方相比,长期处于落后状态。南朝、隋唐以来,虽然不断发展,许多地方改变了文化贫困面貌,但还难以与北方相抗衡。到宋代有了巨大改观,发展速度明显加快。宋仁宗嘉祐年间,江西人、王安石的舅舅吴孝宗指出:

> 古者江南不能与中土等。宋受天命,然后七闽、两浙与夫江之东、西,冠带诗书,翕然大盛。人才之盛,遂甲天下。①

也就是说,从宋代开始,东南地区文化蓬勃兴起,盛况空前,改变了不能与中原地区相比的状况。吴孝宗甚至认为,在人才方面北宋中期东南地区已经超过了北方。

以福建为例,宋以前如在慢走,入宋如同快跑。据北宋后期福建人黄裳说:

---

① 《容斋四笔》卷5《饶州风俗》。

闽中山水之聚，水甘而山秀，居民之域，旗剑排空，人天在鉴，能使过者皆欲寓焉。气象之中，含蓄奇秀，堙郁而未发者，不知其几千岁。盖自唐德宗以前，未常举进士，其后虽有欧阳詹、徐寅辈相次而出，特以文辞稍闻于天下，未有华显者，又二百余岁矣……自有宋，闽中之士始大振发。①

黄裳充分强调了自然环境与文化的关系，尤其注重这一关系不同时期演变的不同效果。山水奇秀的福建，经过千百年的积蓄，陶冶孕育着地域文化，迁延至宋代，在新的历史条件下如雨后竹林，春笋勃发，涌现出大批知识分子，福建大地呈现出前所未有的文化昌盛景观。福州进士数量的不断增长，即是标志。自唐中宗神龙元年（705 年）至五代后唐明宗天成年间（926—929 年）的 220 多年间，福州中进士者仅 36 人；自宋太宗太平兴国五年（980 年）至宋哲宗元符元年（1098 年）的 118 年间，即有各科录取者 302 人（另有恩科 81 人）；自宋徽宗建中靖国元年（1101 年）至宋孝宗淳熙八年（1181 年）的 80 年间，则有 1037 人（另有恩科 481 人、医学 1人），是以前 300 多年总和的 3 倍多。② 即使排除宋代科举录取名额持续增加的因素，宋代福建被录取人数日盛一日的势头也是显而易见的。

两浙情况类似。如明州（今浙江宁波）："明山之东，三垂际海，清淑之气，于是乎穷，毓奇孕秀，显诸人者宜也。然衣冠文物，至我朝而始盛。气之所钟，亦有待而发欤？"③自然环境对文化固然有影响，但人地效应的产生需要长期积累，到一定程度，在宋代文化大发展的气候下，便出现突变。又如台州（今浙江临海），据陈耆卿介绍说："自唐以前，颇号僻左。本朝南渡后，陶和染醇，文物滋盛，乃始以胜壤名天下，而官守者亦乐之焉。地之显晦，时邪？人邪？"④台州文化是在南宋特殊历史条件下才大

---

① 《演山集》卷 19《送黄教授序》。
② 《淳熙三山志》卷 26《科名》。
③ 《宝庆四明志》卷 8《叙人》上。
④ 《赤城志》卷 1《地里门序》。

有进展、闻名天下的。实际上,南方许多州郡文化的真正发展都是在南宋时期。

四川情况大同小异。张孝祥言:"凡蜀之士文德名世者,自汉以来,何代无之?本朝独盛,频年尤辈出。"①四川文化起步时间较早,通常都认为开始于汉代文翁治蜀之时,但宋代以前步伐较慢,两宋时则是跳跃性发展,真正做到了人才辈出。

其二,文化普及,居民整体文化素质较高。北宋时,苏辙说:

> 臣看详四方风俗不同,吴、蜀等处,家习书算,故小民愿充州县手分,不待招募,人争为之。至于(西北)三路等处,民间不谙书算,嘉祐以前皆系乡差,人户所惮,以为重于衙前。②

州县手分是宋代吏人的一种,承担州县衙门各种事务,如任仓库、场务的管理等。对平民百姓而言,担任手分是一种劳役,在实行差役法时,按户等轮流充当。但这种劳役需要承担者具有相应的文化,如认字、写字及经济知识、算术计账等。西北等地居民文化素质较低,容易出差错,出了差错便须赔偿或受惩罚,因而将此役视为畏途。东南、四川等地居民大多有点文化,所以较为胜任,"人争为之"。由此可知,在基础文化上,南方胜于北方。南宋时,叶适又说:

> 今吴、越、闽、蜀,家能著书,人知挟册,以辅人主取贵仕。③

从北宋时的"家习书算",到南宋时的"家能著书,人知挟册",文化水平上升了一个新台阶。当然,叶适此言是夸张的,所谓的"家",至少应是士人之家,绝非每个农户和城市居民之家都能如此。他所反映的是一种文化

---

① 《于湖居士文集》卷37《与虞并父书》。
② 《栾城集》卷44《论衙前及诸役人不便札子》。
③ 《水心文集》卷9《汉阳军新修学记》。

发展的欣欣向荣气象。宋人有"东南豪英森森,号为儒海"之赞扬①,即是实际情况。南宋末年四川人阳枋指出,"俗言:今时小儿甚灵俐"②,即是南方人口素质不断提高的又一标志。

以上南方文化发展特点,是根据有关综合性资料简单概括的,下文具体考察各地文化状况,对以上特点将会有深入的认识。

二、南方各地文化状况

两浙泽国,居民"人性柔慧",决定了当地有良好的文化状况,尤其是南宋时,最为发达。此后长期是我国文化的龙头。下面就对两浙的几个州郡做一简介。

常州:"二浙文物之富,甲于天下,而常独冠诸郡。"③常州文化的某些方面,一度走在本路的前列。当地"人性吉直,异材挺生,学子知所向慕"④。有不少才智之士,并且热爱学习。

庆元府(即明州):"富家大族,皆训子弟以诗书,故其俗以儒素相先,不务骄奢。士之贫者,虽无担石,而衣冠楚楚,亦不至于垢弊。"⑤庆元府习俗不务骄奢,在两浙各州中比较独特。无论贫富,追求的都是精神文明,从贫穷的士人服装也可以看出其儒雅的素质。因而,"人才比他郡为冠"⑥。南宋最为突出。南渡之际,宗室赵善湘一家选择定居地时,"闻明州多名儒,徙居焉"⑦。明州多名儒,已经颇有知名度了。后来如楼钥、袁燮、袁甫、杨简、史弥远、史浩、史嵩之、郑清之、黄震、赵逢龙、陈埍、王应麟等名臣大儒,都是庆元府人,形成了庞大的文人地域集团。

---

① 《道乡集》卷27《颍川诗集叙》。
② 《字溪集》卷9《辨惑》。
③ 《筼窗集》卷21《跋邵旸叔诗后》。
④ 《宋本方舆胜览》卷4。
⑤ 《宝庆四明志》卷14《风俗》。
⑥ 《宋本方舆胜览》卷7。
⑦ 《宋史》卷413《赵善湘传》。

越州:"土俗雅尚,风物温秀,儒学之士,居常数十百人。"①这是宋神宗时的状况,文化风气虽然良好,士人还不很多。及至南宋,得以大发展。如迁来一批宗室:"南班宗子寓居会稽为近属,士子最盛,园亭甲于浙东,一时坐客皆骚人墨客。"②得此契机,越州文化繁荣起来。

处州:"家习儒业……声声弦诵半儒家。"③有文化的居民,大约占户数的一半,读书之声相闻,习俗好学。

温州:"素号多士,学有渊源。近岁名流胜士,继踵而出。"④有优良的学术传统和众多的士人,名流不断涌现,南宋时形成以叶适等人为首的"永嘉学派"。

婺州:"名士辈出……士知向学。"⑤文化风气与温州相同。所出学者,据《宋元学案》所载统计,为全国之最多,有"婺学"及"永康学"等学派。

江阴军:"得江山之助,故其人秀而多文。"⑥虽然地方小,没有多少名士,但居民整体文化素质比较好。

平江府(苏州):"好儒好佛","号为吴中士夫渊薮"⑦。佛教文化与儒家文化交织,加以风光秀丽,士大夫乐于在此居住。"苏州士大夫寓居者多。"⑧如宋神宗元丰年间,曾有著名的"十老之集":大中大夫卢革、奉议郎黄挺、正议大夫程师孟、朝散大夫郑方平、朝议大夫闾丘孝终、苏州太守章岵、朝请大夫徐九思、朝议大夫徐师闵、承议郎崇大年、龙图阁直学士张诜。年纪最大的82岁,最小的70岁,都是饱学之士、耆旧宿儒,⑨对当

① 《嘉泰会稽志》卷1,沈立《越州图序》。
② 《耆旧续闻》卷10。
③ 《宋本方舆胜览》卷9。
④ 《宋本方舆胜览》卷9。
⑤ 《宋本方舆胜览》卷7。
⑥ 《舆地纪胜》卷9。
⑦ 《宋本方舆胜览》卷2。
⑧ 《宋朝事实类苑》卷54。
⑨ 《齐东野语》卷20《耆英诸会》。

地文化不无增光和推动作用。

湖州未见类似上述州郡文化概况的评语，应是有些差距。不过，湖州州学在北宋时就闻名天下，文化状况也是良好的。宋仁宗庆历年间，也曾有衣冠盛事——"六老之会"。致仕后居于湖州的士大夫工部侍郎郎简、司封员外郎范锐、卫尉寺丞张雒、殿中丞刘余庆、大理寺丞周守中、大理寺丞吴琰等六人，庆历六年（1046年）聚会于南园，由湖州知州马寻主持，饮酒赋诗。正值胡瑗任湖州教授，为之作序以赞扬。[1]

杭州五代时为吴越国都，已形成一方文化中心。北宋时以山水之胜、人口之繁，被誉为"东南第一州"[2]。元祐年间杭州人沈括又言："杭为大州，当东南百粤之会，地大民众，人物之盛，为天下第一。"[3]杭州人文化素质特点是"习俗工巧"[4]，可谓聪明伶俐。南宋时为朝廷所在地，乃人文荟萃的文化中心，各类文化十分发达，与北宋京师开封比较接近，自不待多言。

江西文化繁荣昌盛，居民文化素质普遍较高，如朱熹所说："江西人大抵秀而能文。"[5]在此基础上，培育出不少大家巨匠。罗大经指出：

> 江西自欧阳子（修）以古文起于庐陵，遂为一代冠冕，后来者莫能与之抗。其次莫如曾子固（巩）、王介甫（安石），皆出欧门，亦皆江西人……朱文公（熹）谓江西文章如欧阳永叔、王介甫、曾子固，做得如此好，亦知其皓皓不可尚已。至于诗，则山谷（黄庭坚）倡之，自成一家，并不蹈古人町畦。[6]

唐宋散文八大家，宋代六位，江西人就占了三位，欧阳修、曾巩、王安石皆

---

① 《齐东野语》卷20《耆英诸会》。
② 《宋本方舆胜览》卷1。
③ 《长兴集》卷24《杭州新作州学记》。
④ 《宋本方舆胜览》卷1。
⑤ 《朱子语类》卷116。
⑥ 《鹤林玉露》卷3丙编《江西诗文》。

为一代文宗,在历史上有重要地位。黄庭坚则是享誉古今的大诗人,开创了"江西诗派"。在儒学方面,江西的成就同样辉煌。北宋有建昌军(今江西南城)人李觏、抚州(今江西抚州)人王安石,南宋抚州又出了陆九渊、陆九韶、陆九龄兄弟,都是思想大家,各开一派先河。

能够代表江西文化发达的州郡并不是其政治中心洪州(今江西南昌)而是抚州,因而也就更有地域代表性。抚州文化概况已不是比屋弦诵、士人众多的层次,而是大家辈出的境界:

> 抚州古名郡,至本朝而尤号人物渊薮。德业如晏元献(殊),文章如王荆公、曾南丰,儒学行谊如陆象山兄弟之盛。其余彬彬辈出,几不容偻指。①

这些在中国文化史上的佼佼者,哪个地区有一人都足以自豪,而集中产生于一州,确属地域文化的奇观。它说明当地文化繁荣、基础雄厚:"临川于江西号士乡……居民多业儒,碌碌者出于他州足以长雄。故能文者在其乡里不甚齿录,独素行可考而后贵也。"②由于大家众多,名士的规格被抬得很高,单是擅长文学不足以为贵。在本乡不足以挂齿的人,到外地却足以称雄。犹如明月旁的群星,再亮也不会引人注目。

李觏的家乡、与抚州为邻的建昌军在文化上也可与抚州交相辉映。这里"林奇谷秀,水透川环,学富文清。其地山水清秀,胜概冠于江表。南城在大江之西号为多士,无土山,无浊水,民乘是气,往往清慧而文。建昌佳山水,比屋弦诵,与邹鲁同风。"③秀丽的山水与清慧的居民相得益彰,好学能文,孕育出济济多士。

江西其他州郡,文化状况大多良好。据《宋本方舆胜览》风俗部分所载,袁州(今江西宜春)"士夫秀而文";瑞州(今江西高安)"士秀而文";

---

① 《黄氏日抄》卷88《抚州重建教授厅记》。
② 《于湖居士文集》卷15《送吴教授序》。
③ 《舆地纪胜》卷35《建昌军》。

吉州(今江西吉安)"郡多秀民,而学宫之盛,与上国等";南安军(今江西大余)"儒术之富,与闽、蜀等。"共同特点是知识分子数量多,素质好。

江东路文化发达的程度不及江西,但也比较繁荣。江宁府(今江苏南京)在魏晋南北朝时,长期是南方都城,五代十国中又为南唐都城,文明积累深厚。入宋以来,南唐时的繁盛及地位消灭于一旦,仍称得起是一方都会,居民久经文明陶冶,"性知文学"①。饶州(今江西波阳)"其人喜儒,故其俗不鄙"②,也即当地人热爱读书,有一定文化气质,比较高雅。信州(今江西上饶)"自本朝来,文风日盛"③;广德军(今安徽广德)则"业儒登第者相继于时"④。文化风气比较浓。

福建人读书好学,在全国都是很突出的,文化上一派繁荣昌盛景象。《宋史·地理志五》强调指出当地居民"多向学,喜讲诵,好为文辞,登科第者尤多"。文化十分普及,即使普通百姓也热衷于学习,"今虽闾阎贱品处力役之际,吟咏不辍"⑤。劳作之际,口中尚念念有词。宋神宗时按户等差点乡兵,由于"闽俗户知书",被差点为乡兵的人,"大抵举子也"⑥。在主户中,青壮年不但文盲稀少,大多还是有实力博取科第的知识分子,足见居民中有文化者的比例相当高,为其他地区所罕见。

福建的八个州军中,文化蓬勃发展的热点集中在福州、泉州、建州、邵武军、兴化军(今福建福州、泉州、建瓯、邵武、莆田)等地。《宋本方舆胜览》对其有概括介绍。昭武军:"昭武人喜以儒术相高,是为儒雅之俗;里人获荐、登第则厚赆庆贺,是为乐善之俗……弦诵之声相闻。"建州:"家有诗书,户藏法律……俗如邹鲁之国,文物蔼然。"泉州:"素习诗书。"兴化军:"秀民特多,比屋业儒,号衣冠胜处,至今公卿相望。"总括这些史料,可知福建大部分地区文化十分普及,尊重知识,崇尚儒术,士人数量相

---

① 《景定建康志》卷42《风俗》。
② 《宋本方舆胜览》卷18。
③ 《宋本方舆胜览》卷18。
④ 《舆地纪胜》卷24。
⑤ 《文献通考》卷318《舆地》4。
⑥ 《北山集》卷34《徐量行状》。

当可观。

　　川蜀地区,分为成都府路、梓州路(潼川府路)、利州路、夔州路四路。虽统称四川,文化差别却很大。成都府路和梓州路文化发达或比较发达,利州路和夔州路文化处于落后或很落后状态。南宋时,范成大曾乘船沿江由西向东顺流穿过四川,自梓州路的昌州(今四川大足)进入夔州路的恭州(今四川重庆),立即感到了明显的差别:"至恭州,自此入峡路。大抵自西川至东川,风土已不同,至峡路益陋矣……承平时谓之川峡,自不同年而语。"①沿江三路,西川即成都府路,东川即梓州路,峡路即夔州路,文化状况依次有落差。宋人说四川文化繁荣等话,其实指的主要是成都府路。对此一定要明确,以免混为一谈。

　　成都府路文化的发达,与东南相近。宋高宗曾指出:"蜀中多士,几与三吴不殊。"②《宋史·地理志五》对其文化状况有高度评价:"庠塾聚学者众……文学之士,彬彬辈出焉。"教育事业发达,文人、尤其是文学家层出不穷。具体到州郡,有不同程度的体现。如眉州(今四川眉山),"其民以读书为业,以故家文献为重。夜燃灯,诵声琅琅相闻";"西蜀惟眉州学者最多"。图书文献是珍重之物,读书学习夜以继日,将对文化的追求,当成了人生的一个事业。成都府(今四川成都)历来是西南文化中心,"其俗好文","学者比齐鲁"。嘉定府(今四川乐山)在四川的文化地位,仅次于成都府和眉州,居第三位。四川"号为多士,莫盛于眉、益二邦,而嘉定次之"。彭州(今四川彭县)也是"士多英才,美发西南,闻于天下"。简州(今四川简阳)则"颇慕文学,人多工巧"。隆州(今四川仁寿)人在清贫中仍热衷读书,"家贫而好学"③。

　　潼川府路有着比较发达的文化,只是在整体高度上次于成都府路。据《宋本方舆胜览》记载,列举如下。潼川府(今四川三台),"士通经学古,罕为异习",专心专意研读儒家经典,比较纯古。普州(今四川安岳),

　　①　《吴船录》卷下。
　　②　《系年要录》卷111,绍兴七年六月乙卯。
　　③　《宋本方舆胜览》卷52、卷53、卷54;简州据《舆地纪胜》卷45。

士人官员"退而里居者无倦于教育……占籍为士者多于民……士雅素而笃学。"热心发展民间教育,雅素而好学的士人在居民中比例较大。合州(今四川合川),"表之以四山之环合,中之以两溪之襟带。田亩桑麻,左右交映。人生其间,多秀异而习诗书"。在独特的山川环境中,人们大多有些文化知识。昌州(今四川大足),"其俗朴厚,又多秀民。士愿而劝学,深山穷谷晓礼义,遵道而重儒,孳孳以事圣人为急。"儒学在当地文化中居于主导地位,不仅士人勤勉于学,深山里的居民也受影响而知礼义。广安军(今四川广安),"近世以来,儒风尤胜,人物间出"。学习儒文化的风气日益盛行,颇有人才出现。怀安军(今四川金堂东南),"土瘠人淳,士务力学。"读书人学习很勤奋。叙州(今四川宜宾)虽偏远,但"士静而有文",文化并不很落后。总的来看,梓州路居民多秀雅文静,有相当一批热衷于学的知识分子。

最能反映四川文化一般状况的,就是其文化普及,平民百姓、凡夫俗子都有不同程度的文化水平。如:"蜀人好文,虽市井胥吏辈,往往能为文章。"[1]不只是识字读书而已,提起笔来也可以做出文章。伶人虽处于卑贱的下层地位,编演的节目却富于书卷气,"蜀优尤能涉猎古今,援引经史,以佐口吻、资谈笑"。如史弥远当政时,把持任官大权,选人改官必须钻营史弥远才能如愿。在四川制置司大宴上,优伶扮演宰予出场说:"吾宰予也。夫子曰:'于予与改。'可谓侥幸。"另一人说:"吾颜回也。夫子曰:'回也不改。'吾为四科之首而不改,汝何为独改?"宰予说:"吾钻故改,汝何不钻?"颜回说:"吾非不钻,而钻弥坚耳!"宰予说:"汝之不改宜也,何不钻弥远乎?"[2]借用《论语》中的言语,巧发微中,辛辣地讥刺了"钻弥远"的恶劣现象。可见其对儒家经典信手拈来,烂熟于胸。

四川妇女,多有文化修养:"蜀多文妇,亦风土所致。"[3]宋真宗为襄王时,对四川女子十分倾慕,托人为他寻找:"蜀妇人多材慧,汝为我求一蜀

---

① 《杨公笔录》。
② 《齐东野语》卷13《优语》。
③ 《清异录》卷下《藏锋都尉》。

姬。"所求得一人果然不凡,即章献刘后。① 在成都,有这么一个感人例子载入顿起《赠成都寓舍贤妇二喻诗》中:"二喻出儒家,清贫一无有。零丁依老母,破屋僧堂后。相对诵诗书,未尝窥中牖。"②在清贫无依的艰难困境中,她们仍专心读书不辍。即使沦落风尘的妓女也不可小看,大都有文采:"蜀倡类能文,盖薛涛之遗风也。"某人自四川罢任归来,带回一蜀妓藏于金屋。有一段时间因身体不好去的次数少了,引起蜀妓的猜疑,其人因作词解释。此妓即韵作词回答:"说盟说誓,说情说意,动便春愁满纸。多应念得脱空经,是哪个先生教底? 不茶不饭,不言不语,一味供他憔悴。相思已是不曾闲,又那得工夫咒你?"③情深意浓,富于文采又别致俏皮。特别是最后两句,柔肠寸断,催人泪下,可谓绝唱。

四川文化状况中,另有两个特殊现象,有必要提出来。

其一,重文化而轻物质。即四川一些地方的士人,读书学习的热情甚至超过生产经营活动。如眉州"为衣冠礼义之乡,士俗以读书为耕,以笔砚为富,往往薄于农桑。窘索于衣食者,非岁之罪也"④。将读书作文当作主业,对农业生产反倒视为次要而不经心,致使收成不好,生活困窘。这是《眉州劝农文》中的文字,地方官将这种状况列为影响农业生产的不利因素,劝告眉州人不要过分追求学业。如此重精神文明、轻物质文明的价值观念,实不多见,令人惊异。这一现象的扩展,就是宋高宗时国子祭酒杨椿所说的"蜀士多贫"⑤。如前文所引隆州人"家贫而好学"即是。个人典型例子如成都人杨褒:"好古博物,家虽贫,尤好书画、奇玩充实中橐。家妓数人,布裙粝食,而歌舞绝妙。故欧阳修赠之诗云:'三脚木床坐调曲',盖言褒之贫也。"⑥家中虽相对贫困,却不减博雅风流,是蜀中潇洒的名士风度。其财力、精力,多用于追求精神享受方面。

① 《涑水记闻》卷5。
② 《宋诗纪事》卷46。
③ 《齐东野语》卷11《蜀娼诗》。
④ 《方舟集》卷18《眉州劝农文》。
⑤ 《系年要录》卷177,绍兴二十七年五月乙亥。
⑥ 《渑水燕谈录》卷8《事志》。

其二,长于文学而短于吏能。宋代四川文化的突出成就是文学发达,会做诗文的人普遍,善做诗文的人很多,即《宋史·地理志》所特别指出的"文学之士,彬彬辈出也"。成都府路眉州的苏洵、苏轼、苏辙父子,就是一世龙门,千古名家,唐宋散文八大家中,三苏俱列其中。他们的出现不是偶然的,不是纯属个人资质所致,而是坐落在四川这一文学高原上的顶峰。宋仁宗时,知益州(即成都府)薛奎还朝时带了一位书生。有人问他入蜀有什么收获? 薛奎说:"得一伟人,当以文学名世。"此人就是成都人范镇,果然以高科中第,其文传至国外,"契丹、高丽皆传诵其文"①。不愧为文章名家。另一方面的问题是,"蜀人大抵善词笔,而少吏能"。眉州人任师中说:"吾前辈有吏能者,唯何圣从(郯)、陈公弼(希亮)二人而已。小子不才,敢出其后。"②此人并不自谦,说出了四川士大夫文学素质强、政治能力弱的特点。例如,成都人王珪即是典型:"珪以文学进,流辈咸共推许。其文闳侈瑰丽,自成一家,朝廷大典策多出其手,词林称之。然自执政至宰相,凡十六年,无所建明,率道谀将顺。"时人将他称作"三旨相公":即上殿称"取圣旨",皇帝指示后云"领圣旨",回来传达曰"已得圣旨"③。自己没有一点主见,仅起个传声筒的作用,徒有宰相虚名。大概满脑子辞藻诗章的人,长年浸淫于文学之中,与现实政治有一定距离,往往束手无措。

以上主要是成都府路及梓州路的情况,下面接着谈利州路和夔州路的文化概况。

利州路的文化只能在四川排名第三。其中以阆州(今四川阆中)最好,"其民恭俭而文,在西南为佳郡",号称"人才之盛"。北宋中,有"阆苑三学士,锦屏三状元"之艳称,指当地人雍元直、蒲宗孟、鲜于侁曾任学士,陈尧叟、陈尧咨、马涓高中状元。确实生长出一批优秀人才。再者即蓬州(今四川营山西北):"少商多儒……家诗户书,文物甚盛。"文化普及

---

① 《宋史》卷337《范镇传》。
② 《画墁集》卷6《房州修城碑阴记》。
③ 《宋史》卷312《王珪传》。

面广,文风浓郁。除了这两地之外,其他州郡的文化状况就比较差了。如龙州(今四川平武东南):"多学道教,罕有儒术。"封建正统文化在此没有什么地位。北部靠近陕西关中的汉中盆地,经济状况较好,文化状况却较弱。如洋州(今陕西洋县):"信鬼不信医,健讼少文艺"①;兴元府(今陕西汉中)据宋神宗熙宁六年(1073年)知府文同报告说:"本府自唐末以来,并无诸科修学及第之人。从前每有科场,皆是外州军进士暂来就此假籍寄应,纵获荐到省,皆下第无成,遂各还归本贯,不复在此修习。所以其民便谓读书无效,更不从学。"府学学生只有数人而已。②科举的天荒,反映的是文化土壤的贫瘠。

夔州路不但在四川最落后,在全国范围内也是最落后的。几乎所有的数字统计中,夔州路总是排在末尾。这里的自然环境、经济状况恶劣,大部分地区尚处在蒙昧野蛮的巫文化层次。如万州(今四川万县):"风俗朴野,尚鬼信巫",笼罩在迷信气氛中;大宁监(今四川巫溪):"最为褊陋……轩冕者寡",知识分子很少。有的地方甚至处在原始状态,连文字都没有。如绍庆府(今四川彭水苗族土家族自治县):"行处则跣足露头,契约则结绳刻木";珍州(今贵州正安东北):"其俗以射猎山伐为业,信巫鬼,重谣祝,好诅盟,外痴内黠,安土重旧。凡交易,刻木为书契,结绳以为数。"③没有任何先进文化的气息。夔州路地理位置既不偏,又不远,文化竟如此落后,主要是穷山恶水的自然环境造成的。

淮南路位于长江之北,大部分州郡在淮河以南,有南国景象。如苏轼诗云:"过淮风气清,一洗尘埃容。水木渐幽茂,菰蒲杂游龙。"④同时,由于靠近京东、京西,习俗与之相近,《宋史·地理志四》言:"其俗与京东、西略同。"居民气质大体与北方人相同:"淮人本醇质,士子亦皆重厚。"⑤

---

① 《宋本方舆胜览》卷67、卷68、卷70、卷68。
② 《丹渊集》卷34《奏为乞置兴元府府学教授状》。
③ 《宋本方舆胜览》卷59、卷58、卷60、卷61。
④ 《苏东坡全集·后集》卷4《过高邮寄孙君孚一首》。
⑤ 《名公书判清明集》附录二《太学生刘机罪犯》。

淮南文化素质,兼有南北,处于比较发达状态。

扬州(今江苏扬州)在唐代地方城市中,繁华为全国之最,有"扬一益二"之称。宋代时地位虽一落千丈,文化积淀倒还保留些良好的底子,当地人"有学而好文"。高邮军(今江苏高邮)生长出著名学者孙觉、大文学家秦观,足见不是一块文化贫瘠的土地。居民受其影响,"至今好谈儒学"。蕲州(今湖北蕲春西南):"其人淳庞近古……秀民乐于为儒,而不轻释其业,彬彬喜学,有邹鲁遗风。"有着喜爱读书的良好风气。其他的几个州郡,大多有类似情况。泰州(今江苏泰州):"虽穷巷茅茨之下,往往闻弦诵声,俗务儒雅。"光州(今河南潢川):"俗美民淳,其异才秀民,业儒术以自见于世……习俗雅循……士尚名礼,居田里者亦畏礼法。"黄州(今湖北黄岗东):"其士静而文,朴而不陋,尊德乐道,异于他邦。"濠州(今安徽凤阳东):"淮南宾客集,而者书流风所被,文词并兴,非南北二边比。"①南宋时虽地处边防,仍有文风荡漾。舒州(今安徽舒城)于宋哲宗时,曾出了三位文化名人。一位是李亮工,写得一手好文章,在士大夫中间很有名气,与苏轼、黄庭坚为朋友,多有诗文唱和;一位是李公麟,擅长国画,妙绝冠世,而且好古博雅,收藏许多三代以来的鼎彝古器,还以学者身份著有《考古图》;一位是李元中,杰出的书法家,其作品直追钟繇、王羲之。当时人美称之为"龙眠三李",并同年考中进士。②他们是舒州地域文化的产物,反映出舒州文化有较高的水平。

湖南、湖北两路,文化整体上比较落后,有关综合性资料不多。据《宋本方舆胜览》,仅知湖北德安府(今湖北安陆)较好,"其土风醇厚,其士多秀杰,其民多隐德……俗喜儒学",北宋前期,曾出过王世则、宋庠、郑獬三位状元,足以引以为荣(宋庠祖籍在此州,后来迁居开封府)。其他州郡大多比较落后,如峡州(今湖北宜昌),"业儒者鲜",读书人很少。南宋初期的辰州(今湖南沅陵),"土人皆可喜,而不多得"③。

---

① 《宋本方舆胜览》卷44、卷46、卷49、卷45、卷50、卷48。
② 《挥麈三录》卷2。
③ 《碧溪诗话》卷5。

广南地区相关资料较多些,从中看到一些州郡的文化状况比较好。

广东的南雄州(今广东南雄),"其俗一而不杂,其风淳而不漓,其人所训习多诗书礼乐之业……衣冠文物之盛,殆未愧于齐鲁之风也……本朝以来,操翰墨以取青紫者比比相属。"宋徽宗大观元年(1107年)在全国征八行之选,各路可贡三人,广东十五郡中只有南雄州得到三人,其他州则无一人应选。① 南雄州文化虽未必如上夸张语言概括的那样发达,但应该说其发展有一定成就。英德府(今广东英德),"其地文通经史,武便弓弩,婚嫁礼仪,颇同中夏"②,中原文化在此有一定影响。惠州(今广东惠州)"文物不下他州",大概有些文化基础;潮州(今广东潮州)自唐代文豪韩愈贬居此地后,启动了地方文化发展,"州人知书自(韩)文公始",入宋有了较大进步。③ 广东的中心广州(今广东广州),在北宋后期,文化尚很落后,"士之知名者独少,而业文擢第,及(?)劣于他州"④。与其广东政治、经济中心地位不相称。南宋时发展较大,宋宁宗嘉定年间,与潮州一起"皆号多士"⑤,并出了崔与之、李昂英两位名臣学者。除了这几地外,其他州郡文化都处于落后状态。如韶州(今广东韶关),"为士者鲜力于学……其人优吏而不知儒。"士人不多,也不勤奋,在当地没有什么影响;梅州(今广东梅州)则"其俗信巫尚鬼"⑥,更为落后。

广西静江府(今广西桂林),"山拔而水清,士之秀美岂乏人",宋宁宗嘉定年间也号称多士;柳州(今广西柳州),"弦诵为岭南诸州冠",在广西属于最发达的地方;郁林州(今广西玉林),"良才秀民,好学者多",有良好的读书风气;浔州(今广西桂平),"人多业儒";贺州(今广西贺县),"士知力学",与郁林州相同;昭州(今广西平乐),"决科入仕,每每不

① 《舆地纪胜》卷93。
② 《舆地纪胜》卷95。
③ 《宋本方舆胜览》卷36。
④ 《永乐大典》卷21984,章粢《广州府移学记》。
⑤ 《宋会要·选举》6之14至15。
⑥ 《宋本方舆胜览》卷35、卷36。

乏"，宋徽宗时，曾有三人在太学读书，二人在太学外学辟雍学习。[①] 此外各州郡，大多是少数民族聚居地，汉文化状况落后或很落后，有些地方还比较原始。

宋代各地的文化状况，大致如此。以上介绍，有三点应在此做出说明。

其一，尽可能引用概括性的资料，只有这样才便于反映一般文化概况。许多具体的内容，放在本书其他章节专门介绍。

其二，南方地区的资料，主要来源于《宋本方舆胜览》各州郡风俗部分（其中宋以前的资料不用），这样才便于均衡，避免因不同地区资料多寡引起人为的差距。

其三，南方地区的资料以南宋时期为多，也就是说，许多南方州郡的文化状况，与北方所处的不是同一个时代，多发展了百年左右。在介绍河东路借用金代资料时，我已指出了这个问题，只是用以推测北宋时的状况。南方地区所存在的问题同样应引起注意，至少在与北方地区比较时，要考虑到时代差别。

从已有各地文化基本轮廓可以看到，宋代地域文化的新气象是南方文化的迅猛崛起，许多地区不同程度地呈面状发展。这种历史性的变化改变了传统地域文化的基本格局，已属无须争辩的事实。北方地域文化有衰弱的地方，也有发展的地方，衰弱呈现在面上，发展呈现在点上，前者是因为国防局势、政治局势变迁及史料失传的缘故，后者是建立在传统优势和政治优势基础之上的。

第三节　各地的图书事业

书籍是人类传播知识、交流思想、宣扬理论、总结经验教训的工具，是文化的结晶。书籍的多少，可作为一个地区文化程度的重要标志。不能

---

① 《宋本方舆胜览》卷38、卷39、卷40、卷41、卷46。

想象,一个缺少书籍的地方会是文化发达之地;同样,书籍众多并且普及的地方决非文化荒漠。有关宋代图书的收藏、刻印等方面的论著已有不少,从地域文化角度重新认识,会发现更多的问题,有着更深刻的意义。

一、北方各地的藏书及印书

京师开封,拥有全国数量最多、品种最齐全的书籍,是全国图书收藏、交流、出版的中心。

宋代初年,开封朝廷的书籍并不多,相反倒是少得可怜,三馆藏书仅有1.2万余卷,几个柜子就装下了。这是五代十国战乱的遗产。随着平定诸国,军事征服的步步推进,各地书籍开始百川归海,汇入开封。是为开封国有图书的第一个来源。

宋太祖乾德元年(963年)平荆南,朝廷即诏有司"尽收高氏图籍以实三馆",荆南政权的图书全部运往开封。乾德三年收复四川,专派右拾遗孙逢吉前往四川收缴后蜀政权的图书文物,其中得图书1.3万卷归入朝廷三馆。开宝八年(975年)征服南唐后,命太子洗马吕龟祥前往金陵(今江苏南京),缴获图书2万余卷。宋太宗太平兴国三年(978年),两浙的吴越国归顺,"遣使收其书籍,悉送馆阁"①。诸国图书的收缴,奠定了京师中央图书规模的基础。

第二个来源是购募。宋政府十分重视文化建设,对图书的渴求没有止境,经常开展购募活动。宋太祖、太宗、真宗、仁宗、神宗、徽宗等朝,都有搜访图书的事迹记载。如宋太宗时,即常派专使到全国各地"购募古书、奇画及先贤墨迹",并以钱财、官位为诱饵,"少则偿以金帛,多则授以官职。数岁之间,献图籍于阙下者不可胜计,诸道购得者又数倍","图籍之盛,近代所未有也"②。又如宋神宗熙宁七年(1074年),成都府进士郭有直及其子郭大亨献出3779卷图书,其中秘阁所没有的图书就达503

① 《宋朝事实类苑》卷31《藏书之府》。
② 《长篇》卷31,淳化元年八月甲辰。

卷。朝廷任命郭大亨为将作监主簿以示奖励。"自是,中外以书来上,凡增四百四十部,六千九百三十九卷"①。

第三个来源是地方政府定期上交的各地图籍。宋朝规定,各州每逢闰年即造地方图籍,"凡土地所产,风俗所尚,具古今兴废之因,州为之籍",交给中央。有此,可使朝廷"周知方域之广袤,及郡邑、镇寨之远近"②,是第一手的地方资料。

第四个来源是国际图书交流的外国献书。如宋哲宗元祐八年(1093年),高丽国使臣献来一批书籍,其中最珍贵的是《黄帝针经》9卷。该书在国内"亡失几尽,偶存于东夷",高丽所献者"篇袟具存",朝廷遂刻印发行全国,"使学者诵习"③。日本于宋太宗朝曾贡献本国《职员令》《王年代纪》各1卷,以及佛经、《孝经》1卷、《孝经新义第十五》1卷,"皆金缕红罗褾,水晶为轴"④,极为精美。丰富了京师藏书的品种和数量。

上述渠道,使大量图书源源不断地汇聚开封,体现了京师文化综合性的特点。显然,这是其他任何地方也无法效仿的。

与此相适应的是,京师的藏书机构日益扩大和完善。最主要的藏书机构是昭文、集贤、史馆,合称三馆。宋太宗即位不久,即视察三馆,看了后很不满意,感到太狭陋:"岂可蓄天下图籍?"下诏将三馆由长庆门东北迁往左升龙门东北旧车辂院之地,重新建造。在宋太宗亲自设计、经度下,新三馆"轮奂壮丽,甲于内庭",赐名为崇文院。东廊为昭文书库,南廊为集贤书库,西廊有四库,分别藏着经史、子、集四部书,为史馆书库。这里的六库所藏书籍有正本、副本两套,总共8万卷,"策府之文焕乎一变矣"⑤!由此进入京师图书事业发展的黄金时代。以后,三馆规模及藏书不断扩大,到北宋末年,藏书多达6705部,73877卷(仅指正本)。⑥

---

① 《文献通考》卷174《经籍》1。

② 《宋史》卷163《职官》3。

③ 《宋朝事实类苑》卷31《藏书之府》,《长编》卷480,元祐八年正月庚子。

④ 《宋史》卷491《日本国传》。

⑤ 《长编》卷19,太平兴国三年正月末、二月丙辰。

⑥ 《宋史》卷202《艺文》1。

宋太宗端拱元年（988 年），朝廷在崇文院中另建秘阁，极为宏伟壮丽："内诸司舍屋，惟秘阁最宏壮，阁下穹窿高敞，相传谓之木天。"①秘阁收藏有三馆中调出的万余卷善本书和皇宫其他地方散布的书画珍品。

太清楼位于后苑之内，是另一重要的藏书之地。其中楼下六阁，分藏经、史、子、集、天文、图画②。宋真宗景德四年（1007 年），已有四部书 33725 卷及宋太宗御制、墨迹石本 934 卷、轴。③

玉宸殿和四门殿各有万余卷藏书④。玉宸殿是皇帝宴息之地，藏书以便于随时观览。其书以"正经、正史屡校定"的善本为主，宋真宗藏书最多时达 11293 卷，另有《太宗御集》、御书 753 卷。⑤

再一处主要的藏书之地是龙图阁。宋真宗景德二年，收藏有宋太宗御书 5115 卷、轴，经典阁 3762 卷，史传阁 821 卷，子书阁 1362 卷，文集阁 8031 卷，天文阁 2564 卷，图画阁 1421 轴、卷、册。⑥ 总计 23076 卷、轴、册。

此外，天章阁、宝文阁、显谟阁、徽猷阁等处，分别藏有皇帝的御集、御书。政府部门也各有相应的图书资料，如兵部职方郎中，即负责掌管天下州郡图籍。

作为贵族士大夫和文人墨客聚集最多的京师，开封私人藏书的数量不亚于官方："京都盛时，贵人及贤宗室往往聚书，多者至万卷。"⑦更具有地域文化意义。以宗室贵族而论，如赵宗颜"藏书数万卷"⑧；赵宗晟"好古学，藏书数万卷"⑨；最突出的是赵宗绰，"蓄书七万卷"，有书目三卷，后人见到其中卷，"除监本外，写本、印书书籍计二万二千八百三十六卷。

---

① 《梦溪笔谈》卷 24《杂志》。
② 《玉海》卷 167《咸平太清楼》。
③ 《长编》卷 65，景德四年三月乙巳。
④ 《宋史》卷 202《艺文》1。
⑤ 《长编》卷 65，景德四年三月乙巳。
⑥ 《长编》卷 59，景德二年四月戊戌。
⑦ 《墨庄漫录》卷 5。
⑧ 《欧阳修全集·居士集》卷 37《赵宗颜墓志铭》。
⑨ 《宋史》卷 245《赵宗晟传》。

观一袟之目如是,所谓七万卷者为不诬矣。三馆、秘府所未有也,盛哉!"①仅此一家,即与朝廷藏书量相抗衡。以官员士大夫而论,如曾任宰相的王溥、丁谓,在京城的家中即有丰富的藏书:"京师藏书之家,惟故相王溥为多,官尝借本传焉;丁谓家书亦多,收入秘府。"②开封祥符人丁颙,曾倾其家资购买图书 8000 卷,建造一座大室贮藏,并宣言:"吾聚书多,虽不能读,必有好学者为吾子孙矣。"③如此丰富的书籍,果然造就了他的孙子、参知政事丁度,并使其图书增加到上万卷。④ 开封人刘季孙,是进士出身的著名大将刘平之子,"家无一钱,但有书三万轴,画数百幅耳"⑤。显然是位以藏书为业的儒雅之士。开封人郭逢原,喜爱抄书、校书,每得到一本书,无论字多字少,必定亲自抄录和校勘,家中因而藏书多达数万卷。⑥ 在京师昭德坊居住的著名"昭德晁氏",家传之书有 24500 卷之多。⑦ 北宋末年,李新提到"东都刘氏"为虽无名气但实力雄厚的藏书家。刘氏只是个平民百姓,一生无他嗜好,唯喜书籍,"所蓄与秘阁埒"⑧,大约有数万卷。开封人藏书万卷以上者,还有王希逸和居住于崇庆里的李宗谔⑨。

　　京师藏书名气最大的是居住在春明坊的宋敏求家。其父著名学者宋绶是杨徽之的外孙,尽得杨徽之的藏书,加上宋绶自己的藏书,有万余卷。⑩ 至宋敏求,累计多达 3 万卷,另有自宋初至宋神宗熙宁年间的全部报状。许多人为了借阅方便,纷纷租赁春明坊的房屋,致使该坊住宅租金

————————

① 《容斋四笔》卷 13《荣王藏书》。
② 《宋朝事实类苑》卷 31《藏书之府》。
③ 《宋朝事实》卷 9《丁文简》。
④ 《名臣碑传琬琰集》上集卷 3《丁文简公度崇儒之碑》。
⑤ 《游宦纪闻》卷 9。
⑥ 《演山集》卷 33《朝散郭公墓志铭》。
⑦ 《齐东野语》卷 12《书籍之厄》。
⑧ 《跨鳌集》卷 18《刘氏藏书序》。
⑨ 《宋史》卷 268《王显传》;卷 265《李宗谔传》。
⑩ 《宋史》卷 291《宋绶传》。

比其他地方高出 1 倍。① 王安石嘉祐年间在京任职时,租借的就是春明坊,与宋敏求为邻居,曾每天借阅唐人诗集,选编了一部《百家诗选》行于世。② 王安石的诗歌创作也由此改变了早期尚意气、少含蓄的风格,渐趋成熟,形成了雄直峭劲而又壮丽超逸的独特风貌。宋敏求家的藏书既丰富又不吝借出,为开封文化乃至宋代文化增添了光彩,做出了贡献。

开封不仅是宋代图书集藏中心,更是图书的制造——刻印出版中心。叶梦得指出:"今天下印书以杭州为上,蜀本次之,福建最下。京师比岁印板殆不减杭州,但纸不佳。"③除了纸张质量差些外,开封印书业是全国最发达之地。而官方印书,更具权威性。

国子监是朝廷的教育管理机关和最高学府,同时还是出版管理机构和国家出版社。国子监专设一部门负责出版事务,宋初原称印书钱物所,宋太宗淳化四年(993 年),判国子监李至指出其"名为近俗,乞改为国子监书库官"。此后,改设书库监官,以京朝官充任,"掌印经史群书,以备朝廷宣索赐予之用,及出鬻而收其直以上于官"④。该机构一方面为朝廷提供书籍和各类学校的教科书,另一方面向全社会出售,具有商业性质。国子监的出版事业发展很快。宋真宗于景德二年(1005 年)到国子监检阅书库,问国子祭酒邢昺有多少书板,邢昺回答说:"国初不及四千,今十余万,经史正义皆具。"数量在 40 余年间增加了 20 多倍。当时还将尚未刊印的经史诸书"悉令刊刻",予以出版。⑤ 监本书因质量好和权威性被称为天下第一。

中央其他部门另有类似专业出版社的出版机构。例如太史局的印历所,"掌雕造印历书"⑥,专门出版历书,具有权威性和垄断性。另如刑部,

---

① 《宋史》卷 291《宋敏求传》;《能改斋漫录》卷 2《宋敏求家报状皆全》;《曲洧旧闻》卷 4。
② 《风月堂诗话》卷下。
③ 《石林燕语》卷 8。
④ 《宋史》卷 165《职官》5。
⑤ 《宋史》卷 60,景德二年五月戊寅。
⑥ 《宋史》卷 164《职官》4。

自天圣二年(1024 年)以后负责"摹印颁布"赦书等律令文字①,也具有权威性和垄断性的法律图书出版职能。

开封手工业、商业极为繁荣,民间印书业同样发达。既有达官贵族的家刻书籍,也有书铺的坊刻书籍。前者如宋仁宗景祐二年(1035 年),驸马都尉柴宗庆家刻印有《登庸集》流传于市②;后者如《归叟诗话》6 卷,"实宣和末京师书肆刻印鬻之"③。开封出版业得风气之先,出版物在全国具有倡导意义和推进作用。如庆历四年(1034 年)古文运动方兴之际,开封即出版了《宋文粹》15 卷,"皆一时名公之古文",欧阳修的《正统论》7 篇也在其中。④ 对古文的普及和古文运动的发展做出了贡献。只要有利可图,开封什么人都敢印书贩卖。宋仁宗康定元年(1040 年),京师"无图之辈及书肆之家",将官僚们进呈的"边机文字镂版鬻卖,流布于外"⑤。有关史料,大都是通过朝廷禁令反映出来的,说明开封民间印书业的发达与大胆。

洛阳"衣冠渊薮",众多的达官贵族家中都有大量藏书,也是一个书籍渊薮。司马光居住洛阳独乐园,内有读书堂,聚"文史万余卷",保存极佳。虽然晨夕常阅十余年,但他有一套很谨慎的读书法,其书仍新得像没有触摸过一样。⑥ 这些图书,是其史学巨著《资治通鉴》的资料来源。又如富弼,其洛阳家中藏书"无虑万卷"⑦。洛阳人赵安仁嗜读书,俸禄及所得赏赐,大多用来买书,并亲自校勘,藏书极多,又皆善本。其家所藏唐人虞世南《北堂书钞》,连朝廷三馆都没有,宋真宗下令调充三馆,"嘉其好

① 《长编》卷 102,天圣二年十月辛巳。
② 《宋会要·刑法》2 之 21。
③ 《郡斋读书志》卷 3 下。
④ 中国书店影印本《欧阳修全集·居士外集》卷 9 末。
⑤ 《宋会要·刑法》2 之 24。
⑥ 《梁谿漫志》卷 3。
⑦ 《东观余论》卷下《跋元和姓纂后》。

古,手诏褒美"①。河南县官署之东有一官方的东斋,"多取古书文字贮斋中"②,所藏书很多,《宋史·艺文志三》列有《河南东斋史书目》三卷即是其书目,大约有万余卷史书。著名藏书家李淑,原籍京东徐州丰县(今江苏丰县),其父李若谷"少孤游学,依姻家赵况于洛下,遂葬父母缑氏(县)"③,李淑因为河南人。他根据家藏书籍所著的《邯郸书目》10卷,陈振孙即署"学士河南李淑献臣撰"④。其书数万卷。靖康元年(1126年)十一月,金兵攻占洛阳后,首先"广求大臣文集、墨迹、书籍等"⑤,足见洛阳藏书名气远扬,为金人垂涎。

京西路其他州郡,多有藏书。颍州(今安徽阜阳)以王明清家为代表。他介绍说:"先祖早岁登科,游宦四方,留心典籍,经营收拾,所藏书逮数万卷。皆手自校雠,贮之于里。汝阴士大夫,多从而借传"⑥。王明清家自其祖父仕宦开始搜集书籍,累积数万卷,在当地发挥了重要作用。许州(今河南许昌)士人也很多,有相应的藏书。如家世儒学的孙侑,聚书数千卷;⑦陈贻孙家所藏丰富,著有《颍川庆善楼家藏书目》2卷。⑧随州(今湖北随州)自唐代即多藏书,以李繁最著名。北宋时藏书仍多,"城南李氏藏古今书",欧阳修曾在此得到一部《韩文公集》。⑨唐州方城县(今河南方城)富豪方觊,注重培养后代读书,专做经史阁以聚书,他的几个儿子因此"皆有时名"。李廌为此作诗赞扬道:"多金不用五铢术,高阁惟藏万卷书。牙签玉轴比四库,缥帙锦囊过五车。河间阙遗应复购,汲冢蠹简嗟无余。"⑩其藏书精美,数量很大。居于滑州(今河南滑县东)的赵

① 《宋史》卷287《赵安仁传》。
② 《欧阳修全集·居士外集》卷13《东斋记》。
③ 《宋史》卷291《李若谷传》。
④ 《直斋书录解题》卷8。《宋文鉴》卷8,李淑《邯郸图书志序》有简介。
⑤ 《三朝北盟会编》卷63。
⑥ 《挥麈录·后录》卷7。
⑦ 《安阳集》卷47《故太常博士……孙公墓志铭》。
⑧ 《宋史》卷204《艺文》3。
⑨ 《舆地纪胜》卷83《随州》。
⑩ 《济南集》卷3《经史阁》。

鼎臣家,有书"满一大屋,读之累月,盖未能什一"①。虽不知卷数,其丰富是可以想见的。

京东路拥有的书籍数量,不亚于京西。

南京应天府(今河南商丘)有两位大藏书家。王明清曾列举"承平时士大夫家"有"藏书之名"的五家中,首位就是"南都戚氏"②,所指当是戚同文家族。另一位即参与编修《崇文总目》的大学问家王洙的儿子王钦臣。徐度说:"予所见藏书之富者,莫如南都王(钦臣)仲至侍郎家。其目至四万三千卷,而类书之卷帙浩博如《太平广记》之类,皆不在其间。虽秘府之盛,无以逾之。"其中号称"镇库书"的善本就有5000余卷。③

郓州(今山东东平)图书,以朱家为多。南宋初文林郎朱轩言:"吾家藏书万卷,皆在东平",周紫芝曾见到其书目,"自五经、诸子百氏之书,皆手校善本。其余异书小说,皆所未尝知名者,秦汉以来至于有唐文人才士类书、家集,犹数千卷。呜呼,可谓富矣哉!"④数量多,质量好,品种丰富,难怪引起周紫芝的感叹。郓州的董逌也是位藏书家,著有《广川藏书志》26卷,根据家藏的经部书、史部书、子部书"考其本末,而为之论说",还不包括文集,可推知其藏书颇为丰富⑤。

京东藏书多的州郡还有几个例子。濮州(今山东鄄城北)人张昭,藏书数万卷;⑥淄州(今山东淄博西南)人周起,藏书万余卷;⑦济州钜野(今山东巨野)人张纯臣,专建藏书的大堂,"环壁架书","平生好聚书,不计所偿",累积数千卷;⑧青州(今山东青州)人张平一生好读史传书籍,年轻

① 《竹隐畸士集》卷9《与刘季高书二首》。
② 《挥麈录》卷1。
③ 《却扫编》卷下。
④ 《太仓稊米集》卷52《朱氏藏书目序》。
⑤ 《直斋书录解题》卷8。其邑里据同书卷1:《广川易学》二十四卷,中书舍人东平董逌彦远撰。"
⑥ 《宋史》卷263《张昭传》。
⑦ 《宋史》卷288《周起传》。
⑧ 《乐静集》卷29《张纯臣墓志铭》。

时每遇到奇异之书,即爱不释手,甚至脱去衣服换取,走上仕途后,已聚书数千卷;①徐州(今江苏徐州)江氏也是藏书家,《宋史·艺文志三》载有《徐州江氏书目》2卷;密州诸城(今山东诸城)人赵明诚家,据其妻子李清照言,仅建炎南渡时随身携带的珍贵之书就有2万卷以及金石文字2000本,而其"青州故第"尚有大量书籍存留,"所锁十间屋"②。家藏极丰富。

西北三路,也能看到一些藏书家的资料。如宋初陕西华州(今陕西华县)人宋珰,中进士后首任四川青城(今四川灌县南)主簿,传抄了大批书籍,任满后"载数千卷以归"。他仕宦30年,"唯聚书以贻子孙",使之不忘读书人的根本。③京兆府长安(今陕西西安)人李仕衡的儿子李丕绪,"家多图书",并收集历代石刻数百卷。④另一长安人石才叔,"家蓄图书甚富"⑤。河北大名(今河北大名)人宋白则有藏书数万卷之多。⑥另一大名人郭永,两宋之际任提点刑狱并死于难,生前博通古今,得钱即买书,故而有万卷藏书。⑦西北多武将,但武将也有藏书家。如太原(今山西太原)武将吴廷祚颇好读书,家中聚书达万余卷,⑧实属难能可贵。

开封以外的北方地区,印书方面的资料极少,不过仍可以说明一些问题。宋徽宗政和四年(1114年)有诏书透露:"河北州县,传习妖教甚多,虽加重辟,终不悛革。闻别有经文,互相传习,鼓惑至此……或有印板、石刻,并行追取,当官弃毁。"⑨由此可知,河北民间流传的妖教经文,是印刷品,属于非法出版物。那么,河北正常的书籍印刷当有不少。毕仲游在一

---

① 《宋史》卷276《张平传》。
② 《容斋四笔》卷5《赵德甫金石录》。
③ 《宋史》卷276《宋珰传》。
④ 《宋史》卷299《李仕衡传》。
⑤ 《玉照新志》卷3。
⑥ 《宋史》卷439《宋白传》。
⑦ 《宋史》卷448《郭永传》。
⑧ 《宋史》卷257《吴廷祚传》。
⑨ 《宋会要·刑法》2之63。

首诗中即提供了河北边防地带定州（今河北定县）的印书资料：

> 定州诗刻好，模寄比南金。
> 道尽行人意，堪论作者心。
> 边城归盛事，雅道付知音。①

毕仲游从定州所刻的诗集中，看到了边城盛事。南宋绍兴年间，已是残破不堪的京西路，转运司还刻印了程瑀的《论语说》一书，②则北宋承平时，当有更多。宋徽宗朝，黄伯思从洛阳王晋玉家借《玉溪集》，乃"东平吕氏本"③，说明京东路郓州（今山东东平）至少有家刻印书业。宋仁宗至和初，出镇郓州的庞籍将王禹偁的诗作交给司马光，要求"为我刻王公诗于商雒"④。据此可知陕西商州（今陕西商县）有刻书业。叶德辉《书林清话》卷3《宋坊刻书之盛》中，列举有"咸阳书隐斋""汾阳博济堂"等，可知陕西、河东有著名的刻书坊。以上事例，表明北方印书事业有一定规模。

二、南方各地的藏书及印书

北宋前期，南方地区的官方藏书量很少。原因在于宋初统一南方诸国时，将荆南、成都、金陵、杭州等地的官有书籍扫荡一空，运往开封了。其他州郡虽有些藏书，断不会比原国都多。个别落后州郡连基本的书籍都没有。宋仁宗景祐年间，欧阳修贬官湖北峡州（今湖北宜昌）时，深感无书之苦："吾昔贬官夷陵，彼非人境也。方壮年未厌学，欲求《史》《汉》一观，公私无有也。无以遣日，因取架阁陈年公案，反复观之。"⑤无书可

---

① 《西台集》卷19《读将叔弟送路帅诗》。
② 《宋史》卷381《程瑀传》。
③ 《东观余论》卷下《跋玉溪集后》。
④ 《温国文正司马公文集》卷64《王内翰赠商雒庞主簿诗后序》。
⑤ 《能改斋漫录》卷13《欧阳公谈吏事》。

读,只好反复阅读旧档案消遣。两浙台州(今浙江临海)与峡州不是一个文化层次,但书籍也有限。台州宁海(今浙江宁海)人罗适言,宋仁宗时,当地"乡中无文籍。唯乡先生朱叟绛世传《论语》《毛诗》,皆无注解。余手写读之,茫然不知义旨之罅隙,唯咏叹而已"①。书籍寡劣,反映了当地文化底子差。当然,也有不少地区自宋初即有许多藏书,但从整体上看,南方地区的图书事业发展于北宋中期,至南宋蓬勃兴旺,超过了北宋时的北方地区。

两浙官方藏书之富,首推南宋时的都城临安(今浙江杭州)。宋室南渡初,包括图书在内的物品几乎可以说一无所有。因而大力收购图书:"令监司、郡守各谕所部,悉上送官,多者优赏……自是多来献者。"②如绍兴十三年(1143年)绍兴府(今浙兴绍兴)人陆宰即献书1.3万多卷③。至宋孝宗淳熙五年(1178年),秘书少监陈骙等编《中兴馆阁书目》,所列秘书省藏书,已达44686卷。此后,朝廷藏书日益增多,"遗书十出八九,著书立言之士又益众,往往多充秘府"。宋宁宗嘉定十三年(1220年),秘书丞张攀等人奉诏续编书目,又增加了14943卷,总数达59429卷。朝廷其他部门如太常、太史、博士之藏书都不在此列④。宫廷皇帝藏书,仿北宋故事,设诸阁收藏皇帝御书、御集,先后设有敷文阁、天章阁、焕章阁、宝谟阁、宝章阁、显文阁等,都有一定数量的图书。

两浙的私家藏书集中之地,并不是杭州,而是湖州(今浙江湖州)等地。湖州人周密曾历数家乡藏书名家道:

　　若吾乡故家如石林叶氏、贺氏,皆号藏书之多,至十万卷。其后齐斋倪氏、月河莫氏、竹斋沈氏、程氏、贺氏,皆号藏书之富,各不下数万卷。

①　《赤城志》卷29,罗适:《永乐教院记》。
②④　《文献通考》卷174《经籍》1。
③　《嘉泰会稽志》卷16。

仅此已有数十万卷。另有最负盛名的陈振孙,曾在福建兴化军(今福建莆田)任职,传录当地名家书籍很多,藏书51180卷,据此作《直斋书录解题》,成为大目录学家。周密家三代人藏书,其父尤为嗜书如命,为购书不惜出卖负郭美田,凡有书4.2万余卷,三代以来金石文字1500余种。①这些书籍虽然先后都遭厄运而毁坏流失,但曾经标志着湖州文化的繁荣,产生过积蓄、传播文化的积极作用,功不可没。越州(今浙江绍兴)人李光家拥有上万卷的书②,后虽毁坏散失,但其子李孟传生性嗜书,至老不厌,也聚有万卷书,所得异书还亲手校勘。③ 同郡陆游家、石公弼家、诸葛氏家等,都是当地著名的藏书之家。④ 两浙常州有一批藏书家,最著名的是无锡(今江苏无锡)人尤袤。此人嗜书如命,又喜抄录,其子女也抄书,积蓄十分丰富,《遂初堂书目》即是其家藏书目录。尤袤世称"尤书橱",拥有3万卷书籍。两宋之际的无锡县另一藏书家钱申仲,聚书更多,至4万卷。常州武进(今江苏常州)人张举,元祐四年(1089年)进士甲科,家有藏书数万卷。⑤ 镇江丹徒(今江苏镇江)人苏颂,在家乡藏书万卷,多是在京师任职期间传写的秘阁书籍。叶梦得任丹徒尉时,又从苏家借阅抄录,从而奠定了叶梦得藏书的基础。⑥ 宋徽宗时,章甫致仕归苏州,也有万卷书,而且是经过精校的善本。⑦

南宋时两浙文人才士层出不穷,文化普及,上节所引叶适有"家藏《诗》《书》"之语,陈傅良有"浙间人家家有《春秋传》"之语⑧,表明普通居民家大多拥有一些书。

---

① 《齐东野语》卷12《书籍之厄》。
② 《挥麈录·后录》卷7。
③ 《会稽续志》卷5《李光传》。
④ 《会稽志》卷16《藏书》。
⑤ 〔元〕佚名《无锡志》卷3上《尤袤传》,卷4中蒋瑎:《通惠亭记》;《咸淳毗陵志》卷17《人物》。
⑥ 《嘉定镇江志》卷21《文事》。
⑦ 《吴郡志》卷26《人物》。
⑧ 《止斋文集》卷41《跋胡文定公帖》。

杭州的印书业在北宋时即名闻天下,在四大印书中心里居重要地位,"今天下印书,以杭州为上"①,质量最为上乘。京师国子监所编著的书籍,常常交给杭州付印。宋室南渡后,国家出版中心迁至杭州,印书业更加繁荣。国子监不但翻刻了北宋时的监本书,修内司、两浙转运司、德寿宫等处也设有刻印机构。如修内司所刊《混成集》,"巨帙百余,古今歌词之谱,靡不备具。只大曲一类凡数百解,他可知矣。"②两浙其他州郡,官方多有印书事业。如明州(今浙江宁波)有书板3506板(或幅),凡28种图书。③ 宋仁宗嘉祐年间,杜甫的文集很受青睐,但民间苦于没有完整的本子,苏州知州王琪将其家藏善本交给公使库缕板,印书万本,"士人争买之,富室或买十许部"④。当地图书市场之大、需求量及印数之多,由此可见一斑。

两浙私家刻印更普遍,中心仍是杭州。据有关专家考证,至今尚能找到铺名的大书铺就有:临安府棚北睦亲坊陈宅书籍铺、临安府棚北大街陈解元书籍铺、临安府洪桥子南河西岸陈宅书籍铺、临安府鞔鼓桥南河西岸陈宅书籍铺、临安府太庙前尹家书籍铺、临安府众安桥贾官人宅经书铺、临安府修义坊相对王八郎家经铺、行在棚南大街前西经坊王念三郎家、杭州沈二郎经坊、杭州猫儿桥东岸开笺纸马铺钟家、杭州太庙前陆家、钱塘俞宅书塾、临安府中瓦南街东开印经史书籍荣六郎家、钱塘王叔边家、杭州大隐坊、杭州钱塘门里车桥南大街郭宅□铺,等等。⑤ 这些私家刻印作坊,遍布杭州各处,极大地丰富了图书文化市场,所刊书籍,流传广泛而久远,至今仍有存世者。如北京图书馆现藏有临安府陈氏书籍铺刻本多种;现行《四部丛刊》所收唐李复言《续幽怪录》4卷,影印的是临安府太庙前尹家书铺刊行本。比较起来,真正的开封宋刻本,由于久经战乱,现在都

---

① 《石林燕语》卷8。
② 《齐东野语》卷10《混成集》。
③ 《宝庆四明志》卷11《书板》。
④ 《吴郡志》卷6《官宇》。
⑤ 《书林清话》卷3《宋坊刻书之盛》;王国维:《两浙古刊本考》。

见不到了。

　　江南东西地区,素有藏书之名。宋初平定南唐后,虽然收缴走 2 万多卷官书,民间藏书仍有很多。宋太宗至道元年(995 年),朝廷曾派内侍裴愈乘船往江南诸州购募图书。这次行动有两种方式,一是高价收购;二是向藏书之家借出,由所在州县抄录,然后归还原本。① 自然风光秀丽宜人的庐山,历来是文人向往的读书闲居之地,南唐时就在白鹿洞"聚书籍,以招徕四方之学者"②。有着良好的文化风气。江东南康军建昌(今江西永修西北)人李常,少年时在庐山五老峰白石庵静读修学,登第之后,留下所抄书 9000 卷,当地人为纪念他的善举,将其地称作"李氏藏书山房"。③ 南宋时,建昌知县曹豳遂以此为基础改建为学校。④ 南宋初,井度任四川转运使,不惜用俸禄的一半搜购图书,罢任后,用船运到庐山下收藏并居住。⑤ 江州德安(今江西德安)人陈竞,在当地别墅中建有书楼,"延四方之士,肄业者多依焉"⑥。以书会友,共研学问。王明清列举北宋时藏书名家五人,其中三人都在江东路鄱阳湖附近,即庐山李氏、九江陈氏、鄱阳吴氏。⑦ 庐山李氏似指李常,九江陈氏似指江州德安人陈竞家,另一饶州鄱阳(今江西波阳)吴氏,有数万卷藏书,⑧《宋史·艺文志三》载有《鄱阳吴氏籯金堂书目》3 卷,似即同一人家。宋高宗时,饶州还有一张伯寿,家有藏书之堂,其中"缇帙缥囊,鳞贯栉比,左右环列",因有"万卷堂"之名。⑨ 五代宋初,江宁府(今江苏南京)拥有大量图书,南唐灭亡后,官方图书扫荡一空。南宋绍兴初,叶梦得收集了一批书籍,创建绀书楼,

---

① 《长编》卷 38,至道元年六月乙酉。
② 《宋朝事实类苑》卷 61《白鹿洞藏书》。
③ 《宋史》卷 344《李常传》;《渑水燕谈录》卷 9《杂志》。
④ 《宋史》卷 416《曹豳传》。
⑤ 《郡斋读书志·序》。
⑥ 《宋史》卷 456《陈竞传》。
⑦ 《挥麈录》卷 1。
⑧ 《文献通考》卷 174《经籍》1。
⑨ 《盘州文集》卷 31《万卷堂记》。

后来毁坏。景定二年(1261 年)因修《景定建康志》,官方予以重建,聚书数万卷。①

江西洪州奉新县(今江西奉新),宋初有胡仲尧在其华林山别墅"聚书万卷,大设厨廪,以延四方游学之士"②。不但对外开放,而且提供饮食招待学者,使藏书充分发挥作用。另有洪州人袁抗,"喜藏书,至万卷,江西士大夫家鲜及也。"③宋孝宗时,吉州庐陵(今江西吉安)有一"万卷堂",是欧阳修的孙子欧阳棐所建,以藏书万卷命名,"而使三子者学焉"④,是极富于实力的私家书塾。陆游的朋友、建昌军南城(今江西南城)人吴伸、吴伦兄弟,在其家乡投资千余贯钱建造大楼,储书数千卷,以"会友朋,教子弟",人称"吴氏书楼"⑤。宋仁宗时,虔州石城县(今江西石城)矗立起一座"温氏书楼"。乡贡进士温某,为改变当地文明落后的面貌,建立讲学堂,凡国子监所有的书,全部购齐,建楼收藏,用以教育子弟、延揽宾客。⑥

以上可见,江南地区的藏书家众多,而且不单纯是收藏,大多与书院、私塾相结合,起到私立公共图书馆的作用,促进了当地的读书风气和文化发展。

江南地区官私印书比较发达。官刻如江西转运司刻本,仅北京图书馆现藏的就有宋孝宗淳熙年间的《本草衍义》20 卷,《荀子注》20 卷,《吕氏家塾读诗记》32 卷,《申鉴》1 卷等。私家刻书在全国最有名气的是江东徽州(今安徽歙县)的汪纲家,为《天禄琳琅书目·茶晏诗》中所列宋代七家最著名的刻书家之一。另外还有吉州(今江西吉安)东冈刘宅梅溪书院、吉州周少傅府的刻书也颇知名。⑦

① 《景定建康志》卷 21《䌷书楼》。
② 《宋史》卷 456《胡仲尧传》。
③ 《宋史》卷 301《袁抗传》。
④ 《于湖居士集》卷 14《万卷堂记》。
⑤ 《渭南文集》卷 21《吴氏书楼记》。
⑥ 《李觏集》卷 23《虔州柏林温氏书楼记》。
⑦ 《书林清话》卷 3《宋私宅家塾刻书》。

在福建这片文化热土上,藏书尤其是印书十分发达。其藏书既普遍,又集中。如南宋时的建宁府(今福建建瓯),"家有《诗》《书》,户藏法律……家有伊洛之书"①。比例很大的读书人家都有一定数量的书籍。在此基础上产生不少大藏书家。宋初福州长溪(今福建霞浦)人王文昉藏书万余卷②;浦城(今福建浦城)人杨亿的从子杨纮藏书数万卷③;同郡建安(今福建建瓯)人黄晞聚书数千卷④;昭武军(今福建昭武)的朱敬之热衷收集图书,认为将书"栖于架、藏于椟"还不行,专建一座楼房藏之,"以示尊阁传后之意",名为"万卷楼"⑤。最著名的是兴化军(今福建莆田)的方氏和漳州(今福建漳州)的吴氏:"闽中不经残破之郡,士大夫藏书之家宛如平时。如兴化之方、临漳之吴,所藏尤富,悉其善本。"⑥陈振孙《直斋书录解题》卷8,列有《吴氏书目》1卷,即是漳州漳浦县(今福建漳浦)吴与家藏书目,并指出:"闽中不经兵火,故家文籍多完具,然地湿苦蠹损。"由于地理环境缘故,战火的人为破坏少,书籍得以大量流传下来,但气候潮湿,不利于完善保存。该书还收有兴化军莆田人郑寅家藏书目《郑氏书目》7卷、李氏家藏书目《藏六堂书目》1卷,其中郑寅家藏书有数万卷。⑦陈振孙曾在莆田任职,传录当地郑氏、方氏、林氏、吴氏书籍51180余卷,⑧足以证明莆田藏书之丰富。

福建藏书多,还得益于这里又是四大印书中心之一。其特点是数量多,质量差。

福建印书业的中心在建宁府,其中又以建安、建阳(今福建建瓯、建阳)最发达。建安县自唐代就是书肆集中之地,宋代仍盛行不衰。建阳

①《宋本方舆胜览》卷11《建宁府》。

②《演山集》卷33《太原居士墓志铭》。

③《宋史》卷305《杨纮传》。

④《宋史》卷458《黄晞传》。

⑤《渭南文集》卷21《万卷楼记》。

⑥《系年要录》卷153,绍兴十五年二月丁亥。

⑦《直斋书录解题》卷5《中兴纪言集》。

⑧《齐东野语》卷12《书籍之厄》。

的麻沙、崇化两地,号称"图书之府",朱熹言:"建阳版本书籍行四方者,无远不至。"①图书发行量很大,遍及天下。福建著名的书坊有:建宁府黄三八郎书铺、建阳麻沙书坊、建宁书铺蔡琪纯父一经堂、武夷詹光祖月厓书堂、崇川余氏、建宁府陈三八郎书铺、建安江仲达群玉堂、南剑州雕匠叶昌,等等。私宅刻书著名的有:建邑王氏世翰堂、建安蔡子文东塾之敬堂、麻沙镇水南刘仲吉宅、麻沙镇南斋虞千里、建溪三峰蔡梦弼傅卿家塾、建安陈彦甫家塾、建安黄善夫宗仁家之敬堂、建安刘元起家塾之敬堂、建安魏仲举家塾、建宁府麻沙镇虞叔异宅、建安刘叔刚宅、建安王懋甫桂堂、建安曾氏家塾、建安虞氏家塾,②等等。叶德辉列举宋代私家刻书45家,明确是建宁府的就有14家,占将近1/3。福建民间刻书之发达,确属全国之最。在文化上的意义,一是在当地营造出浓郁的文化气氛,书香弥漫,使人人知书、爱书、读书,对书籍的重要性和事业性有着更深刻的认识;二是使当地图书的收藏量大大增加;三是向全国各地提供了众多精神食粮,为传播知识、普及文化做出了重要贡献。

另一问题是,福建印书之所以多,与粗制滥造有一定关系。其书板"多以柔木刻之,取其易成而速售,故不能工。福建本几遍天下,正以其易成故也"。因此叶梦得说图书版本"福建最下"③。当地印书业的兴盛,主观上是为了商业利润,力求多出书、快出书,只重视经济效益,忽视质量,甚至内容上也多有错误,制造出大批劣质书。著名的福建本几乎成了劣质书的代名词。朱彧记载过一个小故事说:

姚祐元符初为杭州教授。堂试诸生,出《易》题《乾为金,坤亦为金也》。盖福建书籍刊板舛错,"坤为釜"脱二点,故姚误读作"金"。诸生疑之,因上请。姚复为臆说,而诸生或以诚告。姚取官本视,果

---

① 《晦庵先生朱文公文集》卷78《建宁府建阳县学藏书记》。
② 《书林清话》卷3《宋坊刻书之盛》;《宋私宅家塾刻书》。
③ 《石林燕语》卷8。

"釜"也,大惭曰:"祐买着福建本!"升堂自罚一直。①

福建本贻误学者,真是害人不浅。此外还有一个毛病即有意改动书籍内容:"书肆刊书,往往擅加改易。"宋徽宗宣和年间方腊起义被镇压后,朝廷将睦州(今浙江建德东)改为严州,而福建本《元丰九域志》中即擅改为严州,提前了30多年,②严重违背了历史事实。宋徽宗初,少年的建州崇安(今福建崇安)人叶庭珪喜爱读书而无书可读,他的曾祖父因差役来到开封,倾尽所有购买数十部书带回家乡,供其研读。③ 叶氏舍近而求远,乃是趋善求正,怕当地书籍误其后人。

四川盆地,犹如一个图书的聚宝盆,藏书十分丰富,取之不尽。

宋初成都华阳(今四成都)著名学者彭乘,家有万卷藏书,皆亲手校勘,"蜀中所传书,多出于乘"④。众多的善本书,为宋代四川图书事业发展起到了推进作用。另一成都府人郭友直,喜藏书和校书,所有万余卷"尽为佳本";梓州路荣州(今四川荣县)杨处士,为当地富户,别墅乃一郡之冠,又筑室百楹,收集古今书史万卷藏于其中。⑤ 北宋中期,苏轼在成都府路嘉州犍为县(今四川犍为)发现一座王氏书楼,咏之于诗篇:"树林幽翠满山谷,楼观突兀起江滨。云是昔人藏书处,磊落万卷今生尘。"⑥地方官府也注意积蓄图书。如宋神宗时签书益州判官沈立,"悉以公粟售书,积卷数万",受到宋神宗的关注。⑦ 南宋时,四川藏书尤为朝廷留意。吏部侍郎阎苍舒向皇帝报告说:

> 伏见四川州郡藏书最多,皆是边防利害、修城制度、军器法式、专

---

① 《萍洲可谈》卷1。
② 《云谷杂记》卷4。
③ 《海录碎事·序》。
④ 《宋史》卷298《彭乘传》。
⑤ 《丹渊集》卷39《龙州助教郭君墓志铭》;卷38《荣州杨处士墓志铭》。
⑥ 《苏东坡全集·续集》卷1《犍为王氏书楼》。
⑦ 《宋史》卷333《沈立传》。

司法令,不可悉数,皆三馆所当有。臣在蜀时,见泸州《军器榘模》一书最为详备。①

可见四川民间和官方都有大量珍贵的藏书。因而,宋孝宗淳熙六年(1179 年),朝廷"求四川遗书,以其不经兵火,所藏官书最多也"②。尽管如此,爱书的四川人仍大量从外地输入书籍。典型例子是宋孝宗时曾任兵部侍郎的普州(今四川安岳)人刘仪凤(字朝美)。他在临安任职的十年间,不带家属,不见宾客,专心专意抄书,并为此花费俸禄的一半。每得一部书,必抄录三部,即使是数百卷的巨著也是如此。总共收集了万余卷。罢任归四川时,将书分三船运走,以防毁坏。除其中一船在西陵峡险滩损失外,另外两船安全抵达普州家乡,专建一阁将书珍藏。③

之所以说四川是图书的聚宝盆,还因为有一个突出特点,即大量向外地输出图书。从宋初开始,四川图书通过各种渠道,以不同形式源源不断地溢出川外。如前文所说,宋初灭后蜀时,朝廷收走官书 1.3 万卷;伐蜀将领曹彬班师回朝时,私人辎重很多,引起宋太祖怀疑,派人侦察,发现所载"皆古今图书"④。可见灭蜀后私人掠走的四川书籍也不在少数。民间主动向朝廷献书者,可举两例。一是宋仁宗康定年间,成都府路书生张俞向朝廷献书,因而闻名于朝;⑤二是宋神宗时成都进士郭有直父子献书 3779 卷于朝廷,受到奖励。⑥ 外地士大夫在四川任职期间大量搜购图书带走者,可举三例。南宋初,井度任四川转运使,拿出俸禄的一半用来抄录当地书籍,"时巴蜀独不被兵,人间多有异本,闻之未尝不力求,必得而后已",历时十余年,所得十分丰富。这批书运出四川后,最终转赠给晁

---

① 《宋会要·崇儒》4 之 31。
② 《皇宋中兴两朝圣政》卷 57,淳熙六年六月。
③ 《宋史》卷 389《刘仪凤传》;《老学庵笔记》卷 2。
④ 《国老谈苑》卷 1。
⑤ 《宋朝事实类苑》卷 43《张俞》。
⑥ 《文献通考》卷 174《经籍》1。

公武,以此为基础加以自己旧藏,晁公武著成《郡斋读书志》,①为我国最早的一部附有提要的私家藏书目录。陆游在四川任满后东归,"出峡不载一物,尽买蜀书以归",其家藏书以此更加丰盈。② 四川制置使兼知成都府留正,福建人,离任还朝时同样是不带其他任何东西,只带走一批书籍。③

四川书籍就是如此丰富,如此受世人喜爱。同时,这些事例还说明四川印书业的发达。

成都府路是最早雕版印书的地方之一。唐僖宗中和三年(883 年),柳玭在成都时读当地之书,发现"其书多阴阳杂记、占梦相宅、九宫五纬之流,又有字书小学。率雕版,印纸浸染,不可尽晓"④。从书的内容看,多民间常用之书,品位不高,似非官方所印,应是民间的雕印,故而质量低劣。唐末民间印刷品的盛行,遂为后来四川印书业发达的滥觞。王明清记载道:

> 毋丘俭贫贱时,尝借《文选》于交游间,其人有难色。发愤异日若贵,当板以镂之遗学者。后仕王蜀为宰,遂践其言刊之。印行书籍,创见于此。事载陶岳《五代史补》。后唐平蜀,明宗命太学博士李锷书《五经》,仿其制作,刊板于国子监。监中印书之始。今则盛行于天下,蜀中为最。⑤

借书难激发了毋丘俭立志印书的豪气,当上前蜀宰相后,果然利用自己的身份开始印书。虽不能说是他开创的先例,但应该说他起到了重要作用,促进了官方印书的开展。宋代四川印书业由此奠定了良好的基础。

---

① 《郡斋读书志·序》。
② 《会稽志》卷 16《藏书》。
③ 《宋史》卷 391《留正传》。
④ 《旧五代史》卷 43《明宗纪》,长兴三年二月辛未注文引《柳氏家训·序》。
⑤ 《挥麈录·余话》卷 2。

宋太祖开宝四年(971年),朝廷派员前往成都府开展一项大规模的印书活动,刻印佛教《大藏经》13万板,凡5048卷,480函。此即我国雕版印刷史上著名的《开宝藏》,又称《蜀藏》。这部佛教总集首次在成都府印行,不但是对四川印书业的检验与肯定,也促进了当地印书业跃上一个新台阶。如叶梦得所言,四川为宋代四大印书中心之一。京师国子监所编著的书籍,有时也下到成都刻印。如宋神宗时,即将新修的《经义》付杭州和成都府路转运司刻板。① 成都府之外,眉州(今四川眉山)刻书也很发达。如宋高宗绍兴十四年(1144年),眉州官方刻印了《宋书》100卷、《魏书》140卷、《梁书》56卷、《南齐书》59卷、《北齐书》50卷、《周书》50卷、《陈书》36卷。版本学上称之为"眉山七史",现今北京图书馆等地,有经过元代、明代修补重印的本子收藏。私家刻印,著名的有眉山文中、眉山程舍人宅,以及成都府广都县(今四川成都南)的费氏进修堂等;书肆刻印,则有西蜀崔氏书肆等。② 绍兴二十五年(1155年),宋高宗曾指示:"如福建、四川多印私书,俱合禁止。"③表明四川民间印书业十分活跃。

淮南路在北宋时,出过两位著名的藏书家。一是亳州(今安徽亳州)祁氏,约有藏书4万卷;④二是和州历阳县(今安徽和县)沈氏,为王明清所言著名的五大藏书家之一。⑤ 此外,无为军(今安徽无为)秦氏也是一位藏书家。宋哲宗元祐二年(1087年),金部员外郎、无为人秦某曾上书请求自己家中宅舍及书籍不许子孙分割,通然有不少藏书,《秦氏书目》1卷即其家藏书目录。⑥ 另据张耒记载,蕲州(今湖北蕲春东北)有两位万卷以上的藏书家,一是当地名医庞安常,有医书万余卷;一是在当地居住

① 《长编》卷266,熙宁八年七月辛巳。
② 《书林清话》卷3《宋私宅家塾刻书》《宋坊刻书之盛》。
③ 《系年要录》卷168,绍兴二十五年三月戊辰。
④ 《文献通考》卷174《经籍》1。
⑤ 《挥麈录》卷1。
⑥ 《直斋书录解题》卷8。

的吴天常,家藏书万卷。① 淮南官方印书有一定成绩。北京图书馆现藏有宋高宗绍兴年间淮南路转运司刻印的《史记集解》130 卷、宋孝宗淳熙年间舒州公使库刻印的《礼记郑注》20 卷,即是实例。

湖北虽属文化落后地区,藏书方面却不容小看。绍兴年间,朝廷向各地征募图书,右朝请大夫吴说向宋高宗报告道:"湖北士大夫家多藏书者,缘未立赏,故不肯献。"②士人藏书数量不少。曾任宋真宗朝集贤校理并主持整理《道藏》的张君房,在其家乡安州安陆(今湖北安陆)宅中聚集有上万卷的书,附近士人常借阅于此。③ 荆南田氏是宋代著名藏书家。荆南即江陵府(今湖北江陵),有田伟、田镐、田均累世积藏,近 3 万卷,《田氏书目》6 卷即其家藏书目。④ 印书业的例子,有绍兴年间湖北安抚使司刻印的《建康实录》20 卷,沅州(今湖南芷江)公使库刻印的孔平仲《续世说》12 卷,淳熙年间鄂州(今湖北武汉)公使库刻印的《花间集》10 卷等,现北京图书馆都有收藏。⑤

南方地区的利州路、夔州路、湖南、广东、广西,无疑有一定的藏书,但据已有资料可以认为没有大藏书家。这些地方的印书业亦应有相应的规模,只是史料不多,又很零散,没有代表性,在此就不多论述。

上述各地藏书、印书概况,没有将学校、书院的有关情况包括在内,而这些部门都有藏书,许多也刻印书籍。也就是说,哪个地方的学校、书院多,当地的藏书、刻书也就更多。

综合而言,在图书出版、收藏事业方面,南方地区比北方地区发达,东部地区比西部地区发达。东京开封府为全国之最,西京河南府、南京应天府、京东路、京西路是北方发达之地,两浙、福建、江东、江西、成都府路是南方发达之地。

---

① 《张耒集》卷 59《庞安常墓志铭》;卷 60《吴天常墓志铭》。
② 《系年要录》卷 148,绍兴十三年闰四月庚寅。
③ 《麈史》卷中。
④ 《郡斋读书后志》卷 1;《文献通考》卷 174《经籍》1;《五总志》。
⑤ 本节有关刻书的情况,参考了《文史》14 辑李致忠:《宋代刻书述略》。

第四节　人才的地域分布

文化的中心是创造文化的人,而人又是环境的产物。不同的自然环境和社会环境,必然生长出不同数量和类型的人才。宋人明确认识到了这一法则。请看如下论点。

程颢:"西北东南,人材不同。"①

李荐:"东西南北人,志向各有在。"②

谢采伯:"北方人物、果蓏,长大便自与江南不同。"③

四面八方,人物各有差异,尤其是南方与北方之间差异较大。因此,各地人材的数量和类型,无疑是反映地域文化的重要内容。

一、人才分布概况统计

关于宋代人才的地域分布,曾有人做过一番统计。其统计资料重要来源之一,是现存的宋代地方志,而这些地方志数量并不多,仅限于30多个州县,全在南方。据此统计的数字不能说明各地人才数量,更没有比较价值。

人才分布的量化研究,唯一比较系统的资料就是整体性的《宋史》列传。两宋300多年的历史,英雄豪杰、能员大吏不啻数十万,能够在身后名垂史册,载入官修正史者自是少数,正是这些最突出者,也最有代表性。因此,对《宋史》列传人物按路做一统计,是我们研究的必要基础。这一统计,为尽可能与宋代地域文化联系,一般按本传提供的邑里计,部分徙离籍贯者,按所提供的生长地计;再者,不包括宗室、后妃、公主列传,他们多属京师开封或杭州人,但很难说是哪方面的人才;也不包括《周三臣》和《世家》,因其与宋代地域文化关系不大;极个别北方宋朝境外出生的人士,列入邻近的宋朝路分计;列传中有不少附传,统计时,附传只取卷首

---

①　《河南程氏遗书》卷3。

②　《济南集》卷1《谷隐饮中……得采头二字》。

③　《密斋笔记》卷4。

目录标名者或脱离所附、单独成篇者,言"×××等"者,只录为首一人,余皆略去不计。现先将《宋史》正传和《循吏传》人物列表如下。

表7　　　　　　　　　宋代各地官员数量统计表

时代	数类	开封府	京西路	京东路	河北路	河东路	陕西路	淮南路	两浙路	江东路	江西路	湖南路	湖北路	福建路	广东路	广西路	成都路	梓州路	利州路	夔州路	北方某地	南方某地	不详地
北宋前期 太祖太宗真宗三朝	文臣	13	19	31	46	7	17	2	5	7	3		1	11	1	1	6	1	4				
	武臣	14	14	6	57	43	6	2		2				1			3				5	1	2
北宋中期 仁宗英宗神宗三朝	文臣	23	49	63	45	2	18	28	40	15	19	4	5	20	2		14	2	3		1		2
	武臣	25	7	6	14	14	7	2		1											1		
北宋后期 哲宗徽宗钦宗三朝	文臣	22	25	16	21		15	23	55	10	26	1	4	35			20		1			2	
	武臣	5	2	1	1	3	10	1		1													
南宋前期 高宗孝宗光宗三朝	文臣	5	6	14	5		3	16	68	16	19			26	1	1	12	7					1
	武臣	1	2	6	3	15			1								1						1
南宋后期以降 宁宗以后	文臣	2		1			5	80	23	25	7		1	30	1		18	9		1			6
	武臣	4	1			3	1	2			1												1

地区\\数类\\时代		开封府	京西路	京东路	河北路	河东路	陕西路	淮南路	两浙路	江东路	江西路	湖南路	湖北路	福建路	广东路	广西路	成都路	梓州路	利州路	夔州路	北方某地	南方某地	不详地
北宋总数	文臣	58	93	110	112	9	50	53	100	32	48	5	10	66	3	1	40	3	8	0	1	2	2
	武臣	44	23	13	72	60	23	5	0	4	0	0	0	1	0	0	3	0	0	0	6	1	2
南宋总数	文臣	5	8	14	6	0	3	21	148	39	44	7	1	56	2	1	30	16	0	1	0	0	7
	武臣	0	5	3	6	3	18	1	2	0	1	1	0	1	0	0	1	0	1	0	0	0	2
总数	文臣	63	101	124	118	9	53	74	248	71	92	12	11	122	5	2	70	19	8	1	1	2	9
	武臣	44	28	16	78	63	41	6	2	4	1	1	0	2	0	0	4	0	1	0	6	1	4
	综合	107	129	140	196	72	94	80	250	75	93	13	12	124	5	2	74	19	9	1	7	3	13

综合上表的北宋部分可知,为官人数最多的是河北(184 人),以下依次是京东(123 人)、京西(116 人)、开封府(102 人)、两浙(100 人)、陕西(73 人)、河东(69 人)、福建(67 人)、淮南(58 人)、江西(48 人)、成都府路(43 人)、江东(36 人)、湖北(10 人)、利州路(8 人)、湖南(5 人)、梓州路(3 人)、广东(3 人)、广西(1 人),夔州路连一个人也没有。

北方 5 路 1 府(加上北方某地)总数是 674 人,南方 13 路(加上南方某地)总数是 385 人。二者总共 1059 人,其中北方占总数的 63.6%,南方占总数的 36.4%。

南北方地区历史时期不同,南方还应单独统计。

南宋时期的南方地区,为官人数最多的是两浙(150人),以下依次是福建(57人)、江西(45人)、江东(39人)、成都府路(31人)、淮南(22人)、梓州路(16人)、湖南(8人)、广东(2人)、湖北(1人)、广西(1人)、利州路(1人)、夔州路(1人)。

综合两宋南方各地为官人数,排列顺序如下:两浙(250人)、福建(124人)、江西(93人)、淮南(80人)、江东(75人)、成都府路(74人)、梓州路(19人)、湖南(13人)、湖北(12人)、利州路(9人)、广东(5人)、广西(2人)、夔州路(1人)。

下面,再看《宋史》列传其他各类人物的分布。

表8　　　　　　宋代各地其他人物统计表

类别	地区	开封路	京西路	京东路	河北路	河东路	陕西路	淮南路	两浙路	江东路	江西路	湖南路	湖北路	福建路	广东路	广西路	成都路	梓州路	利州路	夔州路	不详地
道学	北宋		7				3	1			1			2							
	南宋		1						2	1				6			1				
儒林	北宋	4	4	8	2	2		1			1	1		4			1	1			1
	南宋								16	2	8	1	1	12			5				
文苑	北宋	7	6	11	3		2	7	11	6	8	2	1	7			8	1			5
	南宋		3					1	2	2				1							
忠义	北宋	6	4	2	2	5	7		10	3	3			7			2	2			12
	南宋	5	5	5	6		1	7	9	26	15	24	3	1	12		13	7			53
孝义	北宋	1	4	7	2		6	5	9	5	8	1		1	1	1	4	4			
	南宋				1				2	2	2						1				
隐逸	北宋	1	3	3		1	2	2	5		2			1			4	4		1	4
	南宋		2		1									4			1				
卓行	北宋			1			1	1			1						1				
	南宋																				
列女	北宋	1	1		1			1	1		2			1			1				
	南宋		1	1				3	3	3	7	1	1	4	1		3		1		1

类别	地区	开封路	京西路	京东路	河北路	河东路	陕西路	淮南路	两浙路	江东路	江西路	湖南路	湖北路	福建路	广东路	广西路	成都路	梓州路	利州路	夔州路	不详地
方技	北宋	4	5	4	4	1	4	3	1	1	1	1									4
	南宋							1	2								1				
外戚	北宋	7	2		16	13	1	4	4								1				2
	南宋	8		2				1	1												
宦者	北宋	25			6	3	1	1	1						3						5
	南宋																				
佞幸	北宋	1			1	1			1								1				
	南宋	3							1												2
奸臣	北宋		1		3					1				9							
	南宋	1			1				2	2				1							
叛臣	北宋																				
	南宋			1	3	1	1														1
总计	北宋	57	37	36	45	30	27	26	43	15	27	7	4	34	4	0	23	9	0	1	33
	南宋	17	12	7	13	2	9	15	56	28	42	5	3	40	1	0	24	7	2	0	67
	合计	74	49	43	58	32	36	41	99	43	69	12	7	74	5	0	47	16	2	1	100

注：河北奸臣三人皆辽国境内人。按本统计例附入河北。

北宋时，上述人物数量最多的是开封府（57人），以下依次是河北（45人）、两浙（43人）、京西（37人）、京东（36人）、福建（34人）、河东（30人）、陕西（27人）、江西（27人）、淮南（26人）、成都府路（23人）、江东（15人）、梓州路（9人）、湖南（7人）、湖北（4人）、广东（4人）、夔州路（1人）、广西、利州路皆无一人。除了不详地外，以上总数是425人，其中北方232人，占54.6%；南方193人占45.4%。

如果将北宋时期上列两表人物合并统计，排列顺序如下：河北（229人）、开封府（159人）、京东（159人）、京西（153人）、两浙（143人）、福建（101人）、陕西（100人）、河东（99人）、淮南（84人）、江西（75人）、成都府路（66人）、江东（51人）、湖北（14人）、梓州路（12人）、湖南（12人）、利州路(8 人)、广东(7 人)、广西(1 人)、夔州路(1 人)。

以上北宋时北方各地人物(加北方某地)总计 906 人,南方各地人物(加南方某地)总计 578 人,全国合计 1484 人,其中北方占 61%,南方占 39%。

二、人才分布的分析

上述人才分布概况,为我们的研究提供了基础,下面我们接着进行分析。

1. 北方人才在全国占优势

这是与前述各地文化概况所反映的地域文化不尽相同的地方,值得注意。从资料方面而言,可以弥补因资料缺少而显得落后的北方文化之缺陷;从事实方面而言,可以表明北方文化风气虽然没有南方那么热烈,但传统优势仍然发挥着巨大作用,仍有雄厚的基础。出类拔萃的各种人物,大多仍是北方文化所造就的。

需要进一步说明的问题是,上列两表人才分布数字,都是按《宋史》列传所提供的籍贯或迁居地统计的。实际上有些人物虽然原籍南方,却是在北方生长或学成的,但《宋史》标出的仍是祖籍。从地域文化角度而言,这些人物所反映的主要应是北方文化。现在就举几例虽在表中列入南方原籍但在北方成长的重要人物如下。

范仲淹,祖先为北方人,唐末迁居到两浙苏州(今江苏苏州)。宋太宗端拱二年(989 年)出生于其父亲京东路徐州(今江苏徐州)节度使掌书记官舍内。才及二岁,其父病故,随母亲谢氏改嫁到京东路淄州(今山东淄博南)朱氏家中。先是在淄州长白山僧舍中读书,后来又到南京(今河南商丘)官学深造,去世后葬于洛阳。[①] 他祖先在北方,生于宋代北方,长于北方,葬于北方,接受的几乎全是北方文化。故而他自称是"长白一

---

① 《范文正公集·年谱》

寒儒",以淄州为家乡。①

陈尧叟、陈尧佐、陈尧咨兄弟,祖先河北博州(今山东聊城)人,唐末迁居四川阆州(今四川阆中)。其父陈省华在京师朝中做官,"始来自蜀,为祥符人"②。陈尧佐官至宰相;陈尧叟状元出身,官至枢密使;陈尧咨状元出身,官至节度使,都是在北方成长的。

苏舜钦,《宋史》本传标为四川绵州(今四绵阳)人,其实自其祖父苏易简即离开原籍来到开封。欧阳修在为苏舜钦所作的墓志铭中说:"其上世居蜀,后徙开封,为开封人。"③苏舜钦为文学大家,"工古文,声名与欧阳公(修)相上下"④,风格豪健激昂,实乃北方文化所造就。

宰相吕公著,是吕蒙正的侄孙、吕夷简的儿子,原籍淮南寿州(今安徽凤台)。实际上也是随吕蒙正、吕夷简在开封长大的。王安中在为吕公著的胞兄吕公弼所作行状中说:"本贯开封府开封县汴阳乡……伯祖蒙正相太宗、真宗,遂为开封人。"⑤

以上事例说明,北方人物实际上比前表中所列的数字更多些。

全国各地人物数量的前四名,都是北方地区。而河北遥遥领先,比北宋时成都府路、江东、湖南、湖北、梓州路、利州路、夔州路、广东、广西等南方9路人物总和还多出58人。可谓人才济济。北宋中期曾任宰相的河北相州(今河南安阳)人李清臣指出:

> 考诸《国史》,则累朝将相,颇多河北人。若赵韩王普,实保塞人;曹冀王彬,灵寿人;潘太师美,魏人;李文正公昉及窦尚书仪之昆弟,真定人;王太尉旦,莘人;张尚书咏,清丰人;柳公开,元城人;李文靖公沆,肥乡人;张文节公知白,清池人;宋宣献公绶,平棘人;韩忠献

---

① 《渑水燕谈录》卷7。
② 《鸡肋集》卷64《陈知和墓志铭》。
③ 《欧阳修全集·居士集》卷31《湖州长史苏君墓志铭》。
④ 《中吴纪闻》卷1《苏子美》。
⑤ 《王魏公集》卷8《吕公行状》。

公琦,安阳人。余有名公卿相望而立朝者,不可悉数。窃尝原其故矣:夫河北方二千里,太行横亘中国,号为天下脊;而大河自积石行万里,出砥柱,旁缘太行至大伾,斗折而东,下走大海。长岗巨阜,纡余盘屈,以相拱揖抱负。小则绵一州,大则连数郡,其气象如此。而土风浑厚,人性质朴,则慷慨忠义之士,固宜出于其中。虽或有不遇,不及自用,其才亦必淹郁渟蓄,声发益大,泽浸益远,以施于子孙,亦自然之理也。①

李清臣所指出的十余名大臣,是文武两方面高层次、有重大历史作用的人物,都是河北人。他将此归结为河北有太行山雄居、黄河穿行等自然地理作用和土风浑厚、人性质朴等人文地理作用,固然不全面,但找出了部分原因。

最高层次的人才,在封建时代当属宰相了。据《宋史·宰辅表》,宋代宰相仍然是以河北为主的北方人占优势。看一下各地所出宰相人数,无疑有助于深入了解宋代人才分布差异。

表9　　　　　　　　　　两宋宰相地域分布表

地区　　　名单　　时代	北　宋	南　宋
开封府10人	薛居正　沈义伦　向敏中 贾昌朝　宋庠　韩绛 韩缜　郑居中　王黼	万俟卨
京西9人	洛阳:赵普　吕蒙正　张齐贤 王随　富弼 孟州:冯拯　光化军:张士逊	蔡州:朱胜非 襄州:范宗尹
京东7人	郓州:梁适　濮州:李迪 青州:王曾　单州:庞籍 密州:赵挺之　应天府:徐处仁	齐州:吕颐浩

① 《鸡肋编》卷中。

名单　时代　地区	北　宋	南　宋
河北16人	大名府:范质　王旦　卫州:魏仁浦　深州:李沆　澶州:毕士安　永静军:刘挚　张邦昌　沧州:张知白　怀州:卢多逊　李邦彦　相州:韩琦　韩忠彦　瀛洲:吕端①　附幽州:宋琪	相州:杜充　韩侂胄
河东2人	并州:王溥　汾州:文彦博	
陕西4人	华州:寇准　陕州:司马光　京兆府:吕大防	解州:赵鼎
淮南6人	寿州:吕夷简　吕公著　白时中　真州:吴敏	寿州:魏杞　濠州:董槐
两浙29人	苏州:丁谓　范纯仁　越州:杜衍　处州:何执中　衢州:刘正夫　杭州:唐恪	湖州:沈该　葛邲　处州:汤思退　明州:史浩　史弥远　郑清之　史嵩之　婺州:叶衡　王淮　乔行简　范钟　衢州:余端礼　留梦炎　台州:谢深甫　钱象祖　杜范　贾似道　叶梦鼎　吴坚　杭州:李宗勉　绍兴府:王爚　温州:陈宜中　镇江府:丁大全
江东9人		徽州:汪伯彦　程元凤　江宁府:秦桧　信州:陈康伯　饶州:洪适　赵汝愚　马廷鸾　宣州:吴潜　南康军:江万里
江西10人	临江军:王钦若　抚州:晏殊　王安石　洪州:陈执中　吉州:刘沆　建昌军:曾布	吉州:周必大　文天祥　洪州:京镗　章鉴
湖北		
湖南1人		潭州:赵葵

① 《宋史》卷281《吕端传》,言其为幽州安次人,乃祖籍。又言与冯道为"乡里世旧",冯道为瀛洲景城人,故吕端当为瀛洲人。

名单 \ 时代 \ 地区	北　宋	南　宋
福建18人	建州:章得象　陈升之　吴充　章惇　泉州:曾公亮　蔡确　苏颂　兴化军:蔡京　福州:余深	邵武军:李纲　黄潜善　福州:朱倬　陈自强　兴化军:叶颙　陈俊卿　泉州:梁克家　曾怀　留正
成都路6人	成都府:王珪　蜀州:张商英　仙井监:何粟	汉州:张浚　隆州:虞允文　威州:谢方叔
梓州路2人		资州:赵雄　果州:游侣
利州路1人	阆州:陈尧佐	
夔州路		
广东1人		广州:崔与之
广西		

在可比时期的北宋(南宋时南北方无法比较),实任宰相共71人,其中北方42人,占59%;南方29人,占41%。河北一路最多,有14人,占19.7%。东京开封府以一府之地,出宰相9人,与福建一路所出相等而超过南方其他任何路和全国任何州府,与其政治、经济、文化中心的地位完全一致。南方地区以福建最多(9人),两浙(6人)、江西(6人)、淮南(4人)、成都府路(3人)依次递减,而江东、湖南、湖北、梓州路、夔州路、广东、广西都是空白。

如同我们已经看到的那样,凡是文化发达之地,所出各类人物也就多,如开封府、河北、京东、京西、两浙、福建、江东、江西、成都府路等即是;凡是文化落后地区,所出各类人物就很少或是空白,如夔州路、广西、广东、利州路、湖南、湖北等即是。从各地人才所反映的地域文化状况可以看出,北宋时的北方文化整体上仍走在南方前边。

2. 人才类型南北方各有特色

在表7中,我们将宋代官员按文臣、武臣分别统计,从而显示出各地文化类型的差异。北宋时,北方各地文臣433人,南方各地文臣371人,全国总数为804人。北方占53.9%,南方占46.1%,北方仍占优势。若

以武臣而论,北方则占绝对优势。北宋入传的武臣有 255 人,其中北方 241 人,占 94.5%;南方 14 人,仅占 5.5%。北方人才类型文武兼备,南方则相当单纯。比较而言,北方文化中军事文化极为突出。

北方人劲勇强悍,自古以来就在连绵不断的战争中磨炼:"晋魏秦雍,自古干戈百战之地,山川气势刚劲猛健,土风豪勇,有舍生取义之俗,武卒锐士,著称前世。"①入宋后,西北三路仍处于和辽、夏等少数民族政权作战的前沿,防边抗敌是历史赋予他们的主要任务之一,因而尚武之风不减。欧阳修有《边户》诗说道:

> 家世为边户,年年常备胡。
>
> 儿童习鞍马,妇女能弯弧。
>
> 胡尘朝夕起,虏骑蔑如无。
>
> 邂逅辄相射,杀伤两常俱。②

北方沿边居民无论男女老少,大都有些武艺以适应环境的需要。因而,在国防战场上,沿边人民起着重要作用,"北敌惟惧边兵,凡闻以南兵替入内地,敌人大喜,故来则决胜而回"③。敌对方对作战人员的地域差异极为敏感。

宋代军队绝大多数是由北方人组成的。不仅保卫边防,而且驻守内地。蔡襄曾披露道:"自京西,江南东、西,广南东、西,两浙,福建等驻泊禁军,皆是北人。"④所谓的北人,在此已不包括京西路,仅指西北三路与京东人了。南宋初期,渡江的宋军主力和将帅仍是北方人。李心传在其《朝野杂记》乙集卷 13 专有《渡江后名将皆西北人》一篇说道:

---

① 《历代名臣奏议》卷 221,吕陶奏。

② 《欧阳修全集·居士集》卷 5。

③ 《长编》卷 150,庆历四年六月戊午。

④ 《蔡忠惠集》卷 22《论兵十事》。

韩世忠,绥德军人;曲端,镇戎军人;吴玠、吴璘、郭浩,德顺军人;张俊、刘琦、王瓌,秦州人;杨惟忠、李显忠,环州人;全渊,阶州人;马广,熙州人;杨政,泾州人;皆西人也。刘光世,保大军人;杨存中,代州人;赵密,太原人;苗傅,隆德人;岳飞,相州人;王彦,怀州人;皆北人也。①

以上所列举的 19 位高级将领,都是西北三路人,是北方军事人才的代表人物,展现着北方文化中阳刚的一面。

南方缺乏武勇之士和军事人才。客观原因在于南方习性柔弱,以及战争较少,缺乏磨炼。宋军中的南方士兵,其表现连江西人孔平仲都看不惯,专作《南卒》一诗挖苦道:

坐食者南卒,骄与子弟俱。
负甲则俯偻,荷戈不能趋。
嘈然金鼓鸣,气骇失所图。
固无一技良,徒有七尺躯。②

身体素质、精神素质和武艺都很差。南方人任大帅指挥作战者,常因不懂军事而失利。如北宋末,陕西安抚使范致虚,在长安负责抵抗金兵,“致虚不晓军事,往往取献陈者利便案文施设,州县军民不胜其扰……致虚,建阳人”③。指明福建建阳(今福建建阳)人范致虚不懂军事,一味按别人提供的各种方案施行,没有主见而有所取舍,引起混乱。南宋初年的“富平之战”,宋军主帅是成都府路汉州(今四川广汉)人张浚,其“幕下之士

---

① 以上所列名将籍贯,与《宋史》本传稍有不同。《宋史》本传为:韩世忠,延安人;刘琦,德顺军人;李显忠,绥德军人;杨政,原州人;王彦,上党人;张俊,凤翔人;刘光世,保安军人。然皆西北人无疑。

② 《清江三孔集》卷22。

③ 《系年要录》卷1,建炎元年二月甲寅纪事。

多蜀人,南人不练军事,欲亟决胜负于一举,故至于败"①。将"富平之战"失败归咎于四川人不懂军事,显然有失偏颇,但也不失为原因之一。绍兴年间,有人上书进一步提出对南方人不谙军事的忧患:

> 切观大江之南,人非不众也。而能专心询访所谓将帅之才、守御之备、攻取之术,以为我国家计者,亦鲜其人。间有画策献谋之士,往往风声气俗,不历边事,而谋虑有所不周矣!②

甚至有人说:

> 今国家所赖者,止知有西北之兵,不知有东南之士!③

正是因为如此,南宋政府在南渡的北方士兵年老减员的情况下,竭力在其后代和流寓南方的北方人中招兵充实军队。绍兴后期,在四川的驻泊东军由于是宣和末年派来的北方士兵,至此已近30年,都已成垂老之人,而且多年战争伤亡很大,朝廷"有旨招河东、北,陕西等州流寓人及本军子弟补额"④。到了宋孝宗朝后期,军队中的西北士兵按自然规律日益凋零,程大昌提出让西北老兵的子孙补充军队,而且"不宜轻听离军"⑤。南宋前期国防建设对北方士兵的依赖可以想见。

南宋政府对北方士兵的依赖越来越不现实,南宋国防的基础最终还应是南方士兵。然而,南方的崇文风气不利于建立当时非常需要的尚武风气,武将的地位反而更低,甚至流行鄙视武人的观念。以至于连将军们的后代为武官者,也不愿绍续父业,再当军官。如宋高宗说:"今诸将子

---

① 《齐东野语》卷2《富平之战》。
② 《金佗粹编》卷10《令措置河北河东京东三路忠义军马省札》。
③ 《系年要录》卷71,绍兴三年十二月壬辰。
④ 《系年要录》卷173,绍兴二十六年七月丁未。
⑤ 《宋史》卷433《程大昌传》。

弟,皆耻习弓马,求换文资。十年之后,将无人习武!"①对此深感忧虑。宋孝宗淳熙年间,国家专门选拔的武进士居然也不从军!② 时人林季仲还指出:"近时文士鄙薄武人过甚,指其僚属无贤不肖,谓之'从军'。"③"从军"成了骂人的词语。如此看来,南方地区重文轻武观念十分严重,其军事人才之少,也就不难理解了。

　　另一个不是问题的问题必须讨论:北方文人是否少? 说它不是问题,是因为表7中北方文臣总数非但不少,还多于南方;说它是问题,是因为南北方文武人才比例悬殊,容易引起主观的误解,北方的文人容易被众多的武人数量所掩盖。如北宋时四川人苏辙言:"燕赵之地,常苦士大夫之寡也"④;南宋时福建人黄公度说:"东南多文士,西北饶武夫,风声气俗,从古则然"⑤。东南地区多文士,是事实;西北地区多武夫,也是事实,但这并不意味着西北文士少,尤其是河北文士不亚于东南。只有河东路确属文士少武夫多。因此说,上述二人的论断是片面的,没有全面反映西北人才状况,更不能以此作为整个北方地区的代表。

　　为了进一步明确这个问题,有必要将表8中的北宋时期道学、儒林、文苑、方技四类人物各地分布数量摘出来进行比较。显然,他们是较纯的文人。各地数量及排列名次如下:京东(23 人)、京西(22 人)、开封府(15人)、福建(13 人)、淮南(12 人)、两浙(12 人)、江西(10 人)、河北(9人)、陕西(9 人)、成都路(9 人)、江东(7 人)、湖南(5 人)、河东(3 人)、梓州路(2 人)、湖北(1 人),广东、广西、利州路、夔州路寂无一人。除了不详地外,全国总数 152 人,其中北方81 人,占 53.3%;南方 71 人,占46.7%。北方仍有优势。西北三路在北方虽然数量少,但河北、陕西与成都府路相等,河东则多于梓州路等地。

---

① 《系年要录》卷155,绍兴十六年四月戊午。
② 《燕翼诒谋录》卷5。
③ 《竹轩杂著》卷3《乞遴选诸将宾佐状》。
④ 《栾城应诏集》卷5《燕赵论》。
⑤ 《知稼翁集》卷下《送郑少齐赴官严州序》。

第二章　各地文化概况及人才素质

129

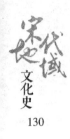

总而言之,在可比的北宋时期,北方文化整体上并不弱于南方,也不弱于东南地区,在人才数量上反而处优势地位,在人才类型结构上也比南方合理或完善。西北三路中的陕西尤其是河东,文化比较落后,这与地处边防并且比河北战事更多有关。正是因为这样,当地的军事人才占绝对优势,许多英雄豪杰,没有习文或由于环境所迫无法安心习文,转而从武了。如"晋人勇悍,多习武艺"即是①。文人的数量势必相对减少。这是历史的社会地域分工形成的人才类型分布格局。宋代有种种事物"天下第一"的说法,其中涉及人才方面的有:"陕右兵、福建秀才、大江以南士大夫""皆为天下第一,他处虽效之,终不及。"②也即陕西士兵的勇悍、福建士子的读书热情、长江以南士大夫的文雅,都是全国最突出的典型。这可以说是宋代生态文化的一个特征。

3. 人才分布动态有重大变化

一切事物都在变化之中,或者慢,或者快。地域文化也不例外。变化中的地域文化反映着各地文化的消长。考察宋代各地人才在不同时期的数量,可以看到一个明显的趋势,那就是从北宋中期开始,北方人才数量开始减少,南方人才数量开始增多。

综合表7北宋三个时期南北方官员数量,可得下表。

表10　　　　　　北宋各期南北方官员数量分析表

时期 \ 地区 数字	北方数字及百分比		南方数字及百分比	
北宋前期	278	84.5%	51	15.5%
北宋中期	274	63.9%	155	36.1%
北宋后期	121	40.3%	179	59.7%

北方官员人数在北宋前期所占比例很大,到北宋中期开始减少,下降20个百分点,至北宋后期下降为少数,低于南方。而南方则持续增长。

据表9并做分期统计,北宋宰相分布消长有同样趋势。

---

① 《宋史》卷260《崔翰传》。
② 《永乐大典》卷20308《天下第一》引温革《琐碎录》。

表11　　　　　　北宋各期南北方宰相数量分析表

数字　　地区 时期	北方数字及百分比		南方数字及百分比	
北宋前期	19	90%	2	10%
北宋中期	13	50%	13	50%
北宋后期	10	42%	14	58%

北方籍宰相在北宋前期很多,以后日益减少;南方籍宰相在北宋前期极少,以后日益增多,到北宋中期与北方持平,在北宋后期超过了北方。与表10的趋势完全一致。显然,宰相的数量是建立在官员数量基础之上的,并非偶然。

从以上南北方官员数量消长所反映的情况可以得出一个结论:南方文化蓬勃发展,在北宋后期赶上并超过了北方。

数量变化只能反映一般情况,例如说,只能反映事实或结果,不能反映原因。其中有特殊情况需要作出说明。

北宋前期,南方官员数量少,北方官员数量多,有一定程度的政治原因。首先,宋初版图在相当时间内主要是北方地区,南方人入仕入传自然少;再者,就宰相而言,如前所说,宋初对南方士人有偏见,有"不用南人为相"的说法,至宋真宗朝才破除旧规,有所改变。以后的变化,也与朝廷用人取舍的种种偏见有很大关系。陆游总结道:

> 天圣以前选用人才,多取北人,寇准持之尤力,故南方士大夫沉抑者多。仁宗皇帝照知其弊,公听并观,兼收博采,无南北之异。于是,范仲淹起于吴,欧阳修起于楚,蔡襄起于闽,杜衍起于会稽,余靖起于岭南。皆为一时名臣,号称圣宋得人之盛。及绍圣、崇宁间,取南人更多,而北方士大夫复有沉抑之叹。陈瓘独见其弊,昌言于朝曰:"重南轻北,分裂有萌。"呜呼!瓘之言,天下之至言也。①

---

① 《渭南文集》卷3《论选用西北士大夫札子》。

陆游所说的分期,恰巧与本书表7的划分相同。宋仁宗天圣以前,即北宋前期三朝,朝廷比较排斥南方士大夫;北宋中期三朝,南北兼用,实际上是大力选拔南方人才;宋哲宗绍圣以降,即北宋后期三朝,朝廷反过来又比较排斥北方士大夫。也就是说,北宋前期的南方人才,实际上比《宋史》列传所载的多些;北宋后期的北方人才,实际上比《宋史》列传所载的也多些。但这些数量的修正,不足以改变南北方人才消长的大趋势。

就南宋时期而言,所包括的绝大多数是南方地区。对南宋时期的南方各地人才数量作一比较,也是很有意义的。

北宋时期,南方入传的各类人物共578人,南宋时期为597人,稍有增长。具体到各地而言,则是有增有减,现将南宋时期南方各地有关人物数量及增减情况列表如下,以资比较。

表12　　　　南方地区两宋人物数量变化表

数字 地区 时期	淮南路	两浙路	江东路	江西路	湖南路	湖北路	福建路	广东路	广西路	成都路	梓州路	利州路	夔州路
北宋	84	143	51	75	12	14	101	7	1	66	12	8	1
南宋	37	206	67	87	13	4	97	3	1	55	13	3	1
增减率(%)	44	144	131	116	108	29	96	43	100	83	108	37	100

增长幅度较大的地区是两浙,从北宋时即形成的强劲势头始终不减,持续上升,南宋以来由于朝廷迁居杭州,更使两浙成为全国文化中心和文化发展的龙头。临近的江东、江西也有一定程度的增长。湖南、梓州路的增长绝对数虽微不足道,但至少是保持了发展的势头。因为,有的路并非如此。

减少幅度大的地区是湖北、利州路、广东、淮南、成都路,福建路稍有下降。有着明显原因的是湖北、利州路和淮南,即时代环境发生了巨大变化,由北宋时的内地变为与金国对峙的边防前线。频繁的战乱造成或加剧了土旷人稀局面,使原本不太发达或落后的文化雪上加霜。如南宋时的淮南,经战火扫荡,到宋孝宗时:"兵息既久,而疮痍尚存……市井号为繁富者,才一二郡,大概如江浙一中下县尔。县邑至萧条者,仅有四五十家,大概如江浙一小小聚落尔。"①举目一派荒凉,文化自然全面倒退。由此也可以理解到西北三路文化发展的艰难。

下面,让我们更上一层楼,放宽视野,看看唐代有关人物的地域分布,并与北宋做一比较。著名历史地理学家史念海先生,曾据两《唐书》统计出有确切籍贯者1868人②,现将其在唐代10道的分布与北宋人物在23路1府的分布列表如下。

表13　　　　唐宋史传人物分布数量比较表

数字时代＼地区	河南道 （开封路、京西北路、京东东路、京东西路）	关内道 （永兴军路）	陇右道 （秦凤路）	河东道 （河东路）	河北道 （河北东路、河北西路）	剑南道 （成都府路、梓州路）	江南道 （两浙路、福建路、江南东路、江南西路、荆湖南路、荆湖北路）	淮南道 （淮南东路、淮南西路）	山南道 （京西南路、利州路、夔州路）	岭南道 （广南东路、广南西路）
唐代	398	526	44	208	406	18	151	58	46	13
及百分比	21.3	28.1	2.3	11.1	21.7	0.9	8	3.1	2.4	0.6
北宋	395	100	99	229	78	396		84	85	8
及百分比	26.7	6.8	6.7	15.5	5.2	26.8		5.6	5.7	0.5

先做几点说明。其一,本表属于大致的比较,两个朝代数字统计原则不尽一致;其二,唐代10道与宋代23路1府的行政区划大致对应,容有局部的一些不同;其三,宋代京西路在唐代分属河南道与山南道,本表将宋代京西路数字153人模糊地一分为二,京西北路且做77人,京西南路且做76人。

现在大致比较一下唐代南北方人物数量。唐代关内道、陇右道、河东道、河南道、河北道属于北方地区,共有1582人,占总数的85%;其余诸道大体属南方地区,共有286人,占总数的15%。如果按宋代的划分,山南道的宋代京西南路也属北方,这一百分比将使北方更多。南北方人物多寡及文化盛衰差异十分明显。

---

①　《浮山集》卷4《蕲州任满陛对札子》。
②　《两〈唐书〉列传人物本贯的地理分布》,载《纪念顾颉刚学术论文集》,巴蜀书社1990年版。

北宋出现重大变化。一是在北方地区,人才重心东移。唐代的西部地区关内道、陇右道及河东道,人才占全国的 41.5%,而宋代仅占13.5%。尤以关内道最为严重。又如唐代河东道的蒲州即宋代陕西永兴军路的河中府(今山西永济西)也有明显衰退,张舜民言,河东(河中府郡名——引者注)人物自古冠天下……莫盛于唐,莫衰于今日。"①原因之一,是由于国家的都城东迁;原因之二,是由于西北国防线内缩,领土比唐代大大减少。北方的中部、东部地区或仍保持着优势,或比唐代有所发展。传统的关中优势地位自此以后不复存在。

第二个重大变化是南北之间。由于西北的衰落、领土的减少及战争等原因,北方的人才由绝对优势转向相对优势。北宋前期,北方尚保持人材的84.5%,与唐代相差无几。到了北宋后期,如表10所反映的情况,南方地区则以59.7%的多数超过了北方。传统的北方人才优势地位也不复存在。南方文化终于在北宋后期超过北方,在几千年的中国历史上具有划时代意义。这一历史性的转变,既使我国文化中增添了新的组合因素,有了新转机,也奠定了以后历史中地域文化的新格局。经南宋的强化,东南地区的文化重心地位遂成局,至今不改。

文化重心的东移,主要是在唐末五代时期完成的,其中包含有诸多政治因素、经济因素和军事因素。而文化重心由北向南的巨大转折,改变了前此数千年的传统格局,则是在北宋短短一百多年间完成的,而且既与政治中心所在地无关(并非迁都所致),也与战争关系不大,主要是一种文化力量。一个重要原因是,文化重心东移之后,对东南地区产生了近距离的传播、刺激、催化作用,加速了东南文化的发展。宋代地域文化在我国历史中承前启后的重要地位和枢纽作用,值得大书特书。

历史以及地域文化的演变并非单向发展,也会有停滞或倒退。与前代相比,还可以发现宋代南方某些地区在人才方面呈倒退状态。例如,北宋时位于腹心地区的江汉、荆襄一带,即湖北和京西南路的南部即是如

---

① 《画墁集》卷6《四贤堂碑阴记》。

此。这里先秦时是楚文化的中心,曾盛极一时,秦以后也代有英豪。陈亮经过考察后指出:

> 荆襄之地,在春秋时,楚用以虎视齐、晋……及战国之际,独能与秦争帝。其后三百余年,而光武起于南阳,同时共事,往往多南阳故人。又二百余年,遂为三国交据之地,诸葛亮由此起辅先主,荆楚之士从之如云,而汉氏赖以复存于蜀……又百余年,而晋氏南渡,荆雍常雄东南,而东南往往依以为疆,梁竟以此代齐。及其气发泄无余,而隋唐以来遂为偏方下州。五代之际,高氏独常臣事诸国。本朝二百年之间,降为荒落之邦,北连许、汝,民居稀少,土产卑薄,人才之能通姓名于上国者,如晨星之相望。①

隋唐以来,湖北人才不复有昔日之盛,不过还有一定实力。如唐代江陵(今湖北江陵)尚是文人荟萃之地:"江陵在唐世,号衣冠薮泽。人言琵琶多于饭甑,措大多于鲫鱼。"②入宋以来,则每况愈下。整个湖北,北宋时入传人物仅14人,南宋时骤减为4人。叶适曾比较道:"今吴、越、闽、蜀,家能著书,人知挟册,以辅人主取贵仕,而江汉盖鲜称焉,岂其性与习俱失之哉?"③与同时期的周围相比是落后的,与前代相比是退步的。南宋时的倒退,还可以归咎为地处边防所致,北宋时的倒退,则与经济衰退相一致。

另一个例子是岭南地区。唐代岭南道人物13人,北宋下降为8人,南宋下降为4人。故而孔平仲言:"岭南郡县,近世人物为少。"④按理说,岭南文化是在没有干扰的情况下缓慢发展的,南宋时发展还比较快,但人才的造就却不如人意,整体上的绝对数不断下降。所反映的背景是岭南

---

① 《宋史》卷436《陈亮传》。
② 《太平广记》卷266。
③ 《水心文集》卷9《汉阳军新修学记》。
④ 《珩璜新论》。

文化基础过于薄弱。唐代国力强大,文化辐射面广,波及岭南影响较大。北宋国力不如唐代,南宋国力又不如北宋,或许可以帮助我们理解岭南人才的减少,其自身的发展力极其有限。

最后谈谈成都府路人才问题。成都府路的文化状况接近于东南地区,但在人才数量上却远不及两浙、福建。这一现象,固然说明成都府路文化与东南文化有些差距,但这一差距并不像数字所反映的那么大。以官员数量而论,成都府路人数少即另有原因。川人有盆地意识,怀乡恋土,相当一部分人不热衷争取出仕。《宋史·地理志五》言四川"庠塾聚学者众,然怀土罕趋仕进"。热情读书,却不一定是为了做官。如眉州,据郡人苏辙介绍说:"凡眉之士大夫修身于家,为政于乡,皆莫肯仕者。天禧中,孙君堪始以进士举,未显而亡。士犹安其故,莫利进取。"后来虽然有所改变,出现一批做官者,但"至于今,仕者常数十百人,处者常千数百人"①。又如汉州什邡(今四川什邡):"民既素饶,乐乡里,不急禄仕。"②许许多多的知识分子安于乡里,不求为官。《宋史·隐逸传》中,有邑里可考者43人,四川就有7人。即使入仕者,也有不贪进之人,典型例子是成都人彭乘。宋真宗大中祥符五年(1012年),彭乘进士及第后,与同年一起登上开封相国寺阁游玩。新进士们一个个远望家乡方向,庆幸自己终于脱离故土走向仕途,兴高采烈。唯有彭乘怅然西望,说道:"亲老矣,安能舍晨夕之奉,而图一身之荣乎?"次日即向朝廷申请回家乡侍养父母。宋真宗对此表示赞赏,"命依例注官遣还"③。在以后的仕宦生涯中,彭乘一直"雅有恬退名"④。这大概属于盆地意识的另一种表现。再者,如前文提到的,朝廷对四川人有偏见,时有压抑,四川人又短于吏能,这都使四川人能成为高官而入传者相对少些。

人才的造就自有本身的特殊性,与文化发展程度并非完全一致,在计

---

① 《栾城集》卷25《伯父墓表》。
② 《欧阳修全集·居士外集》卷13《陈氏荣乡亭记》。
③ 《长编》卷77,大中祥符五年四月乙卯。
④ 《长编》卷153,庆历四年十一月丙寅。

量研究各地人才时,应注意有些问题是数字所代表不了的,细微之处和少量的差别,并不像数字那么绝对。应与其他资料结合一起,整体看待问题,并对具体问题做出具体分析。

上述人才分布的动态分析,使我们了解到地域文化的不同变化。这一分析的目的之一还在于,正因为文化消长并不是与历史前进同步的,才更显示出文化的地域性,更显示出地域文化的独特规律和研究地域文化的重要性。

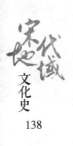

第三章　各地教育状况

宋人郭知章,在《兴国县改迁儒学记》中,有一段关于教育与地域关系的议论。他是这样说的:

> 国家承平日久,鼓道德以覆被天下之俗,将使混然一之而纯粹矣。然其郡邑之壤密相环,其习尚往往稍异者,何也? 说者以为生质有厚薄,与夫风气有美恶,不可得而迁徙。诚如是,教之无益也。诗书仁义,殆为人之骈枝,尚何为耶? 夫不知人之才固非自异,患乎长之者未能固其教也。①

宋朝以兵立国,以文教兴国,对教育事业十分重视。曾在宋仁宗朝、宋神宗朝、宋徽宗朝大办教育,掀起三次一浪高过一浪的兴学高潮,采取指令性的强制措施,将我国古代教育推向新阶段。总的趋势如此,具体分解到各地,在贯彻落实朝廷发展教育的精神及效果方面,难以一概而论。郭知章认识到了其间的差别,指出差别的原因是地方长官是否坚持推行发展教育的政策。事实也表明,在许多地方,教育的盛衰因长官重视程度而不同,有因人而异的一面。不过,郭知章完全否定不同地域居民文化素质和社会习俗的作用,则是不对的,因地而异的现象同样普遍。因长官而异,只是几年一任的短期效果,或许会人走茶凉。因习俗而异,则是长期的。有向学风气,长官可锦上添花;文化原本很落后,无读书风气,即使能干的长官,也要下大功夫才能有所改变。以下就是各地教育的不同状况。

---

① 《同治赣州府志》卷24。

第一节　北方教育概况

东京开封

开封是北宋教育中心,拥有规格最高、层次最多、种类最全的学校,也是宋代最早有官办学校的地方:"宋初定天下,惟汴有学。"①教育事业十分发达。

宋代最高的教育部门是东京的国子监(即国子学)。国子监始建于周世宗时,至宋太祖建隆三年(962年),左谏议大夫、河南人崔颂判国子监事,开始正式招生讲学。② 主要招收京朝官七品以上的子孙为学生,同时也照顾外地人,"远乡久寓京师,其文艺可称,有本乡命官保任,监官验之,亦听附学充贡"。定额200人③。

太学原来是国子监中的三馆之一。宋仁宗庆历四年(1044年),国子监官员王拱辰等认为,"首善当自京师",建议扩大太学规模。④ 于是独立建校,招收八品官以下子弟及平民百姓的优秀子弟。太学发展很快,宋徽宗崇宁三年(1104年),太学生人数达到3800人,超过并取代了国子学。⑤

宋仁宗时,开封还曾设立四门学。庆历三年(1043年)经天章阁侍讲王洙建议,宋政府开办了四门学,以八品官以下和平民百姓子弟为招生对象,意在补充国子学的不足,直接为科举培养人才。后来也为太学所取代。

皇室的教育主要有宫学和宗学。最初是在诸王府派教授讲学,分别有大学和小学。宋英宗时,为皇族配备的教授有27人之多。⑥宫学负责培养皇帝的近亲,其余宗亲则入宗学(宗子学)。宗学创建于宋神宗元丰六年(1083年),也分大学和小学两个层次,但废置不常。

---

① 《全宋文》卷270,曾易占:《南丰县兴学记》。
② 《长编》卷3,建隆三年六月乙未。
③⑤ 《宋史》卷157《选举志》3。
④ 《长编》卷148,庆历四年四月壬子。
⑥ 《宋会要·帝系》4之14。

　　高等专科学校先后有律学、算学、武学、道学、书学、画学、医学等。律学原是国子监中的三馆之一,宋神宗熙宁六年(1073 年)正式创办律学,设置教授 4 人。学生一是培训命官,二是举人,没有定额。为宋王朝培养法律人才和提高官员的法律素质。算学创建于宋徽宗崇宁三年(1104 年),招收命官和百姓为生员,定额 210 人。培养数学及天文学人才。大观四年(1110 年)并入太史局。与算学同时创建的还有书学,学习书法艺术,也于大观四年并入翰林书艺局。① 学生约有 500 人。② 医学原是太常寺所属的教学部门,宋神宗时独立,学生以 300 人为额。分方脉科、针科、疡科。其他如武学、画学,后文再述。

　　开封还有朝廷办的小学。宋哲宗时,设置在京小学,分"就傅""初筮"两斋。宋徽宗政和四年(1114 年),小学生人数将近 1000 人,扩大为 10 斋。教育对象是 8 岁至 12 岁的儿童,学习"诵经""习字"两门课程。

　　中央学校之外,开封地方性的官学,则有宋徽宗大观元年(1107 年)设置的开封府学。由于开封中央官学众多,府学创立时间很晚,生员不及 300 人。③ 宋徽宗崇宁四年(1105 年)至宣和年间,曾将开封府的考城、太康(今河南民权西、太康)两县合并,成立拱州,同时建立州学,有教授 2 名,学生 500 名,④可视之为开封府京城之外的官学。

　　民间的私立学校更是遍布开封。如开封人安焘 11 岁时,"从学里中,羞与群儿为伍",听说有位老先生聚徒办学,便前往求学。老先生说:"汝方为诵数之学,未可从吾游。当群省题一诗,中选乃置汝。"安焘并不感到为难,遂做一诗,居然超越众生,"由是知名"。⑤ 可知开封民间至少有两种层次的学校,安焘先是在家门口的启蒙学校学习,后来又来到稍远些的学校学习诗文等高一级的知识。开封人姜愚曾在京师举办一"讲会",

――――――――――

　　① 以上均见《宋史》卷 157《选举》3。
　　② 《清波杂志》卷 3。
　　③ 以上见《宋史》卷 157《选举》3。
　　④ 《宋会要·崇儒》2 之 31 至 32。
　　⑤ 《宋史》卷 328《安焘传》。

讲解《论语》，"士人乐听之……得钱数百千"①。属于收费的短期进修学校。又如酸枣县(今河南延津西)著名学者、处士王昭素，"常聚徒教授以自给"，则是乡间私立学校的例子，李穆、李肃兄弟及李恽即是其学生。②京师人口众多，需要大量初级教育师资和小学，如王陶贫贱时，"教小学京师，居州西"③；宋仁宗嘉祐末年，京师麻家巷"有聚小学者李道"④。各类民间学校教育相当发达。

京西路

京西路教育事业的中心在西京洛阳。洛阳也是除开封之外最早建立府学的地方。宋仁宗天圣年间，河南府通判谢绛提出把府学改为国子监："河南天子西都，学馆宜鉴唐故事，建名比上京，遂请易其号为国子监。"既为西京，就要有相应名称的中央级教育机构，于是成立了西京国子监，"延致旧儒，讲解经术，以教学者"。谢绛本人就是当时著名的文人，亲自为诸生立程式、评点诗文。凡是得到他好评者，立即声名大振，于是更加勤奋，"业成而登仕者，比旧加众"⑤。学生数量日益增加，"自远而至者数百人"⑥。有力地推动了洛阳教育的发展。京西路其他州郡的官学，也随之兴起。

从宋仁宗天圣年间到庆历以前，是宋代地方官学开始建立时期。据《长编》本段时间内的记载统计，朝廷批准立学或赐州学学田、书籍的州郡凡 39 处，其中以京西路最多，共 8 处。集中在景祐元年到宝元元年(1034—1038 年)的 5 年间。批准立学的州郡是：蔡州、孟州、许州(今河南汝南、孟县南、许昌)以及颖州(今安徽阜阳)。这时朝廷仅允许藩镇之地才可立学，颖州只是防御州，"于诏不当立学"，但在知州蔡齐的请求

---

① 《邵氏闻见录》卷 18。
② 《宋会要·选举》34 之 31。
③ 《邵氏闻见录》卷 18。
④ 《邵氏闻见后录》卷 28。
⑤ 《蔡忠惠集》卷 25《谢公堂记》。据《宋史》卷 342《孙永传》，西京国子监俗称"西学"。
⑥ 《宋史》卷 295《谢绛传》。

下,予以特批。① 赐学田的州郡是:陈州、郑州(今河南淮阳、郑州)、蔡州和郢州、襄州(今湖北钟祥、襄樊)。也就是说,这时京西至少有官立州学8所(不包括西京国子监)。其中襄州州学经庆历五年(1045 年)和宋哲宗绍圣初的两次迁移改建,"其恢宏伟丽,虽东南之学最盛者,不能过也"②。规模越来越大。

县级官学更多。如宝元年间,河南府巩县(今河南巩县东)建立庙学,即在孔庙中经过改造创办县学,"学有舍,斋有次"③。同时,襄州谷城县(今湖北谷城)重建孔庙,在孔庙旁新建县学,购置《九经》等书,"率其邑弟子兴于学"④。宋哲宗朝末期,颍州万寿县(今安徽太和东北)重建县学,"自孔子之堂与夫门庑斋序,凡学之百须皆具"。当地学子还集资买田 12 顷捐献给县学,县令又在学校周围开辟果园 60 亩作为县学资产,办学养士经费颇为充足,并新聘请了教师,青少年前来求学者日益增多。⑤宋哲宗时建立或重建县学的,还有唐州比阳县(今河南泌阳)、襄州光化县(今湖北老河口北)。⑥

在宋徽宗朝史无前例的兴学高潮中,京西路官方教育事业进入新的发展阶段。如京西南路,据大观二年(1108 年)提举京西南路学事路瑗报告:

> 臣所领八州三十余县,比诸路最为偏小,管学舍乃至三千三百余区,教养生徒三千三百余人,赡学田业等岁收斛斗六万三千余贯、石。⑦

① 《长编》卷 121,宝元元年二月己酉。
② 《道乡集》卷 25《襄阳迁学记》。
③ 《河南先生文集》卷 4《巩县夫子庙记》。
④ 《欧阳修全集·居士集》卷 39《襄州谷城县夫子庙记》。
⑤ 《张耒集》卷 50《万寿县学记》。
⑥ 《济南集》卷 7《唐州比阳县新学记》《襄州光化县重修县学记》。
⑦ 《长编拾补》卷 28,大观二年五月庚戌。

京西南路无论经济还是文化,在北方都属落后地区,官学规模每州平均学生400余人,相应的校舍、经费也颇充盈,实在是难能可贵,下了很大功夫。当然,像这一时期所有的有关数字一样,地方官都有夸大的成分,京西南路的数字恐怕不能例外。再者,有资料表明,京西南路的学生质量不高。大观三年四月,朝廷试贡士,该路学生没有一个人中选,京西南路提举学事路瑗因而受到罚铜8斤的处分。[①] 教学规模与效果,短时间内还不成正比。京西北路的整体状况应比南路发达,但个别州郡是落后的。据知州报告说,重和元年(1119年),陈州(今河南淮阳)在册的学生只有91人。[②]

宋代书院教育发达,京西路是宋代书院较多的地区。在洛阳一带有5处:嵩阳书院、颖谷书院、鸣皋书院、和乐书院、龙门书院;邓州(今河南邓县)2处:贾状元书院、花洲书院;许州(今河南许昌)1处:西湖书院;汝州(今河南临汝)1处:明道书院;蔡州(今河南汝南)1处:显道书院。[③] 其中最著名的是被称为宋代四大书院之一的嵩阳书院,始建于后唐,盛极于北宋真宗朝。李廌有诗介绍说:"嵩阳敞儒宫,远自唐之庐。章圣旌隐德,此地构宏居。崇堂讲遗文,宝楼藏赐书。赏田逾千亩,负笈昔云趋。"宋真宗对此很赞赏,又是赐书,又是赐田,一时学者云集。后来官方将赐田出卖求利,书院废弃。大约在宋哲宗时,重又恢复。[④]

以上书院,绝大部分属于私立学校性质。此外,京西其他私学也不少。如宋神宗时,程颢、程颐二人讲学于洛阳家中,"学者负笈抠衣亲承其教,散之四方"[⑤],新儒学由此传播各地。滑州胙城县(今河南延津东北)处士王大中(字遵道)则设立有讲堂,受到范纯仁的赞扬:"若其林野丘园之士,能自奋励,笃信先王之道,不待上之教化,而推其所学以教导于

---

① 《宋会要·职官》68之18。
② 《长编拾补》卷38,重和元年十月壬辰。
③ 参见苗春德主编:《宋代教育》,河南大学出版社1992年版,第105—106页。
④ 《济南集》卷2《嵩阳书院诗》。
⑤ 《宋会要·崇儒》6之27。

闾里,如之庠序者,则见夫滑之胙城遵道先生焉。"王大中饱读经书30年,不受传注旧说约束,个人识见很多,滑州士人纷纷向他求学,"乃为之讲解,俾识其所趋向,又作堂以延之,而名曰讲堂"①。王大中以其博学卓识吸引了众多学生,渐渐形成了一所正式私立学堂。

京东路

京东路的教育事业在宋代有重要地位。"齐鲁桑麻之墟,其民朴重而好学"②。好学的优良传统在宋代进一步发扬,推动了教育的发展。其龙头是宋代四大书院之首的应天府(今河南商丘)书院。

应天府书院最早开办于后晋,是虞城(今河南虞城北)人杨悫创建的私立学校。后来由从中毕业的学生戚同文接管,在官方的帮助下改称睢阳学舍,实力增强,培养出一大批人才。宋初由此而登第者多达五六十人,其中宗度、许骧、陈象舆、高象先、郭成范、王砺、滕涉等"皆践台阁",成为朝廷大臣。戚同文去世后,该学舍在宋太宗朝一度中断。宋真宗大中祥符二年(1009年),应天府百姓曹诚挺身而出,热心助学,捐出巨额家资在戚同文旧居上扩建学舍百余间,聚集图书数千卷,书院以新的面貌重又开张,"延生徒,讲习甚盛"。应天府将此壮举上报朝廷,颇蒙宋真宗赞赏,赐名为应天府书院,任戚同文的孙子戚舜宾主持书院事务,任曹诚为府助教。③ 如此变化,应天府书院转成了官方学校。范仲淹自大中祥符四年至八年在此就读,"居五年,大通六经之旨,为文章论说,必本于仁义",于大中祥符八年业成及第。④ 宋仁宗天圣五年(1027年),在京东丁母忧的范仲淹被南京留守晏殊聘请掌教书院。他经常住在书院中,勤勉执教,严格管理,健全规章制度并以身作则,"由是四方从学者辐凑,其后以文学有声名于场屋、朝廷者,多其所教也"⑤。教学质量又有新的提高,

---

① 《范忠宣公集》卷10《王遵道先生讲堂记》。
② 《彭城集》卷21《资政殿学士知杭州蒲宗孟可知郓州制》。
③ 《宋史》卷457《戚同文传》;参见《长编》卷71,大中祥符二年二月庚戌;《范文正公集》卷7《南京书院题名记》。
④ 《范文正公集》附《范仲淹神道碑》。
⑤ 《范文正公集·年谱》天圣五年。

应天府书院因而成为地方最重要的学校。《宋史·晏殊传》说，晏殊"延范仲淹以教生徒，自五代以来，天下学校废，兴学自殊始"。实际上，应天府书院并不是晏殊兴起的，也不是最早的，但其影响最大，带动了全国地方学校的兴起。景祐二年(1035年)，朝廷将应天府书院改为应天府学，赐给学田10顷，正式编入官学系列。这时的应天府学更加兴旺，"生徒实繁，规模大备，风教日盛，诗礼日闻。以是出名流、取甲第者多矣，历公卿、居富贵者亦多矣。得非兴学明道之显效欤?"①宋真宗大中祥符七年，应天府已升为南京，因而，至宋仁宗庆历三年(1043年)十二月，仿西京国子监例，"以南京府学为国子监"，即南京国子监，规格升到了最高峰，进入鼎盛时代。

京东其他州郡官学也颇发达。据《长编》载，自天圣年间至景祐四年，朝廷批准立学或赐州学田地、书籍者39次，京东路有5次，与两浙并列第二，都属赐学田和书籍的事例：赐青州学九经书、赐应天府学田10顷、赐密州学田5顷、赐徐州学田5顷、赐郓州学田5顷。其建学时间无疑更早，而且不止以上5处有官学。其中徐州州学，建立于宋真宗天禧年间，李迪在徐州"置师弟子，请名与田，以教养之，徐人始兴于学，而仕者众矣"。宋神宗熙宁年间又由朝廷派遣教授，扩大招生；宋哲宗元祐年间又将州学修缮一新。②而兖州(今山东兖州)州学早在宋真宗时即具备一定规模。宋真宗乾兴元年(1022年)，兖州知州未经上报朝廷准许即"私建学舍"。据孙奭说："昨知兖州，以邹鲁之旧封，有周孔之遗化，辄于本州文宣王庙内修建学舍四十余区，受纳生徒，俾隶所业。自后听读不下数百人。"并请求朝廷委派教师和赐学田10顷。朝廷予以批准和支持。③

青州、郓州两地州学，发展比较突出。青州州学建立后，曾得到朝廷所赐学田30顷，但知州王曾还觉得田租有限，在学校旁边建造房屋120间出租，每年收租金310贯。至宝元年间，"学益兴，而士倍多"。知州赵

概进一步发展学校收入,于南城空地建各类房屋 145 间,使州学每年房租收入增加为 670 贯,办学养士经费"由是大充"!① 教育经费的增多,反映出学校的发展。郓州州学在北宋中后期有了新的发展。宋神宗元丰末年,重新建造州学,"闳硕遂丽,居者悦喜"。宋哲宗元祐初,滕元发任知州时,又拨出亩值一金的美田 25 顷,每年可得租金 1000 贯,比原有经费增加了 3 倍,大为充裕。② 元祐末年,又得到朝廷赐书 2700 卷,学生人数比 30 年前增加了 3 倍。③

民间教育在京东有良好的基础,所取得的成就不亚于官学。除睢阳学舍外,著名的泰山书院即是典型。泰山书院由大儒孙复创办,"于泰山之阳起学舍,构堂,聚先圣之书满屋,与群弟子而居之"。培养出石介、刘牧、善潜、张洞、李缊等著名学者。④ 在此讲学和学成的孙复、胡瑗、石介,被后人称为"宋初三先生",为宋初儒学的复兴做出了开创性的贡献,并各自成为著名的大教育家。石介在家乡徂徕山丁母忧时,以《易》学教授家中,开办了私学,"诸生时以百数"。庆历二年(1042 年)入朝担任国子监直讲,"学者从之甚众,太学由此益盛"⑤。足见京东私学教育对太学也起到了推动作用。

齐鲁大地历来多儒,开办私学者很多。如密州莒县(今山东莒县)儒者杨光辅,聚徒讲授九经长达 30 年之久,知州将其事迹上报,宋真宗于天禧四年(1020 年)封他为国子四门助教,赐绢 20 匹,并令州县长官经常向他表示慰问。⑥ 这是对他将毕生精力奉献给教育事业的奖赏。徐州文学刘颜,罢官后退居家乡彭城(今江苏徐州),"教授数百人"⑦。这些大都属于高层次的教学,初级启蒙教育与此是相适应的。王禹偁幼年在家乡济

---

① 《徂徕石先生文集》卷 19《青州州学公用记》。
② 《金石萃编》卷 139《郓州州学新田记》。
③ 刘挚:《忠肃集》卷 9《郓州赐书阁记》。
④ 《徂徕石先生文集》卷 19《泰山书院记》。
⑤ 《宋史》卷 432《石介传》;学生人数据《宋史》卷 344《马默传》。
⑥ 《宋会要·崇儒》2 之 2。
⑦ 《长编》卷 100,天圣元年七月庚午。

州钜野(今山东巨野)乡间即是"就学于乡先生,授经之外,日讽律词一章"①,为他日后成为大文学家奠定了基础。

引人注目的还有私塾教育。典型如曹州(今山东曹县西北)市井百姓于令仪,晚年家资丰厚,开始精神文明的追求,办起私塾以造福后代:"择子侄之秀者,起学屋,延名儒以掖之。"他的儿子于伋、侄子于杰、于仿,皆由此学成中进士,其家遂成为"曹南令族"。青州临淄(今山东淄博东北)人麻希梦,"好学,善训子孙",在其教育下,儿子麻景孙于太平兴国年间中进士甲科,孙子麻温其、麻温舒于大中祥符年间相继登第,"为天下第三人",皆为探花。②

以上可见,发达的京东教育事业,造就了大批知识分子和名公大臣,弘扬了当地文化,为宋代文化事业的发展做出了重要贡献。

河北路

河北地处边防,教育事业的发展缺乏良好的社会环境,与京东相比有一定差距。

河北的政治、军事中心在大名府,府学开办于宋仁宗明道二年(1033年),朝廷赐给九经书借以示支持。③ 庆历二年(1042年)大名府升为北京后,府学随之升为北京国子监。宋神宗时,著名文人黄庭坚、晁补之曾先后担任过北京国子监教授。④ 朝廷对北京官学教育是重视的,北京国子监应有一定规模。可惜限于史料,详情不得而知。

宋仁宗以来,河北各地州县学陆续建立。如真定府(今河北正定)、博州(今山东聊城)于景祐年间建学,定州(今河北定县)于皇祐年间建学。庆历年间朝廷令各州郡都要建学,但定州地方官认为定州"用武之地,学非吾事也",迟迟不予落实。皇祐初韩琦任知州后,立即扩建孔庙,

---

① 《小畜集》卷20《孟水部诗集序》。
② 《渑水燕谈录》卷3《奇节》。
③ 《长编》卷112,明道二年五月庚寅。
④ 《宋史》卷444《黄庭坚传》《晁补之传》。

即庙建学,"讲授有堂,肄业有斋,庖厨井匽,生生之具无不备足"①。开始了官方的学校教育。河北最南端的怀州(今河南沁阳),官方教育萧条,"州俗素朴,不喜儒"。宋仁宗时晁仲衍任知州,见虽有州学,却很冷清,于是通知诸生前来修学,亲自讲授,"朝夕使闻弦诵,由是翕然乡风"②。重新启动了州学教育。

宋神宗以后,河北州学进一步发展。如熙宁三年(1070年),沿边的保州(今河北保定)扩建庙学,"特创讲堂六楹,门两楹,即殿庑之旧者新之……堂之制与黄堂争雄,殿之轮奂,门庑之次第,甲一郡佛宇。"③州学被改造为当地最宏伟的建筑之一,适应的是保州教育发展的需要。另一边防州郡安肃军(今河北徐水),早在庆历年间就建立了军学,并有数十名学生就读。宋哲宗元祐初,脱离旧址,重新建造了一所设施齐全的军学。④ 冀州(今河北冀县)也是庆历年间建立的州学,元祐年间开始振兴教育,"大作学舍",新盖了教室、学生自修室,其他各种教学设施一应俱全,而且"精壮完好,可以传久远"。同时购买良田,建造街市房屋出租,收租金为经费,"士之来学者日有饩,学之有司者月有给。其秀民良材从其乡先生长者,皆往游焉,四方之士闻而来者日至"⑤。各县乡的学生在乡间教师的带领下汇集州学,接受教育。宋神宗元丰年间及宋哲宗元祐年间,李撰先后担任澶州(今河南濮阳)和河间(今河北河间)州学教授,改变了当地教育的落后状况:"始得名儒为师,士向风翕然一变。将门子弟至褫辫注衣,缝掖为诸生者不可胜计。"不但士子掀起了学习高潮,连武将子弟也弃武学文,纷纷入学。宋徽宗初,李撰又任莫州(今河北任丘)通判。职务高了,仍致力于发展教育,增辟学舍,扩建学校,添置书籍,每天还亲自登台讲课。当地士子"皆诵其言,化其德"。学生最初只

---

① 《安阳集》卷21《定州新建州学记》。
② 《华阳集》卷38《晁仲衍墓志铭》。
③ 《全宋文》卷1708,李尧臣:《保州重建州学记》。
④ 《演山集》卷17《安肃军建学记》。
⑤ 《张耒集》卷50《冀州州学记》。

有五六人,后来增加为五六十人。在崇宁年间全国兴学高潮中,"莫遂为边郡第一"①,成绩最为突出。

县级官学在河北比较普及。宋仁宗皇祐二年(1050年),真定府元氏县(今河北元氏)拆毁了一些佛教寺院,用所拆下的材料改建孔庙,建成县学:"堂、室、门、爨皆具,而器亦备焉。"当地青少年"舍利执卷,入学从师授。长者诲,幼者听,日渐月渍,浸以彬郁"②。元氏县学设施齐全,教学效果良好,文化风气日益兴盛。相州林虑县(今河南林州)位于太行山中,经济、文化都很落后:"俗以搜田为生,不知学。"庆历年间,县令王猎修建孔庙,以庙为县学,"择秀民诲之"。大概因其教育成绩优异,这位并不是进士出身的县令遂入朝调任吴王、潭王宫教授,睦亲、广亲宅讲书,诸王侍讲。③ 后来,该县县学扩建,"为屋五十有五楹",教室、寝室、食堂俱全。④ 宋英宗、神宗之际,赵州临城县(今河北临城)建立县学,"兴庠序,教以学,来者常百数。县大治,至比岁无死罪囚"⑤。因大办教育,社会秩序有明显好转,封建教育与封建文明相得益彰。宋神宗时,洺州肥乡县(今河北肥乡)重建孔庙,改为学校,有讲堂,学生肄业之所,经史阁,食堂及宾旅清议之所。⑥ 同时建学的还有卫州汲县(今河南卫辉),改变了当地"俗陋不喜儒"的落后状况,自此"好学",文教兴起。⑦

民间学校教育可举博州博平县(今山东荏平西)一例。宋初,年幼的孙奭与其他学生师从于里中乡先生王彻。王彻死后,群生无师,好学者便向孙奭请教经书的问题,孙奭为其解析微旨,"人人惊服,于是门下数百人皆从奭"⑧。可见博平这所乡间学校有数百名学生的规模,教学质量颇

① 《龟山集》卷31《李子约墓志铭》。
② 《常山贞石志》卷12,曾宏:《元氏新建县学记》。
③ 《宋史》卷322《王猎传》。
④ 《鸡肋集》卷29《林虑县学记》。
⑤ 《鸡肋集》卷64《高旦墓志铭》。
⑥ 《全宋文》卷1632,张萃:《肥乡重建文庙碑记》。
⑦ 《鸿庆居士集》卷33《章绛墓志铭》。
⑧ 《宋史》卷431《孙奭传》。

高,培养出孙奭这样的大儒。

从以上记述可以得出如此印象:河北沿边地区的军事活动,冲击着文教事业;内地州县有一些不喜儒、不知学的地方。河北教育事业就是在这种不利环境中艰难起步,并有所发展。尽管称不上发达,说其有较大成就,总是切实的。

陕西路

京兆府(今陕西西安)为陕西首府,官学建立于宋仁宗景祐元年(1034 年)。学校新建在城中官有空地,凡 50 间,朝廷拨给官田 5 顷为经费,并赐给九经书籍。有学生——"修业进士"137 人在校学习。学校教育开办之初,即收到成效,"关中风俗稍变,颇益文理"①。宋哲宗元祐年间,将散布在民间的原唐代国子监石经汇集到府学之中,建起一处碑林:

> 分为东西,次比而陈列焉。明皇注《孝经》及《建学碑》则立之于中央,颜、褚、欧阳、徐、柳之书,下殆偏旁字流之类,则分布于庭之左右。俄而如登道山,如入东序,河图洛书,大壁琬琰,烂然盈目,而应接不暇矣……诚故都之壮观,翰墨之渊薮也。学者暇日于此游息,得之于目而会之于心,固已有超然远诣之意,岂曰小补之哉!②

故都底蕴发挥出优势,为府学增添了丰富的教材和文化气息。宋徽宗崇宁二年(1103 年),京兆府学得到大发展。京兆府长官虞策按照湖州(今浙江湖州)州学的规制,改建京兆府学,"庙学之成,总五百楹,宏模廓度,冠伟一时……儒衣冠而入者,日不啻千人!"③规模扩大,每天听课的学生多达千人,可谓盛况空前,在全国也是罕见的。全真教祖王喆,北宋末年

---

① 《金石萃编》卷 132《永兴军牒》,《永兴军中书札子》。
② 《金石萃编》卷 139《京兆府学移石经记》。"大壁琬琰"之"琰",原文作"御名"二字合书,即避宋哲宗赵煦之讳。兹改之。
③ 《金文最》卷 67,李槱:《京兆府重修府学碑》。

即是京兆府学的一名学生。①

京兆府的官方小学教育很有名气。宋仁宗至和元年（1054年）在孔庙中开办了小学，现有我国最早的小学学规传世。主要内容是：1. 小学生入学须投家状和保状；2. 教师每隔一天面授讲课；3. 学生分三等，即三个年级，是当时罕见的升级制萌芽，学习内容主要是识字、学书法、学诗赋和经义；4. 有严格的考核制度和考勤制度。② 无疑是一所十分正规的官办小学。

宋仁宗时，一批州学也建立起来。如庆历五年（1045年）邠州（今陕西彬县）州学建立，教室、书库等房间凡140楹，"广厦高轩，处之显明。士人洋洋，其来如归"③。宽敞明亮的学舍，吸引了大批士子前来求学。同一时期，解州（今山西运城西南）用拆毁的淫祠及无额寺院原料扩建州学，"士得居处，讲习即学"④。嘉祐二年（1057年），丹州（今陕西宜川）在孔庙旁新建一所州学，聘请教师，购置书籍，"丹之民始知学，来者源源"。原来丹州没有一人能参加中央进士考试，几年之后便培养出贡士3人，丹州百姓深受鼓舞，认识到了学习的重要性，前来州学求学者日益增多。⑤华州（今陕西华县）州学曾由著名学者侯可主持将近20年，颇有名气，"自陕而西，多宗其学"⑥。

县学纷纷建立或重建。较早的有解州闻喜县（今山西闻喜）县学，始建于宋真宗咸平四年（1001年），有左右起讲堂、致斋堂凡24楹，学室5栋。⑦ 京兆府泾阳县（今陕西泾阳）原有庙学，年久失修，教师流失到外地，学生只好在民间乡校就读。元祐五年（1090年）重建县学，将孔庙与

---

① 《金文最》卷82，完颜璹：《全真教祖碑》。
② 《金石萃编》卷134《京兆府小学规》。
③ 《范文正公集》卷7《邠州建学记》。
④ 《范太史集》卷42《吕希道墓志铭》。
⑤ 《西溪文集》卷9《丹州新学记》。
⑥ 《宋元学案》卷6《士刘诸儒学案》。
⑦ 《山右石刻丛编》卷13，李垂：《解州闻喜县增修夫子庙记》。

县学分开,使地方教育获得大发展。① 邠州宜禄县(今陕西长武)也于元祐四年放弃了原来的庙学,在一富室捐献的地皮上建造了一所新县学。第二年,即有 4 人发解参加进士考试,其中 2 人登第②。县学教育成效显著,真可谓立竿见影。元祐七年,同州郃阳县(今陕西合阳)即庙建学,不仅教养本县学生,还接纳外地学子,③想必有一定规模。绍圣元年(1094年),京兆府高陵县(今陕西高陵)在路转运使帮助下,拨钱重建了县学,分前后两个院落,中间矗立一亭子,四周有廊,仅教室就有 13 间。整个建筑坚固考究,秀丽壮观,"落成之初,邑民大悦"④,为当地学生提供了良好的学习场所,民心为之一振。京兆府武功县(今陕西武功西北)在陕西属文化发达之地,崇宁元年(1102 年)的地方贡举考试中,京兆府 14 县中以武功录取者最多,然而"时叹惜其遗者犹众"。地方官决心更上层楼,于次年申请官钱 540 贯,又拆淫祠取建筑材料,大兴土木,改建县学,新盖宣圣殿、丽泽堂、小学职堂和 8 个斋舍,"总五十楹"。而原来的旧校舍,此时仅作为伙房和仓库。⑤ 规模扩大很多,将当地教育推进了一大步。

再看民间教育。在临潼(今陕西临潼)骊山上有座白鹿观,其中的王道士通晓儒家五经,并热衷于传授儒学,观旁专门建造了数十区草房,办起私立学校,学生将近百人。宋初著名文人、官至礼部侍郎的韩丕就曾在此受教。⑥ 著名隐士种放,在终南山有别墅并聚徒讲学。⑦ 宋神宗时,大哲学家张载也在终南山下授徒,"与诸生讲学,每告以知礼成性、变化气质之道,学必如圣人而后已"⑧。乃是高层次的哲学教育。其他以授徒为业者如河中府(今山西永济西)平民刘巽,治《春秋》三传,年老博学,终身

① 《金石萃编》卷 139《泾阳县重修孔子庙记》。
② 《国朝二百家名贤文粹》卷 117,张舜民:《宜禄移县学记》。
③ 《金石萃编》卷 140《同州郃阳县学记》。
④ 《金石萃编》卷 141《高陵重修县学记》。
⑤ 《金石萃编》卷 143《武功县学记》。
⑥ 《宋朝事实类苑》卷 12《韩丕》。
⑦ 《燕翼诒谋录》卷 4。
⑧ 《宋史》卷 427《张载传》。

不仕,专以讲授为业,是民间职业教育家。①

事实表明,陕西关中一带的各层次教育都比较发达。

河东路

河东山地贫瘠,用武之地,文风不昌,但其学校教育并不是十分落后,多有可称道之处。仅宋仁宗景祐三年(1036年),就有并州、潞州、绛州(今山西太原、长治、新绛)建立或重建了州学。其中绛州州学,早在宋真宗咸平二年(999年)重修孔庙时已建立,"构重楼,积群书,以诱其学"②。景祐三年朝廷"许绛州立学"③,正式承认其开展教学。并州州学初建时,是因孔庙为学,比较简陋。庆历年间予以扩建,在孔子殿北边又建礼堂,"而讲始有容"。然而这都没有摆脱原址,随着生员的日益增加,已不能容纳,举行庆典时,有一半的生员都站立在庙门之外。皇祐六年(1054年)初,教育发展形势迫使地方政府翻修、扩建孔庙,并在孔庙之东新建州学,"南书楼,北讲堂,东西斋舍,庙、学异门。又设射候于庙、学之间,以备男子之习。至于起居饮食之事,必严其所,俾称是焉"④。并州州学从规模到学生都在快速发展,而且具有边防地区的尚武特色:专门设有练习射箭的场所,以适应好习武艺与备战的需要,可谓文武并举,全面发展。同时,又综合太学以及河南府、大名府、京兆府、苏州官学学规,"除苛补漏,以为新规"⑤,制定了完善的并州新学规以保障州学的发展。泽州(今山西晋城)百姓原"不喜儒术",宋初五六十年间无一人登第。宋仁宗至和二年(1055年),始开办州学,大兴教育,"习俗稍变"。发展到宋神宗元丰八年(1085年),面貌焕然一新,"泽州学者如牛毛野处……长平朱紫半夫。三十年间何作成之遽耶!"⑥读书好学之人多如牛毛,半数左右的男子都成了文化人,教育事业突飞猛进,文风大昌,不亚于东南地区。

① 《渑水燕谈录》卷4《高逸》;《宋会要·选举》34之33作"刘选"。
② 《山右石刻丛编》卷12,李垂:《大宋绛州重修夫子庙记》。
③ 《长编》卷119,景祐三年九月庚辰。
④ 《安阳集》卷21《并州新修庙学记》。
⑤ 《温国文正司马公文集》卷64《并州学规后序》。
⑥ 《金文最》卷83,李俊民:《泽州重修庙学碑》。

具体验证泽州教育发展的是其首县晋城。当地"其俗朴陋,民不知学。中间几百年无登科者"。宋仁宗嘉祐年间,程颢前来任县令,在兴教办学方面大显身手:

> 乡必有校,暇时亲至。召父老与之语,儿童所读书,亲为正句读。教者不善,则为易置。择子弟之秀者,聚而教之。①

在各乡统一组建乡校,并时常视察,亲自参与指导教学,挑选教师。又选出一批优秀学生开办县学,"择其秀异,为置学舍、粮具,聚而教之,朝夕督厉诱进。学者风靡日盛"。这位大思想家、大教育家播下的文化种子,很快得到丰硕的收获。宋神宗时,小小的晋城县已有数百人参加科举考试,登第者有十多人!② 文化面貌发生了翻天覆地的变化。与晋城同时建立县学的还有绛州曲沃县(今山西曲沃),有 60 间的规模,"先生、弟子各有攸处",学生将近 30 人,"闻者号为希阔",当地教育由此兴起。③

潞州首富也是河东首富张仲宾,是邵雍的弟子。富裕之后又立志求学,"尽买国子监书,筑学馆,延四方名士,与子孙讲学"。他的侄孙中有 3 人不久荣登科第,其中 1 人高中甲科。④ 这是河东民间私塾教育卓有成效的一个例子。

第二节　南方教育概况

两浙路

有关两浙的各种史料很多,教育史料同样丰富,因而显得较为复杂。加以时间跨度长久,须具体分析。一个明显事实是,在北宋前期和中期,两浙许多州郡的教育处于落后状态。

---

① 《宋史》卷 427《程颢传》。
② 《伊洛渊源录》卷 2。
③ 《全宋文》卷 930,宁智:《创建文庙碑记》。
④ 《邵氏闻见录》卷 16。

杭州是两浙的中心,所谓"东南之会藩也,其山川清丽,人物秀颖,宜有美才生于其间"。州学始建于宋仁宗景祐元年(1034年),朝廷赐有学田5顷。"然自建学以来,弦歌之声萧然,士之卓然有称于时者盖鲜,反不迨于支郡,何也?岂非渤海之民罕传圣人之学,习俗浮泊,趋利而逐末,顾虽有良子弟,或沦于工商释老之业,曾不知师儒之道尊而仁义之术胜也?"①陈襄发这番感慨时,是熙宁五年(1072年),可见到宋神宗时,杭州教育还处在落后状态。以后发展也不大。宋哲宗时,据杭州知州苏轼说,州学在册学生虽有200多人,但由于经费不足,实际来上学的日益减少。②

北宋前期,苏州教育很落后,"以文讲解者不过数人"③。其附郭县长洲在宋太宗时"好祀非鬼,好淫内典,学校之风久废,诗书之教未行"④。大概正因为如此,胡瑗从京东泰山学成后便来到苏州开展教育办起私学,"以经术教授吴中"⑤。宋仁宗景祐二年(1035年),知州范仲淹申请建起州学后,来上学者仅20多人。于是招胡瑗主持学事,渐渐有所发展。50多年后,即宋哲宗元祐年间,"学者倍徙于当时",推知大约有40人。学校相应扩大,有22斋,房屋150楹。⑥

秀州(今浙江嘉兴)情况类似。其华亭县(今上海松江)"当土敝水烦之地,属风颓俗杂之余,民无坚正之心,世尚剽狡之气。淫神以邀其福,信佛以逃其祸。先王之教咸罔闻知,(孔子)庙貌之灵宜夫委倾"⑦。儒学地位在此微乎其微。这是宋真宗时的状况,到宋哲宗时仍无多大改观,"华亭大县也,旁小县皆有学,独华亭无之。盖浙西善事佛,而华亭尤甚。民

---

① 《古灵先生文集》卷19《杭州劝学文》。
② 《苏东坡全集·奏议集》卷6《乞赐州学书板状》。
③ 《吴郡图经续记》卷上。
④ 《小畜集》卷16《长洲县令厅记》。
⑤ 《宋史》卷432《胡瑗传》。
⑥ 《吴郡志》卷4《学校》。
⑦ 《至元嘉禾志》卷19,陈执古:《文宣王庙记》。

有羡余,率尽以施浮屠,故其他有所建置莫易以成就"①。佞佛而不好儒,县学的发展无从谈起。又如海盐县(今浙江海盐),至宋仁宗末期,读书人屈指可数,"士其业儒者,才数人而已……盖多发饥馑,民力凋困,拊循拯救,日犹不足,奚暇治庠序哉?"②从经济角度指出了其教育落后的原因。

台州天台县(今浙江天台)在宋仁宗皇祐年间,"兹邑民不识儒学"③。同时的仙居县(今浙江仙居),据其长官陈襄指出:"予自到任以来,居常悯汝邑民不为学,父子兄弟不相孝友,乡党邻里不相存恤,其心汲汲,惟争财竞利为事……前年曾有文书告谕汝乡民,令遣子弟入学。于今二年矣,何其无人也?"④有此一心兴学、循循善诱的长官,却唤不起居民的求学热情;虽有学校,虽有敦促入学的公文,两年间竟无人响应!处州如缙云县(今浙江缙云),据毛维瞻庆历八年(1048年)言:县有人口九千,"多工技杂学,不根儒术,士其服者才五六人。俗犷而纵,近惑巫鬼,争为高祠广宇,张大其徒,勤勤拳拳,求福田与利益。迁染成性,虽善教者不能移"⑤。这种近乎绝望的口气,指出迷信习俗严重地阻碍了教育的发展。

北宋中期,教育状况比较好的有湖州、睦州、明州、越州以及台州(今浙江湖州、建德东、宁波、绍兴、临海)。其中湖州州学最著名。湖州州学始建于庆历二年(1042年),当时的知州滕宗谅最热衷于教育,喜建学校。在湖州下功夫最大,投资数百贯大兴学校,"学者倾江淮间",虽是州学,却具有广泛的吸引力。继任的知州胡宿同样大办教育,"其后湖学为东南最,宿之力为多"⑥。这时,著名教育家胡瑗被聘为州学教授,"弟子去来常数百人,各以其经转相传授"。在教学实践中胡瑗总结出一整套经验,"其教学之法最备。行之数年,东南之士莫不以仁义礼乐为学"。应

---

① 《云间志》卷下,刘发:《华亭县学记》。
② 《至元嘉禾志》卷23,褚呈:《海盐县建学记》。
③ 《古灵先生文集》卷11《天台县孔子庙记》。
④ 《古灵先生文集》卷20《仙居劝学文》。
⑤ 《全宋文》卷992《处州缙云县新修文宣王庙记》。
⑥ 《宋史》卷303《滕宗谅传》,卷318《胡宿传》。

该引起注意的是,传统的北方礼乐文化由此开始在东南地区普及。而胡瑗在湖州完善的教学法,则反过来传到北方,庆历四年(1044年)建太学时,即以湖州州学法为太学法。① 湖州州学的影响已不是地区性的,而是全国性的了。同时还应认识到,湖州州学在当时的东南地区一枝独秀,反衬了东南或两浙许多州郡教育状况大多不佳,所以许多学子才到湖州求学。尽管如此,湖州州学并没有像预料的那样,在推动当地文化方面取得很大成绩,州城之外仍很荒凉。如武康县(今浙江德清西),至宋徽宗建中靖国元年(1101年),"衣缝掖者五六人焉",读书的士子屈指可数,"父兄鲜以夫子之道诏其子弟",②礼乐教化程度很低。

睦州兴学较早。宋太宗太平兴国八年(983年)田锡任知州时,当地尚"阻礼教",田锡便建造孔庙,上表请求赐给经籍以教育当地学生,"自是人知向学"③。通过建孔庙开始了官学教育,改变了原有的不喜儒学旧俗。发展中的州学到庆历年间扩大了规模,"更广堂舍,学者为便"。嘉祐年间,州学教育取得了显著成效,所培养的学生在科举中屡屡获胜,每次都有人登第,"数十年间,以今较昔,得人为三倍夥"④。持续发展的睦州州学教育,在两浙是比较突出的。

明州原有唐代遗留下的旧州学学舍,宋真宗天禧二年(1018年)另起炉灶,新建一州学并开始官方教育。以后不断修建和发展。⑤ 越州原来也有州学,宋英宗治平元年(1064年)又重建新学。⑥ 台州县乡教育虽萧条,宝元二年(1039年)建立的州学却带来新气象:"高门穹崇,峻宇潇洒……又建小楼以贮群籍。生徒怡怡,郡人跃跃。复有好事者愿出书粮共三百石,其助也翕然,其兴也勃焉。"⑦对当地教育事业有所推动。

① 《欧阳修全集·居士集》卷25《胡先生墓表》。
② 《东堂集》卷9《湖州武康县学记》。
③ 《宋史》卷293《田锡传》。
④ 《全宋文》卷888,赵抃:《睦州学进士登科题名记》。
⑤ 《宝庆四明志》卷2《学校》。
⑥ 《全宋文》卷480,张伯玉:《越州新学记》。
⑦ 《赤城志》卷5,李防:《丹邱州学记》。

北宋后期,两浙一些州郡教育迅起直追,大有进步。如宋徽宗政和四年(1114年),朝廷原定州郡小学生数额为大州50人、中州40人,考虑到个别州郡人口多,人才众,允许扩大名额。所增加者有两州,其一即温州,由原来的40人增加为70人,①是当时全国州立小学学生人数最多者之一。常州(今江苏常州)州学也取得过优异成绩。崇宁五年(1106年),各地学生会考于京师接受选拔,"独常州中选者多",知州、教授因此获得迁一官的奖赏。② 说明常州州学的学生数量多,质量高。

南宋初,两浙学校许多遭到战火毁坏,但不久即由官府出钱或群众捐资,纷纷重建,并在新形势下有了很大发展。如明州州学即以宏伟壮观著称于世:"世之言郡泮者,必曰一漳二明。盖漳以财计之丰裕言,明以舍馆之宏伟言也:巍堂修庑,广序环庐,槐竹森森,气象严整。旧额生徒一百八十人,其后比屋诗礼,冠带云如。春秋鼓箧者率三数千,童卯执经者亦以百计,著录浸倍。"③设施优良,校园优美,生员由180人猛增至3000多人,另有小学生百余人,教育事业十分发达。州城所在地鄞县(今浙江宁波),宋理宗时创办了专门招收家庭生活困难的少年儿童的小学:"选里之未成童,父兄贫而不能教者,十三岁以上为一等,十二岁以下为一等,岁养二十员。"④使社会下层也有了受教育的机会。嘉兴府(今浙江嘉兴)的官学,甚至发展到了镇一级。如北宋时教育落后的华亭县,其青龙镇即有镇学,并于宋宁宗嘉定中重建,"百里之间,弦诵相闻"⑤。

南宋时教育事业发展最快的当然是杭州,与朝廷迁移至此有直接关系。中央级的学校先后有太学、武学、宗学、医学。太学始建于绍兴十二年(1143年),以岳飞故居为校址,并予以扩建。斋舍原为10斋,后扩增为20斋。生员最初约300人,后不断增加,到宋度宗咸淳年间有1716

---

① 《宋会要·崇儒》2之25。
② 《文献通考》卷46《学校》7。
③ 《开庆四明续志》卷1《学校》。
④ 《宝庆四明志》卷12《学校》。
⑤ 《续文献通考》卷50《学校考》。

人。武学大体依太学规例,有 6 斋。医学与太医局二位一体,医官 4 人充任教授,学生 250 人,有 8 斋。招收皇室宗族的宗学,分两个层次,小学生50 人,大学生 40 人,有 6 斋。① 就杭州而言,这些学校无疑是前所未有的,标志着南宋教育及杭州古代教育史上的最高峰;但就都城而言,与东京开封比起来显然是衰弱了,与其偏安一隅的局势相一致。

杭州地方学校有府学和县学。临安府学在南宋先是迁移新址,以后又两次扩建,宋理宗淳祐年间,有学生 200 余人,与北宋时相同。钱塘、仁和两县是都城所在地,另有县学,钱塘县县学有斋舍 6,仁和县县学有斋舍 4。② 真正代表地方教育发展的还是民间教育,有诸多的乡校、家塾、舍馆、书会,"每一里巷,须一二所,弦诵之声,往往相闻"③。学校教育十分普及。总的来说,南宋杭州的教育盛况空前,并成为当时全国的教育中心。

两浙其他地方的民间教育也呈发达景象。如越州:"今之风俗,好学笃志,尊师择友,弦诵之声,比屋相闻。"④ 好学之风浓郁。北宋元丰年间,范仲淹在苏州家乡开办了族学,由族人中曾参加过中央科举考试并有修养者二人充任教授,每月领取 5 石糙米的报酬⑤,是所比较正规的学校。收徒讲学现象普遍存在,士人学者,往往随遇招生。如陈亮于淳熙十二年(1185 年)居婺州永康(今浙江永康)家乡时,"不免聚二三十小秀才,以教书为行户"⑥。专职民间教师如衢州江山(今浙江江山)人徐存,"隐居教授,学者称为逸平先生,从学者至千余人"⑦,为当地教育做出巨大贡献。

南宋后期,涌现出许多书院,其中以两浙最多。《续文献通考》卷 50《学校考》中列举了著名书院 22 所,有 9 所在两浙:苏州鹤山书院,镇江府

---

①② 《咸淳临安志》卷 10;《梦粱录》卷 15《学校》。
③ 《都城纪胜·三教外地》。
④ 《会稽志》卷 1《风俗》。
⑤ 《范文正公集》附《义庄规矩》。
⑥ 《陈亮集》卷 20《又乙巳春书之一》。
⑦ 《宋元学案》卷 25《龟山学案》。

丹阳书院、丹徒濂溪书院,婺州金华丽泽书院,明州甬东书院,衢州柯山书院、清献书院,绍兴府稽山书院,严州淳安石峡书院。这些书院为地方教育增添了光彩,标志着教育事业的新发展。又如婺州东阳县(今浙江东阳)人郭钦止,绍兴年间创办了石洞书院,聘请名士为教师,将家藏书籍搬入书院,拨出土地做书院经费。目的在于教养子孙并使"乡里之秀异并焉"①,是一所私塾性质的学校。

江东路

江东首府江宁府(今江苏南京),府学建立于宋仁宗天圣年间,天圣八年(1030年)朝廷赐其学田10顷②。是建官学较早的地方之一。南宋时有了显著发展。绍兴年间予以重建,舍屋125间;至宋理宗末年,有学田9380亩,每年收入粮食4280余石、钱4100余贯,办学经费相当丰裕。③南宋时江宁府属县的县学比较发达。如宋理宗绍定年间重建的句容县(今江苏句容)县学,有60间房屋,高大敞明,教室、斋舍、厨房、仓库、厕所、仆人住房等俱有。④

信州(今江西上饶)州学教育开展得比江宁府更早。宋真宗景德三年(1006年),改建了原有的孔庙旧庙舍,增筑了讲堂、书楼、学舍,并聚书千余卷。⑤南宋嘉定八年(1215年),增建了教授厅,次年将旧州学修缮一新。⑥徽州(今安徽歙县)保存有唐代遗留下的庙学,入宋后屡屡改建,南宋绍兴年间庙、学分建,新州学"规制雄丽,愈于他郡",有8斋供学生读书。⑦该州的婺源(今安徽婺源)县学创办于宋神宗熙宁年间,"邑之子弟从之学者,率常百有余人"⑧,生源状况良好。另一休宁县(今安徽休宁)

① 《水心文集》卷9《石洞书院记》。
② 《长编》卷109,天圣八年十二月庚寅。
③ 《景定建康志》卷28《本朝兴崇儒学》;同书卷5有府学图。
④ 《漫堂集》卷23《句容县重建县学记》。
⑤ 《全宋文》卷209,青阳楷:《改建信州州学记》。
⑥ 《水心文集》卷11《信州重修学记》。
⑦ 《新安志》卷1《庙学》。
⑧ 《全宋文》卷1585,孙觉:《婺源县建学记》。

县学,南宋初有重大发展。当地居民在陈县尉的带动下,掀起求学热潮,前往县学听课的人十分踊跃,"户内人满,率坐户外,后至或以无地莫能听"。为发展教育,由居民集资在一新址重建县学,凡 50 楹,并购买书籍千余卷。陈县尉则"日日来与诸生讲说",亲自授课。该县原来参加乡试的不超过 50 人,此后猛增 10 多倍,经常超过 800 人,屡有优秀学生中第。①

　　江东路教育事业在全国范围内有两大突出之处:一是书院教育发达,二是少儿教育成绩优异。

　　书院教育在江东有着优良传统,五代时,位于江州、南康军(今江西九江、星子)境内的著名风景区庐山,就有许多书院,如杨亿所说:"浔阳庐山学舍甚盛,四方髦俊,辐辏其间。"②其中有名气远扬的白鹿洞书院。白鹿洞书院很有根底,始建于南唐昇元四年(940 年),称白鹿国庠,属于南唐政府官办的书院。及至入宋,已有学生"数千百人"。宋政府曾赐九经,并予修缮。但自皇祐五年(1053 年)毁于兵火之后,一蹶不振。南宋时才又有了发展。宋孝宗淳熙七年(1180 年),南康军长官朱熹重建了白鹿洞书院,亲自主持,亲自授课,还制订出《白鹿洞书院揭示》,规定了书院的教育方针和学生的行为准则。这个著名学规,乃是我国教育史上的一份重要文献,对当时和以后的书院产生了深远影响,元、明、清三代的书院,均奉为圭臬。不过,这时的白鹿洞书院规模并不大,只是恢复了以前旧址的十分之二三,生员也仅一二十人③。宋宁宗嘉定十年(1217 年),朱熹的儿子朱在又知南康军,继承父志,将白鹿洞书院在规模上有了大的发展:"其规模宏壮,皆它郡学所不及,于康庐绝特之观甚称,于诸生讲肄之所甚宜。"④实际情况与名气相适应,其后遂被列为著名书院之一。

　　另有著名书院是江宁府的茅山书院和明道书院等。茅山书院建于宋

---

　　① 《盘州文集》卷 33《休宁县校官碑》。
　　② 《武夷新集》卷 11《杨徽之行状》。
　　③ 参见袁征:《宋代教育》,广东高教出版社 1991 年版,第 266—267 页。
　　④ 《勉斋集》卷 20《南康军新修白鹿洞书院记》。

仁宗时,后来废弃,南宋理宗时复又兴起。明道书院最初是祠堂,纪念曾在上元县(今江苏南京)任主簿、摄县事的程颢,始建于宋宁宗嘉定年间。不久之后,开始利用这位理学家、教育家的名气,延聘名儒,"招志士以共学",办成一所书院。遂加以扩建,增加经费,仿照白鹿洞书院学规实行管理,有志求学者纷纷前来,人数最多时,"听讲之士数百"。淳祐年间名声大振,宋理宗亲笔题"明道书院"四个大字赐以为额。该书院在此期间经费不断增加,有田产4908亩,年收租粮1379石、稻3662斤、折租钱110贯余、白地房廊钱数百贯,江宁府每月还另拨赠士支遣钱5000贯,一年即6万贯。① 经费之多,实属少见。不过应考虑到南宋后期货币贬值幅度很大,其钱数不能与前此其他地方的经费直接比较。又如宋孝宗淳熙年间信州贵溪县(今江西贵溪)的象山精舍,是陆九渊创办的书院,4年间学生先后有数千人②,家族设立的书院一类教育、进修机构,在北宋即已大有成绩。如南康军建昌县(今江西永修西北)洪氏雷塘书院,是宋初建立在洪氏宅侧的私家书院,"崇饰学舍,一日必葺,宾至如归,厨廪益丰,弦诵不辍"。专供本家族子弟学习。据说其中"褒衣博带,岂减阙里之徒;竹简书编,将敌秘书之副",拥有众多的学生和丰富的书籍。同时在江州还有陈氏的东佳学堂,也属私立书院。③ 陈氏家族自唐代元和年间即累世同居,号为"义门陈氏",在其别墅设立家塾,"聚书延四方学者,伏腊皆资焉。江南名士皆肄业于其家"④。是面向社会培养人材的义举。南宋后期,江东还涌现出太平州(今安徽当涂)天门书院、徽州(今安徽歙县)紫阳书院等。

宋代少儿教育的优异成就表现在屡有神童出现,史料记载以南方为

---

① 《景定建康志》卷29《建明道书院》,同书卷5有《明道书院图》。明人王圻《续文献通考》卷50《学校考》,列宋理宗时新兴书院,首先即提到"应天有明道书院",遂产生误会。宋代应天是现今河南商丘,此时属蒙古,所指显然不应是该地。今江苏南京明代为应天府,故将明代地名误入宋代。

② 《陆九渊集》卷36《年谱》。

③ 《武夷新集》卷6《南康军建昌县义居洪氏雷塘书院记》。

④ 《湘山野录》卷上。

多,而江东路最多。《宋会要辑稿·选举》9 之 2 至 30《童子出身》中,记载有关对 15 岁以下童子赐出身、任官、免解、赐物的事例,其中有籍贯可考者 61 人,江东路所出 24 人,占 39%,为全国之最。[①] 江东路中,又以饶州(今江西波阳)最多,凡 19 人。宋神宗元丰七年(1084 年),9 岁的饶州少年朱天锡入京,先在礼部考试背诵了 7 部经书,然后应召入宫,宋神宗亲自考问,"随问即诵",经书背得滚瓜烂熟。宋神宗不禁赞叹道:"此童诵书不遗一字,又无所畏惧,乃天禀也。"当即赐钱 50 贯,让他买书回家继续努力学习,并赐五经出身。[②] 同年的十月,朱天锡的族兄、12 岁的朱天申也经过皇帝亲自考试,赐五经出身。[③] 聪颖过人的兄弟二人受此殊荣,在当地如同一石激起千重浪,人们纷纷效法,掀起了开发幼儿智力、实行早期教育的热潮。叶梦得记述有关事实道:

> 饶州自元丰末朱天锡以神童得官,俚俗争慕之。小儿不问如何,粗能念书,自五六岁即以次教之五经。以竹篮坐之木杪,绝其视听。教者预为价,终一经偿钱若干。昼夜苦之。中间此科(指童子科)久废,政和后稍复,于是偶有中者,流俗因言饶州出神童。然儿非其质,苦之以至死者盖多于中也。[④]

为了培养神童,不惜采取极端手段,将幼儿装进入竹篮中挂在树上,使之专心致志。对教师则事先讲好价钱,落实任务目标,以刺激其积极性。对此,应作两方面的评价。一,这种做法单一化,功利性太强,所采用的超前教育法和人造神童术,忽略了教育的整体性、心理发育的过程性,有揠苗助长的不良作用,严重摧残了幼儿的健康乃至生命。二,具体做法虽不可

---

① 其他地区 3 人以上者为:福建 13 人,两浙 6 人,江西 4 人,淮南 6 人,成都府路 3 人。

② 《长编》卷 345,元丰七年四月丁丑。《文昌杂录》卷 5 载此事,朱天锡年龄作 11 岁。

③ 《长编》卷 349,元丰七年十月庚辰。

④ 《避暑录话》卷上。

取,但好学的风气十分感人,对当地教育的发展不无刺激推进作用。在许多幼儿被摧残致死的残酷背景下,颇有一些走向成功的例子。如宋徽宗政和年间,饶州神童杜某才八九岁即中第得官。① 南宋时有关饶州神童的记载有16人之多,而绍兴十八年(1148年)科举,江东路中进士者31人,其中饶州8人,②足见饶州教育的成效和发达。

江西路

较早建立州学的江西州郡,是袁州(今江西宜春)。宋真宗景德四年(1007年),袁州重修孔庙,同时建起讲堂使之成为一所庙学。③ 宋仁宗景祐二年(1035年),洪州(今江西南昌)扩建孔庙,成立州学,有"室百楹以处生徒",官方拨闲田5顷为学田,以充日常经费。④ 宋仁宗庆历四年(1044年)建成的吉州(今江西吉安)州学,"有堂筵斋讲,有藏书之阁,有宾客之位,有游息之亭。严严翼翼,壮伟闳耀,而人不以为侈",各类设施庄严辉煌,学生常有300多人。⑤ 南安军(今江西大余)虽是偏僻穷小之地,官学发展却很快。庆历年间建学,熙宁年间扩建,绍圣年间又一次扩建,房屋130间,"礼殿、讲堂,视大邦君之居,凡学之用莫不严具"。办学经费不断增添,可供数百人食用。学生人数由最初的数十人发展到数百人。其规模在江西可以称雄,"南安之学,甲于江西"⑥。相邻的虔州(今江西赣州)地大山荒,风俗犷悍,庆历年间兴学高潮中也曾应诏建学,但很简陋。宋英宗治平元年(1064年)予以改建,完善了各类应有设施,购买学田和书籍,走向正规发展道路。⑦ 治平三年建立的筠州(今江西高安)州学,学生常保持在数十人至百人之间。⑧

---

① 《萍洲可谈》卷1。
② 《绍兴十八年同年小录》。
③ 《全宋文》卷211,杨大雅:《重修先圣庙并建讲堂记》。
④ 《武溪集》卷6《洪州新置州学记》。
⑤ 《欧阳修全集·居士外集》卷13《吉州学记》。
⑥ 《苏东坡全集·后集》卷15《南安军学记》
⑦ 《王文公文集》卷34《虔州学记》。
⑧ 《曾巩集》卷18《筠州学记》。

县学的发展与规模,往往不亚于州学。如宋太宗、真宗之际,洪州奉新县(今江西奉新)望族胡仲容,捐资重建庙学,"创祠三十间"外,又建"生徒讲舍一百余号",各种设施齐备。"于是新吴之区,人文为盛,谈经肄业,效儒信道,彬彬然矣"①。胡仲容以雄厚的财力和满腔兴学热情,建造了一所颇具规模的县学,为当地文化发展做出了贡献。筠州上高县(今江西上高)建学于宋神宗元丰年间,讲堂、食堂、澡堂皆有,学生"数十百人"②。抚州宜黄县(今江西宜黄)在庆历年间兴学高潮中,尚未能建起县学,士子们要到州城临川(今江西抚州)去借读。皇祐元年(1049年),官学教育才跟上现实,在当地士人大力协助下建立县学,设施比较齐备,图书比较丰富,"其书经史百氏、翰林子墨之文章,无外求者"③。适应、满足了当地士子的需要。

江西的书院比较多。如洪州豫章书院、丰城(今江西丰城)徐孺子书院、龙光书院、分宁(今江西修水)濂山书院,筠州高安(今江西高安)桂岩书院,袁州宜春(今江西宜春)昌黎书院、萍乡(今江西萍乡)宗濂书院,吉州(今江西吉安)白露洲书院、太和(今江西泰和)匡山书院,抚州临川兴鲁书院、金溪(今江西金溪)石林书院,宜黄鹿岗书院,建昌军南城(今江西南城)盱江书院,赣州(今江西赣州)濂溪书院、梅江书院、安湖书院等等。④ 星罗棋布的书院或民办,或官办,不同程度地推动着当地教育事业的发展。如北宋初洪州华山胡仲尧创办的胡氏书堂,建在其别墅华林阳玄秀峰之下,"筑室百区,聚书五千卷,子弟及远方之士肄学者,常数十人。岁时讨论,讲席无绝"⑤。利用藏书研读,经常举办讲座和讨论。

---

① 《全宋文》卷59,胡旦:《儒学记》。
② 《栾城集》卷23《上高县学记》。
③ 《曾巩集》卷17《宜黄县学记》。
④ 参见许怀林:《试论宋代江西经济文化的大发展》,载《宋史研究论文集》,上海古籍出版社1982年版。该文言宋代江西"九州四军六十八县",有州县学校81所,书院149所,是从光绪《江西省志》统计而来,而非宋代江西路辖区(北宋江西仅6州4军,南宋将江州划入江西,也才7州4军)故不足为本节所用。
⑤ 《徐公文集》卷28《洪州华山胡氏书堂记》。

江西文人大家辈出,私人聚徒讲学者很多。如著名学者、建昌军人李觏,"举茂才异等不中,亲老,以教授自资,学者常数百人"①。陆九渊赋闲在家乡抚州金溪(今江西金溪)时,授徒讲学,每次听众有一二百人,多时连附近道路上都挤满了人,造成交通堵塞。②充分说明了当地人的求学热情和私学的发达。

宋代江西民间教育有一特别之处,即法学教育,确切地说是讼学教育十分发达。江西好讼成风,专科讼学随之发展起来,"往往有开讼学以教人者,如《金科之法》,出甲乙对答及晔评之语。盖专门于此,从之者常数百人。此亦可怪"③。还有教科书如《邓思贤》,"村校中往往以授生徒"④,表明乡间学校也将讼学作为教学内容之一,讼学教育可以说相当普及。只是此类教育多属教唆诉讼,对文化建设并无益处。

福建路

福建路是全国教育事业最发达的地区之一。福州州学的沿革发展,可视为福建官学的缩影。

宋仁宗宝元元年(1038年),福州立学于孔庙,新增建筑物60楹,其中有九经阁、三礼堂、黉舍、斋庐、厨房等,"百用皆给"。康定二年(1041年),增加学田数量,聘请旧儒为师,讲授经术,建立了有关制度。宋神宗熙宁三年(1070年)火灾,学舍毁坏。郡民韩昌国等200人请求由民间出资重建,不到1个月的时间,便集资3000贯,建造房屋130间,有门、殿、公堂、藏书室、讲堂、教师斋房及学生用房10斋。宋哲宗元祐八年(1093年)州学扩建,增加10斋。宋徽宗崇宁元年(1102年)再次扩建,凡351区,28斋。三舍法罢后,又减少为12斋。其学生人数,宋神宗元丰以前仅10余人,元丰初为数十人,宋哲宗绍圣初为500人,宋徽宗崇宁三年为

---

① 《宋史》卷432《李觏传》。
② 《慈湖遗书》卷5《象山先生行状》。
③ 《癸辛杂识》续集上《讼学业嘴社》。
④ 《梦溪笔谈》卷25。

1200 多人①,政和七年(1117 年)为 600 余人②,一般保持在 200 人额度上。南宋绍兴十年(1140 年)为 240 人,宋孝宗乾道元年(1165 年)定以 300 人为额。福州州学自北宋中期开办以来,一直呈发展趋势。诸县同时也都有县学。

怀安县,宋真宗大中祥符年间建小学,宋仁宗嘉祐年间改建,宋徽宗初增至 81 区。

连江县,嘉祐年间修庙为学,宋徽宗政和初增至 43 区。

长溪县,宋仁宗庆历中建学,宋徽宗大观年间重建,有房屋 88 间。不久为风暴摧毁,次年再建,凡 46 区。

长乐县,宋哲宗元祐年间修建旧庙学,学生将近 200 人。崇宁初,扩建为 53 区。

福清县,宋神宗元丰年间建学,崇宁初增至 84 区。

古田县,宋真宗景德年间建学,崇宁初增至 91 区。

永福县,崇宁元年建学,凡 52 区。

闽清县,大中祥符初建学,崇宁年间增至 41 区。

宁德县,嘉祐年间建学,崇宁年间增至 42 区。

罗源县,庆历中建学,崇宁初增至 99 区。③

以上可知,福州诸县在北宋先后建有县学,最早者在宋真宗朝,最晚者在宋徽宗朝;规模最大者有 99 区,最小者也有 41 区。与州学相辅相成,使福州官学教育普遍发展。

建州官学不亚于福州。如宋徽宗政和四年(1114 年),建州州学学生多达 1300 多人④,超过了福州崇宁三年(1104 年)的最高数字。其浦城县

---

① 《淳熙三山志》卷 8《庙学》。
② 《宋会要·选举》24 之 16。
③ 《淳熙三山志》卷 8、卷 9。
④ 《宋会要·崇儒》2 之 24。

县学,崇宁五年学生竟至 1000 多人,超过了福建其他任何县学。① 兴化军(今福建莆田)军学是在当地百姓强烈要求下办起的。宋初兴化军没有官学,莆田人方仪以布衣身份不远万里来到京师,伏阙上书,请求建学。宋真宗咸平元年(998 年),有诏准许立学,方仪兴奋地倾家产相资助,族人也纷纷解囊,由此启动了当地的官学教育。到宋仁宗明道、景祐年间,所培养的人才"遂与中州名臣抗衡"②。30 多年的时间,造就出一代新的知识分子,终于首次接近或赶上了中原文化水平,成就巨大。

最能反映福建教育事业发达状况的其实还不是官学,而是民间教育。福建人好学风气浓郁,对培养后代十分重视,办学热情高涨,因而乡校林立。如北宋时的福州,"凡乡里各有书社",学生少者数十人,多者数百人。程师孟用诗句赞扬道,"城里人家半读书","学校未尝虚里巷"③。一所所学校,遍布于城乡各地。兴化军莆田县的乡校私塾分布密度更大,有"三家两书堂"的谚语,④甚至有"十室九书堂"之说⑤。与之相媲美的是南剑州(今福建南平),据说是"家乐教子,五步一塾,十步一庠,朝诵暮弦,洋洋盈耳"⑥。如果真有此盛况,那几乎是家家都有私塾了,真可谓是古代教育的人文奇观。建州、邵武军(今福建建瓯、邵武)则不同程度地呈现类似景象。如建州居民,"读且耕者,十家而五六"⑦,邵武军"所至村落皆聚徒教授"⑧。总之,教育普及程度相当高。宋代福建以地狭人稠著称,劳动力多余,而且土地贫瘠,不能自给自足。人们为了另寻发展道路,往往脱离农业生产,读书做官即是最光明的方向,成为社会一大热门:

---

① 《宋史》卷 157《选举》3。
② 《铁菴集》卷 32《方氏仕谱志》
③ 《淳熙三山志》卷 40《岁时》。
④ 《莆阳比事》卷 1。
⑤ 《舆地纪胜》卷 135《兴化军》。
⑥ 《舆地纪胜》卷 133《南剑州》。
⑦ 《斐然集》卷 21《重建建州儒学记》。
⑧ 《舆地纪胜》卷 134《邵武军》。

"闽人无资产，恃以为生者，读书一事耳。"①经济状况与文化状况成反比，是福建的特殊现象。由此看到，教育的发展与发达，经济条件或言物质基础的优劣并没有决定性作用，关键在于是否重视。这一现象的揭示，对于教育发展规律和现代社会，应有重要意义。

福建书院著名的有建宁府建阳考亭书院、庐峰书院、崇安书院，兴化军涵江书院。据《中国书院制度》所统计，还有建安书院、建阳钟山书院、云谷书院、横渠书院、寒泉精舍、鳌峰书院、同文书院、鹰山书院、云庄书院、洪源书院等建宁府的 10 所书院，还有漳州的龙江书院、泉州的东湖书院、南剑州的延平书院。朱熹亲自创建的有建宁府武夷精舍及沧州精舍，这位大理学家、大教育家在其类似研究院的精舍中，为当地也为全国培养了一批高层次学者和理学人才。

四川地区

宋代四川的教育事业，主要集中在成都府路和梓州路，利州路和夔州路相当落后。在此，仅对成都府路、梓州路的教育发展情况作一介绍。

成都府府学在四川最为发达。宋仁宗时，"成都学舍为诸郡之冠，聚生员常数百十人"②。这种盛况一直保持到南宋。据四川人李心传说："郡国之学，最盛于成都。学官二人皆朝廷遴选，弟子员至四百人，他学者亦数百人。"成都府府学的教官人数多，正式学生 400 人，另有小学生等其他学生数百人，在全国各州、府学中，可以说是比较突出的。宋孝宗淳熙年间，四川长官甚至提议仿照太学体例，在成都府学单独立解额，有与太学相比美之意。③ 梓州路州学虽不如成都府，在北宋也有了重大发展。如普州（今四川安岳）教育原来很落后，"鲜知学者"。宋仁宗天圣末年，彭乘任知州时建立州学，"召其子弟为生员，教育之，俗遂变"④。官学教育一经开展，即显示出对当地文化的引导作用。同一时期，渠州（今四川

---

① 《莆阳比事》卷 6。
② 《丹渊集》卷 39《龙州助教郭君墓志铭》。
③ 《朝野杂记》甲集卷 13《蜀学》。
④ 《长编》卷 109，天圣八年正月辛巳。

渠县)也兴办起州学："渠故僻陋无学者，(龚)鼎臣请于朝，建庙学，选邑子为生，日讲说，立课肆法，人大劝，始有登科者。郡人绘像事之。"①知州龚鼎臣亲自讲课，制定有关规章，取得良好成绩，赢得当地人的崇敬。宋徽宗时，梓州(今四川三台)小学建设比较突出。政和四年(1114年)，朝廷在个别户口众、人才多的州郡增加小学生数额，全国共有两处，一是两浙温州，另一即梓州，由原额50人增为65人。②

民间教育同样比较发达，山学就是典型事例："嘉、眉多士之乡，凡一成聚，必相与合力建夫子庙，春秋释奠，士子私讲礼焉，名之曰乡校。亦有养士者，谓之山学：眉州四县，凡十有三所；嘉定府五县，凡十有八所；他郡惟遂宁四所，普州二所。余未之闻。"③所谓乡校，即村落间私立的孔庙，主要是祭祀孔子典礼的场所，具有号召学习、尊崇知识的作用，但还不是学校。养士的山学，则确属民间学校，而且分布较广。最多的是嘉定府(今四川乐山)，每县平均至少3所。山学是养士的，并非初级教育，另有大量的启蒙小学。如眉州(今四川眉山)人苏轼，自言8岁入小学，校址设在道观，道士张易简就是老师，有学生将近100人。④ 又如普州许多士人，其中"退而里居者无倦于教育"⑤，热情地投身于发展当地教育事业之中。私立的书院式学校也有突出的例子。如荣州(今四川荣县)的杨处士在其别墅筑室百楹，聚书万卷，"引内外良子弟数十人，召耆儒之有名业者教之。其子约果登皇祐五年进士"⑥。其规模与教学质量，都是一流的。

湖南路

湖南的教育事业以书院最为突出，著名的岳麓书院、石鼓书院即是湖南教育史上的骄傲。

---

① 《宋史》卷347《龚鼎臣传》。
② 《宋会要·崇儒》2之25。
③ 《宾退录》卷1。
④ 《东坡志林》卷2《道士张易简》。
⑤ 《宋本方舆胜览》卷63《普州》。
⑥ 《丹渊集》卷38《荣州杨处士墓志铭》。

岳麓书院位于潭州长沙县(今湖南长沙)岳麓山下。早在五代十国时,僧人智璿等即在此延请儒士读书讲学。宋太祖开宝九年(976年),潭州知州朱洞予以重建,凡讲堂5间,斋序52间。但朱洞离任不久,书院也就停办了。20多年后的宋真宗咸平二年(999年),知州李允则恢复并扩建了书院,"中开讲堂,揭以书楼,塑先师十哲之像,画七十二贤",申请到国子监赐书,招收学生60多人。大中祥符五年(1012年)进一步发展。至大中祥符八年,书院主持人——山长周式由受到宋真宗的召见,被任命为国子监主簿,仍教授于书院,正式赐名"岳麓书院","于是,书院之称闻天下"①。后人遂将其列入北宋四大书院之一。南宋绍兴元年(1131年),岳麓书院在兵火中毁坏。宋孝宗乾道元年(1165年),知州刘珙予以重建,张栻、朱熹、陈傅良、欧阳守道等大儒先后在此讲学。学生人数虽然不多,在20至30人之间,但并非一般的读书学习,而是"成就人才,以传斯道而济斯民"的高层次教育。②

以岳麓书院为基础,潭州官方教育在南宋后期有重大发展。书院的南边新建一所湘西精舍(又称岳麓精舍),其层次比岳麓书院更高,并与州学一起构成一套地方学校升级系统:"潭士以居学肆业为重。州学生月试积分高等,升湘西岳麓书院生;又积分高等,升岳麓精舍生",统称"三学生"。在其他州郡,州学就是地方最高学府了,而在潭州,州学仅是低级官学,从中选拔出的高才生可进入岳麓书院深造,岳麓书院的佼佼者还能到湘西精舍精研学问。三所层次不同的地方官学,在全国是仅见的,其官学教育之发达和教学质量之高可想而知。因而,在某些方面的成就一举赶上了两浙、福建,"宋以词赋取士。季年,惟闽、浙赋擅四方",潭州州学学生尹谷、邢天荣、董景舒、欧阳逢泰等人异军突起,其赋体裁"务为典雅",每创作出一篇,士子便争相学习模仿,自此"湘赋与闽、浙颉颃"。宋元战争之时,潭州三学生还聚居在州学坚持攻读学习,不废其业,人数

---

① 《玉海》卷167《岳麓书院》。
② 《南轩集》卷10《潭州重修岳麓书院记》。

大约有数百人。潭州被元兵攻陷后,三学生"多感激死义者",说明官方三学对忠义道德方面的教育也是十分重视的。①

南宋时,潭州书院先后还有胡安国在岳麓山的文定公书院,胡安国的儿子胡宏在宁乡县(今湖南宁乡)灵峰的五峰书堂,张栻在州城的城南书院。②宋理宗淳祐年间,州城另一县善化县又建了湘西书院。③潭州成为南宋一个重要的地域性教育中心。"湖湘学派"正是在这种背景下形成的,加以辞赋的崛起,遂使其文化水平大大提高,令人刮目相看。

湖南的另一著名书院即石鼓书院,在衡州衡阳(今湖南衡阳)石鼓山下。此处原来是座寻真观,唐宪宗元和年间,衡州人李宽在此攻读,播下了读书的种子,称李宽秀才书院。宋太宗至道三年(997年),在其旧址上修建书院,宋仁宗景祐二年(1035年),赐石鼓书院额及学田。"其后乃复稍徙而东,以为州学,则书院之迹于此遂废而不复修矣。"④衡州州学的建立,顶替了石鼓书院。廖行之言:"景祐三年,诏许衡州立学,(石鼓书院)自是为学宫,书院因废不别建。"⑤在此后的一段时期内,石鼓书院之名虽然存在,但却是州学的代称了,如张孝祥言:"衡之学曰石鼓书院者,其来已久。"⑥宋孝宗淳熙十二年(1185年),本路长官潘畤"始因旧址,列屋数间,榜以故额",恢复了原书院的部分基本设施。不久,继任的宋若水进一步修复,"益广之,别建重屋,以奉先圣先师之像,且摹国子监及本道诸州印书若干种、若干卷,而俾郡县择遣修士以充入之"⑦。完善了书院设施,充实了书籍,开始招收研究者。同时为保障养士经费,购置田产2240

① 《宋史》卷450《尹谷传》。
② 《宋本方舆胜览》卷23《潭州》
③ 《续文献通考》卷50《学校考》
④ 《晦庵先生朱文公文集》卷79《衡州石鼓书院记》。《宋本方舆胜览》卷24《衡州》引用此文,将"以为州学"误为"以为州所"。
⑤ 《省斋集》卷4《石鼓书院田记》。
⑥ 《于湖居士文集》卷14《衡州新学记》。
⑦ 《晦庵先生朱文公文集》卷79《衡州石鼓书院记》。

余亩,岁收米 627 斛。① 宋理宗开庆元年(1259 年),石鼓书院毁于兵火之后,本路提点刑狱俞埮再次重建,修筑了高楼,置田 350 亩供赡书院生徒。② 石鼓书院虽时办时停,但总体上是在发展的。

此外,南宋时衡山还有胡宏创建的两所书院,即文定书堂和碧泉书院。前者"就培松竹,将置琴书""明窗净几","道义相传本一经,儿孙会见扶宗社"。是一处环境幽雅、以经术培养治国人才的私家塾学;后者"穷理既资于讲习,辅仁式籍于友朋",是胡宏与朋友、学生讲学、研习的场所。③ 此外,宝庆府(今广西全州)有在北宋时知州柳开读书遗址上"筑室馆士"的清江书院,南宋时"增而大之",有所发展;④道州(今湖南道县)则有为纪念周敦颐而设的濂溪书院⑤。

邵州、彬州、桂阳军(今湖南邵阳、彬州、桂阳)等地均有官学,并屡屡修建。如潭州西邻邵州,始建学于宋仁宗庆历年间,宋英宗治平末年重建,宋哲宗元符年间、宋高宗绍兴年间、宋孝宗乾道年间多次整修,周敦颐、胡宏、张栻等大学者为作学记。⑥ 彬州、桂阳军官学也是如此,不断进步,均由张栻作学记。

湖北路

文化落后的湖北,教育状况明显不如湖南。只有个别州县学办得较好。

北宋时岳州(今湖南岳阳)州学比较著名。岳州原有州学校舍,庆历四年(1044 年),热心兴学的滕元发任知州,将原来在通道旁而且狭窄的州学迁往牙城之东的形胜之地。此时正赶上朝廷下诏兴学,于是大力营建,筑有讲堂、藏书阁、斋舍、厨房及小学,总共有 89 楹。学校建成后即招生授课,"巴陵之服儒者,毕登于学"。在学校教育下,即使是顽劣的生

---

① 《省斋集》卷 4《石鼓书院田记》。
② 《光绪湖南通志》卷 69。
③ 《胡宏集·杂文》载两书院上梁文。
④ 《宋本方舆胜览》卷 26《宝庆府》。
⑤ 《续文献通考》卷 50《学校考》。
⑥ 《周濂溪集》卷 8;《胡宏集·杂文》;《南轩集》卷 9。

徒,也皆"革顽为恭,磨钝为良,出入里闾,务自修饬。郡人由是知孝悌礼义皆本于学也"①。粗俗者转而文质彬彬,说明至少在封建纲常礼义教育方面取得显著效果。安州(今湖北安陆)州学晚于岳州,宋仁宗嘉祐初建学,校舍有东、西两堂,8个斋室,但仅有校舍,并"未有教育之盛"。后来张先任知州时,才开始召集诸生上课,"讲明六经之奥",正式开学。宋神宗熙宁初,知州司马旦修建了校舍,增加包括藏书室在内的建筑75楹,"通朔、望听入于学",每月初一、十五为入校授课时间。虽不是全日制,但已制度化了。"安陆之学,于此而大备"②。汉阳军(今湖北武汉)是个简陋的小地方,军学校址地势低洼,后来受长江水淹而毁坏。南宋绍熙元年(1190年),知军皇甫焕予以重建,抬高地基,建设新校,"既成而堂庑崇崇,百楹相扶,墙壁外周,赤白炳明"③。新的校舍表明汉阳军学的恢复与发展。县级官学如江陵府松滋县(今湖北松滋北)县学,南宋乾道年间重新修建,"吟诵之声蔼如也"④,教学活动随着焕然一新的校舍发展起来。

淮南路

地处京东、两浙之间的淮南路,受两地影响,教育事业比湖北好些。

泗州(今江苏盱眙)官学教育开展得较早。宋太宗雍熙初,临淮县(今江苏洪泽湖中)徐氏父子登第以后,立志振兴当地文化教育,出家资将孔庙重建,并"辟讲论之堂,设东西之序",显然改建成了庙学。⑤ 宋仁宗天圣元年(1023年),通州(今江苏南通)即孔庙建学:"峻以重门,环以仞墙,殿宇峨峨,轩庑翼翼,前设斋宿之次,后立讲诵之宇。"⑥一所漂亮的州学,为通州教育奠定了基础。接着在明道、景祐年间,寿州、扬州、舒城、楚州(今安徽凤台、江苏扬州、安徽舒城、江苏淮安)相继建立州学,并得到朝廷的赐书或学田。寿州州学到宋神宗熙宁年间已不能适应需要,迁

① 《河南先生文集》卷4《岳州学记》。
② 《郧溪集》卷15《安陆重修学记》。
③ 《水心文集》卷9《汉阳军新修学记》。
④ 《南轩集》卷9《江陵府松滋县学记》。
⑤ 《徐公文集》卷28《泗州重修文宣王庙记》。
⑥ 《全宋文》卷281,王随:《通州学记》。

往新址,予以重建,中有孔庙,旁有师堂、生舍,其他设施如客房、射圃、食堂、厕所、楼庑等无不齐全,"凡为屋百一十楹"。遂请朝廷选派教师,开始教学。①

县学建设比较普遍。宋真宗大中祥符八年(1015 年),泰州如皋县(今江苏如皋)即建立县学;景祐初,兴化县(今江苏兴化)建县学,南宋嘉定十七年(1224 年)重修,"总公厨湢溷创屋五十,合门殿共六十区",环境优美,经费充足。② 宋仁宗皇祐五年(1053 年),亳州永城县(今河南永城)在新迁移的孔庙旁建造了学舍数十区为县学,得到当地士子的广泛支持。③ 南宋时,已处于边防地带的安丰军六安县(今安徽六安)仍有县学,当地政府每天用卖酒钱一贯供学生食用,④当属全日制县学。

两广地区

经济、文化都很落后的广东、广西,在发展教育方面既有难度,又最为必要。于是,在宋政府高度重视教育的背景下,两广地区抓住机遇,官方教育比前代大有进步。

广州始建学于庆历兴学高潮中,起初只是迫于诏令,修缮一下孔庙应付了事。至皇祐年间,便新建州学,正式开始了官学教育。⑤ 宋神宗熙宁初,又迁往新址重建。知州程师孟"大修学校,日引诸生讲解,负笈而来者相踵"⑥。宋哲宗绍圣初,又予改建。南宋乾道三年(1167 年),新建的广州州学规模更大,"什伯其初,增辟两庑,倍其旧,六斋对峙。"州学之后,还附设了番禺、南海两县的县学。⑦ 广州的官学教育体系比较完整地发展起来了。私学教育也有值得一提的。南宋初,广州进士梁观国,曾著《壶教》15 卷,让其妹妹以此为教材"训闾巷童女"。也即这里曾建立有

---

① 《忠肃集》卷 9《寿州学记》。
② 《范文正公集·褒贤祠记》卷 1,陈垓:《高邮军兴化县重建县学记》。
③ 《蔡忠惠集》卷 25《亳州永城县庙学记》。
④ 《水心文集》卷 9《六安县新学记》。
⑤ 《梅溪文集·后集》卷 26《广州重建学记》。
⑥ 《中吴纪闻》卷 3《程光禄》。
⑦ 《梅溪文集·后集》卷 26《广州重建学记》。

女童学校。① 庆历三年(1043 年),康州(今广东德庆)即庙建学,"凡庙学之式参备焉"②,比当时的广州做得要好些。更早建学的,有惠州海丰县(今广东海丰)。海丰原有旧庙学,康定二年(1041 年)在新址重建,"垩白其堂,以业乎讲诵",有专门的教室。③

宋仁宗时,广西州学纷纷兴起。庆历七年(1047 年)浔州(今广西桂平)州学建成,"为堂乎东,尊师教也;筑宫于西,洁斋祠也;翼以二序,布为校舍"④,看来比较正规。嘉祐八年(1063 年),雷州(今广东海康)新修州学落成。这里"地域虽远,风俗颇淳,圣训涵濡,人多向学"。新州学为了便于"朝夕讲诵,则函丈接武之堂不可不广也";为了"群翔博习,则居处不可不庄也";为了"劝勤黜惰,则号令不可不严也"。⑤ 校舍完整,还制定了有关规章制度以提高教学质量。柳州有"弦诵为岭南诸州冠"的美称,广西登科第最早的甘翔,就是柳州人。宋徽宗大观年间,"士子之弦诵者至三百人"⑥。虽然难以肯定这 300 人都是学校生员,也可见当地教育有一定规模。南宋时,最为荒凉落后的海南岛,教育事业有了令人惊异的发展。在其西部的昌化军(今海南儋县西北),据王迈言,绍兴时建立军学,宋光宗时改建,其后,"州民以家无弦诵声为耻,黎洞亦遣子弟来学,每季考不下二千人"⑦。汉族人的学习热情空前高涨,也感染了黎族子弟前来求学。每一季度,学生先后竟达 2000 人! 如言之不谬,昌化军教育当在全国先进行列。另据《宋本方舆胜览》,静江府、宜州、钦州、琼州(今广西桂林、宜山、灵山、海南海口)均有相应的州学。

① 《斐然集》卷 26《进士梁君墓志铭》。
② 《武溪集》卷 6《康州重修文宣王庙记》。
③ 《武溪集》卷 6《海丰县新修文宣王庙记》。
④ 《武溪集》卷 6《浔州新成州学记》。
⑤ 《武溪集》卷 6《雷州新修郡学记》。
⑥ 《宋本方舆胜览》卷 38《柳州》。
⑦ 《臞轩集》卷 5《昌化军修军学记》。

第三节　各地武学及少数民族学校

一、各地武学

宋朝奉行崇文抑武政策,对武学教育不大重视。因而,官方的武学比较落后。

宋仁宗庆历三年(1043年)五月,朝廷始在京师开封的武成王庙中设置武学,以太常丞阮逸任武学教授。但寻即遭到舆论的反对,以为如此"恐示民以佻也",八月即予撤销。宋神宗熙宁五年(1072年),在以富国强兵为目的的王安石变法运动高潮中,重建武学于武成王庙中。选派懂军事的文武官员为教授,学生由"使臣未参班及门荫、草泽"组成,经过"试人材、弓马应格"的考试后才能入学,由官方供给伙食。教学内容主要是诸家兵法、历代用兵胜败的经验教训、"忠义之节"等封建伦理道德。也可学习实战技艺,"愿试阵队者,量给兵伍",可使用一定数量的士兵操练队伍和阵法。学制以三年为期,合格者毕业进入军队,"补班行"为军官。武学生最初定额仅100人,宋徽宗大观二年(1108年),武学已实行三舍法,诏上舍生按三分之一的比例录用为官,以100人为限。[①] 如此推算,上舍生约300人,内舍生、外舍生人数比上舍生多,三舍合计,当有武学生千余人。

地方武学兴建于宋徽宗崇宁三年(1104年),诏"诸州学别建斋舍,教养材武之士,随人数多寡许令入学"。即地方武学附于州学之中。武学发展的重点是西北三路,尤以河东路最重要。如宋徽宗御笔称:"山西出将,气俗使然,所当先者。至如余路,间亦有之。"大观元年(1107年),"天下材武之士渐向学校",武学教育已初具规模,但各地武学生人数相差很大,河东路有660人,陕西永兴军路有190人。[②] 河东路武学是全国最发达的。宣和初,地方武学又予罢去。

---

① 《玉海》卷112《庆历武学》。
② 《群书考索·后集》卷29。

　　如同读书学文一样,民间也有私人教武艺或自学武艺者,主要仍集中在西北地区。如陕西丹州(今陕西宜川),"近边郡也,其俗尚武,不知学文"①。河东路地方武学的发达也是建立在民间尚武风气基础之上的,"晋人勇悍,多习武艺"②。河北如保州(今河北保定),"古今与虏为邻,其风俗便骑射,尚武学,举武而仕于朝,前后相望"③。学习武艺,是边防地区居民生存的需要,是历代相传的习俗和群众性的军事体育运动。宋真宗时,朝廷从封建治安角度考虑,曾下诏"禁河北诸州民弃农业、学禁咒、枪剑、桃棒之技者"④,即说明河北人民对武学的热爱。虽有此禁令,并没有能够制止人们学武。宋徽宗时,河北相州汤阴(今河南汤阴)人岳飞,即是典型例子之一。岳飞少年时,曾师从于乡豪周同学习射箭。周同经常"集众射",属于招生徒的民间武师。当地还有不少类似的武师和私立武学,岳飞"所从射者多矣"即可证明。岳飞的外公姚大翁还曾请人教他枪术:"令枪手陈广以技击教之,一县无敌。"⑤岳飞之所以成为一员英勇善战的武将,家乡的武学教育是重要原因。

　　南宋时,宋政府重建了武学。宋高宗绍兴十六年(1146年)下诏修建中央武学,生徒以100人为额。宋孝宗乾道五年(1169年)重修武学校舍。宋宁宗庆元五年(1199年),下令各州学置武士斋宫,培养军事人才。⑥ 但并未实行,⑦仅是朝廷一厢情愿而已。

　　从南宋中央武学生徒数量上看,达不到北宋时的高峰,其他州郡武学,也无突出事例。与其说是北宋与南宋的差距,不如说是北方与南方的差距。武学在北方的兴盛,尤其是在西北民间的兴盛,既有时代环境的因素,更有地理环境的因素。

---

①　《西溪文集》卷9《丹州新学记》。

②　《宋史》卷260《崔翰传》。

③　《全宋文》卷1708,李尧臣:《保州重建州学记》。

④　《长编》卷72,大中祥符二年七月辛巳。

⑤　《金佗粹编》卷4,卷28。

⑥　《玉海》卷112《绍兴武学》。

⑦　《续编两朝纲目备要》卷5,庆元五年五月壬子。

二、少数民族地区的学校教育

宋代是我国各民族互相交往、共同发展的重要时期。宋朝疆域虽不广阔，但沿边及内地仍有众多的少数民族居住，而以西北、西南及荆湖地区的少数民族最多。随着社会政治、文化的发展，宋政府十分重视加强对少数民族的文化教育，在数次兴学高潮推动下，少数民族学校———一般称之为蕃学，逐渐兴起。从而开发了边远或封闭地区人们的智力，促进了地域文化交流。

现知宋代最早的蕃学建立于宋神宗时期的西北地区。当时在王安石变法运动中，宋军将领王韶率部收复了熙州、河州（今甘肃临洮、东乡族自治县及夏河一带）等地。这一地区当时居住的主要是依附于西夏的羌族，收复熙河地区，有利于控制西夏，巩固边防。在经营过程中，文武并用，建立蕃学即是一项重要内容。熙宁四年（1071 年），收复的熙河地区划归陕西路，次年即有诏"陕西置蕃学"①。这一指示随即得到贯彻，熙宁六年，熙河经略司汇报说："熙州西罗城已置蕃学，晓谕蕃官子弟入学。"②表明学校设置完毕，动员、招收了少数民族贵族子弟入学就读。熙宁八年，知河州鲜于师中建立了河州的蕃学，"教蕃酋子弟"。朝廷对此十分重视，赐地 10 顷为学田，另外还每年拨钱 1000 贯供日常使用，比内地州学更加优惠。同时将上贡进士额由原来的 3 人增加为 5 人。③ 河州蕃学作为少数民族地区的州学，是一所有校舍、有经费、有入仕之途的正规学校。

宋徽宗时，陕西路蕃学有了新的发展。崇宁四年（1105 年）诏书云：

陕西新造之邦，犹用蕃字。可置蕃学，选通蕃语、识文字人为之

---

① 《群书考索·后集》卷 30《蕃学》。
② 《长编》卷 248，熙宁六年十二月壬午。
③ 《长编》卷 261，熙宁八年三月戊戌。

教授,训以经典,译以文字。或因其所尚,令诵经书,渐变其俗。①

此时的西北边境进一步拓展,新收复了广大地区,兴学之举随即跟上。派教师用少数民族语言讲授、翻译儒家经典,从而教育、感化他们,改变其粗陋习俗。最西端的西宁州(今青海西宁)原为青唐羌的聚居地,崇宁初,朝廷派进士黄庭瞻为西宁州教授,兴办蕃学。不久即措置就绪,取得了可喜成绩:"其蕃族子弟,甚有能书汉字,通诵《孝经》,渐习《论语》,皆知向方慕义,化革犷俗。"西宁州蕃学以儒家经典为教材,在专职教官训导下,少数民族学生已学会汉字,并能通读《孝经》《论语》,知识结构和思想、习俗发生了变化。由于黄庭瞻办学成绩显著,有关部门原拟将其升迁为假将仕郎,宋徽宗特地破格提拔为将仕郎,"以为训诱不倦之劝"②,对其功绩予以充分肯定。

湖北路的少数民族学校建立时间与陕西路相同,也是在熙宁年间,初设于湖北路西部梅山地区的沅州(今湖南芷江)。这一带主要是瑶、苗、土家族先民杂居之地,当时以"傜""猺""仡佬""莫傜"等名目称之,实际上处于独立地位。熙宁五年,宋政府为加强对这一地区的控制,"变瑶为汉",派章惇为荆湖北路察访,遂有"开梅山"之举,并"授冠带,画田亩,分保伍,列乡里"③,促进其社会形态封建化。地方州学应运而生。熙宁八年,沅州报告说:"比建州学,今听读者已多。乞赐国子监书,庶一变旧俗,皆为礼义之民。"朝廷随即表示赞同。④ 沅州是新设置的,其州学乃是推行封建制的蕃学。

北邻沅州的靖州(今湖南靖县)大约在同一时期也建立了州学。南宋绍兴十四年(1144年)恢复后,称"新民学",少数民族学生以30人为

---

① 《宋会要·崇儒》2之21。
② 《摛文堂集》卷4。
③ 《忠肃集》卷12。
④ 《长编》卷261,熙宁八年三月丙辰。

额,附设在州学之内,由州学教授兼行训导,专拨土地以供应日常经费。①
是一种新型的少数民族学校教育方式。

宋神宗熙宁五年收复梅山地区为"省地"时,在湖南邵州少数民族聚
居地设置了新化县(今湖南新化),同时建立县学,申请到 200 亩水田为
学田。② 湖南南部的彬州、桂阳军(今湖南彬州、桂阳)原有少数民族学
校,不知始建于何时,南宋时均又恢复。宋孝宗淳熙八年(1181 年),湖南
安抚司、转运司上奏:"彬州宜(阳)〔章〕县、(杜)〔桂〕阳军临武县虽与溪
峒接境,实国家省民。欲重恢乡校,招诱溪峒子弟入学训导。"宋孝宗对
此十分赞同,表示道:"开设学校,使强暴子弟知有礼义,庶几移风易俗。"
批准了这个提议。③ 两县少数民族学校由此复兴。而且"条目甚备……
欲使边氓同被文化"。由此可知,当时已形成一套完整的计划和制度。
但不久由于缺乏专职教官,经费也不足,难以支持。桂阳军长官陈傅良便
请求在条件好的州学之内扩建斋舍,将上述两县县学生员迁到州学读
书。④ 与靖州的方式相同。陈傅良等官员对兴办少数民族学校的态度是
积极认真的,努力为其创造良好的、切实有效的学习条件。宋宁宗嘉定年
间,彬州桂东县(今湖南桂东南)也恢复了少数民族学校。桂东县丞潘某
"为诸峒新学校之宫,还教导之员,以回其习。于是蛮俗为之一变"⑤。重
修了学校,迎回了教师,经过一段时间的教导,当地风俗有所改变。南宋
时的湖南少数民族学校,区别于其他州、县学,又称"新学"。"新学者,群
山溪酋豪子弟而教之"。有位叫刘集的士人,"游湖南,摄新学教授……
为之数年"⑥。连续数年担任新学教官,可证明其学校是正规的,并非聚
散不常的草台班子。

少数民族数量最多的广西,由于偏远落后的缘故,官办的少数民族学

① 《宋会要·崇儒》2 之 36;参见《系年要录》卷 151,绍兴十四年二月丁亥。
② 《长编》卷 251,熙宁七年三月乙巳。
③ 《群书考索·后集》卷 30《蕃学》,地名据《宋史》卷 88《地理志》校改。
④ 《止斋文集》卷 19《桂阳军乞画一状》。
⑤ 《竹溪鬳斋续集》卷 21《潘左藏墓志铭》。
⑥ 《须溪集》卷 3《印洲记》。

校出现较晚。宋徽宗大观元年（1107年），朝廷将广西的融州、柳州、宜州、观州及平、允、从、庭、孚等羁縻州（今广西融水苗族自治县、柳州、宜山、南丹南等地）单独组建成黔南路（大观三年复并入广西），意在恢复中央政府对这一地区少数民族的直接统治。随即开办官学教育。宋徽宗《黔南兴学御笔》指示道："黔南新造之邦，人始从化。虽未知学，然溯其鄙心，非学无以善之。委转运判官李仲将以渐兴学，举其孝悌忠和，使之劝问。"①黔南路的少数民族刚开始接触封建制和汉文化，有必要通过教育来改造其蒙昧状态。派官兴学的目的是向其灌输封建孝悌之道，忠于宋政府之心，还特意提出一个"和"字，即要求当地各民族和睦相处，不再互相争斗掠夺。"孝悌忠和"不同于内地倡导的忠孝节义，显然是区别对待、因材施教，适应当地社会发展阶段，突出了对少数民族封建教育的特点。不久，又在黔南路设置了提举学事司，专管发展教育事业，并对在校的"新民"学生制定了奖励办法，优秀学生分为三等："上等为能诵《孝经》《论语》《孟子》及一经略通义理者，特与推恩；中等为能诵《孝经》《论语》《孟子》者，与赐帛及给冠带；下等为能诵《孝经》《论语》或《孟子》者，给与纸笔砚墨之费。"②如此激励机制，无疑会促进少数民族学生学习儒家经典的积极性，提高教学质量。

广东路的广州也有蕃学。宋神宗熙宁年间，当地的少数民族子弟即曾在州学就读，"诸蕃子弟，皆愿入学"③。宋徽宗大观初，广州正式设立了蕃学，选任"南州之纯秀、练习土俗者，付以训导之职。磨以岁月之久，将见诸蕃之遣子弟仰承乐育者，相望于五服（岭?）之南矣"。为实现广东诸少数民族普遍接受官学教育的长远计划，朝廷遂派曾鼎旦充任广州蕃学教授。④

综上所述，宋代少数民族学校前后有10余所，都有专职教官，大都有

---

①　《群书考索·后集》卷30《蕃学》。
②　《宋会要·崇儒》2之14。
③　《中吴纪闻》卷3《程光禄》。
④　《宋会要·崇儒》2之12。

专门校舍、专项经费,以儒家经典为教材,以使其封建化、汉化为教育方针,起到了启蒙后进、传播文明的积极作用。虽是封建教育,对当时落后于内地汉族地区的少数民族而言,封建化教育无疑是进步的,有利于促进少数民族地区文化的发展,有利于其向社会高级阶段演进,有利于各民族团结融合。

宋代大力兴办少数民族学校,堪称是中国民族关系史上的一段佳话,也是中国教育史上的一束奇花。就地域文化而言,陕西、湖北、湖南、广西、广东等地的少数民族学校,为当地教育事业增添了异彩,丰富了教育类型,提高了这几个地区教育事业的历史地位。

第四节　各地官学教育比较

以上所介绍的各地教育状况,由于年代不同,政策背景、政府兴学的地域力度不同,以及地方官兴趣志向不同等,都使根据以上史料所反映的各地教育状况难以做直接的比较。在已经掌握的综合情况基础上,可以对官方学校教育做些地域差异的论述。

北宋前期的三朝,文教事业尚在草创阶段,官方学校教育尚未制度化,没有普及。北方地区得风气之先,京师开封府、京东应天府、京西河南府等地形成了当时教育的重心所在。其他地区零星的州、县学,或是地方自建,或是因循旧学,整体上说是比较落后的,南方地区尤为薄弱。

宋仁宗朝以来,第一次兴学高潮开始掀起,各地官学根据当地文化发展的需要和朝廷诏令的催促纷纷建立,官学教育大面积普及。地域差异格局有所改变。宋英宗治平四年(1067 年),蒲宗孟概括地描述了各地学校状况:

> 今四方学可谓至盛,而持其术者,可谓不弃其人矣。然犹教化之所浃,风俗之所尚,与其讲磨养育之具,独完于京师,浸渍于齐鲁、闽、益,而盛大于吴越。惟夔为西南之陋,当天下学者翕然响劝之时,此

邦之人尚不识书生。①

教育事业最完善的当然仍是京师开封,地方教育发达的是京东、福建、成都府路和两浙,而夔州路最落后。前文之所以没有单独介绍夔州路及利州路,就是苦于缺少相关资料。蒲宗孟的概括并不全面,若论当时官学教育发达的地区,北方还应加上京西路,南方也应加上江东、江西。

宋神宗时进入第二次兴学高潮时期,朝廷加强了发展地方学校的力量。元丰元年(1078 年)派出学官 53 人分赴各地;宋哲宗元祐初,又向 10 个州郡派出学官。其数量的分布,可使我们对各地官学状况有比较具体的对比认识。现列表如下。②

表 14　　　元丰、元祐年间朝廷委派州府学官分布表

路　名	数　量	州　府　名
京　东	8	兖州　徐州　曹州　郓州　青州　密州　应天府　(齐州)
京　西	7	河南府　许州　陈州　襄州　邓州　(颍州　孟州)
河　北	10	大名府　定州　相州　沧州　卫州　棣州　瀛洲　真定府　(澶州　怀州)
陕　西	10	陕州　华州　耀州　邠州　秦州　熙州　永兴军　凤翔府　河中府　(同州)
河　东	4	潞州　晋州　代州　太原府
淮　南	4	扬州　亳州　(庐州　宿州)
两　浙	4	杭州　越州　苏州　(常州)
江　东	2	饶州　江宁府
江　西	3	洪州　吉州　(虔州)
湖　北	1	江陵府
湖　南	1	潭州
福　建	1	建州
成　都	2	眉州　成都府

---

① 《全宋文》卷 1631,蒲宗孟:《重修至圣文宣王庙记》。
② 《文献通考》卷 46《学校》7。表中括号内为元祐初所增加的州府。

路　名	数　量	州　府　名
梓　州	2	梓州　普州
利　州	1	利州
夔　州	1	夔州
广　东	1	广州
广　西	1	桂州

各地官学由朝廷直接选任学官数量最多的是河北、陕西以及京东、京西,全是北方地区,每路比南方任何一路都多。北方总共39人,南方总共24人。由朝廷派任学官的地方,基本都是当地文化教育相对发达之地,但也有例外。如陕西熙州(今甘肃临洮)是新收复的少数民族地区,文化自不能与其他州郡相提并论,朝廷之所以对其格外重视,完全是政治、军事的缘故。再者,即照顾到了每一路的政治中心所在地。总之,既有面上的意义,也有点上的意义。虽然难以据此证明北方地区官学教育比南方地区发达,但可以说北方地区官学教育比南方地区发展幅度大。朝廷对北方教育事业更为重视,政策力度向北方倾斜,无疑会促进其教育的发展。

各地教育状况最后真正见高低的是宋徽宗时期各地学生数量。校舍建设、教官配备只是教育状况的一个方面,就读学生的多少才是衡量教育发展的重要标志。虽然没有各地学生人数的系统资料传世,但间接地可以知道北方各地学生人数少,南方各地学生人数多。如政和五年(1115年)诏令各地学校扩大学生数量的诏书中透露:

> 诸路学校额及百人以上者,三分增一分,百人以下增一分之半。即陕西、河北、河东、京东路学生数少者,仰提举学事司具可与不可增及所增数闻奏。[1]

---

① 《群书考索·后集》卷27。

此举意在普遍增加学生人数,而北方的陕西、河北、河东、京东四路的某些州郡却难以一概增添,原因是"学生数少"。这句话可以有两种理解方式:一是在校学生数原本就少;二是愿意入学、可以扩大招生的生源少。朝廷的指示很明确,百人以上应增员三分之一,百人以下应增员六分之一。如仅因为北方四路在校学生人数少,理应普遍增员三分之一或六分之一,但却有"可与不可增"的两种选择,似主要是生源不多。由此可以得出一个印象是,北宋末期南方文化赶上和超过了北方。具体的例子也可证明。各州学教授,朝廷所派者一般都是一员,而大观年间,江西吉州(今江西吉安)和福建建州(今福建建瓯)两地的州学,"皆以养士数多",各增设教授三员。[①] 足以表明这两地州学在全国州学中特别发达。

如果说北宋官办普通学校教育可以代表各地教育状况的话,那么其地域变化的趋势,大体上是北方由强到相对弱,南方由弱到相对强。前述各地人才地域分布的时代消长趋势,与此正相一致。

---

① 《文献通考》卷46《学校》7。

第四章　科举制反映的地域文化差异

隋唐以来,科举制成为朝廷选拔人才的主要形式,为读书人指明了方向,提供了出路,犹如一个巨大的磁场,把天下知识分子吸引了过去。宋代科举制更加完善,主要特点是:一,不受门第血统及地域限制,"家不尚谱牒,身不重乡贯"①,普通人都可以应试,凭自己的才能争取做官;二,录取名额增加,由宋初的 10 余人,增为每次录取 1000 余人。大开的入仕之门,鼓励着读书人奋发图强,社会影响极为深远。各地学校教育,也莫不随其指挥棒而行。

科举取士,考较的是封建文化的主体内容。各地的科举状况,在很大程度上反映着当地文化的水准与特点,反映着教育成效。有关问题的地域差异十分显著,在地域文化中颇有代表性。

第一节　科举数量的地域分析

一、各地参加科举考试的人数

科举制虽然为广大士子开辟了登龙门的道路,但毕竟有严格的考试,并不是所有的士子都有实力、都敢于应试。各地参加地方考试的人数,衡量着各地较高层次文化人的数量,反映着当地相应的文化水准。

北方地区中,就试人数最多的是开封府。如宋哲宗元祐五年(1090年)就试者达 2000 余人。② 不过这一数量不能完全代表开封地方,因为其中有一部分并不是开封人,而是在开封居住的外地人冒充开封户籍参加开封府考试的。冒贯应试在许多地方都存在,而尤以开封最严重。原因在于开封府的录取名额多,入选概率比外地大。利之所在,故不惜违法

---

① 《止斋文集》卷 35《答林宗简》。
② 《长编》卷 445,元祐五年七月乙亥。

冒贯。咸平元年(998年)中榜共50人,"自第一至十四人,惟第九名刘烨为河南人,余皆贯开封府,其下十五人亦然。不应都人士中选如是其多,疑外方寄名托籍,为进取之便耳。"①一榜50人中,"开封人"就有38人,外地仅12人,显然不大可能,所疑有理。如宋仁宗皇祐五年(1053年)郑獬榜,仅两浙明州(今浙江宁波)人取贯开封而被录取者就有4人。②足见冒贯开封府的人数不少。对此,应该指出两点:其一,开封士子众多的事实不能因此否定。朝廷严禁冒贯的法令虽不很有效,毕竟不是虚设,开封士子总会占多数。其二,许多外地士子不仅仅是冒贯,而是在开封求学,接受高级教育:

> 国家用人之法,非进士及第者,不得美官;非善为赋、诗、策、论者,不得及第;非游学京师者,不善为赋、诗、策、论。③

如同一个连环套,起点在开封——开封无疑是最好的成材之地。这是开封文化正统性、综合性、表率性、创造性特点的具体表现。所以说,冒贯入选者虽非开封土著,也与开封文化的造就有一定关系。

开封府之外,北方地区中的应试人数以京西河南府(今河南洛阳)和京东青州(今山东青州)为多。宋神宗熙宁四年(1071年)的诏书中指出:"(北方)五路举人最多处,惟河南府、青州。"④可惜具体数字不得而知。京西的汝州、郑州、许州(今河南汝州、郑州、许昌)也有很多应举的士子,毕仲游说:"汝、郑、许、洛之间,士多治辞赋,从科举。"⑤另一地是蔡州(今河南汝南)。南宋绍兴十年(1140年),岳飞班师回到京西蔡州时,曾"有进士数百辈及僧道、父老、百姓岔集于庭"⑥。宋代所谓的进士,并

---

① 《文献通考》卷30《选举》3。
② 《宝庆四明志》卷10。
③ 《历代名臣奏议》卷165,司马光奏。
④ 《长编》卷221,熙宁四年三月庚寅。
⑤ 《西台集》卷14《王彦明墓志铭》。
⑥ 《金佗粹编》卷8,绍兴十年。

不是已考中进士的人,考中者称进士及第、进士出身等。只言进士,实际上是地方考试后选送到中央参加朝廷考试者,即所"进"之"士",又称贡士、举人。蔡州这数百名进士,可说明应试人数更多于此。

河北路唯知祁州(今河北安国)有应试人数。北宋末年,晁补之言:

> 河北自五代兵革迁徙之余,而士日少。至本朝百有余年,朔方之民得安于衣食,而伟人巨公间出于其地,仕于四方,以文学、政事显者,往往而有。祁州又支郡,而求举于有司者,率常百余人。①

祁州已是近边州郡,与契丹仅隔一州,但每次地方考试,总有百余人参加,确属不易。如此看来,内地州郡应当会更多些。

陕西的应试人数,以永兴军和凤翔府(今陕西西安、凤翔)最多。如宋仁宗庆历四年(1044 年),"其陕西路惟永兴、凤翔两处就试人多"②。但仍然没有具体数字可资比较。

河东泽州晋城县(今山西晋城),宋神宗时先后有数百人应试,③盛况空前。

两浙应试人数,北宋与南宋两个时期差距很大。宋仁宗庆历年间,苏州应试者 200 人;南宋孝宗淳熙中,猛增至 2000 余人,④增长 10 倍。宋神宗熙宁五年(1072 年),在台州(今浙江临海)的日本僧人成寻看到:"明州、温州、台州三州秀才,并就台州比试取解,约五百来人已上。"⑤平均每州约 160 余人,与河北祁州数相近。然而至南宋,数量剧增。宋宁宗开禧三年(1207 年),温州终场之士 8000 人,⑥应试者当更多于此数。台州的

---

① 《鸡肋集》卷 29《祁州新修学记》。
② 《长编》卷 155,庆历四年三月丙子。
③ 《伊洛渊源录》卷 2。
④ 《中吴纪闻》卷 1《解额》。
⑤ 《参天台五台山记》第三。
⑥ 《漫塘集》卷 13《上钱丞相论罢漕试太学补试札子》。

应试者,也由宋孝宗时的每次五六千人增加为宋宁宗时的 8000 人。① 宋理宗景定年间,严州(今浙江建德东)应试者也多达 7000 余人。②

江东的信州(今江西上饶)于宋神宗元丰年间,据孔武仲记载,"士之待举者七百余人"③。北宋时期,这是除开封府外所见到的最高数字。

宋神宗熙宁末,成都府路等地应举的进士较多,"虽至少州郡,进士常不下三百人"④。至南宋有很大的发展。宋孝宗淳熙三年(1176 年),据说"四川诸州赴试举人最多去处至有四五年(应为千)人,最少处亦不下千余人。"⑤一州应试人数,最多者达四五千人,这是可信的。如宋宁宗庆元年间,潼川府路资州(今四川资中)就试者"盖不下五千人"⑥;淳熙四年,成都府路简州(今四川简阳)考试终场者 1202 人,⑦则其应试人数必多于此。但说最少的州郡也不下千余人,实属夸大不实之词。广大东川地区显然不会有如此多的士人应试。如夔州路的万州(今四川万县)士子很少,每逢考试,附于夔州,不能单独设考场。至宋孝宗隆兴元年(1163 年),虽然"承平既久,士子益盛",但参加中秋祭祀孔庙的士子才 500 多人,⑧应试者肯定不会超过此数。又如利州路的龙州(今四川平武东南),宋光宗绍熙元年(1190 年),就试者也仅 300 余人。⑨ 前文所言,只能指成都府路和潼川府路部分州郡,不能概括四川。另有数字可比较成都府路和潼川府路的应试人数。宋高宗绍兴初的四川类省试,成都府路各州郡应试者 3000 余人,潼川府路应试者 1000 余人。⑩ 潼川府路的文化层次显然低于成都府路。

---

① 《赤城志》卷 4《贡院》。
② 《景定严州续志》卷 3《贡举》。
③ 《清江三孔集》卷 14《信州学记》。
④ 《丹渊集》卷 34《奏为乞置兴元府府学教授状》。
⑤ 《宋会要·选举》16 之 19。
⑥ 《鹤山先生大全文集》卷 38《资州新创贡院记》。
⑦ 《宋会要·选举》16 之 22。
⑧ 《宋会要·选举》4 之 37。
⑨ 《宋会要·选举》16 之 26。
⑩ 《系年要录》卷 102,绍兴六年六月甲子。

应试人数最多的地方是福建。福建人陈襄言:"天下士儒,惟言泉、福、建、兴化诸郡为盛,其间中高第、历显官、福吾天子之民者为不少。"①其应试之人,动辄上万。现举几例如下。

  (乾道初,福州)今年秋赋,投家状于有司者,万有七千人。乡举之众,天下莫比,亦闽中昔日之所未有也。可谓盛哉!②

  (淳熙初,福州)是岁试者二万人。③

  (淳熙十三年)福州每岁就试之士,不下万四五千人……建宁府亦不下万余人。④

  (开禧三年,福州)终场万八千人。⑤

南宋时的福州、建宁府,应试者每次都在万人以上,最多时竟达 2 万人,远远多于其他任何地方,为全国之最。

广南东、西两路,即使南宋时应试者和士人也与东南等地悬殊很大。宋宁宗嘉定十五年(1222 年),左司谏张次贤指出:

  二广之俗,揆之中州不同,人才多寡,文物盛衰,何啻十百千万!……居民稀少,业儒之家既疏,能文之士益寡。阖郡应举,多者三四百人,少者不满百人,其士子之稀如此。⑥

文教落后是一个原因,根本原因还在于地旷人稀。具体州郡的例子是广西化州(今广东化州),嘉定九年申请自置科场,理由是应试者"已及四百

 ①　《古灵先生文集》卷7《与陆学士书》。
 ②　《汉滨集》卷16《福唐解试告谕举子文》。
 ③　《宋会要·选举》16 之 21。
 ④　《宋会要·选举》22 之 6。
 ⑤　《漫塘集》卷13《上钱丞相论罢漕试太学补试札子》
 ⑥　《宋会要·选举》16 之 33。

余人"①。张次贤所概括的两广情况,基本符合实际。

根据有限的史料,各地参加科举考试的人数情况,大致如此。从中看到数量的分布有很大差异。但如果要做比较,还需相对完整的数据。宋英宗治平元年(1064年)欧阳修曾说,东南州军应试人数最多者二三千人,西北州军最多者不过百人。② 如此看来,北宋中期东南地区与西北地区的差距是20多倍。然而,就前文所引的具体数字考察,这一时期东南地区最多的数字是700多人,西北地区仅有的一个具体数字是100多人。应该看到,前者信州并非东南地区最发达之地,后者祁州也绝非西北地区最发达之地,肯定有不少州郡的数量超过这两地。那么,欧阳修对西北州郡数量的说法,显然是低估了。当然,虽有此修正,仍然可以做出东南地区应试人数多于或远多于西北地区的结论。南宋时南方地区应试者数量大增,又是一个值得注意的趋势。

二、各地解额的差异

应试人数的多少,反映一个地方的一般文化水平。但应试人数多,并不一定就会被录取多;应试人数少,并不一定就会被录取少。因为还有两种制约因素:一,真正能够通过各级考试者,毕竟是少数;二,州级考试(又称乡试)结束后,并非所有优秀者都能参加中央考试,而是按朝廷拨给各州郡的名额——解额选送。解额同样是不平均的,不是按照应试人数分配的。士子众多的文化发达之地,解额未必很多,士子稀少的文化落后之地,解额未必很少。国家的宏观调控,自有其道理,无可非议。但对具体有关州郡而言,优惠与限制的不平衡与矛盾则很突出。

解额既不均衡,也不固定。每过一个时期,就会根据各地的实际情况和变化予以调整,极个别地方减少,绝大多数地方增加。一个基本的地域趋势是,南方地区解额在不断增加或额外增解。现举几例如下。

---

① 《宋会要·选举》16之32。
② 《欧阳修全集·奏议集》卷17《论逐路取人札子》。

宋真宗天禧四年(1020年)诏:

> 朕详延俊造,匪间迩遐。顷因岁贡之差,粗立计偕之限。如闻番禺之域,巴庸之乡,隶学益增,举送为局,务求艺寔,庶广搜扬。自今川峡、广南诸州依前定条制解合格人外,更有艺业可取者,并许解发。①

宋真宗表示:选拔人才,是不分地域远近的。原来曾根据各地贡到中央参加科考的人数多少,大致定下解额。听说广南、四川地区求学之士不断增加,可以在原定解额之外,有合格的人才也可以解送到中央参加科考。也即临时增加了广东、广西、成都府路、梓州路、利州路、夔州路的解额。

宋仁宗天圣年间,对上述地区又予以优惠。天圣四年(1026年)诏:"增西川,广南东、西路诸州军进士解额有差。"②天圣七年再次下诏:"增川峡四路进士解额:益州四人,梓州二人,余州军不及三人者听解三人。"③这就是说,四川州郡解额最少是3人。

宋仁宗嘉祐五年(1060年)祫飨祭祀,为了示恩,诏增各地"进士解额绝少处"。各地具体增加情况如下:

> 苏、明、常、衢、睦州共十一人;歙、饶州共四人;洪州、建昌军共八人;福、建、泉、南剑、漳、汀州、邵武、兴化军共四十五人;广、韶、新、端、康州共八人;桂、宾州共八人;益、眉、陵、绵、汉、嘉、邛州、永康军共三十二人;遂、资、果、普、合、昌州、广安军共二十人;渝州、云安军共三人。

---

① 《宋会要·选举》15之4。
② 《长编》卷104,天圣四年闰五月辛未。
③ 《长编》卷108,天圣七年六月癸卯。

这次大幅增加解额共 139 人,①全在南方地区。具体各路所增名额及顺序是:福建路 45 人,成都府路 32 人,梓州路 20 人,两浙路 11 人,江西路 8 人,广东路 8 人,广西路 8 人,江东路 4 人,夔州路 3 人。诏书言上述州军属于"进士解额绝少处",不可单理解为原有解额很少,还应理解为发达地区解额与应试人数相对而言很少。福建路所增最多,各州郡全部增加,平均每州 7 人。值得注意的是,南方的淮南、湖北、湖南、利州路没有增加。似可表明,与福建、夔州路等地比起来,这 4 路既不发达,也不很落后,原有解额能适应当地需要。

不断增加的南方地区解额,暗示着两个问题:一是原定解额少,二是文化发展快。

北方地区解额也有所增加,不同之处在于:一,幅度不大;二,多是自下而上请求而得;三,临时额外解发例子多,增加固定名额例子少。请看以下宋仁宗年间的例子。

天圣三年(1025 年)应天府(今河南商丘)言:"本府自建都以来,学徒益多,望于合解发举人额外量添人数。"诏特添三人。②

天圣七年知许州(今河南许昌)钱惟演言:"本州准条解进士三十一人,诸科百六人。今试到进士三十一人,诸科八人外,进士王寅等十五人辞理可采。欲试诸科额三十人添进士额十五人,自今为定。"诏与寅等数中选八人委合格者解发,余不行。③

景祐元年(1034 年)知青州(今山东青州)夏竦言:"考试举人内合格系额进士刘概等二十二人外,更有合格进士王子厚等一十四人,乞充填诸科阙额人数。"从之。④

---

① 《宋会要·选举》15 之 15。《长编》卷 191,嘉祐五年三月丙寅载:"礼部贡院请增江、浙、福建、川、广诸州军解额凡一百三十五人。"二数有异。

② 《宋会要·选举》15 之 5。

③ 《宋会要·选举》15 之 7。

④ 《宋会要·选举》15 之 9。

景祐元年知永兴军（今陕西西安）范雍奏："本府发解举人除额定九人外,有窦章等八人文理可采,欲乞收试。"从之。①

那么,是不是说南方地区解额多,北方地区解额少呢? 不是。各地解额悬殊,既有绝对的不均,更有相对的不均。

所谓相对的不均,是指考生人数与解额相对而言。地域差异最突出的是北方与南方,北方解额相对多,南方解额相对少。

宋英宗治平元年（1064 年）,参知政事欧阳修言:

今东南州军进士取解者,二三千人处只解二三十人,是百人取一人,盖已痛裁抑之矣;西北州军取解至多处,不过百人,而所解至十余人,是十人取一人,比至东南十倍假借之矣。②

比较而言,东南州郡解额多处为二三十人,西北州郡解额一般为十余人;东南州郡解额绝对数多,西北州郡解额绝对数少。但与考生的基数相比,多少差异又颠倒了过来:东南州郡的比例是 100∶1,西北州郡的比例是 10∶1。两地相差 10 倍! 前边提过欧阳修的估计数字有夸张之处,但东南地区与西北地区的差距是不可否认的。

宋神宗元丰八年（1085 年）,同知贡举陆佃又一次提出相同的问题,讲得更深入:

诸路州军解额多寡,极有不均。如京东、西,陕西,河东,河北五路,多是五六人辄取一人;而川、浙、福建、江南,往往至五六十人辄取一人。窃缘士人之盛,无如川、浙、福建、江南,今解名极少,不无遗才。其京东等路荐送之数太宽,滥得者众。臣备员同知贡举,具见诸

---

① 《宋会要·选举》15 之 9。
② 《欧阳修全集·奏议集》卷 17《论逐路取人札子》。

路举人程文。若五路试卷,取至中等,仅能满数,余路虽中等以上,取或不及。①

陆佃指出整个北方地区解额相对太多,南方地区解额相对太少,两地考生与解额的比例仍然相差10倍。北方五路的考生试卷,按中等标准录取,由于当时已实行分路录取,才能完成既定数额;南方文化发达之地即使中等以上的水平也不一定能被录取。

欧阳修、陆佃二人的愤愤不平,是有道理的。他们一为江西人,一为两浙人,代表了南方人的利益。虽然在南北方有关数量的概括上互有损益,有所偏激,但所反映的情况基本属实。宋政府尽管屡屡增加南方州郡的解额,总是不能满足实际需要。

所谓绝对的不均,是指各州郡因地而异,各不相同。请看所收集到的一些数据。

表15　　　　　北宋部分州郡解额表

地　名		年　代	解　额	资　料　来　源
北方地区	开封府	元祐五年	100	《长编》卷445,元祐五年七月乙亥。
	许　州	天圣七年	31	《宋会要·选举》15之7。
	青　州	景祐元年	22	《宋会要·选举》15之9。
	永兴军	景祐元年	9	同上。
	邠　州	元祐五年	9	《国朝二百家名贤文粹》卷117,张舜民:《宜禄移县学记》。
	丹　州	嘉祐年间	3	《西溪文集》卷3《丹州新学记》。
	熙　州	熙宁六年	5	《长编》卷248,熙宁六年十二月戊寅。
	河　州		3	
	洮　州		3	
	岷　州		3	

---

① 《陶山集》卷4《乞添川浙福建江南等路进士解名札子》。

地　名	年　代	解　额	资料来源
光　州	徽宗时	7	《宋史》卷156《选举》2。
杭　州	宣和五年前 宣和五年后	7 14	《乾道临安志》卷2《科举》。
秀　州	宣和五年	8	《至元嘉禾志》卷7《科举》。
严　州	宣和年间	16	《淳熙严州图经》卷1《科举》。
常　州	宣和年间	43	《咸淳毗陵志》卷11《解额》。
苏　州	大中祥符 宋神宗时	4 6	《中吴纪闻》卷1《解额》。
处　州	宋　初	6	《密斋笔记》卷3。
明　州 温　州 台　州	熙宁五年	共17 各5—6	《参天台五台山记》第二。
歙　州	宣和五年	10	《新安志》卷8《进士题名》。
饶　州	元祐五年 北宋末	33 55.5	《游宦纪闻》卷1。
袁　州	宋　初 仁宗时	13 6	《能改斋漫录》卷5《误认黄华作菊花》。
建昌军	嘉祐三年	7	《能改斋漫录》卷18《竹杖化龙梦鱼获荐之祥》。
南剑州	元丰元年	18	《演山集》卷15《顺兴学记》
福　州	崇宁年间	27	《历代名臣奏议》卷169,赵汝愚奏。

（南方地区）

如果说上表所举例子比较有代表性的话,那么,我们可认识到以下两个问题。

其一,直到北宋中期,尚看不到哪个南方州郡的解额能与京西许州、京东青州相接近。也即北方的发达地区在解额上占有优势。

其二,边远落后地区的解额极少。需要补充说明的是,西北沿边州军有的干脆就没有解额。如陕西保安、镇戎、德顺军(今陕西志丹、宁夏固原、隆德)三地"本无解额",宋仁宗庆历四年(1044年)才照顾每州一名。①

---

① 《长编》卷155,庆历四年三月丙子。

原因在于当地文化落后,士子稀少。宋初,广东"文风未振,每取士,合一路以一人荐"①。整个广东路才能发解一人,显然也不是解额问题,而是文化水平问题了。

一般而言,解额分布的绝对不均,主要反映的是文化水平;解额分布的相对不均,主要反映的是政策调控。

三、各地的录取数量

地方解额是荐举名额,各地举子到京师参加朝廷考试时,地域限制大为削弱,能不能被录取,主要看各人考卷上的成绩而定。"王者无外,天下一家,故不问东西南北之人,尽聚诸路贡士,混合为一,而惟材是择"②。如同水落石出一样,政策因素下降,录取人数的地域差别就明显突出了。基本特征是东南地区被录取者多,西北地区被录取者少。

宋仁宗宝元二年(1039 年),知谏院富弼上书指出:

> 臣切思近年数榜以来,放及第者,如河北、河东、陕西此三路之人,所得绝少者何?盖此处人物禀性质鲁,不能为文辞、中程式,故皆老于科场,至死不能得一官。③

在科场的最后较量中,西北士子多被南方士子所击败,只有少数人才可在文才上与之抗衡。

司马光曾对宋仁宗嘉祐年间三次科举中部分地区在中央考试人数及录取人数做过统计,虽不完全,也颇有参考价值。④

---

① 《舆地纪胜》卷 99《惠州》。
② 《欧阳修全集·奏议集》卷 17《论逐路取人札子》。
③ 《历代名臣奏议》卷 164,富弼奏。
④ 《温国文正司马公文集》卷 30《贡院乞逐路取人状》。

表16　　　　嘉祐年间科举考生与录取人数分布表

数字＼类别 地区	嘉祐三年			嘉祐五年			嘉祐七年		
	得解与免解人数	及第人数	录取比例	得解与免解人数	及第人数	录取比例	得解与免解人数	及第人数	录取比例
国子监	118	22	5:1	108	28	4:1	111	30	4:1
开封府	278	44	6:1	266	69	4:1	307	66	5:1
河北路	152	5	30:1				154	1	154:1
京东路	157	5	31:1	150	5	30:1			
梓州路	63	2	31:1						
广东路	97	3	32:1	84	2	42:1	77	0	
湖南路	69	2	34:1	69	2	34:1	68	2	34:1
广西路	38	1	38:1	63	0		63	0	
利州路	26	1	26:1				28	0	
夔州路	28	1	28:1	32	0				
河东路	44	0		41	1	41:1	45	1	45:1
陕西路				123	1	123:1	124	2	62:1
湖北路				24	0		23	1	23:1

　　上列地区与数字都不完全,只是将最多者与最少者相比较。国子监是中央最高学府,不具有地域意义;开封府是京师,地位特殊,也暂且不论。此外所列各地,都属于及第人数少的路分。北方地区除京西路外,其他四路及第人数都很少,南方的湖南、湖北、广东、广西、利州路、梓州路、夔州路及第人数更少。由于参加中央考试人数是"得解与免解"的人数,其中免解是不经地方解试直接参加礼部考试,所以有关数字不能代表当时各路的解额。但可以看到,北方地区参加礼部考试的人数普遍较多,除河东外,都是百人以上,而上列南方地区没有哪一个路能超过百人。

　　司马光做上述统计时又说:"天下发解进士到省,常不下二千余人,南省取者才及二百,而开封、国学、锁厅、预奏名者殆将大半,其诸路州军所得者仅百余人尔。惟陕西、河东、河北、荆湖比广南东、西等路州军举人,近年中第或一二。"言外之意,也就是说在200个录取数额中,除去上

表所列数字外,其余的都归两浙、福建、江东、江西、淮南、成都府路、京西所有。现在让我们以嘉祐七年(1062年)为例,分析具体数字。嘉祐七年(实际应是嘉祐六年。司马光所言嘉祐年间的三个年份都往后推了一年)进士及第及出身者共193人,①国子监、开封府占去96名,北方的河北、河东、陕西占去4名,南方的湖南、湖北占去3名,广东、广西、利州三地无一人合格。那么,余下的90名,似应是由两浙、淮南、福建、江东、江西、成都府路、京西等地所得(京东、梓州路、夔州路三地表中无任何数字,可能是没有统计),平均每路10余人。可见被录取者的数量分布比较集中。

这一格局的形成,仍然与解额的分配有关。不过已是问题的另一面,南方州郡由劣势转变为优势。欧阳修分析道:

> 东南之士,于千人中解十人,其初选已精矣;故至南省,所试合格者多。西北之士,学业不及东南,当发解时又十倍优假之,盖其初选已滥矣;故至南省,所试不合格者多。②

东南州郡应试者基数大而解额少,必然优中选优,所以在中央考试时竞争力强;西北州郡应试者基数小而解额多,自然劣中选优,在中央考试中缺乏竞争力。其胜负多寡,其实早在考试之前就已经决出了。

科举队伍中强大的生力军是福建士子。宋真宗咸平年间即有人指出:“圣宋以文化天下,岁诏州县贡秀民倍于昔,而闽人十计三四。”③蔡襄以兴化军(今福建莆田)为例说:“每朝廷取士,率登第言之,举天下郡县,无有绝过吾郡者。甚乎其盛也哉!”④一个说参加中央考试的福建人占全国总数的三分之一左右,一个说兴化军中进士人数全国第一,都有习惯

---

① 《长编》卷193,嘉祐六年三月癸巳。
② 《欧阳修全集·奏议集》卷17《论逐路取人札子》。
③ 《全宋文》卷195,段全:《仙游县建学记》。
④ 《蔡忠惠集》卷26《兴化军仙游县登第记序》。

性的夸张,不可全信。所反映的基本事实是,福建科举优势十分突出。

四川的成都府路经过宋初的一段矜持沉寂之后,自宋太宗时起,广大士子开始踊跃参加科举,并且捷报频传:"益州自太平兴国以来,登进士第者接踵而出。天圣、景祐中,其数益倍。至庆历六年,一榜得十八人;皇祐元年,得二十四人。他州来学而登第者,复在数外。"①以皇祐元年(1049年)为例,全国中进士者489人,成都府有24人,占总数的4.9%。眉州科举起步稍晚,自宋仁宗天圣年间开始有人相继登科,寻即出现高潮,"释耒耜而笔砚者十室而九"。其首县眉山势头最健,嘉祐二年(1057年)得解与免解者四五十人,中者包括苏轼在内凡13人。②尽管其数不一定都是进士科,可能将诸科所中人数一并统计,但以一县之地而取得如此成就,足以证明其文化发达,人才众多。南宋时四川科举更具规模,而且有具体数字可以证明并比较。当时,照顾四川距离临安遥远,宋政府采取特殊措施,四川举人不必亲赴临安考试,在当地实行类省试,另立录取名额。据魏了翁言:"科举取士,南宫约三百人,四川类试约百人,是四川当四分之一。"③以成都府路为主的四川地区,登第人数约占全国的四分之一。

广西是科举录取率最低的地区之一,长期没有多大起色。宋理宗淳祐十二年(1252年),广西路官员说:"所部二十五郡,科选于春官者仅一二。盖山林质朴,不能与中土士子同工。"因而请求单独考试和录取,朝廷予以批准。④科举萧条的基本原因,无疑是文化落后,此外还有一特殊情况对其有不小的影响。宋宁宗嘉定十五年(1222年)有臣僚上书指出:"人材不择地而出,在于教育之而已。且广右为郡者二十有六,地非不广矣,学非不建矣,三岁大比,获试于礼部而登名者独少,何邪?岂人材不产于遐方僻壤者乎?臣尝思其故,长育人材之道,当坚其进学之念,不当开

---

① 《成都文类》卷48,田况:《进士题名记》。
② 《苏东坡全集·续集》卷11《谢范舍人书》。
③ 《鹤山先生大全文集》卷23《论四川转官人积滞札子》
④ 《宋史》卷156《选举》2。

其为利之心。"所谓的利,就是当地实行的摄官制。广西荒炎,水土不良,外地人在此,往往不服其水土而致病乃至死亡,很少有人愿到广西做官。朝廷只好在当地人中选任摄官:凡两次中举的士人,"即得试摄官"。许多士子"往往当进学之年,即萌利禄之谋。人材不淑,其或由是"。① 有摄官之捷径可走,部分士子便不愿刻苦攻读、谋中进士以图远大了。

南宋时期的科举资料丰富而系统,可供我们进一步比较。现据《绍兴十八年同年小录》和《宋宝祐四年登科录》,将所载各路(个别注明实际居住地者,按实际居住地计)登第进士数量列表如下。

表 17　　　　　　南宋两次科举登第进士路别统计表

时代 \ 数字 \ 地名	开封府	京西	京东	河北	河东	陕西	淮南	两浙	江东	江西	湖北	湖南	福建	成都路	潼川路	利州路	夔州路	广东	广西	宗室	不详地	总计
绍兴十八年 人数	14	4	0	1	0	6	4	88	31	23	1	1	66	35	29	2	4	5	0	16		330
绍兴十八年 百分比	4.2	1.2		0.3		1.8	1.2	26.6	9.3	6.9	0.3	0.3	20	10.6	8.7	0.6	1.2	1.5				
宝祐四年 人数		3					15	127	36	60	14	10	120	35	49	17	5	17	22	34	37	601
宝祐四年 百分比		0.5					2.5	21.1	6	10	2.3	1.6	20	5.8	8.1	2.8	0.8	2.8	3.6			

北方地区绝大多数已沦陷,在此不做比较。南方诸路登第人数的分布,基本延续了北宋时的格局。宋高宗绍兴十八年(1148 年)与宋理宗宝祐四年(1256 年)间隔 108 年,各地人数所占总数的百分比有所升降。大部分地区呈上升趋势,两浙、江东、潼川府路、成都府路、夔州路则不同程度地下降了。现结合前文,讨论两个问题。

其一,四川问题。魏了翁说四川类试录取额占全国的四分之一,可能是当时的情况,而与上表所列不大符合。绍兴十八年,四川登第 70 人,占全国总数的 21.2%;宝祐四年,四川登第 106 人,占全国总数的 17.6%。也即四川登第人数,大约占全国总数的五分之一左右。从表中两个年代

---

① 《宋会要·职官》62 之 58 至 59。

的具体数字及百分比看,四川与两浙、福建还有很大差距。与表 12 所反映的列传人物地域对比、时代对比相一致。

其二,广西问题。广西在绍兴十八年无一人登第,淳祐年间登第者间有一、二。但 4 年后的宝祐四年猛增至 22 人,超过了淮南、湖北、湖南、利州路、夔州路、广东,位居中游。短时间内不可能有如此大的进步,主要原因在于淳祐十二年由广西申请、朝廷批准实行了单独考试和录取,享受了优待和照顾之后才出现此盛况。与文教事业本身关系不大。

四、各地状元数量

每次进士科考试,都要产生一名佼佼者——头名状元,并以这位状元的姓名代称这次科举。如宝祐四年科举的状元是文天祥,即称文天祥榜。因此可以说,状元是进士科的代表。考察状元的地域分布,可加深认识各地科举实力和文化状况。两宋历次科举状元及地域分布如下。[①]

表 18 　　　　　　　北方地区状元地域分布表

地　区	状元及所出州郡
开封府 10 人	张去华　李肃　宋准　张师德　宋郊　王拱辰　许安世　时彦　李常宁 蔡薿
京 西 7 人	洛阳:安德裕　吕蒙正　蔡州:孙何　孙仅　孙暨 郑州:姚晔　邓州:贾黯
京东 11 人	青州:苏德祥　王曾　张唐卿　应天府:刘蒙叟　王尧臣 曹州:柴成务　郓州:梁颢　梁固　濮州:李迪 莱州:蔡齐　王俊民
河　北 3 人	滨州:胡旦　大名府:王整　李釜
河东 2 人	汾州:王嗣宗　绛州:张观
陕西 2 人	京兆府:杨砺　安守亮

① 　主要依据何忠礼:《宋史选举志补正》,浙江古籍出版社 1992 年版,附录一《宋代科举一览表》;〔明〕朱希召:《宋历科状元录》及《宋史》有关列传。

表19　　　　　　　南方地区状元地域分布表

名单 地区 \ 时代	北　宋	南　宋
淮南 6人	扬州:吕溱　王昂　庐州:杨寘 无为军:焦蹈	扬州:李易　和州:张孝祥
两浙 30人	衢州:程宿　常州:余中　霍端友 湖州:贾安宅　苏州:莫俦　婺州: 何涣　杭州:沈晦	衢州:刘章　毛自如　留梦炎　苏州:黄由　卫泾　蒋重珍　阮登炳婺州:陈亮　刘渭　杭州:张九成越州:王佐　詹骙　方山京　温州:王十朋　木待问　赵建大　周坦徐俨夫　明州:姚颖　傅行简　袁甫台州:王会龙　严州:方逢辰
江东 8人	江州:马适　信州:刘辉　饶州:彭 汝砺	信州:汪应辰　徐元杰　宣州:吴潜太平州:周震炎　南康军:张渊徽
江西4人	临江军:何昌言	瑞州:姚勉　吉州:文天祥　王龙泽
湖北 3人	鄂州:冯京　安州:郑獬　江陵府: 毕渐	
湖南2人	潭州:王世则	潭州:王容
福建 19人	建州:徐奭　章衡　福州:许将 邵武军:叶祖洽　徐铎　泉州: 黄裳	福州:黄公度　陈诚之　萧国梁　郑侨　黄定　余福　郑自诚　黄朴吴叔告　邵武军:邹应龙　泉州:梁克家　曾从龙　兴化军:陈文龙
成都路2人	绵州:苏易简　仙井监:何栗	
梓州路1人		资州:赵逵
利州路3人	阆州:陈尧叟　陈尧咨　马涓	
夔州路		
广东1人		广州:张镇孙
广西		
不详地	李景阳　刘察　张拱　刘寅	

　　北宋时,状元分布人数按多少排列,依次是京东(11人)、开封府(10人)、京西、两浙(各7人)、福建(6人)、淮南(4人)、河北、江东、湖北、利州路(各3人)、陕西、河东、成都府路(各2人)、江西、湖南(各1人)。梓州路、夔州路、广东、广西是空白。北方地区总共35人,南方地区总共30

人,北方多于南方。再者,与人才的分布动态一样,据我的分期统计,北方状元集中在北宋前期,有 24 人,中期 8 人,后期仅 3 人,呈日益减少趋势。南方在北宋前期有 7 人,中期 13 人,后期 10 人,在北宋中期超过了北方。就南方地区而言,四川地区仅 5 人,与东南地区有不小的差距。

南宋时,两浙的状元数量遥遥领先,凡 23 人,占南宋状元总数 49 人的 46.9%;福建有 13 人,名列第二。成都府路、利州路、湖北、夔州路、广西则是空白。其中夔州路、广西在两宋时期连一个状元也没出过,最为落后。与北宋相比,南方地区在南宋时状元人数减少的路分是淮南、湖北、成都府路、利州路。其中淮南、湖北、利州路之所以减少,主要是因为这一带南宋时与金国交界,沦为边防地带,社会经济与文化都受到摧残并难以发展。成都府路的倒退别有原因。

前文说过,南宋时的一段时期在四川实行类省试。由于是两地考试,名次的排列怎么安排呢? 起初,四川类省试第一名“恩数优厚,视殿试第三人”。在四川考取第一名,即被视作是全国第三名。对个别四川类省试第一名来说,难免有照顾或者亏待的情况,但大体上还是合理的,实际上是对四川文化在南宋全国中的地位作了评估。秦桧当政时,排斥四川人,将四川类省试第一等人名次压低,不授进士及第,只授进士出身。四川举人不甘心于此,只好不远万里,亲自赴临安参加省试。后来的类省试有所改变,只要不是皇帝亲自策问的科举,类省试第一名仍为全国第三名,第二、第二名赐进士及第,第四至第九名附第二甲,赐进士出身。① 在这种情况下,四川地区举人能成为状元的机会是极少的。唯一的一位赵逵,梓州路资州(今四川资中)人,绍兴二十年(1150 年)先参加了类省试,第二年又参加了殿试对策,“论君臣父子之情甚切……独当帝意”,遂擢第一。②

状元的产生有一定机缘,并不是完全凭科场成绩而定,其他因素在关

① 《宋史》卷 156《选举》7。
② 《宋史》卷 381《赵逵传》。

键时刻也常具有决定作用。北方状元人数在北宋前期占绝对优势,固然与文化有关,也与政治、地域诸问题有关。这些问题前边已经讲过,兹不重复。所要进一步说明的是另外一些问题。宋太祖开宝八年(975 年)状元的产生,决定于打架:汾州(今山西汾阳)人王嗣宗获胜而成状元①,是胆量起了作用。有时状元也由体格相貌决定:"故事,当赐第,必召其高第数人并见,又参择其材质可者然后为第一。"宋真宗大中祥符八年(1015 年)面试时,候选的两名佼佼者一为京东莱州胶水(今山东平度)人蔡齐,一为江西临江军新喻(今江西新余)人萧贯。京东大汉蔡齐"仪状秀伟,举止端重",博得了宋真宗的好感,加以寇准说了句"南方下国人,不宜冠多士",遂定蔡齐为状元。② 在身材方面,南方人一般不是北方人的对手,这一不成文的规定,暗含着地域偏见。宋仁宗天圣二年(1024 年)榜,宋庠、宋祁兄弟二人同为高第,按成绩,宋祁当为状元,宋庠名列第三。但当时垂帘听政的刘太后从宗法观念出发,认为弟弟不宜在哥哥之前,于是以宋庠为状元,宋祁降至第十名。③ 宋祁因排行或年龄而吃了大亏。

在此应明确两个问题:第一,状元未必都是成绩最好者;第二,尽管如此,状元的人选总是在前几名中确定的,仍有代表性。所以,从统计角度而言,仍以状元名分为准。无论在哪方面都是最落后的广西、夔州路没有产生出一位状元,就从反面证明状元仍有地域文化意义,在一定程度上可视为地域文化高度的一个标志。否则,无法解释为什么有的地方状元很多,有的地方很少或全无。

第二节　科举类别的地域差异及调整

一、贡举类别的地域差异分析

宋代科举一般有三种:贡举、制举、童子举。其中制举、童子举并不常

---

① 《宋史》卷 287《王嗣宗传》。
② 《长编》卷 84,大中祥符八年三月癸卯。
③ 《宋史》卷 284《宋祁传》。

设,规模也小得多,如宋代仅有 40 人中制举。最重要并常设的是贡举。因而在此以贡举为代表来研究有关问题。

贡举中又分设进士、九经、五经、开元礼、三史、三礼、三传、学究、明经、明法等科。其中最重要而且常设的是进士科,进士之外的科目统称诸科,除明法科外,又统称明经科。所以富弼曾言:"国家取人,唯有进士、明经二科。近设制举,亦又取人不多。"①这两种主要科目由于类型不同,存在着明显的地域差异。其差异主要反映的是各地地域文化类型的不同。

本章第一节所讲的内容,主要是进士科。我们已知其地域分布特征是南方人中进士者多,北方人中进士者少。除了已讲过的原因外,还有两个主要原因。

其一,南方习俗好文,而北方人不善文辞。进士科考试内容主要是诗赋文辞,较量的是文学水平。这方面南方人是强项,北方人是弱项。如宋敏求所说:"河北、陕西、河东举子,性朴茂,而辞藻不工,故登第者少。"②地理环境和历史环境赋予北方尤其是西北人质朴的禀性,而质朴对于辞藻的富赡、文字的渲染、构思的巧妙、语句的曲折以及夸张、排比的修辞等美饰天然排斥,一般不适于文学的发展。是为生态文化的表现。

其二,北方人的价值观和智力结构使之不肯在文辞上下功夫。苏轼在上宋神宗书中指出:

> 昔者以诗赋取士,今陛下以经术用人,名虽不同,然皆以文词进耳。考其所得,多是吴、楚、闽、蜀之人。至于京东、西,河北,河东,陕西五路,盖自古豪杰之场,其人沉鸷勇悍,可任以事;然欲使治声律,读经义,以与吴、楚、闽、蜀之人争得失于毫厘之间,则彼有不仕而已。故得人常少。③

---

① 《历代名臣奏议》卷 164。
② 《宋史》卷 291《宋敏求传》。
③ 《宋东坡全集·奏议集》卷 2《上皇帝书》。

与南方多有文学之士相对,北方多有豪杰之士,他们的观念和能力适于干事业,没兴趣、也不肯在文辞上争得失于毫厘之间。换句话说,进士科考试方式不能发挥其能力。就个别人而言,并非不善于文学,而是不屑于文学。京东人王禹偁,乃一代文学大家。青少年时代为了科举入仕,学习诗赋,作有数百首辞赋,及中进士后,"鄙其小道,未尝辄留"①。他将自己这方面的才华和作品,只当作小玩意儿,只看作入仕的敲门砖,非大丈夫所为,故而毫不珍惜,弃之如弊履。但存留下来的作品却足以使之流芳千古,实非其始料所及。另一济州同乡闫宗一,颇有文学才华,曾随手"点缀百余言,皆浏亮中节",但他将诗赋视之为"女功组织之事耳","终不甚好也"②。又如河北相州(今河南安阳)人郝太冲,"好刚有文,立性不羁,耻屑屑为儒者行。凡议一事、吐一词,未始不以皇王帝霸之道为己任。洎求名进身,则默然而处,讷而言。盖恶趋附而好耿直也"。一次举至礼部参加考试,同时有800人,"缝掖之衣雪晃礼部"。郝太冲顿时觉得很无聊,叹息道:"大丈夫处世,当拔立群萃,求明天子之知。恶能与阘茸辈试于礼闱哉!"遂"掷笔裂牋,忿而不就",放弃了这次进身机会。③ 以上几例,正属非不能也,是不为也。又如洛阳人富弼青年时,京东人穆修认定他是王佐之才,以为"进士科不足以尽子之才",让他应制举,后来果然以能任大事为一代名相。④ 以上可知,北方中进士者少,并不完全是由于不善文辞,也不能以此证明北方人才不如南方多。如众所周知的那样,进士科并非完善或主要的成才之路。

接下来要谈的明经科,则是另一番情况。

明经诸科,主要考较对经籍的记忆功夫,如吕夷简应乡举的试卷,即墨义之试。举例如下。

---

① 《小畜集》卷2《律赋序》。
② 《乐静集》卷30《闫宗一墓志铭》。
③ 《小畜外集》卷13《送进士郝太冲序》。
④ 《邵氏闻见录》卷9;《宋史》卷313《富弼传》。

试题:"'作者七人矣'。请以七人对。"

答:"七人,某某也。谨对。"

试题:"'见有礼于其君者,如孝子之养父母也'。请以下文对。"

答:"下文曰:'见无礼于其君者,如鹰鹯之逐鸟雀也。'谨对。"

试题:"请以注疏对"。

答:"注疏曰云云。谨对。"①

只要把有关经籍背得滚瓜烂熟,自然能对答如流,用不着任何发挥,比作诗文容易多了。如此单调机械的考试方式,适宜于质朴之人,故而北方人擅长于明经科,南方人中明经科者不多。如宋英宗治平元年(1064 年)参知政事欧阳修言:

> 天下至广,风俗异宜,而人性各有利纯。东南之俗好文,故进士多而经学少;西北之人尚质,故进士少而经学多。所以科举取士,东南多取进士,而西北多取经学者,各因其材性所长,而各随其多少取之。今以进士、经学合而较之,则其数均。②

南北方士子在不同的科举类别上各有长短优劣和爱好。北方人在经学上的优势及原因,主要表现在两个方面。

其一,北方人久经儒学熏陶,偏爱经学,熟悉经书,某种程度上也是扬长避短的选择。所以,"西北诸州,颇愿习为明经矣"③。特别是京东、河北士子,以专经而著名。《宋史·地理志》在总述各地人文地理时,特别有所交代。

---

① 《文献通考》卷30《选举》3。
② 《欧阳修全集·奏议集》卷17《论逐路取人札子》。
③ 《历代名臣奏议》卷166,孙觉奏。

京东:"大率东人皆朴鲁纯直,甚者失之滞固,然专经之士
为多。"

河北:"人性质厚少文,多专经术。"

尚质少文的地域特点与经学传统相结合,造就了一大批"经生"。元祐年间有人估计:"略计天下言之,挟经应举者凡七八万人。"①其中大半应是北方人。至南宋,习经之人就很少了。绍兴二十六年(1156 年)宋高宗对大臣说:

> 近太学补试弟子员,中程者诗赋多而经义少。后生辈往往皆诗赋,数年后恐经义科废矣。②

他为南方士子不习经义感到担忧,恐怕经义科会在南方断绝。他的担忧并非杞人忧天,当时的吏部员外郎王晞亮也指出:"比学者去难就易,竟习辞赋,罕有治经。至于《周礼》一经,乃绝无有。"③北方人一般认为诗赋难而习经易,南方人一般认为诗赋易而习经难,所以各避其难。经学在南方一般士子中倍受冷落。

其二,明经诸科,凭的是背诵,而北方人在记忆力上具有优势。宋孝宗即评论道:"西北人多强记,特不甚能文耳。"④长于强记短于作文是北方人的特点,长于作文短于强记是南方人的特点。陈造对此做了对比:

> 南方之学,短于记问,与北学大不相侔,从古则然。每见北士解法与书,并能上口。如《尔雅》之聱牙,正文传注,诵如流水,比比也。而南士摛绘,或工于广记不忘,万无一二,焉能强之? 以其所短……

---

① 《长编》卷 420,元祐三年闰十二月戊辰。
② 《系年要录》卷 175,绍兴二十六年十一月壬午。
③ 《系年要录》卷 175,绍兴二十六年十一月癸巳。
④ 《宋会要·选举》4 之 41。

则南学之于记问,不容强勉。①

北方人谈论引书时,能够背诵原文,即使《尔雅》那样佶屈聱牙的文字,也能流利地连传注一同朗朗上口;有此能力的北方人比比皆是。而南方人擅长是铺张描绘的文学技巧,记忆力强的人很少。北方人博学强记的具体例子如京东人赵师民,9岁即会作文,进士出身,满腹学问。一日宋仁宗读《汉记》,询问有关汉代长安城的具体情况,群臣都不清楚,一致推举赵师民解答。赵师民侃侃而谈,如数家珍,"因陈自古都雍年世、旧址所在,若画诸掌"。宋仁宗很兴奋,赞叹道:"何其所记如此!"②

不过话又说回来了,记忆力毕竟不是上乘的智力,缺乏的是创造性和才气。《礼记·学记》即言:"记问之学,不足以为人师。"南方人对明经科不感兴趣,一方面是记忆力弱些,另一方面是不屑于从事明经科。朱熹说:"有才思者多去习进士科,有记性者则应学究科(即明经科)。凡试一大经者,兼一小经,每段举一句,令写上下文,以通与不通为去取。应者多是齐鲁、河朔间人。"③语气中满是对明经科的鄙薄之意。苏轼也说,四川进士学习诗赋者占百分之九十,江南、福建士子也都争作诗赋,如果让他们"专习经义,士以此为耻!"④有才华的南方士子绝大多数攻诗赋谋取进士科,齿于记诵之学。社会上对明经科也确实瞧不起。唐代就有"三十老明经,五十少进士"之语,意思是三十岁考中明经已经嫌老了,而五十岁考中进士尚属年轻;宋代则有"焚香礼进士,瞋目待明经"之语。⑤ 同是科举,在人们的心目中地位却大不相同。

在此要特别提到京东路。如《宋史·地理志》所说:京东"专经之士为多",但"皆朴鲁纯直,甚者失之滞固"。这部分知识分子称之为"经

---

① 《江湖长翁集》卷28《寄政府札子》。
② 《宋史》卷294《赵师民传》。
③ 《朱子语类》卷128。
④ 《长编》卷434,元祐四年十月甲寅。
⑤ 《群书考索·后集》卷32。

生"，宋人对其颇多微词，甚至斥之为"齐鲁鄙朴经生"①。而且，早在唐代，大诗人李白就对其很不客气，专作《嘲鲁儒》诗：

> 鲁叟谈五经，白发死章句。
> 问以经济策，茫如坠烟雾。
> 足著远游履，首戴方山巾。
> 缓步从直道，未行先起尘……②

京东经生抱残守缺，只会在章句上钻牛角尖，打扮及姿态也不同常人，显得自负固执。即使在五代十国荒乱之世，他们也不改所为，仍埋头于经书之中："五季文物荡尽，而鲁儒犹往往抱经伏农野，守死善道，盖五十年不改也。"北宋建立后，天下渐渐安定，"鲁之学者始稍稍自奋，白袍举子，大裾长绅，杂出戎马介士之间。父老见而指以喜曰：'此曹出，天下太平矣！'"③他们恪守乱世伏、盛世出的古训，与时寒热，犹如社会物候现象，宋初的复出，标志着太平时代到来。就其自身而言，他们有着独特的追求和观念，并不能积极参与社会活动，因为摆脱不了章句的束缚，不合时宜，不免迂腐。时人揭示他们的弊病主要有二。

其一，固守旧说，品位低下。如密州（今山东诸城）人杨安国，出身于经学家庭，又以五经及第，官至翰林侍讲学士。为皇帝讲经时，"一以注疏为主，无他发明，引喻鄙俚，世或传以为笑"④。既食古不化，又鄙俗可笑。宋仁宗时，一位京东明经出身的经筵官讲《论语》时，至"自行束脩以上"一句，忽然冒出俗语："至于圣师诲人尚得少物，况余乎？"其他经筵官听了后，震惊羞愧得汗流浃背。此话几乎是当面向皇帝索取赏赐，宋仁宗

---

① 《默记》卷9。
② 《李太白全集》卷25。
③ 《文献通考》卷30《选举》3。
④ 《宋史》卷29《杨安国传》。

只得每人赐绢十匹,众人深以为耻。①

其二,专经之外,不懂其他。宋神宗即指责道:"齐鲁诸儒,言过其行。"吴充接着说得更具体:"齐鲁专经之学,诵书之外,不知其他。登第之后,至于官政人事漫不通晓。"②可谓读死书,死读书,终成书呆子,没有实际的社会能力。

由此可见,京东等北方地区的士子虽然在明经科上有优势,但其传统经学已走进死胡同,是没落之学,既落后于时代,也于事无补。与南方士子神采飞扬的词赋文化形成鲜明对照。

北方的经学,南方的词赋;北方的经生,南方的秀才;北方多出明经,南方多出进士。宋代南北地域文化在科举制中清晰地分为两种色调迥异的板块:北方深重灰暗,南方艳丽明快。同时呈现的动态感也不同:北方迟滞,南方流畅。

二、宋政府对科举的地域调整

宋代科举的地域差异,与五代十国时的状况有一定关系。马端临说:

> (五代时)每岁所取进士,其多者仅及唐盛时之半。土宇分割,人士流离,固无怪也。但三礼、三传、学究、明经诸科,唐虽有之,然每科所取甚少。而五代自晋汉以来,明经诸科中选者,动以百人计。盖帖书墨义,承平之时士鄙其学而不习,国家亦贱其科而不取,故唯以攻诗赋、中进士举者为贵。丧乱以来,文学废坠,为士者往往从事乎帖诵之末习,而举笔能文者固罕见之。国家亦姑以是为士子进取之涂,故其所取反数倍于盛唐之时也。国初诸科取人亦多于进士,盖承五季之弊云。③

---

① 《湘山野录》卷中;《扪虱新话》卷6《彭乘批答之谬》亦载此事,指明为杨安国。
② 《长编》卷223,熙宁四年五月丙申。
③ 《文献通考》卷30《选举》3。

五代时朝廷录取进士人数只有盛唐时的一半,但明经诸科的录取数却数倍于盛唐。原因在于,五代小朝廷的地盘主要是北方中原地区,人口当然不及唐朝,人才相应不多;再者,文学只有在太平时代才发达昌盛,而唐末五代战乱不断,人们很少有精力从事文学,只有转而从事简单的"帖诵",以图进身。

五代科举类别的变化,所反映的是动荡不安的、孤立的中原文化。入宋以来,北方虽无战乱,但有外患,主要在西北地区沿袭了五代时科举类别变化的格局。而且,随着南方的统一,地域差异的种种问题也随之出现了。宋政府对此高度重视,不断予以调整。北宋时的几次科举制的改革,主要就是从地域角度考虑的。

最初的措施是优待明经科。明经科自唐以来就不为朝廷和社会看重,考试的有关处罚很严厉。一次考不中者,即不准再次应试,"盖以其区区记问犹不能通悉,则无所材故也"。宋太祖乾德元年(963 年),下诏改制:"悬科取士,固当优容。按旧制,九经一举不第而止,非所以启迪仕进之路也。自今一依诸科举人,许令再试。"①为经生们增加了一次机会。这时的北宋领土主要仍是北方地区,该诏令显然是为了笼络北方知识分子,进一步适应北方文化。再者,正值用人之际,所以广开仕进之门。"国初,多用齐鲁鄙朴经生为县令"②,即可说明这一问题。

宋仁宗天圣初,江西人晏殊曾提议增加明经科的考试内容,以选拔有用人才:"唐明经并试策问,参其所习,以取材识短长。今诸科专记诵,非取士之意,请终场试策一篇。"③天圣二年(1024 年)曾试行,结果"对者多纰缪",所作策成绩很差。宋仁宗认为他们"执经肄业,不善为文,特取其所长,用广仕路"。于是下诏:"诸科举人不能对策者,未得退落。"④明经

① 《文献通考》卷 30《选举》3;《长编》卷 4,乾德元年八月壬辰也有是诏节文;《宋史》卷 431《孔维传》言其事在开宝中,误。
② 《默记》卷中。
③ 《宋史》卷 155《选举》1。
④ 《长编》卷 102,天圣二年三月戊子。

科对策的尝试未能成功。

宋仁宗嘉祐二年(1057年)对贡举有重大改革。关于诸科方面的是：一,诸科增试大义十条,即要求理解论述经义；二,单独设立明经科,凡明两经或三经、五经者,各问墨义大义十条,两经通八,三经通六,五经通五为合格；兼问《论语》《孝经》十条,策三条。考试的难度增加了,但地位也相应提高了,凡合格及第者,与进士科待遇相等。三,诸州解试,名额多而合格少者,不必足额,杜绝凑数,宁缺毋滥。① 改革有利于提高明经、诸科的质量,也有利于北方经生走出死记硬背的绝路,是大势所趋。

在录取人数方面,宋政府采取种种措施,对北方考生实行优惠。仅宋真宗一朝,有关事例就十分突出。

河北与辽国为邻,咸平、景德年间,宋辽战争连绵不断,屡受摧残。当地尤其是沿边地区,难以发展文化教育事业。但河北又是多产豪杰之地,考生质量虽不高,宋政府还是予以特别照顾。咸平三年(1000年)贡举中,除正式考试录取外,宋真宗又亲自单独考试河北及京东青州、齐州(今山东青州、济南)等地贡举人,录取进士13人,诸科345人。另有落第者500余人,各赐装钱遣返,予以安慰,并"令礼部叙为一举",以资将来免解或累举推恩,还许诸"若能捍寇,即赏以官秩"②。咸平四年,又下诏对河北及京东淄州、青州、齐州"经蕃寇蹂践处,贡举许免取解",即可直接参加礼部考试,"此泛免之始"③。

景德二年(1005年),朝廷又一次单独考试、录取河北贡举人："诏礼部贡院别试河北贡举人。其曾援城者,进士虽不合格,特许奏名；诸科例进二场至三场者,许终场；五举及经御试并年五十者,并以名闻。虽不更城守,应七举、年六十及瀛洲有劳效者,亦如之。"即凡是曾经参与抗击辽军入侵的河北考生,礼部考试的进士虽不合格,也可参加殿试；诸科考试按规定是一场不合格者即不准参加下一场考试,但河北有关考生只要连

---

① 《长编》卷186,嘉祐二年十二月戊申。
② 《长编》卷47,咸平三年五月庚子。
③ 《文献通考》卷30《选举》3。

过二至三场,即使以后场次不合格也允许全部考完;曾经五次发解并参加过殿试、年龄在 50 岁以上者,其名单上报皇帝,予以优待;虽然没有参加守城战役但年龄在 60 以上者和在瀛洲(今河北河间)战役中有贡献者,优待同上述人等。宋真宗亲自在崇政殿主持殿试,历时 7 天,录取进士范昭等 96 人,诸科 698 人,特奏名推恩者 662 人,①总共 1456 人。而这一年全国正式贡举录取进士 357 人,诸科 570 人,特奏名推恩诸科 75 人,总共 1002 人。② 除了进士数多于河北别试外,其余都少于河北录取人数。也即河北录取总数比全国录取总数还多 454 人!

大量录取的河北贡举人,其中确有真才实学之人,也混进了一批昏老经生、侥幸之徒。因而引起社会上的不满。"张存、任弃虽学业荒疏,亦皆被泽。时有无名子嘲曰:'张存解放旋风炮,任弃能烧猛火油'。"讽刺他们不是以文才,而是以"防城"的武才得到的科名。不过,平心而论,所举这两人虽无文才,政务上并非无能,张存官存尚书,任弃也官至屯田员外郎。③ 其中的张存还入传《宋史》。《张存传》言其进士出身,天禧中以身言书判再次受选拔,是二人中的一个,足见其颇有才华。他知大名府朝城县(今河南南乐东)时,受到知府寇准器重,"异待之"。任陕西转运使,为被诬陷的大将刘平辩白,使诬陷者得到严惩。在河北都转运使任上,诸州防务全部得以加强。还曾任显要繁重的权知开封府,后以礼部尚书终官。他"性存孝友","家居矜庄",是北方士大夫的本色。虽"学业荒疏",入仕后却显示出才干,有功于时,所谓的"学业"是不足以论才的。

大中祥符四年(1011 年),由于河北士人"难以考核",不善于应试,因而"颇多黜落"。朝廷下诏:"宜令转运使于落解举人最多处,内有显负辛苦者,遣官别加考试,及格人送礼部。"在地方上又加了一次特别考试,使更多的河北考生能参加礼部考试。大中祥符七年,又诏河北、陕西诸科

① 《长编》卷 60,景德二年五月庚申。
② 《长编》卷 50,景德二年三月甲寅。
③ 《宋朝事实类苑》卷 63。

"曾至终场"而下第者，一律免解，直接参加礼部考试。①

以上可见，宋真宗时，北方众多士子广泛受到恩惠，仅河北就有成千的举子被录取入仕。宋政府用行政等手段，大大弥补并超出了河北士子因不善考试和遭受战乱的损失，调节了科举的地域不均衡。

科举改革与调节的重点是进士科。

进士科地域差异的显现，开始于宋初南方的收复。王明清说："国初每岁放榜，取士极少。如安德裕作魁日，九人而已。盖天下未混一也。至太宗朝浸多，所得率江南之秀。"②录取人数的急剧增加，是由于南方士子大举进军京师，很快在科场中占据优势。宋太祖朝进士录取人数，最多一榜才19人；宋太宗朝则最少74人，最多353人，增加数十倍，适应了统一局面的需要。"所得率江南之秀"当然是绝对化了，但其中南方人应占多数。

新形势下进士科的发展无疑是可喜现象。它所造成的南北地域差异却引起朝廷的关注，朝中的北方大臣开始采取限制措施。大中祥符元年（1008年），参知政事、京西孟州（今河南孟县南）人冯拯认为：进士科主要以诗、赋录取，而"江浙士人专业诗、赋以取科第"，提议增加考试内容，"兼考策、论"。宋真宗表示同意。③ 此举明显是针对东南地区举子的，似乎这样做可以抑制其入仕势头。以后的事实证明，富于文采的南方人仍锋芒甚锐，夺走大量录取名额。

朝廷中的南方官员也在为此而努力着。科考试卷原来是不密封的，

---

① 《文献通考》卷30《选举》3。

② 《挥麈录》卷3。

③ 《长编》卷68，大中祥符元年正月癸未。马端临在《文献通考》卷31《选举》4中指出："按祖宗以来试进士，皆以诗赋论各一首，除制科外未尝试策。天圣间，晏元献公请依唐明经试策，不从。宝元中李淑请并诗、赋、策、论四场通考，诏有司施行。不知试策实始于何年？当考。"试策的史料，最早还见于宋真宗咸平五年（1002年）。《长编》卷53，咸平五年十一月庚申："今进士科大为时所用……有司取之者，诗、赋、策、论也。"据此，试策当始于咸平五年。我认为宋真宗时的试策似未制度化，只起参考作用。陈植锷：《北宋文化史述论》（中国社会科学出版社1992年版，第82—85页）有较详论述，可参见。

考生姓名、籍贯皆标在卷首,可使考官知其背景情况,参考其平时文才、德行决定取舍,不以一时词艺定终身。不过,也为主考官因个人恩怨和偏见而高下其手提供了条件。太平兴国中,江西才子陈彭年在京考试期间,"佻薄好嘲咏",尽管成绩优良,但为主考官、大名人宋白所讨厌而遭黜落。至雍熙二年(985年)才又中第。宋真宗景德四年(1007年),轮到陈彭年和四川人晁迥等同知贡举,为主考官,重新制定了考试条例,"多因(宋)白旧事而设关防"。主要是建立了考卷糊名制度,"所取士不复拣择文行,止较一日之艺。虽杜绝请托,然真甲等者或非人望,自彭年始"①。北方人看重的主要是品德文行,南方人看重的主要是词艺实力。这次改革,南方人取得胜利。自此,不便于朝廷在地域上宏观调控了,录取人数的地域差异日益明显。

宋英宗时,陕西人司马光曾提出一个解决录取人数不均的办法:即分路取士,每路平均录取十分之一。表面上的均衡实际上仍是不均,主要是不公平:对文化发达的地区不利,对文化落后的地区又太滥。因而遭到江西人欧阳修的反对。②

科举制中的各种矛盾和争议,发展到宋神宗时更加激化,终于在王安石变法运动中得到统一解决。在此以前,许多有识之士都认为:无论是进士科还是明经科,都不能体现真才实学,倾向于废除帖经和诗赋取士方法。王安石也认为进士科弊病很多:"今以少壮时,正当讲求天下正理,乃闭门学作诗赋。及入官,世事皆所不习,此乃科法败坏人才。"③改革科举制已是势在必行。作为最高统治者的宋神宗,在这些意见的基础之上,还有自己另外的考虑:"神宗笃意经学,深悯贡举之弊,且以西北人才多不在选,遂议更法。"④又一条史料说:宋神宗以"西北人才多废,以为贡举

---

① 《宋史》卷287《陈彭年传》;《文献通考》卷30《选举》3;《长编》卷67,景德四年十月乙巳。
② 《历代名臣奏议》卷165。
③ 《文献通考》卷31《选举》4。
④ 《宋史》卷155《选举》1。

法当议而改①"。显而易见,原来的贡举法不利于选拔西北人才是宋政府改革的重要原因,所要实行的改革是一次科举地域调整的行动。

经过一段时间酝酿并经熙宁三年(1070年)试行,新的贡举法于熙宁四年二月正式出台。有关内容如下:

> 明经及诸科欲行废罢,取元解明经人数增解进士,及更俟一次科场,不许诸科新人应举,渐令改习进士。仍于京东、陕西、河东、河北、京西五路先置学官,使之教导。其礼部所增进士奏名,只取五路进士充数,所贵合格者多,可以诱诸科向习进士。今定贡举新制,进士罢诗赋、帖经、墨义,各占治《诗》《书》《易》《周礼》《礼记》一经,兼以《论语》《孟子》。每试四场:初本经;次兼经,并大义十道,务通义理,不须尽用注疏;次论一首;次时务策三道,礼部五道。中书撰大义式颁行。量取诸科解名增解进士,以熙宁二年解明经数为率。如举人数多于熙宁二年,即每十人更取诸科额一人,诸科额不及三人者听依旧。不解明经处,每增二十人,如十人法。礼部奏名,于诸科解额取十分之三增进士额。京东、陕西、河北、河东、京西进士,开封府、国子监、诸路尝应诸科改应进士者,别做一项考校。其诸科内取到分数,并充进士奏名。将来科场,诸科宜令依旧应举,候经一次科场,除旧人外不得应诸科举。五路先置学官,中书选择逐路各三五人,虽未仕,有经术行谊者,亦许权教授,给下县主薄、尉俸。②

归结起来,贡举新制的主要内容有七条:

1. 废除明经科、诸科。原应明经、诸科者,原则上要改应新的进士科,特殊情况暂时例外。

2. 原有进士科所考诗、赋项目予以取消,改考经术、论、对策。经术考

---

① 《宋会要·选举》3之41。
② 《长编》卷220,熙宁四年二月丁巳。

《诗》《书》《易》《周礼》《礼记》中的任何一经,兼考《论语》《孟子》;经术只要求领会精神主旨,不必局限于注疏的讲说。再考论一首。最后考时务策三道。

3. 各地解额相应调整。各地原有的明经科解额以熙宁二年数为准,增加为进士解额。如果某地下次应举人数多于熙宁二年,每多出 10 人可使用原有本地诸科解额 1 名。如原来没有人应明经科,也即没有明经解额,每新增举人 20 人,可使用原有本地诸科解额 1 名。

4. 增加礼部考试的录取名额,所增数目是原诸科礼部录取数的十分之三。新增的名额,专用于录取北方五路进士,以调动北方原习诸科者改习进士科的积极性。

5. 北方五路应进士举者、开封府、国子监和其他地区原应诸科改应进士举者,予以单独考试、单独录取。

6. 原应诸科者,一时难以改应进士,今后科举仍然允许以诸科应举。下一次科举后,除原来就已应诸科者,其他新人不准再应诸科,迫使其改应进士科。

7. 为解决北方人士不适应进士科的问题,率先在北方五路发展官学教育,设置教官,帮助他们学习经术和文辞,改习进士科。

规模空前的改革幅度,极大地改变了科举面貌。将记诵之学、诗赋之艺一扫而空,有利于选拔能够直接为封建政治服务的有用人才。

贡举改革的突出特点,就是不遗余力地优待北方人士。具体表现在五个方面:第一,北方进士解额增加;第二,北方进士在中央单独考试,不与南方进士直接较量,以免相形见绌;第三,北方进士录取名额增加;第四,由于北方人应诸科者多,诸科暂不废除,旧人还可以继续以此进身,以免失落绝望。为进一步照顾北方人士,又设立新科明法,"所以待诸科之不能业进士者"[①]。元丰八年(1085 年),京东济州、河北博州、棣州(今山东巨野、聊城、惠民)诸科举人投诉礼部,以为诸科解额多归进士科,剩下

---

① 《宋史》卷 155《选举》1。

不多的名额又归新科明法,如今考试及格却无额可解。朝廷只好又下令"常留诸科额十分之一,以待不能改业者"①。部分北方经生的固执与落后,严重阻碍了科举改革的进程;第五,进一步加强北方官学教育,提高其文化水平,改变其文化结构,使之尽快适应新的进士科。

宋神宗科举改革照顾北方人的初衷,得以完整地实现。尽管如此,宋神宗还在替西北人担忧,恐怕如此巨变会使"西北人诚是茫然,未有归著"。王安石宽解道:"西北人旧为学究,所习无义理;今改为进士,所习有义理。以学究为进士,于士人不为不悦;去无义理,就有义理,于所习不为不善。其旧合放解额并还本路,东南士人不能侵夺,于士人乃无所损。既无所损,而令士人去无义理就有义理,脱学究名为进士,此亦新法于西北士人可谓无负矣!"②一个皇帝、一个宰相,念念不忘的都是北方士人,唯恐有负于彼。这里不存在个人的地域偏见,考虑的是统治集团的整体利益。

北方是宋朝的统治基地和政治、军事重心,要维护朝廷的稳固,就必须维护北方的安定,就要在北方人中多选拔统治集团成员,从而更好地控制北方和笼络北方人士。宋代北方地区民风剽悍,农民起义事件如一串点燃的鞭炮,始终爆着火花,而且时出奸雄。《宋史·叛臣传》所载 7 人,其中 1 人不详邑里,余 6 人全是北方人,仅河北永静军(今河北东光)就出了伪楚张邦昌、伪齐刘豫。宋政府深知,北方人"虽不能为文辞,若其大才大行及强悍奸雄,则诸路不及",如不予以笼络收用,因势利导给予出路,则会"怨望思乱",危害统治。③ 尤其是对西北地区更加留意,"西北近虏,士要牢笼"④。科举改革的地域调整及倾斜,与统治术密不可分,并无感情因素在内。

然而,照顾归照顾,科考毕竟是科考。在以后的科举中,除了特殊照

---

① 《文献通考》卷 31《选举》4。
② 《长编》卷 233,熙宁五年五月甲午。
③ 《历代名臣奏议》卷 164,富弼奏。
④ 《欧阳修全集·奏议集》卷 17《论逐路取人札子》。

第四章 科举制反映的地域文化差异

顾外,北方士人并没有因新制而改变其在科举上的劣势。因为进士考试"试义者须通经、有文采乃为中格,不但如明经墨义粗解章句而已"①。大批由明经、诸科改习进士的北方士人,短时间内不能使自己通达经义、笔有文采。如宋哲宗元祐四年(1089 年)苏轼所指出的那样:河北、河东进士"经义文辞,亦自比他路为拙,非独诗赋也"②。而南方士人锐于进取,应变能力强,较快地适应了新的考试方式。王安石晚年说:"欲变学究为秀才,不谓变秀才为学究也。"原来改革科举是想将以北方人为主的学究改造成秀才型的知识分子,不料想没有如愿,以南方人为主的秀才反而"专诵王氏章句,而不解义,正如学究诵注疏尔"③。此言偏激,事实是否真的如此严重且不论,但从另一角度说明当时北方的学究尚未能变成秀才。朝廷照顾北方士人,实行南北方分别考试,对北方人实际上是降格以求。王明清言:"五路举人,尤为疏略",元丰五年(1082 年)殿试期间,宋神宗读到第四甲北方人党镈的卷子时,大概正是由于其内容、文辞"尤为疏略",不禁大笑,说:"此人何由过省?"如此低劣的卷子怎么能够通过礼部省试呢? 知贡举舒信道无奈地解释说:这是北方五路人按指标录取的结果。宋仁宗以来,凡参加殿试者概不黜落,宋神宗只好将其降为第五甲末。④ 仍属优待。

元祐年间,保守派执政,推翻新法。经过一段反复,实行经义兼诗赋进士、经义进士两科取士。为适应南方和北方士人的特长做了调整,向后退了一步。

绍圣时变法派重新上台,恢复了熙宁贡举新制。自新制开始至此,陆陆续续已 20 多年,北方士子的转变有了显著成效,"人习经义之学,与诸路举人无异"⑤。又经过一段时间,至宋徽宗时,原习诸科的遗老旧人消

① 《宋史》卷 155《选举》1。
② 《长编》卷 434,元祐四年十月甲寅。
③ 《后山谈丛》卷 1。
④ 《挥麈录》卷 3。
⑤ 《谠论集》卷 1《上哲宗论五路举人省试》。

失殆尽。崇宁元年(1102年)礼部报告说:"五路诸科旧人,见在应书者今已无几。"①由此可知,科举制的改革,大大改变了北方文化结构,意义重大,作用积极,值得充分肯定。

同时出现的另一方面问题就不值得肯定了。即以南方为主的诗赋文化受到严重打击。自熙宁年间罢除诗赋取士以来,除了元祐时的一段反复外,诗赋在官场已没有多大市场。发展到宋徽宗政和年间,一度走向极端,竟予以严禁。政和元年(1111年)有人上书说:现今"缙绅之徒,庠序之间,尚以诗赋私相传习,或辄投进,仰渎聪(圣?)聪。盖义理之学高明而难通,声偶之文美而易入,喜易而恶难者,世俗之常也。傥非重行禁约,为之矫拂,恐复流而为元祐之学矣。"朝廷接受其建议,"诏榜朝堂,委御史台弹劾"②。写诗作赋,成为地下活动和非法行为,经发现由御史台弹劾可以治罪。进而连陶渊明、李白、杜甫等大诗人也受株连,皆遭诋斥,甚至下令:"诸士庶传习诗赋者,杖一百!"③真是千古奇闻,实在荒唐!也注定难以持久,不久便解禁了。

在此有必要指出,这一情况的出现,主观上并无地域意识。从王安石到宋徽宗朝的执政者,大多是南方人。王安石本人不但是哲学家、政治家,还是诗赋大家。他以诗赋中进士高科,但对诗赋并不感兴趣:"荆公以诗赋决科,而深不乐诗赋……熙宁四年预政,逐罢诗赋,专以经义取士,盖平日之志也。"④像所有伟大的政治家一样,王安石把国家利益放在了第一位,此举确属雄才大略。宋徽宗时的当政者打着变法派的旗号,实际上早已变质,走向反面。对诗赋蛮横无理的压制纯属与元祐党人对着干的意气之争,是不顾一切的拙劣的政治斗争手段。

宋室南渡以后,政治气候和地理环境改变,对科举制必然再做选择。最初以经义、诗赋两科取士,中间曾合为一科,绍兴三十一年(1161年)又

---

① 《宋会要·选举》15之28。
② 《宋会要·选举》4之7。
③ 《避暑录话》卷3。
④ 《宋诗纪事》卷15《王安石》。

分成两科,自此确定下来,一直沿用到南宋灭亡。也就是说,两科取士制度既适应了南方地区的需要,也符合封建政治的要求。其中诗赋进士科不须提倡即很兴盛,群众基础雄厚。经义进士科较弱,在统治者大力扶持下才保存下来。绍兴十六年(1146年)有臣僚报告说:

> 近来诗赋、经术,各以旧试人数分,其间不无轻重。大抵习诗赋者多,故取人常广;治经术者鲜,故取人常少。今若专以就试之人立定所取分数,则诗赋人常占十之七八,而治经术者止得十之一二,但恐寝废经术之学矣。欲望命有司再加讨论,如通经之人有余,听参以策、论,圆融通取,明立分数,庶几主司各有遵守。

宋高宗在对此批示中说,"大抵读书当以经义为先",指示礼部据此讨论优待经义科的措施。① 南方人善于诗赋,但朝廷也需要他们研习经义,经义科的常设就是要激励南方人在经义上多加用心,以避免放任于诗赋之艺而使经学荒废。南宋统治者在科举上的担忧,与北宋统治者已不相同了。

熙宁以后的贡举新制,是朝廷选拔人才标准与用人需要矛盾的调和结果,也是南北文化差异矛盾调和的产物。从后一个意义上讲,贡举新制的推行,使北方经学与南方诗赋交流,促进了南北文化的融合,取长补短,共同提高。就短期与中期效果而言,南方与北方各有不同程度的改变,但长期效果并不理想,宋政府的主观努力与地域文化差异的客观实际难以一致。

---

① 《系年要录》卷155,绍兴十六年十一月庚午。

第五章　宗教文化的地域分布

宗教在人类历史中有着最悠久的历史,作为一种意识形态,在社会文化中地位独特而重要,甚至是某些地方文化的主要特征。这种文化具体表现在:宗教理论、供神建筑的人文景观、神职人员及社会影响。一个地方选择哪种宗教和信仰程度,反映着当地人民精神世界和价值取向,是地域文化特色之一。宋代宗教主要有佛教、道教、民间宗教(神祠),其类型分布和密度分布因地而异,并与当地其他文化互为作用。

第一节　佛教分布状况

一、僧尼数量的分布

僧尼人数的多少,是衡量佛教盛衰的重要标志之一。佛教自东汉传入我国后,从僧尼数量上考察,经历了南北朝的一个高潮,至北宋又是一个高潮。僧尼数量在宋真宗时多达45万余,是唐代至清代的最高数字。这一支庞大的队伍遍布宋代各州郡,但数量很不平均。现以宋真宗天禧五年(1021年)为例,[①]说明有关情况。

表20　　　　　　天禧年间各地僧尼数量表

地　名	数　量	地　名	数　量
东京	22941	江南	54316
京东	18159	两浙	82220
京西	18219	荆湖	22539
河北	39037	福建	71080

---

① 《宋会要·道释》1之13。两浙数原为2220人,误,前漏万数。同书同处载该年僧尼总数为458854人,而下表各地数原总额仅为378456人,少80398人,此数应为两浙所漏之数,故表中在两浙原数上权且加8万。有关理由参见后文。

地　名	数　量	地　名	数　量
河东	16832	川峡	56221
陕西	16134	广南	24899
淮南	15859		

该统计资料不大精确,主要是南方的分区范围不具体。江南、荆湖、广南都是两路总数,川峡则是川蜀四路总数,其中各路的数字不得而知,难以比较。但已能看出个大概。

北方地区总数为 115188 人,南方总数约为 327000 余人,南方信仰佛教的人数大约将近北方的 3 倍。是为宋代佛教分布的基本局势。

北方地区的僧尼,以东京开封府和河北为多。若论密度,北方仍以开封府为最,以一府僧尼人数,比许多路的僧尼人数还多,足以说明开封府是宋代佛教中心的地位。宋徽宗宣和年间,开封府有寺院 691 座,[1]遍布城内外。其中最宏伟的寺院,与皇家有密切关系,是朝廷举行佛事活动的场所,有领袖全国佛教的作用。如现今开封大相国寺,在宋代即是东京左街佛寺首领;现今铁塔公园的开宝寺,在宋代即是东京右街佛寺首领。开宝寺在宋太宗时曾建有舍利木塔,历时 8 年,费钱亿万,金碧辉煌,被誉为"天下之冠",[2]在全国是最宏伟的,"自佛法入中国未之有也"[3],在佛教史上是空前的。可惜 50 多年后毁于雷火。后来另建琉璃塔,俗称铁塔,也是一座精美秀丽的建筑珍品,现为全国重点文物保护单位。再者,东京还是亚洲各国佛教文化交流的中心。高丽、日本、印度等国的僧人,纷纷来往于开封,或传教,或献经,或译经,或求经,进一步丰富了开封的佛教文化。所有这些,都因开封是京师所决定的。

京东、京西、河东、陕西的佛教势力相对薄弱,总四路之僧尼,不足 7 万人。个别州县更为稀少。如京东路是儒学发源地,儒家文化根深蒂固,

---

① 《湖海新闻夷坚续志》后集卷 1《崇兴道教》。
② 《默记》卷中。
③ 《佛祖统记》卷 46。

几至饱和状态,佛教很难发展。宋徽宗政和年间,定陶(今山东定陶北)知县詹抃说:"山东朴鲁,非江浙比,俗不为僧道,故寺观绝少。广济(军)小垒,止定陶一邑,天宁一寺。"①定陶县只有一座寺院,表明质朴的京东人对佛教没有多大兴趣。京西郑州(今河南郑州)州城,"南北更无三座寺"②,也即顶多有 3 座寺院。又如陕西成州(今甘肃成县),居民"勤生而啬施"使之"施一钱以济贫赈乏且不可而得,况奉佛老者乎"③!不愿拿出或者说是缺乏足够的钱财用于供奉神祇,更计较手中现有的物质利益。民风习俗决定这里的宗教不可能发达。河东僧尼数量与陕西同样不多,与其习俗俭啬有一定关系。

宋代北方各地僧尼分布的多与少,除了京师开封情况特殊外,既有风土习俗的因素,也与历史渊源有关。众所周知,中国佛教史上有四大克星,即北魏太武帝、北周武帝、唐武宗、周世宗,佛教史上称之为"三武一宗"。他们在位时都曾大规模地实行毁坏寺院、还俗僧尼的灭佛运动。从地域文化角度不难看出,北魏、北周、后周所统治的领土,都是以北方地区为主,也就是说,北方地区的佛教屡经打击,损伤严重,到北宋始终没有多大恢复。唯有河北情况有些特殊。唐武宗会昌灭佛时,扫荡了全国大部分地区,但河北例外,因其当时被强悍的藩镇所统治,不听朝廷号令,灭佛运动未能在河北实行,所受打击比北方其他地区少了一次,所以河北是北方五路中僧尼最多之地。

南方尤其是东南地区的佛教气氛非常浓重。"自佛法流入中国,民俗趋之,而南方尤盛"④。其中尤以两浙、福建最为突出。《宋史·地理志》唯在这两路的总述中指出:两浙"尚浮屠之教",福建"重浮屠之教"。两地僧尼数量因而也是最多的。宋初收复南方诸国后,曾沙汰其过多的僧尼,宋太宗至道元年(995 年)又诏江南、两浙、福建等地诸州,现有僧平

① 《毗陵集》卷 12《詹抃墓志铭》。
② 《鸡肋编》卷上。
③ 《陇右金石录》卷 4《广化寺记》。
④ 《宋会要·刑法》2 之 136。

均每300人每年可剃度增加1人,尼100人每年可剃度增加1人,①以此限制其增长。但总数仍然很大。

五代时的两浙在吴越国统治之下,佛教发展很快,入宋后势头不减,僧尼很多。天禧年间越州(今浙江绍兴)知州高绅甚至说:"瓯越之民,僧俗相半!"②僧尼数量肯定不会与俗人相半,这句话与其从数量上理解,不如从佛教的影响上理解更切合实际。杭州佛教势力更强大,苏轼曾指出:"钱塘佛者之盛,盖甲天下。道德才智之士与妄庸巧伪之人杂处其间,号为难齐。故于僧职正、副之外,别补都僧正一员。"③由于僧尼数量多,僧官设置也与别处不同,增加了一个职位。南宋时,两浙佛教有了新发展,杭州成为佛教文化中心。据吴自牧言,杭州城内外有寺院671座;④此外还有"僧尼廨院、庵舍、白衣社会,道场奉佛处所不可胜计"⑤。整个杭州城,笼罩在蒙蒙香烟之中。两浙其他州郡,各有佛教盛况。明州有大小寺院276座,其中州治所在的鄞县(今浙江宁波)有106座,最大的天童寺僧人多达千人,另有相应数量的童行和仆役。⑥越州的寺院比明州更多,有342座。⑦佛教圣地的台州(今浙江临海)寺院则多达361座。⑧

福建佛教的兴盛不亚于两浙。五代时,福建佛教掀起一个高潮,入宋持续发展。黄幹言:"王氏入闽,崇奉释氏尤甚。故闽中塔庙之盛,甲于天下。"而且"家设木偶、绘像、堂殿之属,列之正寝,朝夕事之惟谨。髡其首而散于他州者,闽居十九焉。"⑨宋代福建佛教盛况表现在三个方面:一是寺院众多甲于天下;二是家设佛堂朝夕供奉;三是为僧尼者人数很多,

① 《燕翼诒谋录》卷3。
② 《苏东坡全集·后集》卷20《海月辩公真赞》。
③ 《长编》卷93,天禧三年二月壬寅。
④ 《梦粱录》卷15《城内外寺院》。
⑤ 《都城纪胜·三教外地》。
⑥ 《芦浦笔记》卷6《四明寺》。
⑦ 《会稽志》卷17、18。
⑧ 《赤城志》卷14。
⑨ 《勉斋集》卷37《处士唐焕文行状》。

本地容纳不下,转而流散到外地,南宋时的游方僧人大半是福建人。南宋时还有人说:"闽于天下,僧籍最富"①;"诸路出卖度牒,惟福建一路为多"②。据此至少可以得出一个结论:福建僧尼之多是闻名于天下的。宋人曾从寺院角度对东南各地佛教分布做过比较,指出:"湖南不如江西,江西不如两浙,两浙不如闽中。"③可知福建佛教最为兴盛。

　　具体而言,福建佛教又集中在下四州。福建有八州军,宋人习惯上分作四州和下四州。所谓上四州,是指西部的建州、南剑州、汀州、邵武军(今福建建瓯、南平、长汀、邵武),下四州指东部沿海的福州、泉州、漳州、兴化军(今福建福州、泉州、漳州、莆田)。韩元吉说,下四州"俗奉佛惟谨,至上州,虽佛之徒未知有佛也";"其下四郡,良田大山多在佛寺,故俗以奉佛为美,而佛之庐几甲于天下;若上四州,则虽有僧舍,类皆空乏不给"④。下四州佛教之发达,是上四州不可比拟的。下四州中又以福州最典型。北宋时,福州有僧 32795 人,尚未剃度的童行 18548 人,寺院则多达 1625 座!⑤ 以宋徽宗崇宁年间福州 211552 户计⑥,平均 130 户人家即拥有一座寺院,每 4 户即有 1 人出家。南宋时更严重,据说:"如民家有三男,或一人或两人为僧者。"⑦由于历史原因和经济原因(后文将会说到),当地寺院拥有大批良田,出家为僧,是当地人谋生的方式之一。泉州"素号佛国,好善者多"⑧,即乐意施舍财物供佛者多。宋太宗时已有僧人数万,另有 4000 余尚未剃度但已在册的童行。其数之多,令宋太宗感到惊骇。⑨

---

　　① 《南涧甲乙稿》卷 15《建安白云崇梵禅寺罗汉堂记》。
　　② 《文定集》卷 13《请免卖寺观趱剩田书》。
　　③ 《许国公奏议》卷 2《奏论计亩官会一贯有九害》。
　　④ 《南涧甲乙稿》卷 15《建安白云崇梵禅寺罗汉堂记》;《建宁府开元禅寺戒坛记》。
　　⑤ 《淳熙三山志》卷 10《僧道》;卷 33《僧寺》。
　　⑥ 《宋史》卷 89《地理》5。
　　⑦ 《文定集》卷 13《请免卖寺观趱剩田书》。
　　⑧ 《真文忠公集》卷 40《泉州劝孝文》。
　　⑨ 《宋朝事实类苑》卷 2《祖宗圣训》。

上四州佛教虽然比下四州落后,但与其他路州郡相比却是昌盛的。如北宋时的建州,县县矗立着不同数量的佛寺,建安最多,凡 351 座;依次为建阳 257 座,浦城 178 座,崇安 85 座,关隶 52 座,松溪 41 座,总共 964 座,①超过了除福州外其他任何州郡的数量。

荆湖南北、广南东西地区,个别相对繁华的州郡佛教比较兴盛。如北宋时,湖北荆南府(今湖北江陵)有 550 座寺院。② 广东韶州(今广东韶关)"建刹为精舍者四百余区",僧尼 3700 人。③ 但大部分州郡并非如此,僧尼不多,寺院也小。如真德秀说:"湖南州县寺观……虽名大刹,不足比江、浙、福建下等寺观。"④与东南发达地区不在一个层次。又如广西,据苏轼诗云:"荒凉海南北,佛舍如鸡栖。"⑤在广西所见到的寺庙狭小简陋得像鸡窝一样,哪里还能显示出庄严神圣呢?

宋代佛教的一个突出特点,即世俗化,其僧侣则积极入世。⑥ 论入世之彻底,任何地方都不及广南地区的僧人。广南僧人最大特点是:既不出世,也不出家。庄绰记载道:"广南风俗,市井坐估,多僧人为之,率皆致富,又例有室家。故其妇女多嫁于僧。"一人若打算当和尚,就先放聘礼订婚,剃度之后,即举行婚礼成亲。曾有北方士人在广南参加一富户嫁女的婚礼,看见新郎是位和尚,不胜惊异可笑,遂作诗云:

行尽人间四百州,只应此地最风流。

夜来花烛开新燕,迎得王郎不裹头!⑦

广南僧人,与俗人无异;广南佛教,则与外地大异。在此看到的佛教仅仅

---

① 《宋朝事实类苑》卷 61《建州多佛刹》。

② 《忠肃集》卷 10《荆南府图序》。

③ 《武溪集》卷 9《韶州善化院记》。

④ 《真文忠公集》卷 17《申尚书有乞免降度牒状·小贴子》。

⑤ 《苏东坡全集·后集》卷 7《自雷适廉宿于兴廉村净行院》。

⑥ 参见拙作:《略论宋代僧侣与佛教政策》,载《世界宗教研究》1986 年 4 期。

⑦ 《鸡肋编》卷中。

是外表,看不到戒律,也看不到信仰。宋宁宗庆元五年(1199年)有臣僚指出:

> 闻二广州军,凡为僧者,岂真出家之人!盖游手之徒,遍走二广,夤缘州县,求售为帖。号曰沙弥,即擅自披剃为僧,或即营求住持寺院。不数年间,常住财物卷为己有,席卷而去,则奔走他乡,复为齐民。①

游手好闲之徒,千方百计地披上和尚的外衣,意在发财致富,真是对佛教的一种讽刺!这些事例又一次说明,两广人民不但较少受封建礼教的约束,也较少受佛法戒律的约束,自由自在地按自己的生活方式和观念生存。

天禧年间,四川僧尼凡56000余人,平均每路万人以上。表面看并不多,其实主要集中在成都府路。宋神宗年间,全国僧尼数量大大下降,只有20多万人,而成都府就有万余人:"成都僧统,所治万余人。"②别的州郡也不弱。如成都府的东邻简州(今四川简阳):"西州佛事简为盛。简之诸邑,各以佛祠相夸。"③其僧尼人等,当不在少数。

通过以上介绍,我们发现佛教地域分布的三个规律。

其一,文化发达之地与佛教兴盛之地基本相一致。也即凡是佛教兴盛的地方,文化一般来说也是发达的。典型如东京开封府、两浙、福建、成都府等即是。佛教的发展,依仗于文化的发展,并且成为文化发展的一个组成部分。二者之间没有相克性,互不排斥,相反倒是互相利用。当然,佛教利用文化基础更多些。在贫穷落后的地区,佛教通常是简陋的,没有一定的文化基础,其理论就难以发扬光大,进入不了心灵的高层次,仅有佛,而没有教。在佛教兴盛的地方,本身组成了文化的一个层面,一个内

---

① 《宋会要·刑法》2之130。
② 《苏东坡全集·后集》卷18《宝月大师塔铭》。
③ 《方舟集》卷11《安乐院飞轮藏记》。

容。具体如典籍即是其中之一。佛教昌盛之地,有关书籍自然众多:"佛之言流于中国五千余卷,其徒传录,类聚而藏之,世谓之藏。浙中大率喜奉佛,所谓藏者,尤多于诸道。"①佛藏丰富了当地文化,并使当地文化受到佛教理论的影响,多些迷信、怪异或空灵、机智。同样,在文化发达的大环境中,东南、西川等地的僧侣文化素质也比较高,作者颇多。如著名的诗僧即产生于这些地区,"国朝浮屠,以诗名世者九人,故时有集号《九僧诗》",他们是:四川的希昼、惟凤、怀古,两浙的保暹、行肇、简长,江东的宇昭,淮南的惠崇,广南的文兆。② 另如江南元净、梦真,两浙宝通、守恭、鉴徵、尚能、智仁、休复,也是知名诗僧,"皆有佳句"③。为诗坛增添了新的光彩。禅理禅趣入诗及以禅喻诗,也是一大贡献。

其二,佛教兴盛据点多在通都大邑、人口密集之地。佛教兴盛的具体标志是寺庙的规模和数量、僧尼和信仰群众的多少,都市正是最好的基地,能为其发展提供条件。都市人口密集,信仰群众就可能众多,供奉就可能优厚:

> 佛屋遍天下,大率费不赀。泥金缯,示环璚,务为不可胜者,多在夫通都大邑。水舟陆车,珠玑象犀,百货之所萃,商官争负挈营营。然贪眇之不瞬,浮屠能一语顷之,则罄橐勿偢。此通都大邑之有刹庙,所以视他处所为最雄侈繁丽。④

交通发达的城市是一方社会中心,人口、财富流动、汇集之地,也是千变万化的人生战场,时时上演着谋取各种利益成与败的悲喜剧,精神上需要刺激、寄托或超脱、宽慰,因而成为僧侣推销佛教、牟取布施的最好市场,也容易产生轰动效应。有此肥沃的土地,佛教之树便能生长得高大茂密。

---

① 《全宋文》卷2108,林露:《慈谿永明寺藏殿记》。
② 《清波杂志》卷11《九僧诗》。
③ 《宋朝事实类苑》卷37《近世释子诗》。
④ 《卢溪文集》卷35《重修东华寺记》。

其三,山水秀丽之地,也是佛教乐于栖息的地方。佛教寺院讲究环境观感和气势,从而衬托出其庄严空寂,借助环境以利于修行和宣扬佛法。宋代各地名山,除了华山、茅山、青城山为道教据点外,大都为佛教所盘踞。[1] 而南方地区四季常青,山水秀丽,最受佛教垂青。余靖说:

> 大抵南方富于山水,号为千岩竞秀,万壑争流,所以浮屠之居,必获奇胜之域也。[2]

谢逸也说:

> 天下佳山水,莫富于东南,有道之士庐其中者,十常八九。[3]

凡是当时人们熟知的山水名胜,大都不再是偏僻之地,自然不会人烟稀少,而且多有往来游客,足以供养。南方许多城市本身即山清水秀,对僧尼更有吸引力。因此可以说,自然环境的优美,是南方佛教兴盛的原因之一。

二、佛教宗派的地域分布

僧尼分布的多少,反映的是各地人民信仰的程度,而佛教宗派的分布,反映的则是各地人民信仰的志趣。宋代佛教主要有禅宗、律宗、净土宗、天台宗、华严宗等宗派,宗派之间,各有差异,为各地信徒提供了更具体的选择,将地域文化之不同向细微处深化。

宋代佛教大体上可分为两大主要派别,即律宗和禅宗。所谓"东西分祖,南北异宗,以摄戒名律,以见理名禅"[4]。以地域而分,北方多律宗,

① 《老学庵笔记》卷4。
② 《武溪集》卷8《韶州白云山延寿禅院传法记》。
③ 《溪堂集》卷7《上高净众禅院记》。
④ 《琴川志》卷13《明因寺改禅记》。

南方多禅宗。

宋代北方地区流行的佛教以律宗为主。律宗是以研习及传持戒律为主的宗派,发祥于三国时曹魏的洛阳。至唐代的高僧道宣,在长安终南山潜心钻研律学,创立了南山宗;同时,河北相州(今河南安阳)日光寺高僧法砺,创立了相部宗;另有长安西太原寺怀素所创的东塔宗。律宗三家创立于北方,也大都在北方流行,其中以南山宗为主。入宋以后,北方佛教主要即是南山律宗。如京师开封:"汴京自周朝毁寺,太祖建隆间复兴,两街止是南山律部。"①开封的佛教领导机构是左、右街僧录,所谓"两街",即指整个开封的佛寺。也就是说,宋代前期,开封的佛教为南山律宗所独占。人文荟萃的京师尚且如此,北方其他各地的情况也可以想见了。如京东沂州(今山东临沂)即主要是律宗:"琅琊之佛祠,在郡治者凡六区,其五为毗尼,其一为禅那。"毗尼是律藏的梵名,此代指律宗;禅那即禅的全称,此代指禅宗。②

这时的开封,对禅宗南宗几乎一无所知。如北宋中期开封府酸枣县(今河南延津西)僧人惠圆,幼年即出家于本县建福寺,但是"未尝知有禅宗。故闻南方禅刹甚盛,乃诣江州东林,欲学其道"。到了江州(今江西九江)后,向禅僧请教道:"如何是禅?"僧人看不起他,便戏弄道:"树间鸣者,乃禅(蝉)也。"③禅宗流传已数百年,北方僧人竟有不知禅为何事者!一位初次到京师的南方禅僧更有奇遇。他"衣间绯袈裟",接待他的寺院主事僧因"素不识南宗体式",居然以为是"妖服",将其抓起来送交开封府处治。开封府长官也不知道是怎么回事,迟迟疑疑难以决定如何对待,

<hr />

① 《释氏稽古略》卷4。

② 《金文最》卷65《天宁万寿禅寺碑》。该文作于金熙宗皇统四年(1144年),去北宋仅十余年,所追述的是北宋情况。下文言:"宋真宗初,辅臣建言:请诏天下,每郡择律寺一,更为禅林,遇皇上诞弥之月,为祈延景命之地。制从之。郡以开元应选,自是改称天宁万寿禅寺。"这条史料说明:一、沂州寺院不多;二、原有的6座寺院全是律宗。此外,所改的天宁万寿禅寺,应是原在北方流传的北宗。南宗的北上是在北宋中期,参见下文可知。下文所言的禅宗及后世的禅宗,指的是南宗。

③ 《宋朝事实类苑》卷44《僧惠圆》

苦思良久,只好"喝出"了事。① 由此可知,禅宗南宗很少在北方活动。直到北宋中期,这种状况才有所改变。

宋仁宗皇祐元年(1049年),内侍李允宁舍施自己在开封的一座宅院建立禅宗寺院。皇帝予以支持,赐额曰十方净因禅院。② 禅宗由此才开始在开封占据了一席之地。不久,从南方招来庐山禅僧怀琏住持十方净因禅院,正式开始了禅宗的活动。宋仁宗颇感兴趣,将怀琏召至皇宫化成殿,问佛法大意。怀琏深知此举关系重大,悉心讲说,"奏对称旨",赢得了宋仁宗的欢心。但当时律宗势力和影响很大,"是时北方之为佛者,皆留于名相,囿于因果,以故士之聪明超轶者,皆鄙其言,诋为蛮夷下俚说"。士大夫阶层不把其当作正统佛教看待,固守律宗,鄙视南禅。怀琏经过一番努力,将南禅与儒家学说、道教理论巧妙地结合在一起,迎合了北方士大夫的口味,终于打开了局面:"故一时士大夫喜从之游",每到假日,即蜂拥而至,聆听怀琏传教宣讲。③ 南禅遂开始传播于京师以及北方地区。

宋神宗元丰年间,禅宗在开封获得重大发展。提点寺务司改组大相国寺,将其62院中的两院改为禅院。④ 朝廷招来著名禅僧宗本住持慧林院。宋神宗召对于延和殿,据说曾宣称"朕方欲大兴禅宗,宜善开导之旨",并恩准宗本可乘轿子入见。⑤ 又召庐山东林禅师常总住持智海院;召淮西禅师法秀住持京师法云寺。⑥ 禅宗显然对统治者有利,因而,最高统治者予以提倡推广。

佛教最主要的节日是释迦牟尼的生日,即"佛诞节""浴佛节"或"灌

---

① 《梦溪笔谈》卷23。
② 《释氏稽古略》卷4。
③ 《苏东坡全集·前集》卷33《宸奎阁碑》。
④ 《长编》卷337,元丰六年七月乙巳。
⑤ 《咸淳临安志》卷70《宗本》。按《五灯会元》卷16《慧林宗本禅师》云:"元丰五年,神宗皇帝下诏,辟相国寺六十四院为八禅二律,召师为慧林第一祖……帝曰:'禅宗方兴,宜善开导。'"二文记载不同,可互见参考。
⑥ 《释氏稽古略》卷4。

佛"。但有关说法不一,或以为是四月初八,或以为是十二月初八。宋代南方多用四月初八说,北方多用十二月初八说。自禅宗传入开封后,开封也以四月初八为浴佛节:"皇祐间,员照禅师来会林,始用此日……浴佛之日,僧尼道流云集相国寺。"①宋徽宗时,每四月初八"佛生日,十大禅院各有浴佛斋会"②。禅宗在开封的发展,至北宋末已颇具规模,至少有了10座大禅院。但开封有兼容并包精神,并没有放弃十二月初八说,届时,"街巷中有僧尼三五人作队念佛,以银铜沙罗或好盆器,坐一金、铜或木佛像,浸以香水,杨枝洒浴,排门教化,诣大寺作浴佛会。并送七宝五味粥与门徒,谓之腊八粥。"③佛教的南北习俗在京师各有表现。

北宋中期,洛阳也开始传播禅宗。叶梦得记载说:

> 熙宁以前,洛中士大夫未有谈禅者。偶富韩公(弼)问法于颙华严,知其得于圆照大本(即宗本)。时本方住苏州瑞光寺,声播东南。公乃遣使作颂寄之,执礼甚恭,如弟子。于是翻然慕之者,人人皆喜言名理。④

熙宁二年(1069年)底,富弼因与王安石政见不合,罢相出镇淮南亳州(今安徽亳州),从邻近的颍州(今安徽阜阳)了解到禅宗,追根寻源得知了禅僧名师宗本。及熙宁三年致仕居住于老家洛阳,更加消极,遂向禅宗倾斜。⑤洛阳当时居住着一大批政治上不得志的士大夫,在德高望重的富弼倡导下,开始纷纷以谈禅讲名理为消遣。及元丰年间,在洛阳居住的司马光强烈地感受到了禅风的盛行,有诗云"近来朝野客,无座不谈禅";又

① 《醉翁谈录》卷4。
② 《东京梦华录》卷8《四月八日》。
③ 《东京梦华录》卷10《十二月》。
④ 《避暑录话》卷2。
⑤ 《释氏稽古略》卷4。

说:"近岁举世谈禅,独景仁(范镇)未耳。〔今〕亦有空相之句,故卒章戏之。"①可见在短短的 10 余年间,禅宗在洛阳士大夫阶层中广泛流传,影响极大。洛阳文化中因而增添了新鲜血液,为二程理学的产生,及时地提供了不可缺少的思辨机理,也可以说是促进了二程理学的诞生。研究二程理学,不能不注意这一机遇和背景。

与京西洛阳传入禅宗的时间几乎同步,京东兖州(今山东兖州)传入禅宗也是在宋神宗熙宁年间。当地原来盛行的是律宗,熙宁六年(1073年),"仰天元公禅师以云门之宗,始来唱道,自是禅学兴行,丛林改观。是为灵岩初祖"。后来又传入临济宗,和云门宗一样皆是禅宗的支脉。②

从上可知宋代北方地区佛教分布的两个特点:一是旧现象,即律宗占主导地位;二是新现象,即南禅于北宋中期开始北上传播。

与北方相对而言,南方地区的佛教则丰富多彩,十分活跃。

流行于宋代的佛教各宗派,在南方地区各领风骚,著名的高僧大师多出自南方。其中的两浙路、江西路则荟萃了各派精华,标志着宋代佛教文化的高度。北方地区虽然以信奉律宗为主,但律宗的代表人物却是南方人,律宗在南方地区被发扬光大。北宋前期的两浙僧人领袖赞宁,即是律宗大师,人称"律虎"。他原是吴越国的僧统,随钱氏归附宋朝后又任东京右街僧录,宋太宗太平兴国年间,奉旨撰《大宋僧史略》《大宋高僧传》。北宋中期,两浙又出了一位律宗高僧元照,他博究诸律,以戒律为主,在杭州灵芝寺写下了大量著作,发展了律宗理论,被后世誉为律宗中兴大师。

禅宗自五祖弘忍之后,分为慧能的南宗和神秀的北宗。北宗在武则天时曾盛极一时,至唐末衰微,寂无声息(或许是因其与律宗接近而被同化),仅有一些禅寺残存于北方。南宗则独盛于南方。后来说的禅宗,就是南禅。禅宗在向北方挺进的同时,在南方也更加盛行,不少律寺纷纷改换门庭,变为禅寺。例如:宋仁宗庆历二年(1042 年),江东路江宁府(今

---

① 《温国文正司马公文集》卷 15《戏呈尧夫》;卷 14《和景仁答李才元寄示花图》。方括号内字据《传家集》(四库本)卷 11 补。

② 《金文最》卷 70《十方灵岩寺碑》。

江苏南京)长官叶清臣将蒋山太平兴国寺"以禅易律"①;宋神宗熙宁六年(1073年),两浙苏州常熟县(今江苏常熟)明因寺僧文晓,率众僧向官府请求,"愿更律为禅"②;宋高宗绍兴九年(1139年),秀州海盐县(今浙江海盐)法喜寺"革为禅林";绍兴二十五年,秀州知州林衡奏请律寺祥符院为禅院。整个趋势正如李正民所说的那样:"圣朝……凡大伽蓝辟律为禅者多矣!"③毫无疑问,宋代是禅宗发展的最重要时期。

在南方,禅宗内部的发展也是显而易见的。唐末五代,禅宗分化为沩仰、临济、曹洞、云门、法眼五宗。宋仁宗时,势力最大的临济宗又分化成杨歧、黄龙两派。杨歧派为江西袁州(今江西宜春)杨歧山僧人方会所创,黄龙派为江西隆兴府(今江西南昌)黄龙山僧人慧南所创,都是以地名命名的派别。众多宗派的出现,表面上看是分裂,其实却是禅宗发展的独特表现形式,至少说明其不断创新。后来,黄龙派衰歇,杨歧派恢复了临济旧称。其他宗虽不及临济,也出现了一些大师,编撰有不少著作。如法眼宗的道原著《景德传灯录》,云门宗的唯白著《建中靖国续灯录》,云门宗的正受又著《嘉泰普灯录》。至南宋理宗时,临济宗杨歧派中杭州灵隐寺的普济将以上三灯录加上临济宗的李遵勖所撰《天圣广灯录》、杨歧派的悟明所撰《联灯会要》合在一起,删繁就简,编成《五灯会元》,成为流传至今的禅宗重要典籍。

天台宗的发祥地在两浙台州天台县(今浙江天台)的天台山,始于隋朝,中兴于宋代两浙。五代时,天台宗的教典多遭湮灭,《天台智者教》500余卷,仅"有录而多阙"。吴越国王钱俶遣使到日本访求得原书写本,遂使天台宗重新振作发展起来,"迄今天台教大布江左"④。宋太宗、真宗时,明州(今浙江宁波)高僧知礼潜心研讨天台宗旨义,著《金光明经文句记》《金光明经文拾遗记》等数十部书,天台宗由此蔚然中兴。南宋度宗

---

① 《景定建康志》卷46《寺院》。
② 《琴川志》卷13《明因寺改禅院记》。
③ 《至元嘉禾志》卷23《法喜寺改十方记》;卷10《寺院》。
④ 《宋朝事实类苑》卷78《日本》。

咸淳年间,知礼的传人、明州僧志磐著《佛祖统记》,是佛教史上的一部重要著作,也反映了天台宗的实力与影响。

华严宗的中兴是在北宋中期由福建泉州僧净源在两浙杭州完成的。净源起初在河东五台山学习《华严经》,回到南方又学《楞严经》《圆觉经》等,住持泉州、苏州的寺院。最后在杭州慧因寺著书立说,有《妄尽还源疏钞补解》《原人发微》等著作,弘扬华严教义,被称为中兴教主。以后,其法脉由道亨、观复、师会、布迪四位华严宗大师相继发扬。[①]

南北方佛教宗派的分布大局如上所述。现在,有三个问题需要提出来讨论。

第一个问题,为什么宋代佛教文化的发展主要在东南地区体现呢?首先,如前所说,东南地区僧尼数量最多,表明这一地区对佛教信仰狂热,佛教文化基础雄厚。如同考生多及第人数就可能多一样,信教及僧侣人数多就会有众多的才智之士弘扬佛教。再者,东南地区文化水平普遍较高,有利于佛教理论的传播,更有利于佛教理论的发扬光大。其三,北宋时东南地区远离朝廷,所受政治影响相对薄弱,封建礼教传统也不深厚,思想负担较轻,飞扬空灵的诗赋文化基础也适宜于佛教的发展。

如果以禅宗代表南方佛教特点,以律宗代表北方佛教特点,我们可看到二者之间比较明显的区别,有关认识就会加深一步。禅宗五祖之后,分为北宗、南宗。神秀在北方传播北宗,曾受到武则天的高度推崇,可谓有着最强大的政治靠山。但不久即衰弱,至唐代末年已无声迹。相反,南宗生命力旺盛,不随政治兴衰而兴衰。南方的禅宗摆脱了文字桎梏,反对经院烦琐哲学,提倡顿悟,大胆而新奇,简捷而明悟,平民百姓和士大夫都很容易接受。最终把禅宗改造成中国佛教,从而在中国更具有适应性和普遍意义,在北宋中期向北方扩散。在地域文化中,这是佛教文化地域性变迁的一个重要现象,应予以重视。北方地区由于传统儒家思想和政治气

---

① 以上未注出处的史实,参见中国佛教协会编《中国佛教》(一),知识出版社 1980年版。

氛浓重,普通居民的文化水平相对比东南地区较低,如同其经学偏重于章句注疏、不解大义一样,佛学显得拘谨迟滞,泥拘于琐碎,提倡苦修渐悟。律宗因而被广泛接受。律宗把一切戒分为"止持"和"作持"二门。止持即"诸恶莫作"的意思,规定比丘250戒,比丘尼384戒;作持即"众善奉行"的意思,包括安居、说戒、悔过以及衣食坐卧等种种规定。核心理论是由接受的做法在心理上构成一种防非止恶的功能。不消说,如此严格自律的宗教,对封建统治十分有利,可以起到直接的维护统治秩序的作用,既适应了北方人质朴的需要,也适应了改造强悍的需要。但其守内封闭的体系,使之在思想上、哲学上难以有多大发展。当禅宗在南方蓬勃旺盛的时候,位于北方的京师竟茫然不知,深刻说明了北方佛教界的迟钝与保守。禅宗在南方而不是在北方被改造成中国佛教,则说明南方文化富于活力和创造力。

从佛教宗派联系到地域习性,引申出了第二个问题:为什么南方人习性弱而禅宗大胆,北方人习性强而律宗拘谨呢?

南方人柔弱,外在力量不强,情绪的宣泄向心灵深处发展,思想比较活跃。南方习俗中非礼法性成分很大,则使之不守正统规范,在精神上保持一定程度的独立和自由心态,佛教得以比较自由地发展。狂热的信仰达到一定地步,进入高深境界,脱俗超凡,只追求精神实质,不再受其烦琐的戒律约束,乃至放浪形骸,呵祖骂佛。正所谓"事事无碍,如意自在"[1]。就社会而言,其大胆在情理之中,对禅宗而言,已是无所谓胆大胆小了。

在北方社会沉重的现实中,以律宗为代表的佛教虽是内省自律,注重的实际上还是形而下:谨小慎微,汲汲于日常言行,苦修以求摆脱烦恼。自我约束的结果适得其反,不能超脱。强悍精神是外向的,内省难以达到心灵深处。"北方人强悍,所谓强者,是血气之强,故小人居之。凡人血气,须要理义胜之"[2]。因为强悍,所以要约束,但又难以约束。渐悟强调

---

① 《罗湖野录》卷1。
② 《河南程氏遗书》卷22上。

过程,消磨强悍正是漫长艰难的过程,这一过程的内容即苦修。所以说其拘谨仍是有针对性的。

由此看到的是,佛教宗派特点与地域习性特点之间,既有适应性,还有调节和补充,从而维持精神平衡。

第三个问题:福建佛教之兴盛不亚于两浙,在某些方面甚至超过两浙,为什么在佛教文化上没有做出大贡献呢? 这一地域差异,反映的是两地佛教层次问题。北宋时,蔡襄指出:

> 七闽之地,南远官庭三千里,边江海而围山岳,土地硗确。所居之地,家户联密,有欲耕而无尺土者,有畜积逾年即为陶朱、猗顿之富者。何哉? 昔者僭王相继竟取良民膏腴之田,以入浮屠氏,国朝以来因而不改。故学浮屠者绝无徭役,第食不乏,而衣食有余。人恶焦苦而竟乐为之。①

福建土狭而瘠,人口众多。五代时,割据政权佞佛,将大批良田割舍给寺院,广大农民更加贫困。为了谋生,纷纷出家为僧,既可解决吃穿问题,又不负担徭役,何乐而不为! 南宋时,魏了翁也指出:“闽土狭而民稠,浮屠氏岁入厚于齐民。民勤瘁节缩,仅给伏腊;而浮屠利田宅、美衣食。故中人以下之产,为子孙计,往往逃儒归释。”②事实很清楚,福建僧人来源主要是谋取衣食、躲避徭役的下层百姓,他们进入佛门,追求的不是精神,而是物质;关心的不是自己的灵魂,而是自己的身体;躲避的不是世俗,而是贫困与徭役。佛教殿堂里弥漫着太多消极的红尘俗念,所以在佛教理论等方面没有多大的成就。僧人素质决定了佛教文化的质量。类似情况虽然在全国各地普遍存在,但以福建为最突出和典型。

---

① 《蔡忠惠集》卷27《上运使王殿院书》。
② 《鹤山先生大全文集》卷80《孙武义墓志铭》。

综上所述,宋代佛教无论在数量上、宗派上还是在质量上,均有地域差异,或者说不同的地域将佛教整体分割成不同的板块。通过这种差异,使我们了解到空间诸因素影响制约着佛教的发展进程和变化,并使其一些特点在各地有不同程度的显现。反之,佛教的发展变化也影响着各地文化,使之色彩更丰富、层次更细腻。

第二节　道教分布状况

一、各地道教概况

与佛教相比,道教有两个特点。一、它虽然是土生土长的本土宗教,但传播力却不如佛教,信徒不如佛教多;二、道教的兴盛,往往需依仗朝廷的权势。宋真宗、宋徽宗两次大力崇道运动,曾使道教显赫一时,但不久即又归于低潮。基于这些特点,道教分布的密度和范围有限,因此倒更有地域文化意义。先请看道冠数量的分布①。

表21　　　　　　天禧年间各地道冠数量表

地　区	数　　量	地　区	数　　量
东　京	919 人	江　南	3557 人
京　东	960 人	两　浙	2547 人
京　西	397 人	荆　湖	1716 人
河　北	364 人	福　建	569 人
河　东	229 人	川　峡	4653 人
陕　西	467 人	广　南	3079 人
淮　南	691 人	总　计	19748 人

道冠数量仍是南方多,北方少。北方各地总共2936人,占总数的15%,南方各地总共16812人,占总数的85%。道教分布的南北方差距,比佛教分布的南北方差距更大。其中河东路与两浙路相差10余倍。

---

① 《宋会要·道释》1 之 13。同书 1 之 23 载同年(天禧五年)全国道冠为 20337 人,与本表各地总数不合,疑本表原载具体数字有误者。

北宋是道教分布变化的重要时期。宋代初期,道教主要局限于江西、四川:"先是,道教之行,时罕习尚,惟江西、剑南人素崇重。"①宋真宗好道,在大中祥符二年(1009年)封禅活动中掀起崇道高潮,诏令各地州县建立道观,一律以"天庆"为额。"及是,天下始遍有道像矣"①。也就是说,在皇权的驱使下,道教才开始迅速普及全国。尽管是强加在各地的信仰,大潮退后,仍会或多或少地留下一些痕迹。而许州郏县(今河南郏县)长期没有道教活动,官方的有关祈祷仪式无法举行,宋哲宗元符元年(1098年)才建起一座北极观。②

由于道教的推广与崇尚与皇家有密切的关系,所以东京开封又成为道教中心。不过,这个中心主要不是宗教性质的,而是政治性质的,官方色彩极为浓厚。东京的宫观,主要是官方建筑,重要者则是朝廷的必备机构,宫观主管都由朝廷官员充任,谓之祠禄官,是宋代官制的一个组成部分:

> 东京宫观,旧制以宰相、执政充使,或丞郎、学士以上充副使,两省或五品以上为判官,内侍官或诸司使、副为都监,又有提举、提点、主管。其戚里、近属及前宰执留京师者,多除宫观,以示优礼。

王安石变法时,宫观官又成安置老弱病残和不受重用官员的形式。③ 封建统治者将道教的一些内容直接纳入统治体系中,这是佛教所不可企及的。

开封在后周时原已有些宫观,入宋后陆续兴建,约40多座。著名而重要的有东太乙宫、西太乙宫、中太乙宫、上清宫、玉清昭应宫、景灵宫、玉清和阳宫、上清宝录宫等。其中玉清昭应宫堪称是道教史上的空前之作,修建于宋真宗大中祥符元年(1008年),调集了全国各地名贵建筑材料,

---

① 《长编》卷72,大中祥符二年十月。
② 《金文最》卷68《重修北极观碑》。
③ 《宋史》卷170《职官》10。

原计划 15 年的工程,因日夜营作,提前为 7 年完成。工程之大、费用之巨,都是罕见的,因而其规模极为壮丽:

> 其宏大瑰丽,不可名似。远而望之,但见碧瓦凌空,耸耀京国,每曦光上浮,翠彩照射,则不可以正视。其中诸天殿外,二十八宿亦各一殿。梗楠杞梓,搜穷山谷;璇题金榜,不能殚记;朱碧藻绣,工色巧绝;薨拱栾楹,全以金饰。入见惊悦禠虢,迷其方向。所费巨亿万,虽用金之数,亦不能会计。天下珍树怪石,内府奇宝异物,充牣襄积,穷极侈大。余材始及景灵、会灵二宫观,然亦足冠古今之壮丽矣。议者以谓玉清之盛,开辟以来未之有也。①

只有在京师,只有皇家的力量,道教才能如此辉煌显赫,宫观才能如此举世无双。而道教本身的魅力倒看不出多少。京师诸多的官办宫观,都是皇家的筋骨血肉,道教的外衣,都是直接为朝廷服务的。

纯正的道教文化,还要到南方去寻找才是。宋初徐铉从地域文化角度指出了这点:

> 道之为体也大,大则众所不容;道之为用也柔,柔则物莫与校。南方之强也,故冲气之所萃,异人之所生,坛馆之所宅,景福之所兴,相乎域中,南楚为盛。②

南宋末,刘辰翁从天文地理角度也指出:

> 斗为江湖,去虚危最近,观剑气者常在焉。丰城者未尝失,延平者未尝在也。仙圣往还一气,遇物成形。西山之下有剑焉,曰旌阳,

---

① 《儒林公议》卷上。
② 《徐公文集》卷 26《洪州奉新县重建闾业观碑铭》。

东湖之上有剑焉,曰真武。其地合,其宿近,故其神最灵豫章、吴、楚之间。①

　　他们认为东南地区天地山川之气——地理条件、天文条件最有利于道教发展,正所谓灵区异境,固然有其独特的道理,因为道教所追求的环境之一就是如此。问题还有另一方面:这些理论都是道教创造出来的,先有道士,先有道教在此地发展,才有这些相应的理论。我们所认定的只是一个事实,即道教在南方发达,或南方更适应道教的发展。有关史料多集中在江南地区和四川地区。

　　江西的洪州(今江西南昌)习俗崇尚道教:"多尚黄老清净之教,重于隐遁。盖洪崖先生、徐孺子之遗风。"②洪崖先生是相传道教远古时在当地洪崖山上得道之士;徐孺子即徐稚,东汉著名隐逸之士,洪州人。此外,晋代吴猛、许逊,南唐陈陶等,也是当地的著名道士和隐士。还有历史悠久的剑湖遗址、玉隆万寿观、铁柱观以及始丰山、洪崖、天宝洞等道教圣地。③ 洪州道教历史悠久,至宋仍盛行。东晋太宁年间,道士徐逊率其徒弟12人曾散居在筠州(今江西高安)山中,"能以术救民疾苦,民尊而化之"。流传至宋代,筠州"至今道士比他州为多,至于妇人孺子,亦喜为道士服"④。道教影响深入人心,融入民俗。筠州之所以因民淳讼稀有"道院"美称,与道教的盛行有密切关系。临江军与吉州之间的玉笥山"幽深盘曲,延袤百余里",有"泉石水竹之胜",以环境幽雅、多隐居者著名,为道教名胜之地:"玉笥山旧多瘾君子,皆梁、宋以来避乱者也。最著者孔丘明、杜昙永、萧子云,皆当时禁从。其居今悉为宫观。"⑤这些宫观,建立在陈陈相因的历史积淀上。建昌军(今江西南城)是相传道教神仙麻姑

---

① 《须溪集》卷4《玉真观记》。
② 《太平寰宇记》卷106《洪州》。
③ 《宋本方舆胜览》卷19《隆兴府》。
④ 《栾城集》卷23《筠州圣寿院法堂记》。
⑤ 《独醒杂志》卷6。

成仙之地,有麻姑山、仙人岩、华子岗、秦人洞、丹霞洞、仙都观、麻姑坛等道教遗址和建筑,①道教气息浓厚。

道教在江东路也颇有势力和影响。信州贵溪县(今江西贵溪)是道教天师派的中心。西晋时,道教创始人张道陵的后代传人迁居于此,在龙虎山建起上清观,历代承传不绝。宋仁宗至和元年(1054年)曾赐张氏第26代孙张嗣宗为冲靖先生。②官方对其是认可尊重的。徽州(今安徽歙县)"佳山水,又有前世许聂遗风,以故人多好仙"③。连为官者也深受道教影响,如当地人谢泌,官至右谏议大夫,"然好方外之学,疾革,服道士服,端坐死"④。习俗好道,可谓不谬。南康军(今江西星子)庐山,得名于道教的传说:"周武王时,有匡俗兄弟七人,皆有道术,结庐于此山中。仙去庐在,故曰庐山。"宋代有景德观、简寂观、白鹤观、延真观、寻真观、符祥观、康王观等著名道观。⑤

四川是道教的发源地。东汉末年,张道陵在四川鹤鸣山(今四川崇庆境内)创立天师道,很快发展了起来。宋代四川仍是道教的重要基地。如鹤鸣山附近的永康军青城山(今四川都江堰西)即道教一方中心,每年二月十五日(相传为老子生日)举行规模盛大的道会,"四远毕至","会者万计"⑥。那里分布着丈人观、长生观、清都观、延庆宫、储福宫、上清宫、张天师誓鬼坛等道教名胜。⑦利州路的龙州(今四川平武南)道教甚至占主导地位:"岩居谷处,多学道教,罕有儒术。"其地有李龙仙庙,唐朝皇帝攀为李氏成仙之祖,曾升龙州为都督府,郡名灵应。⑧故而其道教在宋代仍然盛行。四川道冠数量平均到四路并不是最多的,但整体文化势力较

---

① 《宋本方舆胜览》卷21《建昌军》。
② 《长编》卷176,至和元年八月癸卯。
③ 《新安志》卷10。
④ 《宋史》卷306《谢泌传》。
⑤ 《宋本方舆胜览》卷17《南康军》。
⑥ 《夷坚丙志》卷3《道人留笠》;卷4《饼店道人》。
⑦ 《宋本方舆胜览》卷55《永康军》。
⑧ 《宋本方舆胜览》卷70《龙州》。

强,在社会上影响较大,"蜀多方士,得逞技于道术"①,成为四川地域文化中的一个有机组成部分和特色之一。

南北方两地比较而言,道教的派别也各有特色。

南方地区以俗家道士为多。俗家道士又称"火居道士",特点是可以娶妻生子。这是天师派的传统,因为天师派的天师系世袭,所以必须结婚繁衍后人。四川是天师派的发源地,江东是天师派的中心,故而南方的俗家道士多。如四川,据成都道士蹇翊说:"吾乡羽衣之族,世相与为婚姻,娶妻生子,与流俗无异。"②如同广南地区的僧人一样,火居道士也不出家。从中可知南方人不过多地压抑本性。

北方地区以出家道士为多。我们知道,金代形成的北方全真道,即是不饮酒、不吃荤、不畜家室、授徒传授,北宋时的北方道教,应为其基础。宋太祖开宝五年(972年)朝廷诏命:"道士不得畜养妻孥,已有家者,遣出外居止。"③火居道士不准在宫观中居住,代表了朝廷和北方道教的态度。王栐记载:"北俗,遇月三、七日不食酒肉,盖重道教之故。"④说明北方道教有禁食酒肉的戒律。发展到金代,遂形成独自派别,与南方道教明显不同。再一次反映出北方文化注重规范,显得拘谨。

二、洞天福地的分布

道教追求养生、修炼以成仙,从这一角度讲他们天然地排斥俗世闹市,需要清净的场所。所以,道教对自然环境的选择性很强,幽深静雅的山川是其理想之地,在现实的大地上便有了洞天福地之说。即十大洞天、三十六小洞天、七十二福地。这是道教认定的群仙、真人统治之所和得道之处。洞天福地的处所,可以反映道教地域分布的另一层面。因此有必

---

① 《河东集》卷9《与广南西路采访司谏刘昌言书》。
② 《佛祖历代通载》卷19。
③ 《燕翼诒谋录》卷2。
④ 《燕翼诒谋录》卷3。

要将其分布列表如下。①

表 22　　　　　　　　洞天福地分布表

地　　区		十大洞天	三十六小洞天	七十二福地
京西路	孟　州	第一王屋山洞		
	河南府		第六中岳嵩山洞	第七〇北邙山
	唐　州			第四四桐柏山
京东路	兖　州		第二东岳太山洞	
	淄　州			第六一长白山
河北路	定　州		第五北岳常山洞	
陕西路	华　州	第四西玄洞	第四西岳华山洞	
	京兆府		第一一太白山洞	第五四高溪蓝水山
	京兆府			第五五蓝水
	京兆府			第五六玉峰
	商　州			第五八商谷山
	河中府			第六二中条山
淮南路	舒　州		第一四潜山洞	
	无为军			第一八金庭山
	楚　州			第四〇钵池山
	和　州			第四二鸡笼山
	海　州			第七二东海山
两浙路	台　州	第二委羽山洞	第一九盖竹山洞	第二盖竹山
	台　州	第六赤城山洞		第四东仙源
	台　州	第十括苍山洞		第五西仙源
	台　州			第一四灵墟
	台　州			第六〇司马悔山
	润　州	第八句曲山洞	第三二良常山洞	第四一论山
	处　州		第二九仙都山洞	第六南田山
	处　州		第三〇青田山洞	
	明　州		第九四明山洞	
	越　州		第一〇会稽山洞	第一五沃洲
	越　州		第二七金庭山洞	第一六天姥岭
	越　州			第一七若耶溪
	越　州			第六三菱湖鱼澄洞

----

① 《云笈七签》卷 27。个别洞天福地所在地不详者,参见《名山洞天福地记》及《道藏》第 11 册《洞天福地岳渎名山记》。三书记载各有差异,所在地名个别与宋代区划不同。

地 区		十大洞天	三十六小洞天	七十二福地
	温 州		第一八华盖山洞	第三仙磕山
	温 州			第七玉溜山
	温 州			第一二大若山
	温 州			第二八陶山
	温 州			第一九三皇井
	杭 州		第三四天目山洞	第五七天柱山
	婺 州		第三六金华山洞	
	衢 州			第三〇烂柯山
	苏 州	第九林屋山洞		第四二毛公坛
	常 州			第五九张公洞
江东路	江宁府		第三一钟山洞	第一地肺山
	信 州		第一五鬼谷子山洞	第三二龙虎山
	信 州			第三三灵山
	江 州		第八庐山洞	第四七虎溪山
	南康军			第五一元晨山
	饶 州			第五二马蹄山
江西路	洪 州		第一二西山洞	第三七始丰山
	洪 州			第三八逍遥山
	洪 州			第三九东白源
	临江军		第一七玉笥山洞	第九郁木洞
	临江军			第三六阁皂山
	建昌军		第二八麻姑山洞	第一〇丹霞洞
	虔 州			第三五金精山
湖北路	鄂 州		第二五幕阜山洞	
	辰 州		第二六大酉山洞	
	荆门军		第三三紫盖山洞	
	郎 州		第三五桃源山洞	第四六绿萝山
	郎 州			第五三德山
	岳 州			第一一君山
湖南路	衡 州		第三南岳衡山洞	第二四青玉坛
	衡 州			第二五光天坛
	衡 州			第二六洞灵源
	潭 州		第一三小沩山洞	第二二鹅羊山
	潭 州		第二四洞阳山洞	第二三洞真墟
	潭 州			第四八彰龙山
	道 州		第二三九疑山洞	
	武岗军			第六八金城山

地　　　区		十大洞天	三十六小洞天	七十二福地
	郴　　州			第二一马岭山
	邵　　州			第六九云山
福建路	福　　州		第一霍桐山洞	第七一卢山
	建　　州		第一六武夷山洞	第一三焦源
	建　　州			第二七洞宫山
	建　　州			第三一芹溪
成都路	嘉　　州		第七峨眉山洞	
	成都府			第五〇大面山
	蜀　　州	第三西城山洞		
	永康军	第五青城山洞		
	汉　　州			第六四绵竹山
	汉　　州			第六七瑰山
梓州路	泸　　州			第六五泸水
夔州路	忠　　州			第四五平都山
	黔　　州			第六六甘山
广东路	广　　州			第一九清远山
	惠　　州	第七罗浮山洞		第三四泉源
	连　　州			第四九抱福山
广西路	容　　州		第二〇都峤山洞	
	容　　州		第二二句漏山洞	
	郁林州		第二一白石山洞	
境外	交　　州			第二〇安山
不详地	东海边			第八青屿山

以上 118 个洞天福地中,有些名称及所在地各类记载都不一致,排列顺序也有异;极个别是虚构的,但绝大多数都有具体地点,为道教的胜迹或向往之地,无疑是道教的一方中心。尤其是华山、茅山(即地肺山)、青城山完全为道教盘踞,佛教不能涉足,形成一片独特的文化区。说明长期的历史积淀,道教在一些地方的魅力和影响,说明洞天福地在地域文化中的作用。

洞天福地的分布,有以下三个规律。一、无一不是在名山幽谷,平原地区没有。二、集中在南方,尤其是东南地区,北方很少,仅 15 处,京师开封及河东路一处也没有。两浙路凡 35 处,遥遥领先,居全国第一位。三、洞天福地的分布部分地脱离了社会政治和经济状况,与道冠数量多少的布局也不完全一致,主要依附于自然环境。从中可以看到南方的自然环境和社会环境相对清净。南方文化因而更加丰富多彩。

第三节　神祠分布状况

我国古代是一个多神的国度。佛教、道教两大宗教之外,人们还狂热地信奉着千千万万、形形色色的神祇,此即神祠宗教。其体系包括天地、宗庙、社稷、山水之神、城隍土地、人物祠、行业神、淫祠等等。[①] 其物质标志,或是美奂美伦的大庙,或是极其简陋的小祠,或仅是偶像,或仅是牌位。宋人叫祠庙、神祠、丛祠,以区别于佛寺和道观。神祠的历史最为悠久,影响最为深远,数量也最多。与社会政治、经济和居民日常生活息息相关,是传统文化的基础部分。各地神祠土生土长,绝大部分地方性极强,体现着一方历史、地理、民俗。

神祠遍布在全国的闹市山乡、村头路边、家室宅院。其地域分布的第一个特点,仍然是北方少,南方多。《宋会要辑稿·礼》中,专有《诸祠庙门》,集中列举了各地(不包括开封府)的部分神祠,凡 1300 余所,大抵属于列入祀典而且著名的神祠。其中有确切地名可考者 1147 所,北方地区 274 所,南方地区 873 所。南方是北方的 3 倍多。京东路最少,仅 13 所。这一统计虽然不系统,大体上是符合实际情况的。

南方地区神祠密布。如杭州,据《咸淳临安志》所载统计,有 269 所;越州有 137 所,[②]台州有 103 所。[③] 这仅是官方承认的正祠数量,淫祠及家户所祠之神则数不胜数。奉祠鬼神之风,以福建最为热烈:“闽之风俗,祭祀报祈,比他郡国最谨。以故祠庙之盛,甲于四方。”[④]如福州各县

---

① 有关神祠分类及与道教的区别,可参阅拙著:《神人同居的世界——中国人与中国神祠文化》,河南人民出版社 1993 年版。

② 《会稽志》卷 6《祠庙》。

③ 《赤城志》卷 31。

④ 《渭南文集》卷 24《福建城隍昭利东岳祈雨文》。

神祠,"率里社自建立,岁月深远,一邑或至数百所,不可胜载也!"宋真宗时,福清(今福建福清)县令李堪曾一次撤毁淫祠 315 所。① 荆湖地区自古巫风盛行,鬼神之祠至宋不减:

> 盖自屈原赋《离骚》,而《九歌》之作,辞旨已流于神怪。其俗信鬼而好祀,不知几千百年。于此沉酣入骨髓而不可解者,岂独庸人孺子哉? 虽吾党之士,求其能卓然不惑者,亦百无一二矣。②

千百年来,尚鬼敬神之风浸淫人心,连士大夫也几乎都不能免俗,笃信不移。湖北当阳是东汉末年大将关羽丧生之地,当地人对他极为敬畏,其祠遍及家户。宋代"荆人所以事关羽者,家置一祠。虽父子、兄弟室中之语,度非羽之所欲,则必相戒勿言,唯恐羽之知之也"③。关羽的神灵完全控制了当地居民的精神世界。对祖先神的崇祀,同样是每个家庭的日常功课。如广西钦州(今广西灵山)乡村人家,每户门内右边,必建一小巷,小巷石壁上设 2 至 3 寸大小的洞穴,叫"鬼路",供祖宗——家鬼出入。任何人都不能在此站立,恐怕妨碍家鬼往来。祭祀祖先时,就在鬼路下设酒肉,请师巫主持,家人奏乐,费时三天三夜才结束。城市人家则在厅堂设置香火供奉祖先,厅堂即专门的神祠,家人出入另开小门通往街道。新娶来的媳妇拜见家鬼后,永远不敢再入厅内,否则会被家鬼杀死。④ 真可以说户户都是一所神祠,人人都与鬼神生活在一起,时时受其约束。南方神祠多,从事敬神的专业人员相应也多,即庙祝、师巫等。如宋神宗熙宁年间的江西虔州(今江西赣州),仅被知州勒令改业的"淫巫"就有 3700 家。⑤ 而据数年后所编的《元丰九域志》载,虔州总户数 98130,则为"淫

---

① 《淳熙三山志》卷 9《诸县祠庙》。
② 《名公书判清明集》卷 14《不为刘舍人庙保奏加封》。
③ 《默堂文集》卷 13《正月十七日上殿札子》。
④ 《岭外代答》卷 10《家鬼》。
⑤ 《宋史》卷 334《刘彝传》。

巫"之户,至少占总户数的 3.8%,若加上淫祠之外正祠的师巫、庙祝,其比例更大。如无广大群众狂热的信奉,养活不了如此多的巫祝。

第二个特点,南方的神祠多怪异、野蛮,淫祠邪巫,危害很大。洪迈言:

> 大江以南地多山,而俗礼鬼。其神怪甚诡异,多依岩石、树木为丛祠,村村有之。二浙、江东曰五通,江西、闽中曰木下三郎,又曰木客,一足者曰独脚五通。①

这些丛祠所祀,既不是人物神,又不是自然神,没有任何真实的东西依托,非常荒诞。又如荆湖、广南等地:"荆、交之间,淫祠如织,牲牢酒醴,日所祈赛。诘其鬼,无名氏十常六七。"②多属文化层次很低的原始巫教。越是偏僻落后的地区,越是严重,"是故愈西南愈多诡异"③。更可怕的是,此类祭祀活动,往往野蛮到以人为牺牲的地步,而且愈演愈烈。最初以湖北为典型:"杀人祭祀之奸,湖北最甚。其鬼名曰棱睁神。"湖南随之效仿:"湖南之俗,好事妖神,杀人以祭之。"荆湖南北两路杀人祭鬼有一个共同点,即所杀之人,以官员、儒生为上祀,谓之聪明人,1 人可当 3 人;以僧人、道士为中祀,谓之修行人,1 人可当 2 人;其他人及妇女儿童为下祀,1 人只当 1 人。④ 因此,拦路杀人、贩卖人口的案件时有发生。南宋时,这股腥风血雨散布之地进一步扩大:"湖、广、夔峡多杀人而祭鬼,近又浸行于他路。浙路有杀人而祭海神,川路有杀人而祭盐井者。"⑤惨无人道的犯罪,乃是虔诚信仰的表现。在这些神祠面前,官员、儒生、僧人、道士或官府、儒学、佛教、道教统统不在话下,都要为其服务,只配作为牺

---

① 《夷坚丁志》卷 19《江南木客》。
② 《西塘集》卷 3《英州应龙祠记》。
③ 《岭外代答》卷 10《南法》。
④ 《夷坚三志》壬卷 4《湖北棱睁鬼》;《墨客挥犀》卷 2。
⑤ 《系年要录》卷 165,绍兴二十三年七月戊申。

牲。淫祠的神秘力量就是如此之强大。另有一种杀人祀神更奇特,是在欢乐气氛中进行的。南宋时,两浙湖州(今浙江湖州)人的鬼神迷信一度走火入魔,认为将一个人杀了,便可使他成神,为他立祠敬祀。常常三五成群,或一家人,或乡党邻里相聚酹酒割牲,迫使一人上吊自尽,随即为他建造神祠。一时间,这种神祠"遍于四境之内……递相仿效,皆以杀人为喜!"①表面上看,由屠杀外人到使自己人自尽似乎"文明"了些,实质上自我毒害更深,痴迷到了不可救药的地步。

神祠分布的第三个特点,即形成一定地域内的势力范围。地方性的神祠在当地及周围有一个信仰圈,在众多的神祠中占据主导地位。如四川盆地,普遍供奉的两尊主神是梓潼神和二郎神。朱熹指出,"今两个神似乎割据了两川"②,也就是说垄断了当地人的精神,主宰着人们的精神生活,权威性很强。外地崇祀的神在此没有广泛的影响,反过来说,这两尊神在外地也不像在四川那样受到狂热崇拜。再一个例子如仰山庙,"仰山孚惠二王庙,祀于江南,为大香火……今二王显异,既遍东南"③。张孝祥又言:"仰山二王,自江而西,饮食必祭,威德所被,齐光明。"④仰山神祠始自江东广德军(今安徽广德),在东南地区形成了自己的势力范围。又如对海上女神妈祖的信仰,以福建兴化军(今福建莆田)为中心,在东南沿海一带影响很大。其典型意义在于,作为海上女神,基本神性是保佑海事平安,所以只在与海洋相连的地域存在,不可能向内地发展。总之,神祠信仰圈之所以存在,就是由于相同或相近的地理环境、社会环境和文化类型,人们在精神上有共鸣之处,共鸣波及之处即是一个较大范围的文化单元。地方性神祇的权威性正是建立在这个基础之上。

再者,神祠信仰圈还与地域生态圈相吻合。如马神庙及对于蝗虫的祭祀,主要是在北方地区。因为马性宜凉不耐暑,南方的马质量差、数量

① 《宋会要·刑法》2之132。
② 《朱子语类》卷3。
③ 《竹溪鬳斋续集》卷10《行在仰山孚惠二王庙记》。
④ 《于湖居士集》卷14《仰山庙记》。

很少,如江东"素乏马,每县不过十余匹"①,在社会生活中起不到多大作用,恐怕许多人连马也没见过。而北方马多且壮,是重要的生产、交通工具,无论在官方还是民间,都把敬祀马神保佑马匹健壮当成一件大事。蝗虫是干旱的产物,北方旱地农业区中蝗灾伴随旱灾肆虐,令人畏惧。潮湿的南方不利于蝗虫的生长,所以,"江南无蝗,其有蝗者,皆是北地飞来也"②。虽有蝗虫侵扰,多属北方蝗灾的波及,程度上频度上都比北方轻些少些,当然不必大力敬祀蝗神。

神祠像草木一样择地而生,因地而异。现在要探讨的是:为什么南方地区热衷于敬祀鬼神呢?

首先,从地理环境方面考察。前文所引洪迈的话"大江以南地多山,而俗祀鬼",表明他认为"地多山"是南方"俗祀鬼"的自然原因。山区地理环境、气候条件复杂,峰回路转,云雾缭绕,野兽出没,人们在心理上不可能无忧无虑,坦荡平直。变幻莫测的环境和艰难的生活,使之疑神疑鬼,渴求超自然力量的保佑。陆游曾举过一个典型例子,即福州宁德县(今福建宁德)人为什么格外崇祀城隍神:

> 宁德为邑,带山负海。双岳、白鹤之岭,其高摩天,其险立壁,负者股栗,乘者心掉;飞鸾、关井之水,涛澜汹涌,蛟鳄出没,登舟者涕泣与父母、妻子别,已济者同舟更相贺。又有气雾之毒、琳龟蛇蚕守宫之蛊,邮亭逆旅,往往大署墙壁,以道出宁德为戒。然邑之吏民,独不得避,则惟神之归。是以城隍祠比他邑为尤盛。③

在险恶的环境里,人们生活和生命处于危难之中,只有建立精神寄托,才不至于丧失生活信心。兴盛的神祠,就是人与环境矛盾的产物。另一个因素是,在偏僻的山区,比较封闭,官方力量鞭长莫及,容易出现地方邪恶

---

① 《新安志》卷5。
② 《演繁露》卷4《蝗》。
③ 《渭南文集》卷17《宁德县重修城隍庙记》。

势力，缺乏正义和正常的社会秩序。人们找不到出路，看不到光明，便步入歧途。"人无所取直，故要之于神"，张载说："如深山之人多信巫祝，盖山僻罕所及，多为强有力者所制，其人屈而不伸，必咒诅于神"①。山区特殊的社会矛盾，也是淫祠邪巫滋生的温床。

其次，从地理位置方面考察。宋代政治中心在北方开封，而且千百年来北方一直是统一朝代的政治中心所在。相对政治中心而言，南方地理位置偏远，封建正统观念淡薄。正所谓天高皇帝远，因遥远而模糊不清，因遥远而权威不及。普通南方居民要解决实际物质生活、精神生活问题，往往依附地方神权。石介曾以四川为例指出："蜀人生西偏，不得天地中正之气，多信鬼诬妖诞之说。"②所言天地正中之气，即封建正统文化。有些南方地区神祠势力很大，公然自有司法权处治居民："神枷、神杖，处处盛行。巫者执权，过于官府。一庙之间，负枷而至动以数千计!"③民间神权大于官府政权，在北方地区是不大可能的。

其三，从习俗方面考察。南方广大地区居民习俗喜好游乐，而大规模的祭神活动同时就是歌舞百戏的会演。因此，热烈的祭祀便是寻欢作乐的形式之一，或者说为寻欢作乐而祭祀。度正指出：

> 蜀之风俗，好为游观。凡遇岁时游观之日，无不盛服来会，甚者奉事鬼神，亦资以为游观焉。然其志本在祈祷，或祈蚕，或祈谷，或祈福禄，或祈寿命……近年以来，衣服益侈，器仗益盛，队伍益繁。而所事之神，则被之以黄衣赭袍，奉之以龙床黄伞。其人更相呼集，连接数州，多者千余人，少者数百辈。④

由此可见，喜热闹、爱游观的习俗，促进了敬神祭祀活动的发展。两浙杭

---

① 《张载集·经学理窟·周礼》。
② 《徂徕石先生文集》卷9《记永康军老人说》。
③ 《巽斋文集》卷4《与王吉州论郡政书》。
④ 《性善堂稿》卷6《条奏便民五事》。

州更为典型。如每年六月初六,相传为崔府君神的生日,杭州城内一派欢乐景象:

> 此日内庭差天使降香设醮,贵戚士庶,多有献香化纸。是日湖中画舫,俱舣堤边,纳凉避暑,姿眠柳影,饱挹荷香,散发披襟,浮瓜沉李。或酌酒以狂歌,或围棋而垂钓,游情寓意,不一而足。盖此时烁石流金,无可为玩,姑借此以行乐耳。①

六月盛夏,骄阳当空,人们热得百无聊赖,便把神的生日当成了消夏的假日,借神娱乐。南方地区敬神活动之所以热烈,满足娱乐、宣泄、刺激的精神需要是其动力之一。

总结本章内容,明显的一个结论是:无论哪种宗教信仰,南方地区都数倍于北方地区。就地域文化而言,简单地用迷信程度来评价这一布局是不够的,还应看到蕴含的其他问题。如南方人精神空虚、活泛,有着更多的心灵需求,用各种宗教填塞,见神就拜,没有固定专一信仰感情,一切从需要出发,功利性强;其文化整体上显得丰富多彩。北方人精神相对实在或固执,缺乏幻想,恪守已有的信条,对各路神灵都不会很狂热地崇拜;其文化整体上显得比较单调。

---

① 《梦粱录》卷4《六月》。

第六章 各地学术状况及特点

以儒学为主的宋代学术,在中国历史上处于承前启后的转折阶段。概括地说,有两点最为突出。一是儒学大普及,从地域文化角度而言,主要是向南方地区扩散。二是用宋学取代了汉学,把传统学术和思想提高了一个层次,取得了巨大成就。而其中的地域差异及演变,同样有重要意义,不了解这些问题,就难以认识宋代学术成就的形成。各地学术无疑是高层次的地域文化,值得认真研究。

第一节 学术的地域演变及儒学的地域化

一、学术的地域演变

一部宋代学术史,不管从哪个角度讲,都首先是从北方地区写起的。不妨看一下《宋史·儒林传》所载人物前 20 位的籍贯:

1. 京西河南府人聂崇义;

2. 京东曹州人邢昺;

3. 河北博州人孙奭;

4. 开封府人王昭素;

5. 开封府人孔维;

6. 京东兖州人孔宜;

7. 京西河南人崔颂;

8. 京西颍州人尹拙;

9. 京东淄州人田敏;

10. 不详邑里辛文悦(曾为赵匡胤师,当是北方人);

11. 京东青州人李觉;

12.开封府人崔颐正(附弟崔偓佺);

13.京东青州人李之才;

14.河北滨州人胡旦;

15.京东青州人贾同;

16.京东徐州人刘颜;

17.京东濮州人高弁;

18.河东晋州人孙复;

19.京东兖州人石介;

20.淮南泰州人胡瑗。

南方学者胡瑗之前,著名学者全是北方人,尤以京东、京西、开封府人为多,仅京东就有9人。显然,北方地区学术的传统优势,在北宋前期十分突出。

学术上最早有重大建树的应推邢昺。邢昺经生出身,宋太宗太平兴国初以九经及第,宋真宗咸平二年(999年)被任命为朝廷第一任翰林侍讲学士。次年,受诏与杜镐、舒雅、孙奭等儒士校定群经义疏,在这一提倡儒学并对后世产生深远影响的活动中起了重要作用。他亲自撰写的有《论语正义》《孝经正义》《尔雅正义》。其中《论语正义》所阐发的儒学理论颇有价值,对董仲舒以后的"天命论"进行了初步改造。邢昺所认识的天,不具有神的意义,而是自然的天。反复申明"天本无心","天本无体","天无言语之命",比汉学"天命论"直观粗糙的形式精致并理论化了。"汉学、宋学,兹其转关"①,在汉学"天命论"向宋学"天理论"转变过程中,邢昺是位有重大贡献的学者。

宋初另一位经学大家博州人孙奭(成年后迁至京东郓州),也是九经及第,著有《经典徽言》50卷及《五经节义》等经学著作。他在思想史上的主要贡献也是反"天命论"。宋真宗伪造天书下降时,孙奭当面对宋真

---

① 《四库全书总目》卷35《论语正义》。

宗说:"臣愚,所闻'天何言哉',岂有书也?"天只是自然的天,既不能言,哪里还会有书呢? 并劝谏皇帝不可祀汾阴、封泰山①。在当时大搞天书封禅的高潮中,孙奭坚守北方经学质朴的本色,不为时髦及权势所动摇,其言论难能可贵。

作为儒学发祥地的京东,学术气氛历来浓厚,不仅造就了邢昺、孙奭等学者,被学术史誉为开宋代学术、理学先河的"宋初三先生",也是京东文化陶铸的结果。"宋初三先生"指孙复、胡瑗、石介。孙复河东晋州(今山西临汾)人,年轻时四举进士不中,便来到京东兖州泰山,隐居读书、教学、著书。慕名而来求学、同学的有石介、胡瑗。三位学者在泰山研习十年,学问大成,先后进入京师太学担任主讲,使其学术发扬光大。朱熹称赞道:

> 本朝孙(复)、石(介)辈忽然出来,发明一个平正底道理自好,前代亦无此等人。如韩退之(愈)已自五分来,只是说文章。若非后来关、洛诸公出来,孙、石便是第一等人。②

朱熹十分推崇孙复、石介,认为他们的学术贡献超越韩愈,仅次于张载、二程。明清之际的大思想家黄宗羲尤其推崇石介,在《宋元学案·泰山学案》中盛赞石介为"百世之师"。南宋末年学者黄震对"宋初三先生"的历史地位评价道:

> 宋兴八十年,安定胡先生、泰山孙先生、徂徕石先生始以其学教授……继而伊洛兴矣。故本朝理学,虽至伊洛而精,实自三先生而始。故晦庵(朱熹)有伊川(程颐)不敢忘三先生之语。③

---

① 《宋史》卷431《孙奭传》。
② 《朱子语类》卷129。
③ 《黄氏日抄》卷45。

学者、思想家们饮水思源,无不认为宋代学术源头发自于京东泰山南麓。京东地域文化在学术方面,对宋代学术史、思想史做出了开创性的贡献。

接下来单独谈谈胡瑗,从他身上可以看到宋代学术地域演变的一些轨迹。胡瑗人称安定先生,是说他祖籍安定。安定为陕西路泾州(今甘肃泾川)的郡名①,也即胡瑗祖籍西北。其祖父胡修任淮南泰州(今江苏泰州)司寇参军时去世并葬于当地,其家定居泰州,遂为泰州人。青年时由于家境贫困,无以自给,胡瑗来到京东泰山与孙复、石介共同读书,“一坐十年不归,得家书,见上有‘平安’字,即投之涧中,不复展,恐扰心也”②。这条史料的价值,在于说明胡瑗的学问、学术思想是在泰山的 10 年期间形成的,与南方家中极少联系。学成后已人到中年,开始了今后一生从事的教育事业,“以经术教授吴中”,“从之游者常百余人”③。为南方地区培养了一大批人才,成为当时最著名的教育家。胡瑗祖籍北方,长在南方,学在北方,又讲学于南方,受南北文化共同造就,并将在京东研习的经学传播到东南地区,他是学术文化地域演变的重要人物。“东南之人知以经行为先,道德为本,实先生始之也”④。其历史意义在于,这是宋代学术北学南渐的第一次波动,表明东南地区学术开始崛起。(附带说一下:福建的经学也是宋仁宗末期兴起的。在此之前,“闽士多好学,而专用赋以应科举”。大多数知识分子是文学之士而不是学术之士。嘉祐年间蔡襄帅福州时,延聘儒者,“专用经术教授,多者尝至数百人”⑤。由此才开始了经学的普及和学术发展。)

胡瑗虽然与孙复、石介在泰山同学 10 年,学术渊源相同,但毕竟是南

---

① 《宋史》卷87《地理》3。

② 《宋元学案》卷1《安定学案》;参阅《宋名臣言行录》前集卷10《胡瑗》。

③ 《宋史》卷432《胡瑗传》。

④ 《宋名臣言行录》前集卷10《胡瑗》。胡瑗以教育为己任,其传播的学问属于普及性的,本人的学术成就不大,身后也无传人延续。《朱子语类》卷129,两次提及此事。有人问:“安定学甚盛,何故无传?”朱熹说:“当时所讲止此,只些门人受去做官,死后便已。”又有人问:“安定平日所讲论,今有传否?”朱熹说:“并无。”

⑤ 《长编》卷187,嘉祐三年七月壬申。

方人,禀受了南方文化的一些成分,学风造诣各有差别:"泰山与安定同学十年,而所造各有不同。安定冬日之日也,泰山夏日之日也。"胡瑗之学犹如冬天的太阳一般温暖,孙复之学犹如夏天的太阳一般火辣。"安定沉潜,泰山高明;安定笃实,泰山刚健。各得其性禀之所近。"①胡瑗之学沉厚平实,孙复之学高明刚健,如朱熹一言以蔽之总结的那样:"安定较和易,明复却刚劲。"②大体上是南方人柔而北方人刚的体现。另一方面,胡瑗的教学成就比孙复大,孙复的学术成就比胡瑗大:"瑗治经不如复,而教养诸生过之。"③孙复提出了"道统"继承问题,态度比较激进,但在学术内容上不如胡瑗广阔;胡瑗的思想则不大成熟,还没有形成一个完整的体系,意味着东南地区的经学处在普及、传播阶段,还未能向高处深处发展。

与胡瑗的身世、作用相似的另一人物是范仲淹。范仲淹祖籍陕西,四世祖迁居两浙苏州,本人出生于京东徐州,二三岁时随母亲改嫁到淄州。自此一直在淄州和应天府学习生长。中进士后,先在江东广德军(今安徽广德)和淮南泰州做官,大力兴建学校或书院。以后无论在何地总是重视教育,培养造就了许多人才。他曾传授《春秋》之学于孙复,请胡瑗讲学于苏州州学,推荐孙复、胡瑗任教于国子监,在倡导兴学、推动学术发展方面贡献很大,在南北学术交流方面起了重要作用。

当东南地区学术正在发展的时候,北方地区学术已在高层次上有了真正的结晶,即"关学""洛学"的诞生。

"关学"之"关",是指陕西的关中。"关学"指的是产生于关中、由关中学者组成的学派。创始人张载,原籍开封府,其父张迪在夔州路涪州(今四川涪陵)知州任上病故后,张载兄弟年幼无力返回开封,便定居在陕西凤翔府郿县(今陕西眉县)的横渠镇,遂为关中人,世称其为横渠先生。张载讲学于关中,所培养的弟子大多也是关中人。如吕大均、吕大

---

① 《宋元学案》卷首《序录》。
② 《朱子语类》卷 129。
③ 《宋史》卷 432《孙复传》。

忠、吕大临兄弟,陕西京兆府蓝田县(今陕西蓝田)人;苏昞,京兆府武功县(今陕西武功西北)人;范育,邠州(今陕西彬县)人;还有潘康也是关中人。与张载交往密切的同道者有游师雄,武功县人;李复,长安人;张舜民,邠州人。在北宋各学派中,"关学"学派最有地域特点,主要人物全是关中人。

"关学"崛起后,曾兴盛一时,成为中国哲学史上一个重要的唯物主义派别。"关学"所坚持的"学以致用"的学风,得益于关中地域文化,也发展了关中地域文化。学者的道德风范言传身教,得到了向善好学的关中人响应:

> 关中始有申颜者,特立独行,人皆敬之。出行市肆,人皆为之起,从而化之者众。其后二张(即张戬、张载)更大发明学问渊源。伊川先生尝至关中,关中学者皆从之游,致恭尽礼。伊川叹洛中学者弗及也![1]

良好的学术环境,在某些方面居然胜过洛阳,令洛阳大儒感动赞叹。二程评价道:"关中之士,语学而及政,论政而及礼乐、兵刑之学,庶几善学者。"[2]学了就用之于现实,或者说为了现实而学,突出地表现在礼法上。张载曾不无自豪地对程颐说:"关中学者,用礼渐成俗。"程颐立即肯定道:"自是关中人刚劲敢为。"[3]在张载及其学派的大力倡导下,关中社会风俗逐步摆脱了唐末五代以来的简陋随意,恢复了礼法。程颐所称赞的"关中人刚劲敢为",当是指恢复礼法难度很大,只有关中人才有此魄力和毅力。张载的弟子吕大钧即是这方面的典型。他"守其师说而践履之",在为其父亲办丧事时,孝服、葬礼、祭祀等仪式"一本于礼"。后来又推广到"冠昏、膳饭、庆吊之间,节文粲然可观,关中化之"。张载对这位

---

① 《蒙童训》卷上。
② 《河南程氏粹言》卷1《论学篇》。
③ 《张载集·张子语录后录》上。

得意门生很赞赏，"每叹其勇为不可及"①。《吕氏乡约》就是吕大钧兄弟在张载影响下制订的改良社会习俗的具体实践条文。故而，"关中言《礼》学者，推吕氏"②。树立了学用结合的典范。总之，"关学"提高了陕西地域文化的地位，其耀眼的光斑，代表了陕西文化的高度。

宋神宗熙宁十年（1077年），张载逝世。"关学"也随之结束了辉煌时期，开始走向衰落，"再传何其寥寥也"③！按一般规律，一个实力强大的学派不可能在开创人去世后便一蹶不振，实际上"关学"流派并非忽然枯竭，而是像渭河流入黄河一样，与蓬勃兴起的"洛学"合流了：张载的门人弟子在其死后，不少都转向二程。从而出现了学术文化地域演变的又一新气象。学术重心先在京东，继而陕西，最终向中部集结，西京河南府——洛阳以得天独厚的历史优势和地理优势，形成了一个更强大、更有生命力的"洛学"学派。

广义的"洛学"泛指在洛阳居住的士大夫所从事的学术。他们主要是程颐、程颢、邵雍、司马光。二程是洛阳人，他们的弟子许多也是洛阳人，如刘绚、李吁、张绎、尹焞等即是。邵雍的学术体系是在洛阳建立的。邵雍之学本于《易》，最初由陈抟传于洛阳人种放，种放传于穆修，经李之才传于邵雍，遂创立了博大精深的先天象数学，并被后世的算命先生奉为祖师。其体系之庞大整齐，在学术史上是罕见的。司马光在宋神宗熙宁初因反对王安石变法离开京师，来到洛阳时为52岁，自此一住15年，潜心治学，不仅完成了史学巨著《资治通鉴》，而且形成或完善了自己的学术思想和哲学思想。

狭义的"洛学"特指洛阳人程颐、程颢所创立的哲学学说，即由二程奠定的理学。在学术发展史上，抛开哲学意义不讲，二程理学有两个特点。

一是兼容性。善于汲取各家学说之长为己所用，圆融而不偏执。

---

① 《宋史》卷340《吕大钧传》。
② 《宋史》卷340《吕大防传》。
③ 《宋元学案》卷31《吕范诸儒学案》。

"泛滥于诸家,出入于老、释者几十年,返求诸《六经》而后得之"①。所得就是"自家体贴出"的"天理":以儒家思想为基础,吸收佛教、道教理论的某些思想资料和机制,建立起比传统儒学更加精致、更有思辨性哲学的客观唯心主义体系。在新的历史条件下,为统治阶级提供了适宜的统治思想。

二是扩散性。由于上述原因,二程理学具有普遍意义和普及价值。加以地理位置适中,许多学者不远万里从四面八方前来洛阳求学。据河南嵩县程村二程祠中的《二程门人名单碑》记载,有88人之多,突破了地域文化范畴。"洛学"的扩散,在文化地理学上叫扩展扩散,即随着接受其学的人越来越多,其分布空间也越来越大。二程的门生们将"洛学"带回自己家乡,传入陕西、四川、荆湖、福建、两浙、江南等地,在各地生根开花,形成南宋时期主要的各个学派。也就是说,"洛学"是南宋各主要学派的源头。全祖望说:

> 洛学之入秦也,以三吕;其入楚也,以上蔡(谢良佐)司教荆南;其入蜀也,以谢湜、马涓;其入浙也,以永嘉周、刘、许、鲍数君;而其入吴也,以王信伯……象山(陆九渊)之学本无所承,东发(黄震)以为遥出于上蔡,予以为兼出于信伯,盖程门已有此一种矣。②

足见其扩散范围之大,辐射力之强。"三吕"即吕大防、吕大钧、吕大临,本是"关学"骨干,溶入"洛学"后又反过来成为"洛学"在陕西的传人。南方地区除了两广太偏远落后以外,大部分路均有"洛学"的直接传人宣扬二程理学。其中,由杨时传入福建的一支最关键,充分显示了"洛学"扩散上的邻里效应。

杨时,福建南剑州将乐县(今福建将乐)人。宋神宗熙宁九年(1076

---

① 《河南程氏文集》卷11《明道先生行状》
② 《宋元学案》卷29《震泽学案》。

年)中进士第后,并没有立即做官,而是另有追求,慕名求学:

> 时河南程颢与弟颐讲孔孟绝学于熙、丰之际,河洛之士翕然师
> 之。时调官不赴,以师礼见颢于颍昌,相得甚欢。其归也,颢目送之
> 曰:"吾道南矣!"……暨渡江,东南学者推时为程氏正宗。①

在教学过程中,程颢发现杨时的悟性与才华,许为高足,期以远大,认为他
能够继承其学说,英明地预见到杨时会把理学传到南方。历史证明,程颢
的预言是正确的,并且完全实现了理学的南传。杨时作为南渡的"洛学"
大宗,一传给同郡罗从彦:

> (罗从彦)闻同郡杨时得河南程氏学,慨然慕之。及时为萧山
> 令,遂徒步往学焉。时熟察之,乃喜曰:"惟从彦可与言道。"于是日
> 益以亲。时弟子千余人,无及从彦者。

罗从彦二传给同郡李侗:

> (李侗)年二十四,闻郡人罗从彦得河洛之学,遂以书谒之……
> 从之累年,授《春秋》《中庸》《语》《孟》之说……久之,而于天下之理
> 该摄洞贯,以次融释,各有条序,从彦亟称许焉。

李侗三传给朱熹:

> 吏部员外郎朱松与侗为同门友,雅重侗,遣子熹从学,熹卒得
> 其传。②

---

① 《宋史》卷 428《杨时传》。
② 《宋史》卷 428《罗从彦传》《李侗传》。

朱熹祖籍江东徽州婺源（今江西婺源），生于南剑州尤溪（今福建尤溪），后来徙居到建州建阳（今福建建阳）。他继承发展了二程理学，集宋代理学之大成，建立了"闽学"。后世遂合"洛学""闽学"为"程朱理学"。自宋理宗时起，"程朱理学"被确定为官方哲学，其影响直到近代。

从"洛学"的繁荣及两个特点可以看到洛阳学术中心的地位，在宋代学术地域演变中起着枢纽作用：以北方传统儒学为基础，兼容南北各地学术流派，陶铸一新，形成理学，然后向南方广为传播。理学开创于洛阳，说明北方儒学的实力；理学传播于南方，说明北宋时南方儒学的落后或薄弱；理学集大成于福建，说明南宋时南方儒学的超越。"洛学"演变为"闽学"，经历了 100 余年，时间之漫长，既是南方学术发展所必需，也是南北两地文化融合所必需。

宋代学术地域演变与流传的另一重要流派，即"中原文献学"南渡后演变为"婺学"或称"金华学"。

"中原文献学"又称"吕学"，指吕氏家族世代相传的学派。其特点除了博学多识、注重文献、学以致用外，还有两点。一是家学渊源，世代相承不绝，大家辈出。吕氏自宋仁宗朝宰相吕夷简以来，吕公著、吕希哲、吕好问、吕本中、吕祖谦等后人世代为官，长期居住在京师开封，饱受丰富多彩、博大精深的京华文明陶冶，成为文史传家的大书香门第，学者层出不穷。吕氏载入《宋元学案》者就有 7 世 17 人之多。南渡后，吕好问移居两浙婺州（今浙江金华），家学在新的环境中继续流传，声势更加浩大，"中原文献之传独归吕氏，其余大儒弗及也"①。"婺学"之名，因而确立于南宋，显赫于天下。由于婺州治所在金华县，所以又称"金华学"。

另一个特点是不偏不倚，融会贯通，综合性强。吕氏"中原文献学"起源于京师开封，是京师文化综合性特点的一个结晶，至南宋仍继续发扬。吕祖谦即是一个典型：

---

① 《宋元学案》卷 36《紫微学案》。

祖谦之学本之于家庭,有中原文献之传。长从林之奇、汪应辰、胡宪游,既又友张栻、朱熹,讲索益精……祖谦学以关、洛为宗,而旁稽载籍,不见涯涘。心平气和,不立崖异,一时英伟卓荦之士皆归心焉。①

家传的"中原文献学"原来就是综合性的,历代相传只能是愈来愈广博,愈吸收其他学派精华而日益壮大。吕祖谦学风的吸引力,其实是"中原文献学"特有的魅力所致。该派不以标新立异取胜,"平心易气,不欲逞口舌以与诸公角,大约在陶铸同类,以渐化其偏,宰相之量也"②!吕氏家族为宰执者,从吕夷简起,还有吕公著、吕公弼、吕好问等人,宰相世家地位及风范,加以百余年居住京师的历史,使之养成比较全面地看待事物,胸襟宽广,气魄宏大,以陶铸天下学者为己任。即使到了南方,也不为地域偏见所左右,这一特点反而更加明显,受到士大夫的普遍尊重。宋孝宗以后,该学派遂成为南宋三大学派之一,与朱熹、陆九渊学派鼎足而立于当世:

宋乾(道)、淳(熙)以后,学派分而为三:朱学也,吕学也,陆学也。三家同时,皆不甚合。朱学以格物致知,陆学以明心,吕学则兼取其长,而复以中原文献之统润色之。门庭径路虽别,要其归宿于圣人则一也。③

朱熹之学与陆九渊之学在哲学上是客观唯心主义和主观唯心主义的对立,各有独创;吕氏之学因其"中原文献学"老底子固有的综合性特点,兼容并包两派长处,也是别具一格,巍然一派。

"中原文献学"在南宋的重要地位及广泛影响,除了其自身的优势之

---

① 《宋史》卷434《吕祖谦传》。
②③ 《宋元学案》卷51《东莱学案》。

外,与时代环境也有一定关系。南宋中期的韩淲说道:

> 渡江南来,晁詹事以道(说之)、吕舍人居仁(本中)议论文章,字字皆是中原诸老一二百年酝酿相传而得者,不可不讽味。[①]

仔细体会其言,可以感到南宋人对北宋故国及中原文明的怀念,对中原学术优势的崇敬。故而,其学更能使南方人膺服与接受。

上述情况表明,由"洛学"而"闽学"、由"中原文献学"而"婺学",是宋代学术地域演变与流传在南北方之间的两股主流,都是北方学术涌注入南方,而后发扬光大。其历史原因,主要是由于北宋亡国,北方沦陷,北方学术中断和学者南迁;其地域原因,主要是北宋时北方学术基础雄厚,源远流长,南方学术基础相对薄弱,大量接受北方学术。其结果,便是学术重心南移,北方、南方学术在南宋时的南方最大限度地融合,取得了巨大成就,对中国历史产生了深远的影响。

最后谈谈南宋学术的地域分布及两浙的有关情况。

宋代学术的地域重心由北向南移动,最后聚集在东南地区的两浙、福建、江西、江东等地。《宋元学案》所列宋代学者1700余人,其中两浙最多,为680人;以下较多的依次为福建,304人;江西,183人;江东,126人。其他各路都在百人以下,夔州路仅2人,广西路仍是空白。两浙路学者最多,当然与《宋元学案》的两位作者黄宗羲、全祖望都是浙江人,加以浙江文献丰富、耳目所及搜罗便利有关,但这并不妨碍两浙学者众多这一事实的成立。下面,以两浙为例,谈一下学术地域差异的一些问题。

如同全国学者的地域分布差异很大一样,两浙学者在各州郡的分布也很不平衡。现将《宋元学案》所载宋代两浙学者的乡贯列表如下(个别仅有姓名而无事迹者不录)。

---

① 《涧泉日记》卷下。

表 23 **宋代两浙学者分布数量表**

地名	杭州	苏州	湖州	秀州	常州	江阴军	镇江府	严州	温州	处州	婺州	衢州	明州	台州	越州
人数	20	36	12	10	21	2	7	38	113	21	153	23	115	61	48

两浙学者数量最多的是婺州,最少的是江阴军(今江苏江阴)。江阴军仅江阴一县,在两浙其面积最小、人口最少,北宋后期和南宋绍兴末期曾两次将其划入常州(今江苏常州),其学者数量少有客观原因,不足论。

宋代两浙曾分为两浙东路和两浙西路,即通常说的浙东、浙西。浙东包括温州、处州、婺州、衢州、明州、台州、越州 7 地;浙西包括杭州、苏州、湖州、秀州、常州、江阴军、镇江府、严州 8 地。明确了如此地域划分,学者的地域分布差异就非常明显了:浙东 7 地,总数为 534 人;浙西 8 地,总数为 146 人。浙东人数占总数的 78.5%,是浙西人数的 3 倍多。在数量基础之上,南宋第一流的学者如婺州的陈亮、吕祖谦家族、温州的叶适、陈傅良,明州的黄震、王应麟等,都出自浙东。

浙东、浙西的行政区划,不是没有根据的,浙西位于太湖周围,多是水波涟漪的泽国,浙东则多是丘陵逶迤的山区。自然环境决定着经济状况大不相同,浙西州县大多比较富饶,浙东州县大多比较贫瘠。如王柏指出:"东浙之贫,不可与西浙并称也。"① 两地悬殊不可同日而语。富裕的浙西学术落后,贫困的浙东学术发达,从学术角度而言,则是西浙之贫不可与东浙并称也。南宋中期黄幹曾指责道:"浙右之俗,专务豪奢,初不知读书为何事!"② 浙右即浙西,因其富庶而追求享乐,很少有人做黄卷青灯之事。而浙东如明州,"富家大族皆训子弟以诗书,故其俗以儒素相先,不务骄奢"③。与浙西正相反。更多的中下层人家,则属于安贫乐道。习俗差异是学术气氛、学者数量差异的重要原因。

文化、学术的发展与经济不同,自有其规律。学术讲究传承,有一位

---

① 《鲁斋集》卷 7《赈济利害书》。
② 《勉斋集》卷 8《与胡伯量书》。
③ 《宝庆四明志》卷 14《风俗》。

大家,常会带起周围的一大批学生,形成热爱学术的风习和规模效应。《宋元学案》就是以大家为龙头、以地域为主要线索的学派史料。

二、儒学的地域化

儒学自汉代确立为封建统治思想之后,长期保持着官方一元化。唐太宗时,为了进一步统一思想,令孔颖达与诸儒修撰五经义疏,成《五经正义》180卷。参与科举考试的士子必须依据《五经正义》对儒学的解释答卷,不允许自由发挥。官方对儒学的垄断更加强化。也正因为如此,儒学日趋僵化,日益式微,难以适应已经起了剧烈变化的社会现实。

唐末五代以来,传统的伦理纲常受到严重冲击,官方的儒学垄断削弱。时代给学者们提出了改造儒学、重建新的统治思想的历史使命。随着地域文化的发展,宋代儒学摆脱了官方超地域的一统,主要由分散的地方思想家自由阐发,分别以不同的地域界限形成各自学说。迫切的需要造成了宽松的环境,各地学者纷纷以继承"不传之圣学"为己任,"各自论说,不相统摄……学脉旁分,攀缘日众,驱除异己,务定一尊"①。正是家家各称孔孟,人人自为稷契,都想将自己所阐发的儒学定为一尊。旁分的学脉,源自不同的地域。《宋元学案》卷6《士刘诸儒学案》的序言,描述了这场运动的开端,记述了各地"学统"及代表人物:

> 庆历之初,学统四起。齐鲁则有士建中、刘彦夹辅泰山(孙复)而与;浙东则有明州杨(适)、杜(醇)五子(另有王致、王说、楼郁)、永嘉之儒志(王开祖)、经行(丁昌期)二子,浙西则有杭之吴存仁,皆与安定(胡瑗)湖学相应;闽中又有章望之、黄晞,亦古灵(陈襄)一辈人也;关中之申(颜)、侯(可)二子,实开横渠(张载)之先;蜀有宇文止止(之邵),实开范正献公(祖禹)之先。

---

① 《四库全书总目》卷1《经部总叙》。

一时间,儒学的天空星座并立,争追日月。在京东、两浙、福建、陕西、四川兴起的儒家新学派,使儒学形成了地域性的多元化,表现为多源发生,多元发展。自秦汉以来,儒学历史上唯有宋代呈现如此盛况,是宋代儒学发展的一大特色。清代四库馆臣明确说道:

> 儒之门户分于宋。①

《宋元学案·条例》又指出:

> 明儒派别尚少,宋、元儒则自安定、泰山诸先生以及濂、洛、关、闽相继而起者,子目不知凡几。

门户派别之分,主要形式就是地域之分。一个引人注目的现象是,众多的学派都是以地域命名的:如"濂学""湖学""关学""洛学""临川学""闽学""永康学""永嘉学""蜀学""象山学(江西学)""湖湘学"等等。对此,不能不令人感到惊讶,发出提问:这意味着什么呢? 以下几点就是我们的初步认识。

第一,以地名命名学派,表明其学派是地域文化的产物或与地域文化有不同程度的关系。学派名称,或是学派形成地,或是学派创始人的籍贯、居住地,前者如"关学""洛学"等,后者如"濂学""临川学"等。这种做法,意味着各学派之间有地域文化的差别,反过来也会强化有关地域文化的特色。

第二,各学派绝大多数都是各地学者自然形成的,没有官方色彩。以地名命名学派,就是强调了与官方对称的民间性和与中央对称的地方性。因而,除个别党争、党禁时期外,得以较为自由地发展,听任时代、历史的选择与淘汰。再者,绝大多数学派的理论不受或少受短期政局所左右,有

---

① 《四库全书总目》卷103《医家类序》。

的学派学者甚至与之发生矛盾,因而更具学术性和生命力。

第三,宋代儒学的地域化及派别的争论、交流、融合,是一个儒家内部百家争鸣的黄金时代。儒学在各地各学派新鲜血液的滋补下获得新生,其盛况可谓中国思想史、学术史上的奇观。这场地域分合,极大地丰富发展了儒学思想,是宋儒对中国传统文化的最大贡献,也是宋代地域文化的重要成就。

王安石的"临川学"又称"荆公新学",主要是在京师开封形成的气候,该学派的地域性最淡薄,曾一度处于官学地位。王安石变法期间,为了更好地推行新法,提出"一道德"的口号,在朝廷设立"经义局",召集一批变法派儒臣,"训释厥旨,将播之学校",以改变"士弊于俗学久矣"的局面。[①] 所撰《周官新义》《书义》《诗义》,合称《三经新义》,于熙宁八年(1075 年)颁行,用作学校的教科书和科举考试的标准,意在凭借政治势力用一家之说取代百家之说,由官方重新垄断儒学。正是因为其政治性太强,虽然在北宋中后期主导官学数十年,但宋钦宗即位后时局一变,即予取消,"临川学"的及门弟子和再传弟子也不多。盛行一时的"临川学"非但未能取代或击败地方的儒学学派,相反倒是刺激了地方各学派的发展。宋代儒学地域化及地域派别,就是如此不可遏制,蓬勃旺盛,勇于冲破官方的垄断,敢与之分庭抗礼。最终在南宋后期被确立为官方哲学的"程朱理学",则是长期不被官方垂青的"洛学"与"闽学"的结合物,充分证明了地域性儒学强大的生命力和创造力。

第二节　南北学风及学术的某些差异

著名学者、教育家胡瑗,曾谆谆教导他的学生说:"学者只守一乡,则滞于一曲,则隘各卑陋。必游四方,尽见人情物态、南北风俗、山川气象,以广见闻,则有益于学者矣。"作为教育家,他不但是这样说的,也这样做了。他曾率领学生数人从两浙湖州出发游学,在游历陕西关中途中,来到

---

① 《王文公文集》卷36《周礼义序》。

潼关。见山路峻隘,便下车步行,登至关门休息时,遥望黄河环抱潼关、透迤汹涌,而太华山、中条山巍峨峙立,"一览数万里,形势雄张"。不禁心潮澎湃,胸襟开阔,说:"此可以言山川矣,学者其可不见之哉!"①胡瑗的言行与感慨,深刻而具体地说明了学术不只是书斋中的事,还需要走向社会、走进大自然,亲身体验,接受熏陶。不同地域的社会环境、自然环境,给人以不同的知识、感受。短暂的游历就能有此收获,长期生长于一地,受环境的影响,其学术不可避免地要打上地域的烙印。

一、南北学风的差异

学风因人而异,因时而异,更因地而异。从大的方面考察,宋代学风的地域差异相当明显,主要仍是南方地区的学风与北方地区的学风有很大的不同。

南宋时陈造对南北方学风做过比较:

> 昔人论南北学异,古今几不可易。北方之人,如拙者用富,多才而后为富;若南士之学,富而为富不少,至内虽歉,外若充足,莫能窥之者,良多用其才。南北巧拙甚霄壤也。淮乡近中土,学者滞顿椎朴,投技有司,往往非南人敌,我其尤也。得一乃能用一,非入无以为出,坐是孜孜硁硁,必苦心极劳,历年之久,仅乃得之。②

陈造,淮南高邮军(今江苏高邮)人,曾任淮南西路安抚司参议。高邮军在淮南江北,归南方地区,但南宋时常视之为北方,陈造也自以为淮南学风接近北方,与南方不同:北方人治学,主要靠下笨功夫苦苦攻读,再加上一些才华方可有成就,学问有一是一,有二说二,不善发挥,根深而叶不茂;南方人治学,固然有不少人既肯下功夫又恃才华,取得丰富成果,也有

---

① 《默记》卷下。
② 《江湖长翁集》卷23《送师文赴春官试序》。

功夫不到家,学得不多但善用巧劲,善于表现出来,发挥的聪敏使人感到很有学问,有一说二,根不深而叶茂。故而陈造认为南方学风之巧、北方学风之拙,简直是天地之别。实际情况未必如此严重,基本上倒也属实。

福建人黄裳也指出:"北方之学,多在口耳之间;若夫绪余伦类,意致神遇,则得之鲜矣。"①北方人治学多是人云亦云,因循守旧,多用口耳,少用脑子,在归纳演绎、领会精神、创立新意方面较差。他虽然没有说南方人如何,但后一层意思暗示的无疑是南方人治学的长处,仍是在作比较。当然,所言只是一般情况而已。

若究原因,下述两点可提供思路。一是北方学术积累深厚,知其深奥,不敢轻举妄动;南方学术积累较浅,没有负担,少受约束;二是习性所致。北方人忠厚质朴,长于记忆而短于阐发;南方人轻俊敏捷,长于阐发而短于记忆。《宋史·地理志四》说两浙"人性柔慧……善进取,急图利,而奇技之巧出焉"。急功近利,恃才傲物,学问底气自然不会很深厚。而且,不免会走向偏激,如"江西士风,好为奇论,耻与人同,每立异以求胜"②。为显示与众不同,便标新立异,好处是不受陈规旧习的约束,锐意创新,推动学术变革;弊端是难以心平气和、实实在在地治学立论。发展到极端,则走向歧途。南宋中期黄幹指责道:"江西素号人物渊薮,比年萧索尤甚,虽时文亦无粲然者,而况有学术乎?二陆唱为不读书而可以得道之说,士风愈陋,不过相与大言以自欺耳。"③黄幹是福州人,朱熹的学生,这番话是"闽学"对陆九渊"象山学"的不满,有门户之见,也不能泛指所有江西学者。我们认可的是,这种现象虽不像黄幹所说的那么严重,也不是没有根据的。提倡"心即理"的主观唯心主义学派"象山学",产生在江西恐非偶然,至少与学风有关。

以上所说,是南方北方学风的基本差异。现深入分析,以见其延伸。京东济州(今山东巨野)学者晁说之,在《南北之学》一文中说道:

① 《演山集》卷18《重修潭州学记》。
② 《朱子语类》卷124。
③ 《勉斋集》卷6《复江西漕杨通老楫》。

南方之学异乎北方之学,古人辩之屡矣。大抵出于晋、魏分据之后……今亦不可诬也。师先儒者,北方之学也;主新说者,南方之学也。①

晁说之提出的儒学学风南北差异,是历史的延续。南北朝分裂以后,南方、北方在各自的基础与文化环境中分别发展,儒学出现了地域差异。《隋书》卷75《儒林传》总结道:

大抵南人约简,得其英华;北学深芜,穷其枝叶。

宋代南北方沿着这一方向继续发展,尽管处于儒学变革时代,北方儒学仍相对保守,不如南方那样勇于创新。

宋初三朝基本上仍因循汉学窠臼,儒学仍是章句之学。不过,在疑古变古的社会思潮中,南北各地已开始了对传统儒学的反思,先后涌现出疑传派、疑经派。北方学者,以疑传派为多,南方学者则大胆激进,以疑经派为多。

疑传派集中在京东儒学故乡,以泰山孙复及其门人兖州人石介和徐州人刘颜、郓州人士建中、济州人张洞等为代表。如孙复治《春秋》,"不惑传注,不为曲学以乱经。其言简易,得于经之本文为多"②。破除了对传注的迷信,拨开前人解说,自己直接从经文中寻找真谛。孙复在经筵为皇帝讲课时,由于其观点"多异先儒",不为朝廷所容而被罢免。③ 石介则敢于斥责集汉学之大成、为儒林北学之宗的东汉经学大师郑玄(字康成)的权威注疏:"康成之妄也如此!"④由唯传是从,变为唯经是从,对儒学发

① 《景迁生集》卷13。
② 《长编》卷149,庆历四年五月壬申条。
③ 《宋史》卷432《孙复传》。
④ 《徂徕石先生文集》卷11《忧勤非损寿论》。

展而言固然是进步的,但目的是"弃传从经",重新解释经典,实质上是尊经,为了捍卫经典的权威。从历史角度而言,他们认为旧传不适合宋代社会,而经文仍是指导现实的真理。

直接怀疑经典的疑经派与之性质不同。疑经派主要人物都是南方人,如江西人欧阳修、王安石、刘敞、陆九渊,两浙人王开祖,湖南人廖称,四川人苏轼等。其中以欧阳修为先锋,他"排《系辞》""毁《周礼》""黜《诗》之序"。如《易经》中的《系辞》《文言》《说卦》等,一直被当作《易经》的组成部分,欧阳修却认为其"皆非圣人之作,而众说淆乱,亦非一人之言也",指出了其中许多纰漏和自相矛盾之处。① 对《诗经》《周礼》《中庸》等经书,也都提出了质疑。更为激进的是刘敞,如其《七经小传》,清代四库馆臣归纳评价说:

> 今观其书,如谓《尚书》"愿而恭"当作"愿而荼","此厥不听"当作"此厥不德";谓《毛诗》"烝也无戎"当作"烝也无戍";谓《周礼》"诛以驭其过"当作"诛以驭其祸","士田贾田"当作"工田贾田","九筮五曰巫易"当作"巫阳";谓《礼记》"诸侯以貍首为节"当作"以鹊巢为节"。皆改易经字,以就己说。至《礼记》"若夫坐如尸"一节,则疑有脱简;"人喜则斯陶"九句,则疑有遗文;"礼不王不禘"及"庶子王亦如之",则疑有倒句。而《尚书·武成》一篇,考定先后,移其次序,实在蔡沈之前。盖好以己意改经,变先儒淳实之风者,实自敞始……其说亦往往穿凿,与(王)安石相同……开南宋臆断之弊。②

刘敞对经书几乎发起了全面进攻,或自出新意,或增字为释,或改经就义,皆断以自己的见解,英勇无畏。这两位江西人之外,另两位江西人走得更远。一位是王安石,"网罗六艺之遗文,断以己意"③,甚至斥《春秋》为

---

① 《欧阳修全集·易童子问》卷3。
② 《四库全书总目》卷33《七经小传》。
③ 《苏东坡全集·外制集》卷上《王安石赠太傅》。

"断烂朝报";一位是陆九渊,竟然公开宣扬"六经是我注脚"①,将自己的观点凌驾于经典之上。而且"好为呵佛骂祖(即指责孔孟)之说,致令其门人以夫子之道反究夫子"②。富于离经叛道的勇气。

以北方京东人为代表的学者,疑经而尊崇孔孟;以南方江西人为代表的学者,疑经而动摇儒学,虽最终目的一致,五十步与百步之间的境界还是很不同的。如果说疑传派是突破旧篱笆、改建新篱笆的话,那么疑经派则是操刀以入,改造园内之物了。

在此还应该说明,北方学者并非铁板一块,不能一概而论,也有疑经者。宋初淄州(今山东淄博南)人田敏,早就改动过经文。五代时他曾受诏校五经,"颇以独见自任"。改《尚书·盘庚》中的"若网(網)在纲"为"若纲在纲",其他经文、注文所改"如此之类甚众,世颇非之";甚至在经书版本上删去数字。③ 又如司马光,曾著《疑孟》一文,公开批评"亚圣"。指出:"孟子云:人无有不善。此孟子之言失也。丹朱、商均自幼及长,所日见者尧、舜也,不能称其恶,岂人之性无不善乎?"④圣君尧、舜自然都是性善的,却没有生出性善的儿子,也没有把儿子的恶性改变过来,因此,孟子的人性善论是错误的。程颢也改正过《尚书·武成》篇和《礼记·大学》篇。尽管如此,北方学者的疑经风气,无论在深度、广度还是规模上,都不如南方。而且,对于南方学者气势凶猛的疑经非圣之举,北方学者是不满的。如欧阳修非难《易经》,其好友相州(今河南安阳)人韩琦据说对此不赞成,"对欧阳公终身不言《易》"⑤。司马光虽然批评过《孟子》,在熙宁二年(1069年)王安石变法初期,对当时科场疑传、疑经风气却大加责难,向宋神宗上书说:

① 《陆九渊集》卷37《语录》上。
② 《朱子语类》卷124。
③ 《宋史》卷431《田敏传》;《李觉传》。
④ 《温国文正司马公文集》卷73。
⑤ 〔清〕朱彝尊:《经义考》卷18,引宋人方德操语。

新进后生,未知臧否,口传耳剽,翕然成风。至有读《易》未识卦爻,已谓《十翼》非孔子之言;读《礼》未知篇数,已谓《周官》为战国之书;读《诗》未尽《周南》《召南》,已谓毛、郑为章句之学;读《春秋》未知十二公,已谓《三传》可束之高阁。循守注疏者,谓之腐儒;穿凿臆说者,谓之精义。①

虽然他针对的是学问还不成熟的科场士子,但已表明了其基本立场,仍是维护传统儒学:既要维护经书的完整和权威,也要尊重注疏,反对轻率地怀疑和穿凿附会地解释经典。后一层意思无疑是严谨的态度,但被保守的大前提淹没了。所有这些,都是南北学风不同的体现。

二、"洛学"与"闽学"的鬼神观比较

"程朱理学"是宋代理学的主流,属于客观唯心主义派别。朱熹的"闽学"是继承二程的"洛学"而来,基本上是一脉相承的。但是,二者在时代上有先后之分,在地域上有北南之别,不可能完全相同。二者的鬼神观就是一个典型的例子。

汉儒有两个特点,一是将儒学神学化,改变成神学;二是在章句训诂上下功夫,改变成辞训之学。宋代将汉学改造成宋学,以"性命义理"为特色,就是突破了汉学的这两个特点。二程尽可能地拨开鬼神迷雾,建立了哲学化的儒学,奠定了理学的基础。

二程基本上可以说是无神论者,或者确切地说他们不相信世俗所言的鬼神,并有一些破除鬼神迷信的壮举。从以下四个方面,可以概括二程的鬼神观。

其一,不信佛教、道教的神灵。二程对佛、道理论曾予以钻研,可以批判地汲取其有用的东西;对佛、道二教及其神灵,则持排斥态度和否定态度。程颐说:"释氏与道家说鬼神,甚可笑!道家狂妄尤甚,以至说人身

---

① 《温国文正司马公文集》卷45《论风俗札子》。

上耳、目、口、鼻皆有神!"①在程颐看来,佛、道的鬼神说法是荒唐可笑的。程颢更以实际行动表明了他的立场。他在陕西京兆府鄠县(今陕西户县)担任主簿时,当地哄传南山的石佛像头顶闪现出佛光,四面八方的百姓纷纷前往观看奇迹,并顶礼膜拜。地方官员担心事态扩大或发生变故引起动乱,但"畏其神而莫敢止"。程颢却不信邪,派人传话道:"我有官守,不能往也,当取其首来观之耳。"居然要砍下佛头! 此举顿时镇住了狂热迷妄之风:"自是光遂灭,人亦不复疑也。"②以坚决彻底的不信佛教之神的态度,不费吹灰之力就制止了一场闹剧。

其二,不信世俗之鬼神。如龙神是各地普遍崇祀的神灵,乃求雨、止涝、制止河流决口泛滥的对象。宋代所谓的龙,其实体不外是水生动物或蛇、蜥蜴之类的附会。程颐一语点破道:"龙,兽也!"哪有什么神灵? 河流决口堵塞之役,龙是毫无用处的,"莫非天地之祐,社稷之福,谋臣之功,兵卒之力。不知在此彼龙何能为?"③堵住决口的具体功劳是役卒,与龙无关。宋真宗时,江宁府茅山相传水池中"产龙如蜥蜴而五色",朝廷受其迷惑,令人取其二龙入京师;当地人也十分敬畏,"严奉不懈"。时任江宁府上元县(今江苏南京)主簿的程颢为破除迷信,端正民俗,将所谓的龙"捕而脯之"④,抓住煮熟了! 程颐认为,刮风下雨是自然现象,在回答"如名山大川,能兴云致雨,如何?"时,解释道:"气之蒸成耳。"因而,对名山大川的祭祀毫无道理:"只气便是神也。今人不知此理,才有水旱,便去庙中祈祷。不知雨露是甚物,从何处出,复于庙中求耶? ……木土人(指神像)身上有雨露耶?"又说:"风是天地间气,非土偶人所能为也。"⑤至于世上流传的看到鬼见到神的事情,他们认为都是以讹传讹:"尝问好谈鬼神者,皆所未曾闻见,皆是见说,烛理不明,便传以为信也。假使实所

① 《河南程氏遗书》卷22上。
② 《河南程氏粹言》卷1《论政篇》。
③ 《河南程氏遗书》卷15。
④ 《宋史》卷427《程颢传》。
⑤ 《河南程氏遗书》卷22上;卷2下。

闻见,亦未足信,或是心病,或是目病。"①指明所见鬼神是人的主观精神的错误幻觉,颇具唯物主义的科学识见。

其三,对儒家经典中的鬼神说法或做出客观的解释,或予以否定。有人问《易经》中说"知鬼神之情状",真的有情状吗?程颐说:"《易》说鬼神,便是造化也!"也即自然运行机理。历代相承的五祀:户、灶、中雷、门、行之神,载于《周礼》和《礼记》,是儒家礼学的一部分,程颐却不以为然。邵伯温曾问:"有五祀否?"程颐大胆地一口否决:"否!祭此全无义理。"②孔夫子"敬鬼神而远之",说"祭神如神在",是一种态度暧昧的鬼神观,基本上承认有鬼神的存在。二程的鬼神观比孔子进步,但又不便公开与孔子唱反调。曾有门生询问有没有鬼?他的回答很机智:

　　　　吾为尔言无,则圣人有是言矣;为尔言有,尔得不于吾求之乎?③

我若说没有鬼神吧,孔圣人说过有;我若也说有吧,你让我上哪儿去找呀!言外之意是,虽然孔子承认鬼神的存在,但我不信。

其四,承认部分神祠和灵魂。范文甫出任清河尉之前,就按惯例到官三日须遍谒境内在祀典的神祠一事询问,程颐告诉他:"正当谒之。如社稷及先圣是也。其他古先贤哲,亦当谒之。"但否认城隍神、土地神:"城隍不典,土地之神,社稷而已,何得更有土地耶?"④社稷、孔庙、贤哲人物祠,是政治性很强的神祠,有利于维护封建统治,宣扬封建伦理道德,所以应当敬祀。至于当时社会盛行的城隍、土地则是荒诞不经的,可不予理睬。他所承认的是抽象的、农业和国家象征的社稷神,是具有榜样作用和纪念意义的人物祠,头脑至此仍然是比较清醒的。但在灵魂问题上,终于陷入唯心主义。如言:"世间有鬼神冯依言语者,盖屡见之,未可全不信,

----

① 《河南程氏遗书》卷 2 下。
② 《河南程氏遗书》卷 22 上。
③ 《河南程氏粹言》卷 2《天地篇》。
④ 《河南程氏遗书》卷 22 上。

282

此亦有理。'莫见乎隐,莫显乎微,而已。"①不能全信,也不能全不信,有所保留。又说:

> 人之魂气既散,孝子求神而祭,无尸则不飨,无主则不依……魂气必求其类而依之,人与人既为类,骨肉又为一家之类,已与尸各既已洁斋,至诚相通,以此求神,宜其飨之。②

祭祀祖先时,祖先的魂魄可因祭而降附在牌位上或后代代表祖先受祭者身上。进而还说:"死者托梦,亦容有是理。"③因而二程很重视祭祀祖先:"凡祭祀,须是及祖。"④所有这些思想,表明二程的无神论是不彻底的。

迁延一百多年,流转二千多里,二程的"洛学"变成了朱熹的"闽学"。在鬼神观上,朱熹并未全盘接受二程现成的结论。而是独立思考,曾伤透了脑筋。

有人问道:有没有鬼神呢?朱熹回答说:"此岂卒乍可说!……待日常行处理会得透,则鬼神之理将自见得,乃所以为知也。"不作正面回答,让人不得要领。有时还说些模棱两可的话:"鬼神、死生之理,定不如释家所云、世俗所见。然又有其事昭昭、不可以理推者。此等处且莫要理会!"他一时半会儿说不清、道不明,多次告诫门生们不要深究,"那个无形影,是难理会底,未消去理会";"莫要枉费心力"。然而,鬼神观是世界观的大问题,社会上鬼神迷信日益盛行,思想家是不能回避的。他越是闪烁其词,学生们越是迷惑不解而追问不舍,非要他有个明确态度。《朱子语类》第3卷,标名《鬼神》,就是朱熹与学生们在有关鬼神问题上讨论的记录。

---

① 《河南程氏遗书》卷2上。
② 《河南程氏遗书》卷1。
③ 《河南程氏遗书》卷2上。
④ 《河南程氏遗书》卷2下。

朱熹犹豫不决的鬼神观,可以向两个方向发展,一是否认鬼神,二是承认鬼神。摇摆中的朱熹最终倒向后者,作出了结论:

> 说鬼神,举明道有无之说,因断之曰:"有。若是无时,古人不如是求……鬼神是本有底事物。"

确定下来的朱熹鬼神观,发展了二程的不彻底处,抛弃了二程的先进之处,归纳起来,主要有四点。

其一,灵魂是存在的。在回答学生关于魂魄问题时,朱熹说:"气质是实底,魂魄是半虚半实底,鬼魂是虚分数多,实分数少底。"并且举例说明:"浦城山中有一道人,常在山中烧丹。后因一日出神,乃祝其人曰:'七日不返时,可烧我。'未满七日,其人焚之。后其道人归,叫骂取身,亦能于壁间写字,但是墨较淡,不久又无。"二程仅认为灵魂会托梦于人,朱熹不仅认为鬼魂存在,还会说话、会写字,更加具体,更神乎其神。

其二,鬼怪神异是正常现象。有人谈及鬼神的奇异之事,朱熹说:"世间亦有此等事,无足怪。"以传说中的神异为正常现象,意味着他笃信不移。还乐意举例说明"魑魅魍魉之为":"建州有一士人,行遇一人,只有一脚。问某人家安在?与之同行,见一脚者入某人家。数日,其家果死一子。"①朱熹的这一见识,与乡野庸人没有什么两样。对于佛教的神异,他认为:"此未必有。便有亦只是妖怪。"②仍是世俗的理解。

其三,风雨露雷等天气变化为鬼神之迹。朱熹说:"雨风露雷、日月昼夜,此鬼神之迹也,此是白日公平正直之鬼神。"③如朱熹认为龙能降雨:"其出而与阳气交蒸,故能成雨。但寻常雨自是阴阳气蒸郁而成,非必龙之为也。"天空自然会下雨,龙也会行雨。与二程的观点背道而驰。

---

① 以上均见《朱子语类》卷3《鬼神》。
② 《朱子语类》卷126《释氏》。
③ 《朱子语类》卷3《鬼神》。

程颐不相信冰雹是由蜥蜴生成的:"世间人说雹是蜥蜴做,初恐无是理。"朱熹却相信:"看来亦有之。只谓之全是蜥蜴做,则不可耳。自有是上面结体成底,也有是蜥蜴做底。"为反驳二程,朱熹又一次列举三个实例来证明蜥蜴会做冰雹。①

其四,向神灵顶礼膜拜。笃信鬼神的必然行动是敬祀鬼神。朱熹说:"昔守南康,缘久旱,不免遍祷于神。"②即按世俗惯例,祭祀境内各神祠以求雨。这位理学大师、"闽学"创始人最终跪倒在土木神像脚下的尘土之中。

孔子"不语怪力乱神",二程"初不说鬼神",都是北方习俗影响下的质朴观念。朱熹大谈怪力乱神,公然反对二程的无神论思想,实在是因为南方地区宗教、鬼神迷信思想极为浓厚所致。无论是他的出生地福建南剑州,还是其祖籍江东徽州,都笼罩在敬鬼神的乌烟瘴气之中。朱熹说:"新安等处,朝夕如在鬼窟。某一番归乡里,有所谓五通庙,最灵怪。众人捧拥,谓祸福立见。居民才出门,便带片纸入庙,祈祝而后行。士人之过者,必以名纸称'门生某人谒庙'。"③鬼神左右着当地居民的生活,士人都是鬼神的门生。在这种环境中,朱熹的鬼神观不能免俗,自在情理之中,应着了"近朱者赤,近墨者黑"的古训。

"闽学"中庸俗的鬼神观,历来不为人们注意。后世的一些道学家,或是为贤者讳,或是想不到朱熹会如此大讲特讲鬼神。如清代一道学家不信鬼神,一直以为朱熹是不信鬼神的,及别人将《朱子语类》第3卷拿给他看后,此人大为震惊,沉默良久,"怃然曰:'朱子尚有此书耶?'惘然而散"。深为朱子惋惜,深为自己悲哀。信奉鬼神的大学者纪昀,对朱熹的鬼神观也不理解,"犹有所疑者",但他不敢说朱熹的不是,只好自嘲为"此诚非末学所知也"④。显然是表示遗憾的。

---

① 以上见《朱子语类》卷2《天地下》。
② 《朱子语类》卷3《鬼神》。
③ 《朱子语类》卷3《鬼神》。
④ [清]纪昀:《阅微草堂笔记》卷14。

"洛学"与"闽学"鬼神观的变化,正如《周礼·考工记》总序说的那样"桔逾淮而北为枳……此地气使然也"。是地域文化便之变质。"闽学"有不少比"洛学"精致完善之处,但其鬼神观实属疮疥,有愧于乃师,有逊于"洛学",有损于价值。

第七章　艺术的地域特征

　　艺术作为一种精神创造活动和社会意识形态,总是在生动的感性观照形式中,集中地体现特定时代、特定地域人们的审美情趣、情感倾向、愿望要求,突出展现着特定时代和特定地域的文化精神。艺术的形式很多,在本章中,我们选择语言艺术中的文学,造型艺术中的绘画,表演艺术中的音乐,来研究宋代各地艺术状况和艺术的地域问题。

第一节　文学的地域差异

一、南北文学的一般状况

　　宋代文学在我国文学史上占有辉煌的一章,词、诗、散文、市民文学等都取得巨大成就。文学史家的研究,通常总是按时代顺序排列代表性的文学家,分析其作品本身,不大注意文学的地域性及其意义。文学的地域差异,有爱好不同、水平不同、风格不同等,都与各地习俗有直接的关系。

　　北方地区的文学气氛比较淡薄,读书人大多"性朴茂,而辞藻不工"①。士人偏重于经学,单向发展,文学素养较差。尤其是其中的经生们,与文学绝缘,常被南方士人所取笑,加深了人们对北方文学估计偏低的印象。下面就是几例。

　　一代文豪欧阳修名满天下,但对于不知文学的人而言,他只是个普通官员。欧阳修被贬至光化军(今湖北老河口北)时,知光化军、虞部员外郎张洵,"河北经生也",对他毫无了解,"不能知文忠公,待以常礼"。二年后欧阳修时来运转,以龙图阁学士出任河北路都转运使,张洵则调到河北任知德清军(今河南清丰),为其部属。郊外迎见时,张洵深为以前的

---

　　①　《宋史》卷291《宋敏求传》。

态度感到恐慌，"犹敛板操北音曰：'龙图久别安乐？诸事且望掩恶扬善！'"欧阳修"知其朴野，亦笑之而已"①。经生出身的张洎，显然是从不接触文学的。

京东的经生对诗词更是陌生。"山东经学多不省文章"，有两位经生听到别人称赞"任是深山更深处，也应无计避王徭"之名句时，竟有一经生误以"也应"为"野鹰"，还不懂装懂，发难批评道："此诗句误矣！野鹰何尝有王徭乎？"另一位的反驳更令人喷饭："古人宁有失也？是年必当科取毛翎耳！"②还是野鹰！可以断定他们极少读诗。大文学家苏轼，一次路过淮南泗州（今江苏盱眙）时，即兴填写一词，其中有"望长桥上，灯火闹，使君还"一句。哪想到惹出一场麻烦：泗州知州——"使君"刘士彦，"山东木强人"，见到这首词后竟慌忙找到苏轼，严肃地援引法律劝告道："在法，泗州夜过长桥者，徒二年。况知州耶？切告收起，勿以示人。"③对诗词真是一窍不通，令人哭笑不得。

北方地区有许许多多杰出的文化人才，但由于观念问题，多重视学术而轻视文学。如河北人孙奭，主持国子监多年，"敦守儒学，务去浮薄"。在他看来，文学即属浮薄。国子监原藏有五臣注《文选》，准备刊版印行，孙奭却予以拒绝，将其版转送于三馆，"其崇本抑末多此类也"④。以儒学为本，以文学为末，对当时儒臣而言并非完全错误，但即便是末，仍有"文以载道"的功用，彻底抛弃实在是过分了。司马光也有类似举动，在撰写《资治通鉴》时，特意对其助手、成都人范祖禹交代说："诸史中有诗赋等，若止为文章，便可删去！"他的意思是："士欲立于天下后世者，不在空言耳。"所以《资治通鉴》在此指导思想下，连屈原及其《离骚》一并削去不载，⑤造成一大缺陷。

---

① 《东轩笔录》卷10。
② 《宋朝事实类苑》卷66《语误》。
③ 《挥麈后录》卷下。
④ 《儒林公议》卷上。
⑤ 《梁谿漫志》卷5《通鉴不载离骚》。

洛阳大儒程颐对文学的态度具有代表性。他认为："夫有道者不矜于文学之门"，提出"作文害道"的偏颇观点。① 他说自己："素不作诗。亦非禁而不作，第不欲为闲言之语耳。"举例说："如古人作诗，无如杜甫，云：'穿花蛱蝶深深见，点水蜻蜓款款飞。'如此闲言语，道出则甚。颐所以不作诗。"原因之一是："既学诗，须是用功，方合诗人之格。既用功，则于事有妨。"②学术与诗词，本是两类不同性质的事业和文字，各有独特的价值、功能和表现方式。程颐不懂得这些，还爱用学术的眼光看待诗词，甚至用理学的眼光评论诗词。一次，他向著名词人秦观问道："'天若知也和天瘦'是公词否？"秦观听自己的词句被提起，以为受到赞赏，忙拱手道谢。不料程颐却说："上穹尊严，安得易而侮之？"原来是指责他不该随随便便地谈论尊贵无比的上天！秦观又羞又气，不禁满面通红。③ 欧阳修有这么一句诗："笑杀颍阴常处士，十年骑马听朝鸡。"程颐一本正经地批评道："夙兴趋朝，非可笑事，不必如此说。"④他的见解无疑太古板了，与文学家的思路、情趣圆凿方枘，格格不入。

综上所述，加以本书第四章第二节所说的许多北方才子并非不善于文学，而是不屑于从事，可知宋代北方文学的落后，既有客观原因，也有主观原因。

南方文化中的强项是文学。《宋史·地理志》言四川地区"文学之士，彬彬辈出焉"；福建人"好为文辞"等即是。又如江东建康府（今江苏南京）居民"性知文学，音辞清举"，其中的溧水县（今江苏溧水）"尤好文学"⑤。南方士人的文学素养普遍较好。有关情况前文多有介绍，这里就不多说了。

宋代文学中最有成就、最具代表性的是词。我们做一抽样调查，将经

---

① 《河南程氏粹言》卷1《论道篇》；《河南程氏遗书》卷18。

② 《能改斋漫录》卷11《程正叔不欲为闲言语》。

③ 《河南程氏外书》卷12。

④ 《河南程氏遗书》卷10。

⑤ 《景定建康志》卷42《风俗》。

得起历史筛选的著名词人的地域分布列表如下：①

表24　　　　　　宋代著名词人分布数量表

地名	开封路	京西路	京东路	河北路	河东路	陕西路	淮南路	两浙路	江西路	江东路	福建路	湖南路	湖北路	成都路	梓州路	利州路	夔州路	广东路	广西路	不详地
人数	15	14	17	8	1	7	16	87	37	23	29	3	2	12	4	1	1	2	0	32

本表尽管统计自现代的选本，但其各地数字的多少从比较角度而言，与此前任何表中的分布规律基本一致，因而同样具有比较价值。表中显示，北方地区以京东、开封府、京西为多，河东最少；南方地区集中在东南的两浙、江西、福建、江东，其中两浙数量远远超过其他任何路。夔州路、利州路、广东、湖南、湖北最少，广西仍是空白。

词是唐宋时新兴的文学体裁，五代时就在成都府、江东形成两大词作中心。宋代词作重心仍在南方，动态变化是移向东南地区。四川地区即使是成都府路，非但比不上东南诸路，也落后于北方的京东、开封府和京西——须知北方诸路数字主要是北宋时期的数字，而包括四川在内的整个南方地区却是两宋数字。换句话说，考虑到北方地区和南方地区相比少了南宋时期的百余年历史，北方数字会与东南数字的距离缩短，而与四川地区数字的距离加大。

与词不同，我国的诗歌历史悠久而辉煌。大凡历史悠久的事物，在宋代北方总会或多或少地保持着一定的基础。以诗而言，北方毕竟是《诗经》的主要发源地，至宋代，尽管在经生和学术家们那里没有市场，在广大士人和群众中仍有热爱诗歌的流风余韵。宋人吴可在《藏海诗话》中载道：

> 幼年闻北方有诗社，一切人皆预焉。屠儿为《蜘蛛》诗，流传海内，忘其全篇，但记其一句云："不知身在纲罗中"，亦足为佳句也。
>
> 元祐间，荣天和先生客金陵，僦居清化市为学馆。质库王四十

① 据唐圭璋：《全宋词简编》，上海古籍出版社，1993年版。

郎、酒肆王念四郎、货角梳陈二叔皆在席下,余人不复能记。诸公多为平仄之学,似乎北方诗社。①

从上可知,宋代民间诗社,最早先在北方地区出现,其成员组成很广泛,以下层市井商贩为主,而且素质较好,颇有佳作流传全国。有此群众性的诗歌组织和活动,诗人数量的南北差异便不像词那样悬殊。请看下表:②

表25　　　　　　　　北宋诗人分布数量表

地名	开封路	京西路	京东路	河北路	河东路	陕西路	淮南路	两浙路	江西路	江东路	福建路	湖北路	湖南路	成都路	梓州路	利州路	夔州路	广东路	广西路
人数	40	78	73	58	16	39	65	231	91	45	128	15	18	71	8	6	2	4	4

北方地区仍以河东最少,南方地区仍以夔州路、两广最少,东南地区仍雄居前列。上表总数992人,其中北方地区总数304人,占全国总数的31%;南方地区总数688人,占全国总数的69%。北方诗人数量固然不及两浙、福建、江西,但京西、京东两路的各自数量却多于成都府路、淮南等南方10路,即使河东路,诗人数量也多于梓州路、利州路、夔州路及两广。

宋代诗词等文学的重心已移向东南地区,并有了地域性的新产物。中国文学史上有许多流派,而最早以地域命名的流派,是从宋代开始的,这就是"江西诗派",又名"豫章派"。豫章是江西政治中心洪州(今江西南昌)的别称,仍是以地域命名的。

"江西诗派"从黄庭坚创建开始,师友门生辗转传授,最终由宋末元初方回为"江西诗派"做出总结,在文坛上活跃了200多年。南宋时有《江西宗派诗集》115卷,《江西续宗派诗集》2卷以及《江西诗派》137卷、《江西诗续派》13卷流传,其影响一直到晚清的"宋诗派"和"同光体"诗人。在诗歌史上的地位相当重要。

黄庭坚在诗歌上荟萃百家,独树一帜,确立了诗宗地位:"荟萃百家

① 《历代诗话续编》,中华书局1983年版。
② 据《宋诗纪事》卷2至卷43。卷1为帝王后妃,不录。另有许多不明邑里者不录。

句律之长,究极历代体制之变,搜猎奇书,穿穴异闻,作为古律,自成一家,虽只字半句不轻出,遂为本朝诗家宗祖。"①他的诗风,在北宋末年为许多人效仿,形成了一股潮流。宋徽宗崇宁年间,吕本中首次提出"江西诗派"名称。他作的《江西诗社宗派图序》云:

> 歌诗至于豫章始大出而力振之,后学者同作并和,尽发千古之秘,无余蕴矣。录其名字,曰江西宗派,其源流皆出豫章也。②

"江西诗派"之命名,首先是因为创始者黄庭坚是江西洪州分宁县(今江西修水)人,其代表人物也以江西人为多。吕本中所列的"江西诗派"25人,姓名邑里如下表。

表26 **"江西诗派"作者分布表**

路 别	地 名	姓 名
开封府		江端友　王直方
京东	徐　州	陈师道
	济　州	晁冲之
淮南	黄　州	潘大临　潘大观
	蕲　州	林敏功　林敏修　夏倪
两　浙	润　州	祖可
	婺　州	吕本中
江西	洪　州	洪朋　洪刍　洪炎　李錞　徐俯　善权
	抚　州	谢逸　谢薖　汪革　饶节
江东	南康军	李彭
湖北	江陵	高荷
成都路	仙井监	韩驹
不详地		杨符

以上25人是"江西诗派"前期作家,其中江西人10位,而南方人21位。

---

① 《后村先生大全集》卷95《江西诗派》。
② 《云麓漫抄》卷14。

因此也可以说,"江西诗派"的出现代表着南方诗歌的发达。而其追求技巧,讲究谋篇、造句、炼字的风格,则是南方诗风的特征之一。"江西诗派"的出现,是地域文化的产物,而其命名则说明人们地域观念的加强。

二、南北文风的主要差别

关于地理环境与文风的关系,朱熹曾做过一番论述:

> 某尝谓气类近,风土远。气类才绝,便从风土去。且如北人居婺州,后来皆做出婺州文章,间有婺州乡谈在里面者。如吕子约(祖谦)辈是也。①

人的气质对文风起主要作用,地理环境起次要作用。在气质相近的情况下,决定文风的是地理环境。南渡以后,在两浙婺州(今浙江金华)居住的北方人,渐渐受当地影响,与其文风趋于接近。所举北方人吕祖谦即是一例。其实,人的气质形成也与地理环境有密切关系。

北方人质朴,一般是"语气明直,不文其谈"②。不喜欢修饰,也不善于夸张。如京东人晁补之在《拱翠堂记》中指出:

> 东北俗朴鲁,虽信美或不知择而居,居之或不爱,爱而不能以语人,语人而不能夸以大之,故皆不显。③

他以选择居住地为例,说明北方人不善发现美,即使发现了也不善于表达出来,表达了也不善于夸张。南方人恰恰相反,能化腐朽为神奇,惯于张扬。如江西人欧阳修有诗云:"为爱江西物物佳,做诗常向北人夸。"④感

---

① 《朱子语类》卷140《论文》下。
② 《续湘山野录》。
③ 《鸡肋集》卷30。
④ 《欧阳修全集·居士集》卷14《寄题沙溪宝锡院》。

情丰富的南方人看着家乡一切都是好的,故而竭力夸赞,向北方人炫耀,以满足其自尊心的需要(其实,从心理学观点看,这种心态在某种程度上是自卑感的体现。东南地区正迅猛崛起,力图要摆脱被北方人视为"南方下国"的局面。而北方人有历史优势和心理优势,不需要向人夸赞)。可见南北文风形成了鲜明对照。一般而言,北方文风以质朴为主,南方文风以华丽为主。京东人石介的观点是:"读书不取其言辞,直以根本乎圣人之道;为文不尚其浮华,直以宗树乎圣人之教。"[1]另一京东文学家陈师道则提出作文四原则:

> 宁拙毋巧,宁朴毋华,宁粗毋弱,宁僻毋俗。[2]

他们的言论,可以说是北方文风的概括。

进而言之,北方人粗犷,其文风豪放;南方人柔慧,其文风细腻。宋孝宗曾做过很有见地的总结:

> 北方之文豪放,□□(其弊?)也粗;南方之文缜密,其弊也弱。[3]

北方的豪放固然是优势和特色,但不免有粗糙之弊;南方的缜密固然是长处和特色,但不免会流于软弱。即使大文豪欧阳修也难以突破,洛阳人尹洙说他"文格诚高,然少未至者,格弱字冗耳"[4]。而北方人陈师道则公开标榜"宁粗毋弱"。南北文风的优缺点截然相反。朱熹也说:"韩无咎文做著尽和平,有中原之旧,无南方啁哳之音。"[5]韩无咎即开封雍丘(今河南杞县)人韩维的四世孙韩元吉,生长于开封,受教于洛阳人尹焞。南渡

---

① 《徂徕石先生文集》卷20《代郓州通判李屯田荐士建中表》。
② 《能改斋漫录·逸文》。
③ 《皇宋中兴两朝圣政》卷58,淳熙七年六月。
④ 《湘山野录》卷中。
⑤ 《朱子语类》卷139。

后官至吏部尚书,有《南涧甲乙稿》22 卷传世。他的作品以和平为特点,承袭了中原文风。比较起来,南方文风以"啁哳"为特点,即声音繁杂而细碎。

南方文风的流弊,到南宋时表现得更加突出。朱熹说:

> 今时文日趋于弱,日趋于巧小,将士人这些志气都消削得尽。莫说以前,只是宣和末年三舍法才罢,学舍中无限好人才,如胡邦衡之类,是甚么样有气魄!做出那文字是甚豪壮!当时亦自然有人。及绍兴渡江之初,亦自有人才。那时士人所做文字极粗,更无委曲柔弱之态,所以亦养得气宇。只看如今秤斤注两,作两句破头,如此是多少衰气!①

朱熹对北宋文风极为神往怀念。当时南北混一,交流广泛,单就南方文士而言,其求学及显扬文字的主阵地在北方京师等地,多少会受到北方的影响和补充。南渡以后,南北隔绝,南方孤立存在,更受偏安一隅、苟且不振的政治、社会风气影响,弱点就明显了。宋高宗绍兴九年(1139 年),右朝奉大夫喻汝砺就敏锐地发现了这一毛病。在一次面见宋高宗时,"首论愿革近时文章骫骳之习,以还西京尔雅鸿奥之风,起中兴博大混一之气"②。南渡才十多年,文风即已形成萎靡之习,变化速度相当快。至南宋中期,如朱熹所说,"日趋于弱"。如两浙:"近日浙中文字虽细腻,只是一般回互,无奋发底意思。此风渐不好。"③南宋后期愈演愈烈,刘宰痛心地说:

> 文以气为主。年来士大夫苟于荣进,冒干货贿,否则喔咿嚅唲,

① 《朱子语类》卷 109。
② 《系年要录》卷 131,绍兴九年八月甲寅。
③ 《朱子语类》卷 123。

> 如事妇人,类皆奄奄无生气。文亦随之。①

文风柔弱如与妇人说悄悄话,生气荡然,一派衰败气象。"南渡文气不及东都"②,即说明南方文气不及北方,或者说在生气、气势方面,南方文风有先天性的弱点。

对照看一看这时北方地区金朝的文风,是很有意义、很有趣味的。清代江苏常熟人张金吾编有120卷的《金文最》,在其序言里说道:

> 金有天下之半,五岳居其四,四渎有其三,川岳炳灵,文学之士先后相望。惟时士大夫禀雄深浑厚之气,习峻厉严肃之俗,风教固殊,气象亦异。故发为文章,类皆华实相扶,骨力遒上……后之人读其遗文,考其体裁,而知北地之坚强,绝胜江南之柔脆。

一道淮河、秦岭和无形的政治、军事高墙分裂了南北,使其文风单向发展:在南方因其地理环境等因素而更加柔脆,在北方因其地理环境等因素而更加坚强。清代江苏仪征人阮元在其为《金文最》所作的序中进一步指出,北宋文风"转为南宋,其气遽沮。说者谓风教使然,其亦学者之失也。金之奄有中原,条教诏令,肃然丕振,故当大定以后,其文雄健,直继北宋诸贤。若滏水(赵秉文)、若滹南(王若虚),其尤著者也"。北宋时良好的文气,主要在北方由金朝继承发扬了,取得了很大成绩,雄健的特色自金世宗大定年间以来日益突出。清代广东南海人谭宗浚在序言中甚至说:"无论遗山老人(元好问)才力沈雄,超出南宋诸公之上,即如赵闲闲(赵秉文)、王滹南等,视虞(允文?)、范(成大?)辈何多让焉!"这些清代南方文人,一致推崇金朝文风而贬低南宋文风,当不属地域偏见。所言金朝文学成就大小暂不必论,至少可使我们进一步明确当时南北方文风的各自

---

① 《漫塘文集》卷12《通常州余教授申》。
② 《宋史》卷439《文苑·序》。

特点。

　　以上所说为文风大局,下面谈谈文风的具体情况。《四库全书总目》的集部介绍,对作者风格绝大多数都有比较中肯的评语,为我们系统地考察提供了便利。现截取该书第 152 卷至 155 卷北宋时期作者有评语者,列为下表。①

表 27　　　　　　　**北宋各地作者著作风格表**

作　者	籍　贯	作品	风　格　评　语
柳　开	河北大名府	河东集	体近艰涩。
潘　阆	河北大名府	逍遥集	孤峭。
寇　准	陕西华州	寇忠愍集	骨韵特高。
张　咏	京东濮州	乖崖集	疏通平易,真气流露。
王禹偁	京东济州	小畜集	古雅简淡。
魏　野	陕西陕州	东观集	冲淡闲逸。
韩　琦	河北相州	安阳集	文辞气典重,诗自然高雅。
尹　洙	京西河南府	河南集	古峭劲洁。
孙　复	河东晋州	孙明复小集	谨严峭洁。
石　介	京东兖州	徂徕集	倔强劲质。
苏舜钦	开封府	苏学士集	歌行豪放,轩昂不羁。
宋　庠	开封府	宋元宪集	温雅瑰丽。
宋　祁	开封府	宋景文集	博奥典雅。
司马光	陕西陕州	传家集	质直。
祖无择	京西蔡州	龙学文集	峭厉劲折。
刘　挚	河北永静军	忠肃集	文辞畅达。
文彦博	河东潞州	潞公集	诗风秀逸,文简质重厚。
张方平	京东应天府	乐全集	豪爽畅达。
李　廌	陕西华州	济南集	条畅曲折,兀臬奔放。
张舜民	陕西邠州	画墁集	文豪放有理致,诗笔意豪健。

① 表中作者籍贯,非尽指祖籍,个别以生长时实际居住地计。

作 者	籍 贯	作 品	风 格 评 语
晁补之	京东济州	鸡肋集	文波澜壮阔,诗风骨高骞,一往俊迈。
李之仪	河北河间	姑溪居士集	文神锋俊逸,诗轩豁磊落。
刘 跂	河北永静军	学易集	简劲有法度。
毕仲游	京西郑州	西台集	雄伟博辩。
李昭玘	京东济州	乐静集	光明俊伟。
贺 铸	河北卫州	庆湖遗老集	工致修洁,时有逸气。
许 翰	开封府	襄陵集	劲气凛然。
赵鼎臣	京西滑州	竹隐畸士集	诗工巧流丽,文古雅可观。
李若水	河北铭州	忠愍集	诗有风度,文光明磊落。
王安中	河北中山府	初寮集	丰润凝重,骈文尤雅丽。

以上北方地区,以下南方地区。

作 者	籍 贯	作 品	风 格 评 语
徐 铉	淮南扬州	骑省集	淹雅敏速,诗流易有余,深警不足。
赵 湘	两浙衢州	南阳集	运意清新,而风骨不失苍秀。
林 逋	两浙杭州	和靖诗集	澄澹高逸。
夏 竦	江东江州	文庄集	辞藻赡逸,风骨高秀。
蒋 堂	两浙常州	春卿遗稿	词兴象不深而平正通达。
胡 宿	两浙常州	文恭集	典重赡丽。
蔡 襄	福建兴化军	蔡忠惠集	光明磊落。
强 至	两浙杭州	祠部集	沉郁顿挫,气格颇高。
契 嵩	广西藤州	镡津集	笔力雄伟。
重 显	梓州路遂州	祖英集	胸怀洒脱,天然拔俗。
苏 颂	两浙润州	苏魏公集	清丽雄赡。
王 珪	成都路成都	华阳集	文博赡瑰丽,诗富丽细润,精思锻炼。
陈 襄	福建福州	古灵集	词气严重。
黄 庶	江西洪州	伐檀集	诗生新矫拔,文古质简劲。
赵 抃	两浙衢州	清献集	诗谐婉多姿。

作者	籍贯	作品	风格评语
徐积	淮南楚州	节孝集	文奇谲恣肆,诗怪而放。
刘敞	江西临江军	.公是集	敏赡典雅。
刘攽	江西临江军	彭城集	辞章奥雅。
陈舜俞	两浙湖州	都官集	词气格疏散,文剀直敷陈。
沈遘	两浙杭州	西溪集	辞令庄重温厚,诗清俊流逸。
郑獬	湖北安陆	郧溪集	豪伟峭整。
韦骧	两浙杭州	钱塘集	诗有自然之趣,文安雅有法,四六精丽流逸。
吕陶	成都路成都	净德集	典雅可观。
冯山	梓州路普州	安岳集	诗平正条达。
梅尧臣	江东宣州	宛陵集	诗旨趣古淡。
杨杰	淮南无为军	无为集	才地稍弱,边幅微狭。
王安礼	江西抚州	王魏公集	制章典重可观。
彭汝砺	江东饶州	鄱阳集	辞令雅正,诗谐婉可讽。
曾肇	江西建昌军	曲阜集	尔雅典则,渊懿温纯。
王令	淮南扬州	广陵集	诗磅礴奥衍。
秦观	淮南高邮军	淮海集	诗高古严重。
惠洪	江西筠州	石门文字禅	诗边幅虽狭而清新有致。
沈括	两浙杭州	长兴集	宏赡淹雅,具有典则。
沈辽	两浙杭州	云巢集	文豪放奇丽。
朱长文	两浙苏州	乐圃余稿	平易近人。
刘弇	江西吉州	龙云集	文宏整敷腴,诗峭拔不俗。
华镇	两浙越州	云溪居士集	才气丰蔚,词条畅达。
黄裳	福建南剑州	演山集	骨力坚劲。
吴则礼	广西贺州	北湖集	诗格峭拔。
谢逸	江西抚州	溪堂集	风格褊仄,时露清新。
谢薖	江西抚州	竹友集	清逸可喜。
李彭	江东南康军	日涉园集	边幅未宏而锻炼精研。
吕南公	江西建昌军	灌园集	覃精覃思。

作　者	籍　贯	作品	风　格　评　语
慕容彦逢	两浙常州	摛文堂集	文雅丽,制词典重温厚。
毛　滂	两浙衢州	东堂集	豪放不羁,大气盘礴。
周行己	两浙温州	浮沚集	娴雅有法。
刘安上	两浙温州	刘给事集	诗颇见风致,文笔修洁。
刘安节	两浙温州	刘左史集	明白质实。
唐　庚	成都路眉州	唐子西集	诗刻意锻炼而不失气格。
李　新	成都路仙井	跨鳌集	诗气格开朗,文俊迈可诵。

以上南北各地作者的个人风格都已列出,如果不做具体的统计分析,一下子很难看出什么问题。四库馆臣对每个作者的评语比较精确,斟词酌字,不偏不倚,从其所提供的关键字中,可以看出各地作者风格的差别。

评语中带"雅"者南方作者 10 人,占南方作者总数 50 人的 20%;北方作者 6 人,占北方作者总数 30 人的 20%。带"丽"者南方作者 6 人,占南方总数的 12%;北方作者 3 人,占北方总数的 10%。带"典"者南方作者 6 人,占南方总数的 12%,北方仅 2 人,占北方总数的 6%。带"豪""放""雄""壮"者北方作者 6 人,占北方总数的 20%;南方作者有 6 人,占南方总数的 12%。带"劲"者北方作者 5 人,占北方总数的 16%;南方作者仅 2 人,占南方总数的 4%。带"峭"者北方作者 4 人,占北方总数的 13%;南方作者有 3 人,占南方总数的 6%。带"质"者北方作者 3 人,占北方总数的 10%;南方作者仅 1 人,占南方总数的 2%。带"温"者南方作者 3 人,北方仅 1 人;南方作者带"赡"者 6 人,带"清""新"者 6 人,带"奇""敏""婉谐"者各 2 人,带"边幅狭"或"边幅未宏"者 4 人,北方作者均与此无缘。

总而言之,南方作者风格多样,以清新典雅为主,文辞温赡,但豪放不足,胸襟稍狭;北方作者风格较单调,以豪壮为主,文笔劲峭,质朴简洁,虽不乏雅丽但缺乏柔情,词藻不足。

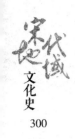

三、古文运动的地域流变

始于唐代的古文运动,意在恢复周、秦、两汉的古代散文自由质朴、注重内容的体式文风,代替文风萎靡、形式僵化的骈文。古文运动的两个代表人物都是北方人:即孟州(今河南孟县南)人韩愈,解县(今山西运城西南)人柳宗元。显然,古文与北方人的质朴习俗相适宜。唐末五代以来,以骈俪文为主的华而不实的文风重又兴起,唐代古文运动的成就荡然无存。宋代初年,古文运动需要从头做起。这一任务仍由北方人承担。

率先举起宋代古文运动大旗的是河北大名人柳开。柳开,宋太祖开宝年间进士,以复兴古道、述作经典自命。"本朝承五季之陋,文尚俪偶,自柳开首变其风"。他的古文学习,启蒙于陕西秦州(今甘肃天水)的一位赵姓老儒,从那里得到了韩愈数十篇"质而不丽"的文章,一见如故,爱不释手,感叹道:"唐有斯文哉,其余不足观也。"自此认定散文应以韩愈为宗,改名肩愈,字绍元,表明追赶韩愈、柳宗元的志向。"韩道大行,自开始也"①。其作品汇为《河东集》,模仿重复了柳宗元《河东集》之名。不过柳开的作品多是表、疏、论、序等议论文章,没有值得效法的精品,文学性不强。既缺乏韩文那样的磅礴气势,又缺乏柳文那样的精洁透辟,反而继承了韩愈文字艰涩的毛病:"体近艰涩,是其所短。"作为开一代文风之先者,自然难以尽善尽美,"要其转移风气,于文格实为有功"②。他的贡献不在于自己做得好坏,而在于倡导之功。

开创的道路总是艰难的。柳开坚信古文必将取代骈文的地位,原以为大旗一举,便会云集响应,掀起古文高潮,不料积重难返,并没有看到预期的效果。他在一封信中抱怨道:"开之学为文章不类于今者,余三十年。始者诚为立身行道必大出于人上,而遍及于世间,岂虑动得憎嫌,挤

---

① 《能改斋漫录》卷10《古文自柳开始》;《河东集》卷16,张景《柳开行状》。
② 《四库全书总目》卷152《河东集》。

而斥之!"①因不被当时文坛所许可而沮丧愤慨,满腔开拓者的孤独感。其实,这是柳开期望值太高、太自负的愤世嫉俗之语,是牢骚话,不能以此作为柳开孤军奋战的史料。事实上,宋初古文运动已有了小气候,从以下两个方面的情况可以证实我们的判断。

其一,柳开的努力,已经打开了一定的局面。早在宋太祖开宝初期,他的古文就受到一些士大夫的赞赏。如河北大名人、宰相范质的侄子范杲,"好古学,尤重(柳)开文,世称为柳、范",与柳开齐名并推崇柳开;另一位大名人王祐在任大名知府时,柳开携文进见,"大蒙赏激";陕西人、曾在五代时任翰林学士的杨昭俭,以及河北人卢多逊也对柳开"并加延奖"②。他成名于当世,得益于这些士大夫们的赞扬。柳开的学生,除为其编辑文集的张景(不详邑里)外,还有濮州人高弁,"学古文于柳开,与张景齐名"③。其他门人也不少,如范仲淹指出,文章自唐末五代"其体薄弱,皇朝柳仲涂起而麾之,髦俊率从焉。仲涂门人能师经探道、有文于天下者多矣"④。事实证明,柳开并非孤单寂寞。

其二,当时另有其他士人在古文运动中效力,并获得良好的声誉。宋初就有郭忞(不详邑里),史称其"好为古文"⑤。著名的古文家则有京西郑州人梁周翰、河北大名人范杲、陕西河中府人高锡,"五代以来,文体卑弱,周翰与高锡、范杲习尚淳古,齐名友善,当时有'尚、梁、柳、范'之称"⑥。其中的范杲,"为文深僻难晓,后生多慕效之",当时朝中名臣陶谷、窦仪对他"咸大称赏",并说:"若举进士,当待汝以甲科。"⑦著名学者

① 《河东集》卷9《再与韩洎书》。中国科学院文学研究所编写的《中国文学史》(人民文学出版社1979年版)第548页,据此认为"当时响应者寥寥",是未深入研究之误。

② 《宋史》卷440《柳开传》。

③ 《宋史》卷432《高弁传》。

④ 《河南先生文集·序》。

⑤ 《宋史》卷439《郭忞传》。

⑥ 《宋史》卷439《梁周翰传》。

⑦ 《宋史》卷249《范杲传》。

洛阳人刘温叟,早在范杲少年时就对其文章"大加称奖",因此将女儿嫁给了他。① 还有一些士大夫虽然没有大力提倡古文,但已亲自实践,名气也很大。如石介说:宋初"古文之雄有仲涂(柳开)、黄州(王禹偁)、汉公(孙何)、谓之(丁谓)辈。"②其中的孙何,京西蔡州(今河南汝南)人,宋太宗淳化三年(992 年)状元;王禹偁,京东济州人,宋初名臣,以清俊的才华和丰富的古诗文创作,为宋初文坛带来许多新鲜气息,是当时最有成就的作家。可见宋初有不少作家在古文运动中所做的努力不亚于柳开,有的成就甚至超过了柳开。

后人对宋初的古文运动之所以评价不高,一个原因是只看到了柳开一人,忽略了其他;再一个原因就是紧接着文坛来了个反复,以华靡为特色的西昆派崛起,向刚刚取得初步胜利的古文运动发起了猛烈反攻,几乎淹没了宋初古文运动。这一奇怪现象的出现,其实正与古文运动的初步胜利有直接关系。石介分析道,因为宋初产生了一大批以古文而享誉于世的文学家,才促使福建人杨亿向西昆体发展:杨亿"好名争胜,独驱海内……度己终莫能出其右,乃斥古文而不为,远袭唐李义山之体,作为新制"③。杨亿觉得自己无法在古文上超过当时的古文家,要想在文坛争盟主,只有另辟蹊径,发挥自身优势,转而走向华靡的西昆体。宋初时,适逢东南诸国已被宋政府收复,大批南方文士涌入朝廷,对北方文坛及文风产生强大冲击;再者,那一时期时和年丰,朝廷也需要粉饰太平的华丽文字。宋代文学史上的一股逆流就这样形成了。

古文运动需东山再起。接踵而来的第二位古文倡导带头人,是京东郓州中都县(今山东汶上)人穆修。他是宋真宗大中祥符年间进士,一生酷爱韩愈、柳宗元的文章。晚年在穷困潦倒的境况下,仍凑钱刻印柳宗元的文集数百部,亲自带到开封相国寺定期市场设肆兜售。曾对前来翻看的儒生们蔑视地说:"汝辈能读一篇,不失句读,吾当以一部赠汝!"由于

---

① 《宋史》卷 262《刘温叟传》。
②③ 《徂徕石先生文集》卷 19《祥符诏书记》。

怪僻杵物，"自是经年不售一部"①。一年连一部书也卖不出去，恐怕主要不是其态度不好，所反映的真实情况当是很少有人能赏识古文，没有市场需求，或者说没有群众基础。当时的古文也比较简陋，缺乏感染力和号召力。沈括记载：穆修与柳开的学生张景"始为平文，当时谓之古文"，二人在开封上早朝等候于东华门时，看见一匹受惊的马踩死了一只狗，遂即兴用古文风格各记其事，以比较优劣。穆修写道："马逸，有黄犬遇蹄而毙。"张景写的是："有犬死奔马之下。"一个比一个简略。然而，"时文体新变，二人之语皆拙涩，当时已谓之工，传之至今"②。在古文作家的圈子里，这样的文笔已是佼佼者。穆修的努力，使他成为第二代古文作家的代表，"修于是独以古文称"。古文在他的倡导下，再次开始受到士大夫阶层的重视，"修虽穷死，然一时士大夫称能文者必曰穆参军"，将他视作文坛旗手，实际就是推崇古文为当时文坛高层次的新形式，骈文写得再好也到不了这一地位。同时还有开封人苏舜元、苏舜钦兄弟与穆修同为一气，以苏舜钦名气较大。"当天圣中，学者为文多病偶对，独舜钦与河南穆修好为古文、歌诗，一时豪俊多从之游"。③ 也为古文运动做出了贡献。

稍后的古文作家尹洙，洛阳人，宋仁宗天圣年间进士，是穆修的学生，在古文运动中起着承上启下的重要作用。"自唐末历五代，文格卑弱，至宋初，柳开始为古文，洙与穆修复振起之。其为文简而有法，有集二十七卷"④。他的文集即现在流传的《河南先生文集》。范仲淹在其文集的序言中指出：

> 洛阳尹师鲁少有高识，不逐时辈，从穆伯长游，力为古文。而师鲁深于《春秋》，故其文谨严，辞约而理精，章奏疏议，大见风采，士林方耸慕焉。

① 《宋朝事实类苑》卷 74《穆修》。
② 《梦溪笔谈》卷 14。
③ 《宋史》卷 442《穆修传》《苏舜钦传》。
④ 《宋史》卷 295《尹洙传》。

尹洙改变了古文怪僻艰涩的风格,发展了简约有法、说理精确的长处,使古文大显风采,具备了应有的魅力,引起了士大夫们的倾慕与学习,再次推动起古文运动的高潮。尹洙的古文,是对北宋前期或北方地区古文的总结与完善,由此开始出现转折,古文运动向南方推进,走向新阶段。

宋仁宗明道年间前后,兴起于北方的古文运动聚集在"天下之中"的洛阳形成热点,既总结了北方古文,又推广到南方,并开始了与南方文风的汇合。这时,两浙人钱惟演任西京留守,幕下聚集了一批年轻的文士,皆"一时俊彦"。其中有两浙人谢绛、洛阳人尹洙、江西人欧阳修等。他们官清职闲,意气相投,诗歌相欢。钱惟演创建了一座驿馆,要求他们三人各自撰写一记,以比较优劣。文章写成后,三人聚在一起比较,谢绛之文将近500字,欧阳修之文500多字,尹洙之文仅380余字,"语简事备,复典重有法"。欧阳修、谢绛自叹不如,一致推举只将尹洙文章呈交钱惟演就行了,"吾二人当匿之",不好意思拿出。事后,欧阳修心中不服,单独携酒向尹洙求教,"通夕讲摩",彻夜长谈。尹洙说:"大抵文字所忌者,格弱字冗。诸君文格诚高,然少未至者,格弱字冗尔。"受到点拨后,欧阳修奋然据此原则重作一文,仅用了360余字,比尹洙还少20字,而且"尤完粹有法。"尹洙对人赞扬道:"欧九真一日千里也!"①这件事虽小,却折射出深厚的社会文化背景,意义重大。由此我们可以得到以下认识。

其一,西京洛阳是仅次于京师开封的文化中心,西京留守钱惟演则是当时西昆派乃至文坛的领袖。在洛阳举行的古文比赛,是由钱惟演倡议和主持的,在全国具有典型意义和广泛影响,也具有导向作用。说明古文不仅已被文坛认可,而且开始成为时尚文体,拉开了走向辉煌的序幕。再者,言简意赅的尹洙古文,恰恰是华靡文风的直接对立,对于遏制西昆体最为有力。尹洙在文坛上的崛起以及钱惟演对他的默许,意味着西昆派的退让。

---

① 《湘山野录》卷中。

其二,判定优劣的标准主要是文章气格的强弱和文字的多少。南方文士还不善于做古文,欧阳修、谢绛都有"格弱字冗"的缺点。而尹洙以言简、事备、典重有法大获全胜,受到他们的称赞,说明北方古文水平占压倒的优势。

其三,欧阳修受到尹洙一夜教导后,按其原则重写的文章一举超过了尹洙,此事尤具有象征意义。一方面说明南方文士古文的发展是向北方文士学习的结果;另一方面说明南北不同文风经此融合之后,产生了欧阳修这么一位宗师大家,以后遂成为古文运动的领袖人物,结果是南方古文大家辈出,超过并压倒了北方。

欧阳修比尹洙小6岁,早年为了科举,所攻的是骈文,写得十分出色:"为一时偶俪文,已绝出伦辈。"中进士后的第一任职事,就是西京留守推官,"始从尹师鲁游,为古文,议论当世事,迭相师友;与梅圣俞(尧臣)游,为歌诗相倡和。遂以文章名冠天下"①。在洛阳任职的3年期间(自宋仁宗天圣九年三月至景祐元年三月,公元1031年至1034年),实乃欧阳修文学生涯的转折点。在诗歌上受梅尧臣的影响,在散文上开始学习古文并具体受尹洙的指教,自此放弃了骈俪文写作,"在西京佐三相幕府,于职当作,亦不为作也"②。可以说是脱胎换骨。"欧公矫昆体,专以气格为主"③,这个气格,就是得自尹洙。他继承发扬了北方古文的气格,以雄厚的俪文底子弥补了北方古文质朴简略的不足,将文采与气格相结合,形成了"丰约中度"风格,大大增强了古文的感染力和号召力,使之风靡天下。

与欧阳修同年中进士的京东人石介,也是位重要的古文运动干将。他青年时代十分推崇柳开,曾游历柳开的家乡,作《过魏东郊》诗称赞柳开"文章肩韩愈","事业过皋夔"。后来又作《怪说》一文,猛烈抨击以杨亿为首的西昆体华靡文风:

---

① 《栾城后集》卷23《欧阳文忠公神道碑》。
② 《邵氏闻见后录》卷16。
③ 《宋诗纪事》卷12《欧阳修》,引《石林诗话》。

今杨亿穷妍极态,缀风月,弄花草,淫巧侈丽,浮华纂组,刓镂圣人之经,破碎圣人之言,离析圣人之意,蠹伤圣人之道,使天下不为《书》之《典》《谟》《禹贡》《洪范》,《诗》之《雅》《颂》,《春秋》之经,《易》之《繇》《爻》《十翼》,而为杨亿之穷妍极态,缀风月,弄花草,淫巧侈丽,浮华纂组。其为怪也大矣!①

因而,石介大力提倡古文,借恢复古文来恢复古道。宋仁宗庆历二年(1042年),石介与孙复先后进入太学为国子监直讲,更有机会宣扬古文,传播古道:"主盟上庠,酷愤时文之弊,力振古道。"曾出题《诸生请皇帝幸国学赋》,见到一学生卷中有"今国家始建十亲之宅,新八大之王"一联为骈体,大为恼怒,居然击鼓召集诸生,发表讲话以讨伐:

此辈鼓箧游上庠,提笔场屋,稍或黜落,尚腾谤有司者,悲哉,吾道之衰也如是!此物宜遽去,不尔,则鼓其姓名,挞以惩其谬!②

当即就有数十人引退。以驱逐来惩治时文之弊,真是大刀阔斧的气势。太学文风因此大变:

尔来文格日失其旧,各出新意,相胜为奇。至太学之建,直讲石介课诸生,试所业,因其好尚,而遂成风。以怪诞诋讪为高,以流荡猥琐为赡,逾越规矩,惑误后学。③

这股从京东涌来的文风对京师文坛的冲击与改造相当之大,然而不免泥沙俱下,将北方古文艰涩的毛病也带了进来并扩大化,形成以"险怪奇涩"为特点的太学体。古文运动战胜了华靡文风,但也带来新的不良影

① 《徂徕石先生文集》卷20;卷5。
② 《湘山野录》卷中。
③ 《长编》卷158,庆历六年二月末。

响,走向歧途。

力挽狂澜并使古文运动健康发展、最终圆满成功的还是欧阳修。宋仁宗嘉祐二年(1057年),欧阳修出任权知贡举,利用科举机会和权力,对太学体文风痛加打击:

> 是时进士为文,以诡异相高,文体大坏,公患之。所取率以词义近古为贵,凡以险怪知名者黜去殆尽。榜出,怨谤纷然,久之乃服。然文章自是变而复古。①

这一榜不仅扭转了古文运动的方向,直接成果也很喜人,苏辙、苏轼、曾巩这三位"唐宋八大家"成员,都在这一榜脱颖而出,程颐、张载也同时中进士。古文运动至此达到高潮。

这时,从四川涌来一股巨流,注入了古文运动大潮。成都府路与东南山水远隔,文化渊流不尽相同,加以闭塞,很少受到五代宋初浮艳文风的污染,原来即有着良好的古文基础:"蜀中士子,旧好古文,不事举业。"②宋初的四川知识分子对科举不大热衷,对科举的敲门砖词赋之艺不感兴趣,不合时宜地偏爱古文。如眉州(今四川眉山),据苏轼说:"吾州之俗,有近古者三",好古文即是内容之一。"始朝廷以声律取士,而天圣以前,学者犹袭五代文弊,独吾州之士通经学古,以西汉文词为宗师。方是时,四方指以为迂阔"③。四川文化发展于西汉文翁治蜀之时,至宋代仍有古文的流风余韵,只是迟迟未能形成大气候;闭塞的地理环境又使之在宋初没有与中原文坛贯通,远离中流,故而不被关注。北宋中期,中原古文运动的兴起为四川古文发展提供了适宜的条件,相互有了呼应,在师法西汉的基础上,四川古文作家的代表苏洵父子,又从京东徐州彭城(今江苏徐州)人颜太初那里学到了立足现实、有为而作的原则。苏轼记载道:

---

① 《栾城后集》卷23《欧阳文忠公神道碑》。
② 《宋朝事实类苑》卷57《张乖崖》。
③ 《苏东坡全集·前集》卷32《眉州远景楼记》。

　　昔吾先君适京师，与卿士大夫游。归以语轼曰："自今以往，文章其日工，而道将散矣……"以鲁人凫绎先生之诗文十余篇示轼曰："小子识之！后数十年，天下无复为斯文者也。"先生诗文，皆有为而作，精悍确苦，言必中当世之过，凿凿乎如五谷必可以疗饥，断断乎如药石必可以伐病。其游谈以为高，枝词以为观美者，先生无一言焉。①

　　凫绎先生即颜子的 47 世孙颜太初，其文风质朴，济世实用，没有花言巧语。苏洵父子均受此影响，无不反对空谈而关注现实。苏辙言："予少而力学。先君，予师也；亡兄子瞻，予师友也。父兄之学，皆以古今成败得失为议论之要。"②四川古文因此有了活力，切入了现实也切入了文坛。古文八大家中苏氏父子三大家横空出世，异军突起，与中原、东南文坛接轨合流，将古文运动推向最高峰。尤其是雄视百代的苏轼，一跃成为超越欧阳修的最伟大作家。在古文运动前期不起任何作用的四川古文，却在后期功勋卓著。

　　从上可知，宋代古文运动的发展过程，在很大程度上是文风地域流变的过程。古文运动是以自然质朴的文风对抗雕琢华靡的文风。一般而言，前者可以说是北方文风的一个特点，后者可以说是南方文风的一个特点。古文运动发起于北方的河北、京东、京西等地，在洛阳、开封与南方文风融合，既完成了向南方的扩散，也完成了历史使命，由南方大家独领风骚，后起之秀很快超过了前辈老师。与理学发展的地域流变颇为相似。

　　由此可知，北宋前期、中期的北方文化仍富有开创性，但后劲不足。《宋史》卷 439《文苑传·序》言：

　　①　《苏东坡全集·前集》卷 24《凫绎先生诗集叙》。
　　②　《栾城后集》卷 7《历代论·引》。

国初,杨亿、刘筠犹袭唐人声律之体,柳开、穆修志欲变古而力弗逮。庐陵欧阳修出,以古文倡,临川王安石、眉山苏轼、南丰曾巩起而和之,宋文日趋于古矣。

质朴简略的北方古文,在风气初开时期,是向华靡文风挑战的最好方式,有意无意地站在了另一极端,对骈文彻底否定,其弱点因而是先天存在的。南方文士的这种对抗意识不强,能够接受北方文风的优秀一面,利用自己的文采优势弥补了古文的不足,欧阳修对古文大家苏洵说:

吾阅文士多矣,独喜尹师鲁、石守道,然意犹有所未足。今见子之文,吾意足矣。①

欧阳修当时推崇的作家,只有尹洙、石介两位北方人,但对他们并不十分满意,因为其古文还不够完善,抛开他自己不讲,及另一位南方人苏洵出现后,欧阳修才感到心满意足了。

总之,北宋古文运动的开创之功在北方人,完善之功在南方人。宋代古文,骨头是北方的,血肉是南方的。中国古代的文学运动,大都是自北而南的走向,南渐之后,由南方唯美唯艺的丽辞写作范式对其改作重构,从而以审美代功利,刚柔兼济。唐宋八大家中,唐代的二人都是北方人,宋代的六人全是南方人,在更大的历史范围内显示了古文运动的地域流变规律。

---

① 《邵氏闻见后录》卷15。《四库全书总目》卷152《孙明复小集》云:"苏辙《欧阳修墓志》载:修谓于文得尹师鲁、孙明复,而意犹不足。"言孙明复而不言石介,与此不同。然《欧阳文忠全集》附录的苏辙《欧阳文忠公神道碑》(又见《栾城后集》卷23)并无欧阳修此言,不知四库馆臣所据从何而来,抑或误也?

第二节　绘画的地域差异

一、地理环境对各地画风的影响

绘画是一种形象的表述,既能再现所感受的世界,也能展示内心深处的意境,也就是说,绘画是客观世界和主观意识的艺术反映,其中客观世界是基本对象。一幅作品的题材、风格,反映作者的志趣和艺术修养,而一个画家的素质和成就,深受生活环境的影响。长期生活在南方的画家,描绘不出北国风光的真正意味;反之,长期生活在北方的画家,也表现不出南方风物的妙处。

地理环境对绘画的影响,最直接、最突出地表现在山水画上。宋代山水画成就极大,超迈前代。"本朝画山水之学,古今第一"[①],名家层出不穷。由于各地风物和习俗不同,形成了山水画坛的两大派,即北方山水派和南方山水派。北方山水派的代表人物是京兆府长安(今陕西西安)人关同、青州(今山东青州)人李成、耀州(今陕西耀县)人范宽;南方山水派的代表人物是江宁府(今江苏南京)人董源及其传人、同府的僧巨然。

成就最大的是北方山水派,在北宋山水画中居主导地位,对后代影响也很大:

> 画山水唯营丘李成、长安关仝(即关同)、华原范宽,智妙入神,才高出类,三家鼎峙,百代标程。前古虽有传世可见者,如王维、李思训、荆浩之伦,岂能方驾!

北方山水派的成就前无古人,三大家各有特色。李成的特色是"气象萧疏,烟林清旷,毫锋颖脱,墨粉精微";关同的特色是"石体坚凝,杂木丰茂,台阁古雅,人物幽闲";范宽的特色是"峰峦浑厚,势壮雄强,枪笔俱

---

① 《邵氏闻见后录》卷27。

均,人屋皆质"①。显然,都是北方山水不同特点的艺术反映,使人有身临其境的感觉。具体而言,李成笔端所流露的是北方东部地区的山水景象,关同、范宽笔端所流露的是北方中西部地区的山水景象。其中范宽的作品,最能代表北方特点:

> 范宽山川浑厚,有河朔气象。瑞雪满山,动有千里之远。寒林孤秀,挺然自立,物态严凝,俨然三冬在目。②

气势的浑厚,冬季的严凝,林木的萧疏,抓住了北方景物的特点。南宋时两浙明州(今浙江宁波)人楼钥在观赏范宽作品《春山图》时,虽然表面景物是"茂树乔山春烂漫",但仍一眼就看出"此图不是江南山,寒空青嶂疑商颜"③。描绘春天山景的作品还能让南方人看出是北方之山,其地域特色和表现力、艺术感染力该是多么强烈!

地理环境制约着画家的创作。典型如北宋中后期的著名画家宗室赵令穰,自幼生长在京师开封。他的特点是善画小景,"然所写特于京师外坡坂汀渚之景耳。使周览江浙、荆湖崇山峻岭、江湖溪涧之胜丽,以为笔端之助,则亦不减晋、宋流辈"④。他固然很有才气和艺术感觉,但囿于平原上的繁华都市环境,只能创作出坡池小景,画不出大山大水的全景式作品。宋代规定宗室活动范围不得超出开封、洛阳之间,而只有朝拜皇陵才能前往洛阳。所以每当赵令穰画出一幅有新意的作品时,人们就会说:"此必朝陵一番回也。"⑤山水画家必得江山之助才能创作出好作品,自然环境造就着不同地区艺术家的气质,赋予其作品特色。张元干在品题洛阳画家范恬山水短轴时论道:

---

① 《图画见闻志》卷1《叙论》。
② 《洞天清禄集·古画辩·范宽》。
③ 《攻媿集》卷5。
④ 《宣和画谱》卷20《墨竹》。
⑤ 《画继》卷2《侯王贵戚》。

西北山川峻极雄壮,良由土厚水深,以古风俗醇古,自昔贤杰生其地者,得所钟禀,混金质直,忠信严重。宜乎功名节义,代不乏人。此语可为知者道。洛阳范恬智夫尝与乃叔戏作短轴,盖取范宽笔法,展卷便觉关、陕气象历历在眼。向来惠崇辈爱写江南黄落村,平远弥望,数峰隐约,虽曰造化融结有殊,然而秀发可喜,终近轻浮,何能起予滞思?①

山川、气质、作品,是一脉相承的。雄浑粗犷的西北山川风气所造就的画家,作品反映的不仅是其自然风光,还是其历史积淀和习俗。

北方如此,南方同样不例外。前所提到惠崇是北宋前期福建僧人,以善画江南小景著称。作品中的江南春色、烟雨芦雁,深受王安石、苏轼的赞美。虽然画中有诗,情景交融,与北方画派比起来"终近轻浮"。南方山水画派的代表人物江宁僧人巨然,也曾有宋人批评其作品"气质柔弱""琐细"②。另一位南方山水画家燕文贵,两浙湖州(今浙江湖州)人,"其作山水,不专师法,自成一家,细碎清润可爱,然取其骨气,无有也"③。可见,所谓"轻浮""柔弱""琐细"以及小景,是南方山水画家较为普遍的弱点或特点,由南方地区土薄水浅、山清水秀、温润迷蒙的自然环境和柔慧的习俗所致。

南方山水画派到北宋后期重新振作,其继承者是京西路最南端的襄州(今湖北襄樊)人米芾。京西路襄州属于北方地区,但邻近南方,山川风格与北方不同。米芾师承董源,发展了南方山水派的优良之处,克服了琐细弱点,"多以烟云掩映树木,不取工细",以虚幻缥缈的烟云遮掩树木,避免过多的刻画。但他"不作大图,无一笔关全、李成俗气"④,仍是南方山水派的小景风格。由此也可见北方山水派的全景式大制作的弱点是

① 《芦川归来集》卷9。
② 《宣和画谱》卷12《山水》3。
③ 《图绘宝鉴》卷3《宋》;又见汤垕《画鉴》。
④ 《画继》卷3《轩冕才贤》。

不免俗气,缺乏南方山水派的灵气。米芾乃性情中人,对南方山水画派的发展,得益于他偏爱南方山水:

> 米南宫多游江、湖间,每卜居,必择山水明秀处。其初本不能做画,后以目所见日渐模仿之,遂得天趣。①

可见他的山水创作是南方山水熏陶的直接产物。其子米友仁得其家传,发扬了米芾的画法:"点滴烟云,草草而成,而不失天真,其风气肖乃翁也。"②画史上称之为"米点山水",特别适宜表现江南那种"春雨初霁,江上诸山云气涨漫,风岭出没,林树隐见"的情景。③ 所以他的作品题材与关同、李成"多大山乔岳之形"不同,"专貌江南山水,自成一家"④,为南方山水画派的发展做出了贡献。

以上可见,描绘自然风光的绘画作品,因南北方地理环境不同而自然形成南北两大派,它们各自的风格特点,无不是地域文化综合的、形象的表现。

二、各地画家的分布

宋代绘画艺术人才的产生与分布,主要在6个地区比较集中。

五代、宋初,除京师开封外,后蜀的成都、南唐的金陵聚集着大批画家,分别形成绘画艺术的两个中心。

四川的绘画艺术,主要是唐代从北方流入大批画家之后发展起来的。四川画家文同记述道:

> 蜀自唐二帝西幸,当时随驾以画待诏者,皆奇工。故成都诸郡寺

---

① 《洞天清禄集·古画辩·米氏画》。
② 《画继》卷3《轩冕才贤》。
③ 《吴礼部集》卷18《米元晖云山图》。
④ 《攻媿集》卷77《跋米元晖暮色春山》。

宇所存诸佛、菩萨、罗汉等像之处,虽天下号为古迹多者,尽无如此地所有矣。后历二伪(指前蜀、后蜀)至国初,其渊源未甚远,故称绘事之精者,犹斑斑可见。①

从唐代宫廷画家留下的作品及带动起来的绘画风气,一批四川画家成长起来,取得了很大成就。黄筌、黄居寀父子及高文进、袁仁厚、夏侯延祐、石恪等人,即是后蜀宋初的著名官方画家。后蜀灭亡后,他们随孟昶来到开封,成为宋朝翰林图画院的专业画家。黄居寀以花鸟画最见长,在画院中形成了以富贵为特色的黄派(又称黄体画),并在北宋画坛上居于统治地位长达百余年之久。富有实力的四川画家为北宋画坛做出了贡献。第一流的画家离开四川后,四川绘画艺术从高峰骤然跌落。北宋中期的著名画家文同说:四川"近世所习浅陋,寂然不闻其人。此亡他,盖苟于所利,而不自取重其所为之技尔"②。由于再也受不到后蜀政权那样的喜爱推崇,当地画坛失落感颇强,对绘画艺术不再重视,不再追求,所以在艺术上没有什么成就。不过,由于底蕴深厚,四川仍是北宋绘画艺术比较发达之地。苏轼、文同既是士大夫,又是举世闻名的大画家,此外还有不少著名画家。如眉州人孙知微,善画山水、仙官、星辰、人物;成都人李怀衮,善画山水、毛翎;汉州(今四川广汉)人赵昌,善画花卉。这三人"平生至意精思,一发于画,故其画为工而能名于世"。又如汉州人王友③、成都人蒲永升④等等,也皆知名一时,为四川画坛增添了新的光彩。

江东路江宁府在南唐时,聚集了许多优秀画家,如徐熙、周文矩、董羽、董源、王齐翰、卫贤、钟隐、顾闳中、赵午、巨然、徐崇嗣等等,盛极一时。南唐灭亡后,许多画家被宋政府收罗,成为京师开封的官方画家。这批人对宋代画坛也产生了很大影响。与宋代四川画坛的历史变化相同,北宋中期以来与宋初相比出现较大的落差,江东路绘画大家数量减少。但仍

①② 《丹渊集》卷22《彭州张氏画记》。
③ 《宋朝事实类苑》卷51《蜀人善画者》。
④ 《苏东坡全集·前集》卷23《书蒲永升画后一首》。

有继其余绪者,如宣州(今安徽宣州)人包贵、包鼎父子及江宁人艾宣等即是。

京师开封是最重要的绘画艺术基地和人才中心。宋初统一诸国后,后蜀、南唐的画家会集开封,加上北方地区画家郭忠恕、高益、王道真等,均被任命为朝廷职业画家,开封遂成为任何地方也不可比拟的绘画中心。宋太宗雍熙元年(984年)正式设立了翰林书画院,简称画院。画院内按画家的技艺高下授予相应职务,有待诏、祗侯、艺学、画学正、供奉、画学生等。宋代绘画艺术纳入了封建文教事业的轨道,在官方的支持下发展起来。宋真宗时,画院有待诏3人,艺学6人,祗侯4人,画学生定额40人,画工若干人。① 他们为朝廷和地方官府提供服务,形成了与之相适应的精致富丽特色,即院画体风格。宋徽宗时,开封画坛更加兴盛,艺术创作的繁荣达到顶峰,并于崇宁三年(1104年)成立了画学,专门培养绘画人才。经严格考试录取的画学生入学后,分为佛道、人物、山水、鸟兽、花竹、屋木六科,专业化很强。他们除了学习绘画技艺外,还需提高文化素质和道德修养,学习儒家经典。② 可以说,这是世界上最早的国立绘画专科学校。

真正能反映开封地域文化的是涌现出许多开封籍画家。宋徽宗即是京师文化造就的画坛高手,此外还有王霭、朱渐、杨朏、吴元瑜、王诜、高明以及前边提到过的赵令穰等多人。其中吴元瑜在花鸟画方面突破了画院中黄体画的约束,"大变唐五代、宋国初之法,自成一家",为花鸟画的发展做出重要贡献;王诜的山水画颇有成就,师法唐代李思训及宋代的李成、文同,将各派画法熔铸一炉,集于一身,"不古不今,自成一家"③,体现了京师文化综合性的特点。

两浙的绘画事业也相当发达。北宋时,秀州(今浙江嘉兴)人唐希雅及其诸孙唐忠祚、唐宿,善画羽毛花竹,作品流行于北宋。唐希雅最出色,

---

① 《宋会要·职官》36之106。
② 《宋史》卷157《选举》3。
③ 《绘图宝鉴》卷3《宋》。

被称为与徐熙齐名的"江南绝笔"。① 常州人(今江苏常州)董羽,以善画龙鱼、海水著称,"实近代之绝笔也"。明州(今浙江宁波)僧人传古,也与董羽齐名。② 湖州(今浙江湖州)人燕文贵,长于山水画,自成一体,有"燕家景致无能及者"之美誉。③ 越州(今浙江绍兴)僧人仲仁,以墨画梅,是画梅技法的一大变化。④ 南宋以来,杭州作为都城,绘画事业有了重大发展。仿照京师开封设置有画院,据《南宋院画录》所载,宋高宗一朝的画家有 30 人。后来又出现著名的杭州籍画家刘松年、夏圭、白良玉、鲁宗贵、李迪、史显祖、孙必达等数十人。

北方地区的陕西路,在宋代绘画方面有着重要地位,绘画人才很多,名家层出不穷。五代时仕于南唐的画家卫贤,即长安人,最擅长画宫室建筑物,被誉为自晋朝以来"仅得卫贤以画宫室得名"⑤,即 600 多年来最杰出的宫室画家。长安人关同、耀州人范宽,则是一代山水画大师。另一耀州人赵光甫,宋太宗朝为画院学生,工画佛道、人物,尤善画蕃马。⑥ 长安人许道宁,也是位画山水的大家。⑦ 河中府(今山西永济西)的马氏绘画世家,尤为突出。先是出身于"佛像马家"的马贲以佛像、小景驰名于宋哲宗朝,并为宋徽宗宣和年间画院待诏;其孙马兴祖承其家学,随宋高宗南渡,在花鸟画方面是位高手;马兴祖之子马公显、马世荣,"俱善花禽、人物、山水,得自家传";马世荣之子马逵、马远,"得家学之妙";马远之子马麟又继家传,也负盛名。⑧ 马氏家族世代出知名画家,并先后五代任职于画院,在中国绘画史上是独一无二的。绘画艺术不同于文学,有着很强的技巧性和妇孺皆可得到的感染力,因而传承性突出。宋代陕西名画家

① 《圣朝名画评》卷 3《花竹羽毛门》。
② 《宣和画谱》卷 9《龙鱼门》。
③ 《圣朝名画评》卷 2《山水林木门》。
④ 《云溪居士集》卷 6《南岳僧仲仁墨画梅花》。
⑤ 《宣和画谱》卷 8《宫室叙论》。
⑥ 《圣朝名画评》卷 1《人物门》。
⑦ 《图画见闻志》卷 4《山水门》。
⑧ 《画继》卷 7;《画继补遗》卷下。

不断出现,在地域文化背景上得益于隋唐以来政治中心衍生的绘画中心之熏陶,代代相继不绝,马氏家族就是一个典型例子。名家之外,普通画家、画匠更多。如宋神宗时的陕州夏县(今山西夏县)人台亨,在当地是绘画高手,曾应调至京师,参加修建景灵宫,随后朝廷在调来的全国画工中选拔画院待诏翰林,台亨以最佳技艺名列第一。但他并未接受官职,以父老需侍养为由返回家乡。① 显然是位不求显赫而身怀绝技的民间画家。陕西禁军中有相当数量的绘画人才:"其间有匠士、乐工、组绣、书画、机巧,百端名目,多是主帅并次官员占留手下,或五七百人,或千余人。"②其中的"书画",即是会绘画、书法的士兵,为军官抽调出来占用,使之专门从事"涂绘文缕"③的美术品、工艺美术品制作,以出卖谋利。可见陕西绘画艺术比较普及,有着雄厚的群众基础。

以洛阳为中心的京西路,既是古都所在,又怀抱京师开封,一批著名画家活跃在宋代画坛。洛阳人郭忠恕,书画俱佳,"尤善画,所图屋室重复之状,颇极精妙……得者藏以为宝"④。其界画为画史上一绝。宋真宗景德年间兴建玉清昭应宫,招募天下画工,应募者3000多人,经考试合格者100余人,其中分为两部,洛阳人武宗元被选为左部之长,⑤显然是民间画家中的佼佼者,在人物画方面很有成就。洛阳人宋道、宋迪兄弟,善画山水寒林,"情致闲雅,体象雍容"⑥。驰名于北宋中期。孟州(今河南孟县南)人郭熙,长于山水寒林的描绘,师承李成,独步一时。他还是一位绘画理论家,所著《林泉高致》总结了自己的创作经验,对绘画理论有重要贡献。至于襄阳人米芾、米友仁父子,更是一代书画宗师,此处不再多说。两宋之际的孟州人李唐,在宋代绘画史上是一位承前启后的重要人物,他上承北宋画院之余绪,下开南宋画院之风气,善画山水、人物,笔意

---

① 《宋史》卷456《台亨传》。
② 《赵清献集》卷4《奏状论陕西官员占留禁军有妨教阅》。
③ 《宋会要·刑法》2之97。
④ 《宋史》卷442《郭忠恕传》。
⑤ 《圣朝名画评》卷1《人物门》。
⑥ 《图画见闻志》卷3《纪艺中》。

不凡,尤工画牛,受到宋高宗的高度称赞。①

以上 6 个地区的绘画事业及人才状况,基本上概括了宋代画坛情况。为更加明确各地绘画实力,现将刘道醇《圣朝名画评》所列北宋一代各地画家按籍贯统计如下:

表28　　　　　　　　北宋各地著名画家数量表

地　区	开封府	京西	京东	河北	河东	陕西	两浙	江东	四川	江南	不详地
人　数	9	9	5	4	1	15	6	10	14	10	7

宋代画家籍贯很多不详,有者也不具体,如言江南者,就很泛泛。从表中大体上可知,实力最强的是陕西,而湖北、湖南、广东、广西以及文化发达的福建,在《圣朝名画评》中无一被提到,其绘画艺术之落后是显而易见的。总的来看,北方地区有 43 人,南方地区有 40 人,北方绘画人才多于南方。而且,南方画家数量,主要集中在北宋初年,多是后蜀、南唐画家入宋者,其后继者不多。北宋中后期的画坛上,北方画家占绝对优势。

南宋时,虽然在杭州聚集了一批画家,但整个南方地区的绘画并无多大起色,甚至有衰弱趋势。南宋后期赵希鹄曾指出:

　　　　近世画手绝无。南渡尚有赵千里、萧照、李唐、李迪、李安忠、栗起、关泽数手,今名画工绝无,写形略无精神。士大夫以此为贱者之事,皆不屑为。②

所列南宋初的画家,可考者已知赵千里(赵伯驹)是宋宗室,开封人,萧照是河东泽州(今山西晋城)人,李唐是京西孟州人,皆南渡的北方画家。南宋中期以后,名画家尽管不像赵希鹄所说的那样没有一人,但确实不多,整体上绘画水平下降。士大夫以绘画为低贱之事,说明绘画艺术的地位下降,有才华、有知识、有地位的人不再致力于绘画,是其衰弱的重要原

　　① 《图绘宝鉴》卷4《宋》。
　　② 《洞天清禄集·古画辨》。

因,也是绘画艺术的悲哀。

第三节　各地民间音乐状况

与绘画相比,音乐,尤其是声乐更具有群众性和普及性,是广大人民最主要的艺术活动和娱乐形式之一。一个地区的群众对音乐是否爱好以及音乐水平、风格如何,反映着当地的精神风貌,是地域文化特色中突出的重要内容。

一个明显的界线摆在人们的面前:在南方民间,几乎到处都可以听到音乐之声;而在北方民间,除京师开封外,大部分地区一片寂静。

南方民间音乐最发达之地是四川,在《宋史·地理志》中,唯有四川人被标以"好音乐"。例如崇庆府(今四川崇庆),"俗好歌舞,危弦促管,声尤激切"[1]。渠州(今四川渠县),"其人勇健,好歌舞"[2],常举行规模盛大的音乐活动,如每年正月七日,乡人携鼓笛、酒食,登流江县一山头娱乐祈蚕,其山遂因此得名乐山。[3] 巴州(今四川巴中),"以歌舞敖游为乐"[4]。音乐是人们不可缺少的生活内容,成为风俗的一个组成部分。与此相适应的是,乐器的制造也很发达,如琴即是。"琴最盛于蜀",有几家专业制琴作坊,[5]表明其需求量很大。

广南东、西尤其是广西,少数民族众多,无一不是能歌善舞,音乐活动十分兴盛:

> 广西诸郡,人多能合乐。城廓、村落祭祀、婚嫁、丧葬,无一不用乐。虽耕田亦必口乐相之,盖日闻鼓笛声也。每岁秋成,众招乐师教习子弟。听其音韵,鄙野无足听。[6]

---

① 《宋本方舆胜览》卷52《崇庆府》。
② 《宋本方舆胜览》卷64《渠州》。
③ 《舆地纪胜》卷162。
④ 《宋本方舆胜览》卷68《巴州》。
⑤ 《宋诗纪事》卷7,张及《赠黄孙二处士》。
⑥ 《岭外代答》卷7《平南乐》。

这条史料说明了以下三个内容:1. 音乐活动十分普遍和频繁,生产、生活大都在音乐中进行,居民音乐素质普遍较高;2. 音乐不是可有可无,也不是自生自灭,而是有意识培养发展的,每年都要聘请音乐教师培训青少年,提高他们的音乐水平;3. 其音律"鄙野无足听",是相对内地而言的,正好说明具有浓郁的地方特色。此外还常举行固定的歌会,如窦州、昭州(今广西信宜南、平乐)有关节日期间,"男女盛服,椎髻徒跣,聚会作歌"①;南仪州(今广西岑溪)"每月中旬,年少女儿盛服吹笙,相召明月下,以相调弄,号曰夜泊以为娱"②。对歌等习俗,在一些地方至今仍存。梧州(今广西梧州)音乐闻名天下,有"梧州乐"之誉,其"音乐闲美,有京、洛遗风……又善为渠犀舞";广东的韶州则以善于制作、演奏一种叫"角"的乐器闻名,有"韶州角"之称。③

荆湖地区盛行踏歌,载歌载舞:"荆湖民俗,岁时会集或祷祠,多击鼓踏歌,谓之歌场。"④凡有集会和祭祀,总是伴随着鼓乐歌声。有事以歌乐助兴,无事以歌乐消遣,如湖北的辰州、沅州、靖州(今湖南沅陵、芷江、靖县)居民,"农隙时至一二百人为曹,手相握而歌,数人吹笙在前导之"⑤。湖北澧州(今湖南澧县)出产铜制乐器,比较有名。⑥湖南的道州(今湖南道县)"俗尚韶歌"⑦,乃是自上古流传下来的习俗。

淮南民间歌舞习俗不减荆湖地区。苏轼言光州、黄州(今河南潢川、湖北黄岗)居民每年二三月间"群聚讴歌,不中音律,宛转如鸡鸣耳,与宫人唱漏微相似,但极鄙野"。这种古已有之名为"鸡唱"的民间歌曲,宋代

---

① 《太平寰宇记》卷163《窦州》。
② 《太平寰宇记》卷163《南仪州》。
③ 《宋本方舆胜览》卷40《梧州》。
④ 《岳阳风土记》。
⑤ 《老学庵笔记》卷4。
⑥ 《宋史》卷180《食货》下2。
⑦ 《宋本方舆胜览》卷24《道州》。

"土人谓之山歌"①。所谓"不中音律""极鄙野",正是山歌的特点。滁州（今安徽滁州）人也很喜爱唱山歌，王禹偁专作《唱山歌》一诗记载道："滁民带楚俗，下里同巴音。岁稔又时安，春来恣歌吟。接臂转若环，聚首丛如林。男女互相调，其词事奢淫。……夜阑尚未阕，其乐何湛湛!"②滁州人在春季相聚，手挽手欢声放歌，抒发感情，追求爱情，其乐融融。

两浙音乐的兴盛，主要不在于群众性的民歌，而是有一大批专业的歌女。相对民歌而言，显得规范高雅。陈郁言："吴下风俗尚侈，细民有女，必教之乐艺，以待设宴者之呼。"为此不惜花大本钱，"百金求师教歌舞，便望将子赡门户"③。这些歌舞之女，大体属于商业性的艺伎之类。作为社会现象，反映的是富人士大夫的享乐;作为文化现象，反映的则是当地对音乐的需求、爱好已形成市场，造就出许多专业人才，包括相当数量的音乐教师。其居民的音乐素质是较高的。

北方地区的大都市如东京、西京、南京等地，拥有许多专业音乐家，是政治地位和城市繁荣的产物。东京开封的音乐阵容最为强大，民间音乐活动频繁热烈，品位高雅。平常日子，瓦子勾栏中总是演奏着音乐百戏，供人欣赏;节日期间，更是演奏竞技的热闹之时。大街小巷飘满歌乐。如正月十六日夜，"五陵年少，满路行歌，万户千户，笙簧未彻"④;六月份二伏时，"远尔笙歌，通夕而罢"⑤。日常走街串巷的小商贩们，则利用音乐招徕顾客："或军营放停乐人，动鼓乐于空闲，就坊巷引小儿、妇女观看，散糖果子之类，谓之卖梅子，又谓之把街。"⑥丰富了民间音乐活动。开封民间音乐的繁荣，与京师地位相适应。

北方其他地方的民间音乐歌舞，可举一例。唐代流传于西北地区的少数民族歌舞柘枝舞，宋代仍有余风。陕西华州下邽（今陕西渭南北）人

---

① 《仇池笔记》卷下《鸡唱》。
② 《小畜集》卷5。
③ 《藏一话腴》。
④ 《东京梦华录》卷6《十六日》。
⑤ 《东京梦华录》卷8《是月巷陌杂卖》。
⑥ 《东京梦华录》卷3《诸色杂卖》。

寇准就是位著名的"柘枝颠",每有客人来欢聚,必乘兴而舞,每舞必尽日而已。凤翔(今陕西凤翔)的一位老尼姑曾是寇准的柘枝伎,"尚能歌其曲"①。可知寇准还养有一支专业班子。北方地区乡间无疑有山歌、小调之类的民间音乐,但不会有南方地区那么热烈,动辄聚会歌唱。史料的缺乏,使我们无法具体介绍。可以称作有地方特色的音乐,是南京应天府(今河南商丘)的"河市乐","宋城南抵汴渠五里,有东、西二桥,舟车交会,居民繁夥,倡优杂户类亦众,然率多鄙俚",为当地官方的伶人"所轻诮,每宴饮乐作,必效其朴野之态以为戏玩,谓之河市乐。迄今俳优常有此戏"。②"河市乐"是汴河桥头集市中产生的为平民百姓演唱的乐戏,像所有的民间乐戏一样,也是以"鄙俚""朴野"为特色的。

南北方民间音乐的这种差异,其实早在了解了南北方风俗人情之后就可以预料到的,而民间音乐状况进一步深刻补充了对各地习俗的认识。各地居民的精神风貌也由此可见:北方人不善于抒发、表达自己的情感,显得呆板沉闷;南方人善于抒发、表达自己的情感,显得活泼浪漫。

最后谈一下南北方音乐的风格差异。音乐反映的是演奏者的风格、气质、情绪等精神状况,自然反映着地域文化。宋人成玉磵在《琴论》中指出了琴乐的地域差异,即特色突出的三个地区:"京师过于刚劲,江西失于轻浮,惟两浙质而不野,文而不史。"京师开封的琴乐显然体现了北方刚劲习性,江西琴乐则体现着南方轻浮的弱点,两浙琴乐比较中和。但南宋以降,出现变化。元人吴澄说:

> 今三操:北操稍近质,江操衰世之音也,浙操兴于宋氏十有四传之际,秾丽切促,俚耳无不喜。然欲讳护,谓非亡国之音,吾恐唐诗人之得以笑倡女也。③

① 《梦溪笔谈》卷5。
② 《王文正笔录》。
③ 《吴文正集》卷24《赠琴士李天和序》。

北方琴乐仍是北方习性的本色,江西琴乐与南宋统治集团苟且偷安、腐化堕落相一致,两浙琴乐在这种趋势下,自宋宁宗时也放弃了原有的优点,感染了江西的弱点,以靡靡之音而媚俗,一味向悦耳发展,也属衰世亡国之心态的体现,与当时整个社会风气以及文风完全相同。琴乐风格的地域差异,再一次将南北方文化特点显示出来。

第八章　地域文化的传播与结聚

第一节　地域文化的传播

　　地域文化是相对稳定的,其基本特征往往存在于特定的地区。同时也不是死水一潭,会向其他地区流动扩散,为文化与自然环境相互作用提供了更多机会,并与新的地区原有文化融合,为其带来生机。宋代社会不仅在历史文化进程中处于转折时期,在地域文化传播中也处于转折阶段,因此才形成了高度繁荣的宋代文化。

　　宋代地域文化传播基本是交流的,主要表现在北方文化与南方文化之间。南方文化向北方传播的例子,大的如禅宗(南宗)的北上,为北方佛教注入了新鲜血液;小的如四川画家黄居寀等来京师后,在画院中形成了以富贵为特色的黄体画,并居北宋画坛统治地位。具体的以饮食最明显,欧阳修在《京师初食车螯》诗中指出:

　　　　五代昔乖隔,九州如剖瓜。

　　　　东南限淮海,邈不通夷华。

　　　　于时北州人,饮食陋莫加。

　　　　鸡豚为异味,贵贱无等差。

　　　　自从圣人出,天下为一家。

　　　　南产错交广,西珍富邛巴。

　　　　水载每连舳,陆输运盈车……

　　　　岂惟贵公侯,闾巷饱鱼虾。①

宋初统一南方后,南方食品大量涌入京师等北方地区,改变了只知以鸡、

---

　　① 《欧阳修全集·居士集》卷6。

猪肉为珍奇之味的简陋饮食习惯,极大地丰富了北方食品类型,改变了北方的食品结构。京师开封即有大量的"南食""川饭"饮食店。

交流中的南北文化有主次之分,宋代地域文化交流的主流是北方文化向南方传播。原因在于:一、北方是政治、文化中心所在,政令发布之地和传统文化主体的发源地,有天然的优势;二、南方文化在历史积累上、在正统观念上整体尚弱于北方,处于低势;三、北方文化相对成熟与保守,南方文化相对开放,故而北方文化接受性弱,南方文化接受性强;四、文化学上的文化扩散类型之一是迁移扩散,指具有某种文化的个人或群体从一个地方迁移到另一个地方,结果把这种文化带到新地区。建炎南渡之际,北方人口潮水般涌向南方,是北方文化向南方地区的一次大规模的迁移扩散,在文化传播速度与程度上具有跳跃性。

因此,本节重点研究的对象是北方文化的南下。前文已讲过的问题如"洛学"的扩散等,不再多说。

一、北方文化向南方的扩散

唐末五代时期,在北方军阀混战以及少数民族军队南下杀掠的情况下,北方人民掀起了一次南下浪潮。其历史意义有两点:一是部分地保存了北方传统文化;二是为尚落后的南方文化注入了强有力的生机,促使南方文化快速发展。苏颂指出:

> 唐季之乱,四方豪杰与京都士族,往往避地江湖,李氏能招携安辑之。故当时人物之盛,不减唐日。而文风施及其后裔,今名显于朝廷者多矣。①

南唐政权在当时诸国中,以文化昌盛著称,主要得益于北方南下的士大夫。他们的学识及身份,在当地具有很大的影响力。其后代继承家学,定

---

① 《苏魏公集》卷55《龙图阁直学士知成都府李公墓志铭》。

居下来,直接改变了当地人口的文化结构。罗愿提供了江东徽州(今安徽歙县)的具体例子:"黄巢之乱,中原衣冠避地保于此,后或去或留,俗益向文雅。宋兴,则名臣辈出。"①其文雅之俗,主要是北方士人促起的。五代时前蜀的立国,同样仰仗着南下的北方士大夫:"是时,唐衣冠之族多避乱在蜀,蜀主礼而用之,使修故事。故其典章文物,有唐之遗风。"②传统的北方文化,在四川由割据政权所继承,并以政权的力量影响着当地文化,为宋代四川文化的发展奠定了基础。

以上例子说明,宋代南方地区文化之所以迅猛崛起,很大程度上得益于或借助了唐末五代北方士大夫南下所携带的北方文化。

金兵灭亡北宋,引起了历史上又一次北方人口大迁移。史家所称的"建炎南渡",即包含着这一内容:"中原士民,扶携南渡,不知几千万人"③;结果是:"建炎之后,江、浙、湖、湘、闽、广,西北流寓之人遍满。"④南下的人群中,以官僚士大夫、富人和有气节的士人、有一技之长可易地谋生的工商业者居多;文化素质较低、离开土地就无法生活的农民安土重迁,迁移者较少。那么,数量巨大、具有较高文化素质的北方人布满南方各地,对南方文化无疑是一次新的大冲击,有力地促进了南方文化的发展。如"北宋名匠多在定州……靖康以后,群工南渡,嘉兴髤工遂有取代定州之势……是为南匠北来之证"⑤。河北定州(今河北定县)是北宋时漆器工艺最发达之地。两宋之际大批名匠南迁,多集中在两浙秀州嘉兴,遂使嘉兴的漆器工艺蓬勃发展,形成了新的中心之一。再以最为偏远的广西为例,也可略见一斑。广西郁林州的博白县(今广西博白),北宋末年时还是俗恬风静,连老虎都不伤人。仅仅十多年之后,"北方流寓者日益众,风声日益变,加百物涌贵,而虎浸伤人"⑥。随着北方人的到来,短

① 《新安志》卷1《风俗》。
② 《资治通鉴》卷266,开平元年九月。
③ 《系年要录》卷86,绍兴五年闰二月壬戌。
④ 《鸡肋编》卷中。
⑤ [明]黄成:《髤饰录·弁言》。
⑥ 《铁围山丛谈》卷6。

期内就发生了巨大变化。其变化的指向,主要是改变了当地一些陋俗,提高其文化素质。李光说:"自兵兴以来,北人多流寓二广,风俗渐变,有病稍知服药,不专事巫祝之事。"①说明当地居民初步战胜了野蛮愚昧的巫医文化。又如容州(今广西容县)变化更大:"渡江以来,北客避地留家者众,今衣冠礼度,并同中州。"②社会面貌焕然一新。海南岛文化在北宋时几乎是一派原始蒙昧状况,南宋初,"近年风俗稍变,盖中原士人谪居者相踵,故家知教子,士风浸盛,应举终场者凡三百人,比往年几十倍"③。北方文化传播的效果非常显著。

除了北方人南下传播文化外,不同内容的文化自身传播也比较明显。例如,宋孝宗时北方音乐、服饰就曾越过边界,冲进临安。乾道四年(1168年),有臣僚上书指出:"临安府风俗,自十数年来,服饰乱常,习为北装;声音乱雅,好为武乐","今都人静夜十百为群,吹鹧鸪,拨月琴,使一人黑衣而舞,众人拍手和之。伤风败俗,不可不惩!",并且为"东南礼义之民","反堕于西北之习"而深感痛心。④淳熙十二年(1185年),又有人披露:"今蕃乐有名渤海乐者,盛行于世,都人多肄习之,往往流传宫禁。"⑤当时,有位木工周亮在宋金边界榷场安丰场(在今安徽寿县)从事贸易活动时,从金国人那里得到一种名为"十四弦"的胡乐,"江南旧无之",传入南宋后,"遂盛行"⑥。喜爱新奇的南方人,就是如此大量接受北方文化,丰富自己的生活。

自唐代以来享有盛名的洛阳牡丹,北宋末年传入四川,在彭州(今四川彭县)生根开花,再现出一派中州名花的风光。宋徽宗崇宁、宣和年间,彭州人宋氏、张氏、蔡氏、杨氏,先后从洛阳购回牡丹新品种,移植于彭州,"自是洛花散于人间,花户始盛,皆以接花之业,大家好事者皆竭其力

---

① 《庄简集》卷17《跋再刊初虞世必用方》。
② 《宋本方舆胜览》卷42《容州》。
③ 《庄简集》卷16《儋耳庙碑》。
④ 《皇宋中兴圣政》卷47,乾道四年七月壬戌。
⑤ 《宋会要·刑法》2之122。
⑥ 《宋人创作小说选》上海中央书店1935年版,缺名《周宝》。

以养花。而天彭之花,遂冠两川"。养花、赏花的习俗很快形成:"花时自
太守而下,往往即花盛处张饮,帘幕车马,歌吹相属",模仿的是洛阳习
俗,"有京洛之遗风",彭州因而得到了"小西京"的美名。① 洛阳牡丹在东
南的传播基地是江东路的徽州黟县(今安徽黟县),北宋时,"往往自洛阳
移植,其后岁盛"。南宋时,其他地方"喜事者于此买取之"②,从而在东南
地区传播起来。

附带谈一个颇有意味的问题。宋代京西陈州(今河南淮阳)牡丹也
很兴盛,种植面积动辄成顷,张耒有诗称其"已将奇丽夸天上,更有声名
压洛中"③。虽有此说,实际上陈州牡丹的名气始终没有洛阳牡丹那么响
亮,向外扩散的影响远不如洛阳。原因在于,洛阳牡丹的文化含量不仅是
牡丹本身的美观,而且有古都文化为其背景,象征的是皇家富贵气象,代
表的是中原文化。南方移植洛阳牡丹也有文化上的因素和意义,反映的
是对京洛文化的仰慕。

二、京师开封文化对南宋杭州的影响

宋代北方文化向南方的传播及其影响,最集中地体现在京师开封文
化对南宋杭州的影响。④

宋室南渡,最有代表性的是京师开封的贵族士大夫及居民迁移到杭
州,在杭州再造着宋王朝,模仿着东京故事,重温着京华美梦。杭州的社
会面貌随着这一巨大变化为之一新,政治、经济、军事、文化地位陡然提
高,在社会风俗等文化方面也承袭了开封传统、汴京气象。南宋人耐得翁
在《都城纪胜·序》中指出:

---

① 《渭南文集》卷42《天彭牡丹谱》。
② 《舆地纪胜》卷20《徽州》。
③ 《张耒集》卷58《新居上梁文》。
④ 杭州于宋高宗建炎三年升为临安府,但在整个南宋时期,人们仍俗称为杭州,在
下文引用的史料中可以看到这点。所以本节为简便通俗起见,概称杭州。

圣朝祖宗开国,就都于汴,而风俗典礼,四方仰之为师。自高宗
皇帝驻跸于杭······虽市肆与京师相侔。

早在北宋时,开封的"风俗典礼"就对杭州有一定的影响。到了耐得翁生
活的南宋中后期,杭州作为南宋政府所在地已有百余年之久,宋人仍坚定
不移地视开封为京师,杭州风俗仍然仰开封为师,即使市肆也模仿着开封
风格。

开封文化对杭州的影响是全方位的。有看得见的,有看不见;有直
接的,有间接的;有的有明确记载,有的没有明确记载。大体说来,可分为
3个方面。

1. 饮食。饮食为人类社会存在的基本条件,是最重要的物质文明。
其地域特点是,依据一定的地理环境而形成不同风格的口味,同时也随着
时代和生活的不断变化接受外来新异或高级的饮食文化。迁移到外地的
居民,总是在相当时期内保持着原有的饮食习惯。

两宋之际,杭州"自累经兵火之后,户口所存,十才二三。而西北人
以驻跸之地,辐辏骈集,数倍土著。今之富室大贾,往往而是"①。原来的
饮食习俗及饮食业,已不能适应人口结构的变化和人数的剧增,于是杭州
饮食掀起了一场革命,饮食业大为发展。京师开封等地的北方人流寓他
乡,为谋生立业,也多从事饮食业。北宋时的开封"会寰区之异味悉在庖
厨"②,饮食美学造诣深厚,烹饪技术精妙高超,所以开封人创办的饮食店
铺很快主导了杭州的饮食业:

都城食店,多是旧京师人开张,如羊饭店兼卖酒······猪胰胡饼,
自中兴以来,只有东京脏三家一份,每夜在太平坊巷口。近来又或有
效之者。③

---

① 《系年要录》卷173,绍兴二十六年七月丁巳。
② 《东京梦华录·序》。
③ 《都城纪胜·食店》。

可见开封饮食占领了杭州市场,并不断发展。袁绹也指出,"旧京工伎,固多奇妙。即烹煮槃案,亦复擅名",南宋时杭州"湖上鱼羹宋五嫂、羊肉李七儿、奶房王家、血肚羹宋小巴家,皆当行不数者也"①,都是南渡的开封人开设的饮食店,在杭州享有盛名。

像皇家气息覆盖了杭州一样,开封饮食文化在杭州很快即成为时尚,为其他饮食店所效法:"杭州食店,多是效学京师人,开张亦效御厨体式,贵官家品件。"②开封饮食文化具有其他任何地方都没有的内在的政治意蕴和文化含义,那就是京师风格、宫廷色彩,借助了皇家神圣尊贵的威望,无形中使人有种精神上的追求,迎合了人们攀龙附凤、猎奇哗众的心理,给人以形而上的满足。宋人常说,"吴越俗尚华靡"③,"杭人素轻夸"④,更使开封饮食在杭州受欢迎和推崇。

作为饮食文化的一部分,开封饮食店室内装潢艺术同样普及于杭州。吴自牧载道:

> 汴京熟食店,张挂名画,所以勾引观者,留连食客。今杭城茶肆亦如之,插四时花,挂名人画,装点店面。⑤

在饮食店内展览美妙的绘画佳作,伴以香艳的鲜花,世俗的红尘中平添了几分高雅的文化气氛。顾客受此吸引,纷纷上门,流连忘返,提高了上座率,还可在大饱口福的同时大饱眼福。这种经营之道在杭州发扬光大,不仅在熟食店,连茶肆也是如此了。

门面装潢是商店的招牌、广告,起着先声夺人的招徕作用。精明而喜

① 《枫窗小牍》卷上。
② 《梦粱录》卷16《分茶酒店》。
③ 《长编》卷66,景德四年九月辛巳。
④ 《宋朝事实类苑》卷60《风俗杂志》。
⑤ 《梦粱录》卷6《茶肆》。

好排场的开封商人早已致力于此。从五代后周开国皇帝郭威游幸开封潘楼之后，汴京酒店纷纷"门设红杷子、绯缘帘、贴金红纱栀子灯之类"，南渡后自然也传到杭州，据耐得翁说，"至今成俗"①。

饮食业最应讲究卫生，否则会倒人胃口，影响销售。开封即十分讲究饮食器具的干净精致，并为杭州所继承：

> 杭城风俗，凡百货卖饮食之人，多是装饰车盖担儿，盘合器皿新洁精巧，以炫耀人耳目。盖效学汴京气象，及因高宗南渡后，常宣唤买市，所以不敢苟简，食味亦不敢草率也。②

习惯于开封饮食的宋高宗，到杭州后经常派人购买市场上的食品。当地商人为迎合皇帝，使自己的产品打入皇宫，便模仿开封风格，竭力修饰一应器具，精心烹调饮食物品，杭州的饮食业在服务质量和产品质量上提高了一个档次。即使那些卖零食糖果的走街小贩，也精明地追逐时尚："有标竿十样卖糖，效学京师古本十般糖。"那些曾被皇帝品尝过其食品的商人更是扬扬自得，在叫卖声音上也变成开封口音："更有瑜石车子卖糖糜乳糕浇，亦俱曾经宣唤，皆效京师叫声"③，以示正宗，以示亲切。

在此应该说明，以杭州为中心的宋代两浙，素来以讲究饮食著称。《宋史·地理志四》言当地风俗时，特别指出"厚于滋味"。还有一句流传全国的民谚是"不到两浙辜负口"④，也可证明这点。开封高品位的饮食文化的传入，正迎合其习俗，拓展了更广阔的市场，进一步提高了杭州饮食业的地位。

代表着北方的开封饮食文化南下，与代表着南方的杭州饮食文化相结合，使南北方饮食文化在杭州珠联璧合。北宋时开封饮食分三个菜系：

---

① 《都城纪胜·酒肆》
② 《梦粱录》卷18《民俗》。
③ 《梦粱录》卷13《夜市》。
④ 《类说》卷53，辑《谈苑·辜负口眼》。

北方菜系以及为进京的南方官员、商旅服务的"南食面店""川饭分茶"。也就是说,北宋时的饮食还不能统一。而"南渡以来,凡二百余年,则水土既惯,饮食混淆,无南北之分矣"①。北上的南方饮食只是作为特色饮食丰富了京师饮食业,而南下的北方饮食则统一了杭州饮食业。

2. 文娱。与物质文明同步传入杭州的是开封的精神文明。从文艺方面看,以说唱艺术最为典型。吴自牧说:"说唱诸宫调,昨汴京有孔三传编成传奇灵怪,入曲说唱。今杭城有女流熊保保及后辈女童皆效此,说唱亦精。"②杭州女艺人熊保保及其女徒们,都是开封孔三传所创新艺种的遥从后学,只是由男声改为女声,更适应南方习性的软绵。

宋代开封语音是"京腔""官话",如同现今以北京音为基础的普通话一样,是全国学习的标准语音。在外地,讲开封话是受人敬重的。随着杭州城内开封人的剧增,官方语音(如皇家语音)仍是开封话,在民间更是时髦。不但"今街市与宅院,往往效京师叫声",更继承了艺术化的开封叫卖声——吟叫艺术,"以市井诸色歌叫卖物之声,采合宫商成其词"③,为杭州说唱艺术增加了一个新品种。直到明代,开封说唱艺术对杭州的影响仍为世人所公认。明人田汝成言:

> 杭州男女瞽者,多学琵琶,唱古今小说、平话,以觅衣食,谓之陶真。大抵说宋时事,盖汴京遗俗也。瞿宗吉《过汴梁》诗云:"歌舞楼台事可夸,昔年曾此擅豪华。尚未艮岳排苍昊,那得神霄隔紫霞。废苑草荒堪牧马,长沟柳老不藏鸦。陌头盲女无限恨,能拨琵琶说赵家。"其俗殆与杭无异④。

杭州说唱艺术从内容到形式乃至从业人员都是开封的翻版。

杭州的一些游艺活动也打上了开封的烙印。如敬神活动时,"各以

---

① 《梦粱录》卷16《面食店》。
②③ 《梦粱录》卷20《妓乐》。
④ 《西湖游览志余》卷20。

彩旗、鼓吹、妓乐、舞队等社,奇花异木,珍禽水族,精巧百作,诸色镴石,车驾迎引,歌叫卖声,效京师故体。风流锦体,他处所无"①。这等热烈场面,原来只有京师开封才有,后来只有杭州才能效仿。宋孝宗淳熙年间,杭州人在西湖常能欣喜地看到一新奇盛大的场面:湖面龙舟荡漾,鼓乐喧天,宫女嫔妃云集花簇,帝王将相冠盖相望,观赏着激烈的竞舟活动,"往往修旧京金明池故事"。原来又是模仿开封金明池竞舟夺标活动,意在安慰在开封长大的太上皇帝——宋高宗。② 杭州人则因此进一步领略了东京盛世风采。

宋代著名的游乐场所瓦子,又叫瓦舍、瓦肆,在东京开封曾最为发达,"顷者京师甚为士庶放荡不羁之所,亦为子弟流连破坏之门",乃是封建京城的产物。宋室南渡后,瓦子很快在杭州创建起来:"杭城绍兴间驻跸于此,殿岩杨和王因军士多西北人,是以城内外创立瓦舍,召集妓乐,以为军卒暇日娱戏之地。今贵家子弟郎君,因此荡游,破坏尤甚于汴都也。"原有 17 处③,后发展至 23 处④。瓦子作为游乐场所,是城市繁华的一个标志,是有钱人寻欢作乐的天堂,喜欢游乐的杭州人不仅很快继承下来,并向消极的一面发展,走得更远。

3. 节日习俗。长期历史形成的节日习俗,多具有传承性和地方性。但在南宋杭州的特殊历史环境中,开封的节日习俗易地流传开来。显然,这是由皇室和南渡的开封人推广的。

除夕,皇宫仍按开封习俗举行隆重的傩仪:"呈女童驱傩,装六丁、六甲、六神之类,大率如《梦华》所载。"其形式与内容,与孟元老《东京梦华录》中所记载的傩仪相同。当晚的节日饮食,"如饮屠苏、百事吉、胶牙饧、烧术、卖傻等等,率多东都之遗风焉"⑤。初一的夜晚,照例有诸多节

① 《梦粱录》卷 1《八日祠山神诞》。
② 《武林旧事》卷 3《西湖游幸》。
③ 《梦粱录》卷 19《瓦舍》。
④ 《武林旧事》卷 6《瓦子勾栏》。
⑤ 《武林旧事》卷 3《岁除》《岁晚节物》。

日装饰、道具,"大率效宣和盛际,愈加精妙"。仍然效法着宣和年间开封的规矩与样式,区别是更加精致奇妙。到夜深人静时,还有一些人出来活动,"有持小灯照路拾遗者,谓之扫街",往往有所收获,捡到些遗钿坠珥,此举"亦东都遗风也"①。

其他节日如七月七日的七夕节,也是开封遗传。七夕要着新衣、设酒筵、置摆设、馈赠物品等活动,乃"东都流传,至今不改"②。当晚还有一主要活动是乞巧,即女子通过对月穿针,或将小蜘蛛装入盒内,看其结网疏密,来验证乞得多少巧,"大抵皆中原旧俗也"③。《东京梦华录》卷8《七夕》条所载东京开封七夕节诸活动,与此相同,是其本事和蓝本。

开封文化向南宋杭州的传播无疑是多方面的,以上只是比较典型的一部分。明代学者沈士龙在秘册汇涵本《东京梦华录》的跋文中说:

> 余尝过汴,见士庶家门屏及坊肆阓扇,一如武林,心窃怪之。比读《东京梦华录》,所载贵家士女小轿不垂帘幕,端阳卖葵蒲艾叶,七夕食油面糖蜜煎果,重九插糕上以剪彩小旗,季冬二十四日祀灶,及贫人妆鬼神逐祟,悉与今武林同俗,乃悟皆南渡风尚所渐也。至其谓勾栏为瓦肆,置酒有四司等人,食店诸品名称,武林今虽不然,及检《古杭梦游录》,往往多与悬合。惟内家游览,民俗炫夸,《梦游》多逊《梦华》盛耳。

由此可见,开封文化对杭州的影响并不是短期的,而是深刻久远的。

开封文化传入杭州,是一个文化整合过程。按常理,两种不同文化接触时,总是力量强大的文化占优势,开封文化在杭州占统治地位便证明了这一规律。另一方面,两种不同文化接触时,总是既互相吸收,又互相排斥,但我们在杭州看不到任何排斥开封文化的现象,相反倒是热烈地追

---

① 《武林旧事》卷2《元夕》。
② 《梦粱录》卷4《七夕》。
③ 《武林旧事》卷3《乞巧》;《醉翁谈录》卷4也言,京师乞巧活动"南人多仿之"。

求。再者,通观历史,东周、东汉、东晋、晚唐以及明代永乐年间的迁都后,并没有拖着一条长长的尾巴,将旧都的社会文化大量带入新都。现在要问:为什么北宋开封文化对南宋杭州产生了如此广泛而深远的巨大影响呢?

首要的一点是,南宋杭州并不是真正的或正式的首都。南宋人认为,杭州只是皇帝的临时驻跸之地,在当时的官私文献中,其正式名号是"行在所",简称"行在",顶多称之为"行都"。国家的首都,仍是东京开封,这是一个政治原则,一个很敏感的问题。一旦正式宣称杭州为都城,就意味着放弃了东京,就意味着不愿光复北方国土。这是南宋政府不愿也不敢做的事,更是南宋人民所不答应的。东京称号的存在,是南宋人的精神支柱,是一面旗帜,维系着朝野上下和北方汉人,振奋着人们的斗志。

在正常情况下,尽管京师开封的风俗典礼为四方表率,但绝不会在远隔千里的杭州产生重大而全面的影响。正常的迁都也不会出现如此情况。只有在开封沦陷、国土破裂的背景下,北宋遗民才会有如此强烈的意愿和怀念之情。周辉记载:"绍兴初,故老闲坐,必谈京师风物,且喜听曹元宠《甚时得归京里去》小调。听之感慨,有流涕者。"[①]这种心态和情感不仅是怀旧,而且包含着政治上的向心性和爱国主义情怀。竭力效仿、再现开封文化,在杭州创造东京氛围,显示的是不忘根本,标榜的是与北宋王朝一脉相承的正统,保持着与北宋盛世精神上的一致。以此得到些安慰,增强着自尊,维持了心理平衡。

再作具体分析,另有一番意味。从官方说,宋人崇尚"祖宗家法",以祖宗旧事为法,以祖宗习俗、祖宗盛世为荣。因循守旧的思维和行为方式,使南宋朝廷在相当长的一段时间内固守旧习,不愿屈尊俯就"南方下国"的一些文化内容。对人民来说,尤其是对以开封人为代表的北方侨民来说,在国破家亡、背井离乡的处境下,维持原有习俗,本质上又是对故乡和太平盛世的怀念,暗含今不如昔、杭州不如开封的情绪,潜伏着对宋

---

① 《清波别志》卷中。

政府无能的不满。

一个地方城市升格为都城之后,必然要在各方面改造自身,建立原来没有的政治、经济、文化体系,以适应新的身份。但是,杭州所接受的开封文化,许多并不是作为京城所必需的。杭州对东京文明的全面认同,意味着对北宋朝廷的认同。再者,从五代开始,建都200余年的东京开封,富丽繁华甲天下,经济、文化高度发达,人文荟萃,乃是当时世界上最伟大的都会,其文化代表着当时的最高水平。北宋时杭州虽然称雄于东南地区,毕竟是地方性的,与东京不可相提并论。南宋时虽然发生巨变,但并没有真正取代东京,在心理上仿佛还是处于东京的卵翼之下,各方面都视东京者为榜样、为高雅。吴自牧说,在杭州市井中,商贩们"吟叫百端,如汴京气象,殊可人意"①!在杭州人听来,连开封语音的叫卖声也是泠泠入耳,适人心意的。总之,开封文化传播于杭州,是水往低处流的模式,也反映了杭州虚怀若谷的开放意识,通过大量接受高级文化而努力提高自身。

南宋诗人林升在其脍炙人口的《题临安邸》诗中写道:

> 山外青山楼外楼,西湖歌舞几时休?
> 暖风熏得游人醉,直把杭州作汴州!

诗中含义,固然是讽刺宋统治者没能保住开封,在虚拟的汴京中过起了盛世时的奢侈生活,醉生梦死。但上文的介绍使我们从另一个角度认识到,两城的重叠不仅是时代的错位,实在是杭州承袭开封的东西太多了,政治制度等等且不论,从饮食到语音,都是"汴京气象",几乎全盘"汴化",恍惚之中,还真以为杭州就是开封了!

一代名都东京开封被金人占领后,其京师的作用并没有消失,仍然是一个长期的诱惑和精神首都,其灵魂不死,其文明延绵于杭州而不绝,极大地丰富提高了当地的精神文明和物质文明。这是东京开封文化对东南

---

① 《梦粱录》卷13《天晓诸人出市》。

地区的贡献,也是对历史的新贡献。充分显示了东京开封文化强大的生命力和统率力。如果说以宋室南渡为标志,中国的文化重心由北移向东南的话,那么,上述事实说明,这一地域转折不只是东南地域文化自身发展的结果,北方文化的传播也是不可缺少的重要因素。犹如一个老宅大户受灾,将部分家产和人口迁居到外地儿女家中,使之蓬勃发展。

那么,由此引出的新问题是很有趣味、很有意义的,即:北宋开封与南宋杭州的城市文明比较起来,孰高孰低?

首先引用一条常见的史料。耐得翁在其《都城纪胜·序》中说:

> 圣朝祖宗开国,就都于汴,而风俗典礼,四方仰之为师。自高宗皇帝驻跸于杭,而杭山水明秀,民物康阜,视京师其过十倍矣。虽市肆与京师相侔。然中兴已百余年,列圣相承,太平日久,前后经营至矣,辐辏集矣,其与中兴时又过十数倍也。

照此说来,南宋杭州之繁华超过东京开封十倍百倍!这种无限的夸大,不仅是荒谬的,也是可耻的。该书武林掌故丛编本载清朝乾隆皇帝《御制题南宋都城纪胜录》,即痛斥道:

> 宋自南渡之后,半壁仅支,而君若臣,溺于宴安,不以恢复为念,西湖歌舞,日夕流连,岂知膡水残山,已无足恃,顾有若将终焉之志,其去燕巢危幕几何矣。而耐得翁为此编,惟盛称临安之明秀,谓"民物康阜,过京师十倍",又谓"中兴百余年,太平日久,视前又过十数倍"。其昧于安危盛衰之机,亦甚矣哉!

清代四库馆臣也指责道:

> 作是书者,既欲以富盛相夸,又自知苟安可愧,故讳而自匿,不著

其名。①

这是说耐得翁是个化名,其人自觉有愧,故而不敢用真名,因为他的政治出发点就错了,而且夸张过分。像东京开封那样的国际大都会,别说超过百倍,超过一倍在当时也是不可能的。实际上,南宋杭州并没有超过北宋开封。

城区面积及人口是城市规模的硬件指标。开封城分为3重,即宫城(皇城)、里城(旧城)、外城(新城),宋神宗时,外城"城周五十里百六十步,高四丈,广五丈九尺"。② 南宋杭州只有皇城和府城,据林正秋先生《南宋都城临安》载,府城南北长约7千米,东西宽约2.5千米,周长则约为19千米,"诸城壁各高三丈余,横阔丈余"③。无论城区面积、城墙重数及高度长度,杭州都不及开封。

宋代人口始终是个难解之谜,尤其是开封、杭州都有十分夸张的和很不一致的数字记载,多不可信。按现代新的研究成果,据周宝珠先生估计,开封城区户数最盛时约13.7万户;据林正秋先生估计,杭州城区户数最盛时约12.4万户。④ 两位专家的估计大致是可信的,再考虑到两城大小的差距,更能看出杭州人口少于开封人口。

就两个城市的文化状况而言,尽管杭州竭力模仿、大量汲取开封文化,仍有许多差距。下面就是一些例子。

杭州太学规模不如开封。绍兴年间正式设立太学时,有10斋,而东京"旧太学七十七斋"⑤。杭州太学后来扩大为20斋,生员最多时1716人,斋数仍远不及开封,生员数也远不及开封太学最高数3800人。

朝廷主要藏书机构的藏书量,北宋末,开封为73877卷;宋宁宗时,杭

---

① 《四库全书总目》卷70《都城纪胜》。
② 《长编》卷293,元丰元年十月丁未。
③ 《梦粱录》卷7《杭州》。
④ 周宝珠:《宋代东京研究》,河南大学出版社1992年版,第348页;林正秋:《南宋都城临安》,西泠印社1986年版,第185页。
⑤ 《系年要录》卷148,绍兴十三年正月癸卯。

州为 59429 卷。另一区别是,杭州之书"奇秘阙逸,较前少损,所增多近代编述耳"①。如据洪迈所言,宋太宗时编《太平御览》,引用前代古籍除"杂书、古诗赋"外,凡 1690 种,至南宋大都失传:"以今考之,无传者十之七、八矣。"②北方地区沦陷后,京师开封的书籍多为掠去或散失,大都未能南传。而杭州以及南方地区的藏书,古籍不多,没有开封那样深厚的历史积淀,但呈现的是勃勃兴起的新生势态。

浑天仪的制作,集中反映着科技、手工业和文化的水平。开封、杭州两地的制作如周密所说:

> 旧京浑天仪凡四座,每座约用铜二万斤……南渡后,工部员外袁正功尝献木样,诏工部折半制造,计用铜八千四百余斤,后不克成。至绍兴七年,尝自制小样。十四年,令内侍邵谔领其事,其一留太史局司天台,其一留秘书省测验所,皆精铜为之,工致特甚,然比之旧京者,不能及其半也。③

同样是制作朝廷不可缺少的浑天仪,差距却很大。开封有 4 座(实际不止 4 座),杭州有 2 座;开封的每座用铜 2 万斤,杭州的每座用铜 8400 余斤,在技术力量、气魄等方面,连开封的一半也达不到。

南宋杭州的宫廷音乐比北宋开封时严重萎缩。宋理宗时赵升言:

> (唐明皇设置教坊),本朝增为东、西两教坊,又别有化成殿钧容班。中兴以来亦有之,绍兴末,台臣王十朋上章省罢之。后有名伶达伎,皆留充德寿宫使臣,自余多隶临安府衙前乐。今虽有教坊之名,隶属修内司教乐所,然遇大宴等,每差衙前乐权充之,不足,则又和雇市人。近年衙前乐已无,教坊旧人多是市井岐路之辈,欲责其知音晓

---

① 《枫窗小牍》卷下。
② 《容斋五笔》卷 7《国初文籍》。
③ 《齐东野语》卷 15《浑天仪地动仪》。

乐，恐难必也。①

北宋开封有东、西教坊等朝廷乐队，而宋高宗绍兴末年撤销了教坊，宫廷用乐临时借用临安府的乐队，乃至雇用市井之人，其规模之小及质量之差，可想而知。

日趋苟简的还有商业饮食。杭州饮食尽管在北宋时已享誉天下，南宋时又学习推崇开封饮食，但并没有达到开封饮食文化的水平。宋光宗时周辉言：

> 辉幼小时，见人说京师人家日供常膳，未识下筋，食味非取于市不属餍。自过江来，或有思京馔者，命仿效制造，终不如意。今临安所货节物，皆用东都遗风，名色自若，而日趋苟简，图易售也。②

开封饮食传到杭州后，并非原汁原味，渐渐失去了精华和特色，只存形式。原因在于：第一，新的地理环境中，原料来源受到限制，大多只能就地取材，南料北做，从根本上决定了必然要发生质的变化；第二，急功好利的杭州习俗，使开封饮食更加商业化、功利化，只图打着东京的招牌容易销售，而"萝卜快了不洗泥"，顾不上讲究质量和精心制作。

这一现象虽属小事一桩，却不能说是微不足道的，而是在开封文化南传中具有典型意义和象征性。文化的易地存在不可能一丝不走样，当地具体情况与实践要做出某些选择和修改。杭州毕竟不是开封，杭州文化毕竟不能全部体现开封文化的特色，也达不到开封文化的高度。

两地的人才数量比较，也颇有说服力。从前列表格中得知，两宋宰相中，开封人有 10 位，杭州人仅有 2 位；两宋状元中，开封人也是有 10 位，杭州人也是只有 2 位。足以证明两地的文化底蕴有着很大差距。下层人

---

① 《朝野类要》卷 1；参见《宋史》卷 142《乐》17。
② 《清波别志》卷 2。

士的素质同样如此。如洪迈曾指出："京师盛时,诸司老吏类多识事体、习典故……(南宋杭州)今之胥徒,虽公府右职、省寺掌故,但能鼓扇狷浮,顾赇谢为业,薄书期会之间,乃漫不之晓。"①南宋杭州吏人的政治素质、文化素质明显不如开封吏人。

都城是国家的象征。南宋杭州与北宋开封的差距,无疑反映了偏安江南的南宋小朝廷国力不如北宋,也反映了南方文化与北宋时北方文化的某些差距。

第二节 地方志的繁荣与地域文化

一、地方志繁荣的新气象

将一个时代的历史记载下来,是为史书;将一个地方的历史、现实及种种地理情况记载下来,是为方志书。记述一定区域内综合状况的地方志,作为中国文化的特产,是地域文化的集中体现和结晶。

一般认为,地方志起源于战国时代,《尚书·禹贡》可以说是一个代表。经汉代司马迁《史记》和班固《汉书·地理志》的综合梳理,记述各地行政区域、山物产、风俗户口的总志成型。东汉袁康、吴平撰《越绝书》,专记现今浙江及江苏一部分地区的地理、城市、物产、风俗,具有地方志的雏形。魏晋南北朝时,出现了晋人常璩的《华阳国志》、魏人卢毓的《冀州论》、晋人荀绰的《冀州记》《兖州记》、刘宋王僧虔的《吴郡地理记》等著作,表明地方志的发展。隋唐时期,开始大规模地组织编修地方志,逐步形成诸州郡每三年造图经上交中央的制度,产生了贞观年间李泰等人修撰的《括地志》、元和年间李吉甫修撰的《元和郡县志》等重要总志。

在此基础上,伴随着经济、文化尤其是地域文化的发展,宋代的地方志修撰进入了划时代阶段,突出地表现在数量多、内容丰富、体例完善、功能多样。

---

① 《容斋随笔》卷15《京师老吏》。

宋代方志有两种名目,一是图经,一是志。图经是图文两种不同文化形态合一的地方志表现形式,自东汉出现以来,至北宋发展到鼎盛时期。南宋以降,图经开始日益衰落,明清两代,慢慢地就被志书体所取代,图经趋于沉寂无闻。这一变化过程,充分说明宋代是地方志及地域文化发展的重要时期。

北宋朝廷全国性的修撰图经,主要在3个时期。

宋太祖开宝四年(971年),诏令知制诰卢多逊等人重修天下图经。大概由于当时天下尚未稳定,有些地区还处于独立状态,"其书讫不克成",没有能够完成。开宝八年①,又命宋准修订《诸道图经》,②继续了四年前未完成的事业。

太平盛世的宋真宗朝,进行了大规模的修撰图经活动。景德四年(1007年)二月,宋真宗来到了洛阳,自然提出要观看《西京图经》。看完后觉得不完整,"颇多疏漏",于是以此为契机,诏令诸路州、府、军、监"选文学官校正图经,补其阙略来上"。并任命知制诰孙仅等人负责总校。各地上交来图经后,孙仅等发现体制不一,要求朝廷统一制定体例,重新修订各地图经。宋真宗即予批准。③ 这项工程历时3年,于大中祥符三年(1010年)十二月,完成了《新修诸道图经》,凡1566卷。④ 各地修图经的活动由此得到很大推动。宋初曾令天下每3年造图上交,宋太宗淳化四年(993年)改为每5年一次,由宋真宗朝开始,正式确立了每3年进呈图经制度:"凡土地所产,风俗所尚,具古今兴废之因,州为之籍,遇闰岁造图以进。"朝廷在兵部专设职方郎中、员外郎负责此事,下设3案,有吏5人。⑤

宋徽宗时,重申修图经制度,并设置九域图志局,"命所在州郡编纂

---

① 《长编》卷12,开宝四年正月戊午。
② 《宋史》卷440《宋准传》。
③ 《长编》卷65,景德四年二月庚辰。
④ 《长编》卷74,大中祥符三年十二月丁巳。
⑤ 《宋史》卷163《职官》3。参见《玉海》卷14《祥符州郡图经》。

图经"①。这是国家设局修志的开端。

仅是图经的修撰,便使我们看到了宋朝地方志的繁荣。据记载,宋代总志有以下几种:宋准等《开宝诸道图经》,乐史《太平寰宇记》200 卷,王曾《景德重修十道图》,李宗谔,王曾等《祥符州县图经》1556 卷,王曾《祥符九域志》3 卷,王洙等《皇祐方域图志》,晏殊《熙宁十八路图》,王存《元丰九域志》卷,欧阳忞《舆地广记》38 卷,王象之《舆地纪胜》200 卷,祝穆《方舆胜览》70 卷。据张国淦《中国古方志考》,见于著录的宋代方志约 600 余种。

宋代方志的发展不仅表现在数量增多上,其内容也比前代丰富多彩。以前的地方志,详于地理,略于人文,主要记载山川形势、疆域沿革、土地物产、人口赋役等,内容多属地理书的范围。《华阳国志》所引东汉《巴郡图经》,记载的是区域、位置、官属、户口;唐代《沙州图经》残卷,内容有水、渠、壕、泽、堰、堤、殿、盐卤、湖泊、驿、州学、医学、社稷坛、杂神、异怪、庙、冢、堂、土河、古城、张芝墨池、祥瑞、歌谣等 25 目。而北宋大观年间李巑诚的《明州图经》,载有:"地理之远近,户口之主客,与夫物产之异宜,贡赋之所出。上至于人物、古迹、释氏、道流,下至于山林、江湖、桥梁、坊陌,微至于羽毛、鲜介、花木、果蓏、药名、器用之类,靡不毕备。"②几乎是包罗万象,成为自然地理、人文地理等综合型的地方百科全书。

宋代地方志体例的完善,表现在两个方面。

一是体裁完备。如南宋周应合修《景定建康志》,仿纪传体史书分为"录""图""表""志""传""拾遗"。这一完整体裁的创始,对后代地方志的修纂产生深远影响。如清人孙星衍在《重刻景定建康志后序》中说:"《建康志》体例最佳",元人在《至正金陵新志·修志本末》中,称其"用史例编纂,事类粲然,今志用为准式",都给予充分肯定。

---

① 《乾道四明图经》黄鼎序。有关图经的内容,参考了《文史》第 27 辑,陆振岳:《图经述略》。

② 《乾道四明图经》黄鼎序。

二是增加了大量文化内容。在地域文化中,这是尤为重要的。其开端是乐史的《太平寰宇记》,"增以人物,又偶及艺文。于是为州县志书之滥觞";"后来方志,必列人物、艺文者,其体皆始于(乐)史。盖地理之书,记载至是书而始详,体例亦自是而大变"①。文学作品等文字以及历史人物,直接反映着一个地方的地域文化状况,这些内容的出现,表明人们地域文化意识增强,并促进了地域文化的发展。新型的地方志此后大放光彩,为各地纷纷效仿。如宋理宗时王孝友在所修《宝庆丰水县志·序》中说:"若题名、若诗话、若人物,则前此未是有也。"②至王象之《舆地纪胜》和祝穆《方舆胜览》,乃至略传统的建置沿革,而详人物及诗文。如祝穆在《方舆胜览》中,"盖搜猎古今记、序、诗、文与夫稗官小说之类,摘其要语以附入之……又益取夫钜篇短章所不可缺者悉载"③。陆续出现的地方志,多有学校、科举、贡院、书院、诗文、古迹、碑记、杂艺乃至求遗书、藏书、古器物、翰墨、书版等门目。新出现的都是文化方面的内容。

二、地方志的新功能与地域文化

前代的地方志,性质上是统治者了解地方情况以便更好实施统治的工具。如唐代李吉甫在所撰《元和郡县志·序》中明确指出,修此书的目的是"佐明王扼天下之吭,制群生之命,收地保势胜之利,示形束壤制之端"。完全是政治性的。宋代地方志所新增的人物、艺文等内容,突破了单一的政治模式,突出了地域文化,与当地人民关系密切,因而具有更广泛的功能。主要有以下四点值得注意。

第一,收集保存了地域文化资料。如台州人宋之瑞,为修《天台图经》,率人"穷探极诣,不惮茧足,凡高僧逸士之所栖隐,骚人墨客之所赋

---

① 《四库全书总目》卷68《地理类总叙》,《太平寰宇记》。
② 《康熙丰城县志》旧序。
③ 《方舆胜览·序》。

咏,断碑残刻,灵纵异状,随笔之纸"①。每次修志,都是一场地域文化资料征集的运动。周应合修撰《景定建康志》时所做的努力最为典型,"凡四封之内,有一事一物,有可以备实录者,咸采摭以告"。具体采取了两项措施。

1. 广泛向社会各界征集资料。地方政府发布征集文献资料的公告,号召"自幕府以至县镇等官,自寓公以至诸乡士友,自戎帅以至将校"等各界人士,凡古今一事一物、一诗一文,"得于记闻,当入图经者,不以早晚,不以多寡,各随所得,批报本局,以凭类聚考订增修";"其有远近博物洽闻之士,能记古今事迹有他人所不知者,并请具述,从学校及诸县缴申";同时专门提及世家大族:"其阀阅子孙,能收上世家传行状、墓志、神道碑及所著书文,与先世所得御札、敕书、名贤往来书牍,并请录副申缴。"世家大族往往有悠久的历史,是一方文化的重要载体,并具有代表性;也没忘记高人逸士这批隐者:"其山巅水涯,古今高人逸士,有卓行而不求闻达者,亦请冥搜详述,以报本局。"涉及所有文化人,并制定了投寄资料办法:"诸吏民父老中,有能记忆旧闻,关于图志者,并许具述实封投柜,柜置府门,三日一开类呈。"在府衙门口设置一资料柜,接受所有资料,方便随时投递者,每三天开柜查收一次。

2. 制定奖励办法:"其有闻见最博、考证最精者,当议优崇","当行犒赏"②。对提供大量而确切资料者,有一定的奖赏或表彰。

如此全民性的行动,不仅是志书内容丰富和质量的保障,而且唤起了人们的地域文化意识。修志不再只是官方的事,也是一方民众的事。前代的志书,主要是为封建政权服务的,所收内容,在官方档案中,即可查到。宋代志书文化含量大大增加,就必须面向社会,面向下层民众,广征博集。大批前代不关注的文化资料,因而得以保存下来,不再是自生自灭,开始有了系统的、集中的文字积累,能够陈陈相因。即使全国性的总

① 《正德天台志》宋之瑞旧序。
② 《景定建康志·修志始末》。

志,这一功能也比较突出。如《太平寰宇记》"征引繁富,多南宋以后所未见本"①。许多佚书,只能在《太平寰宇记》中寻找只鳞片爪的内容和线索了。再者,宋代还形成了续修志书的制度,两浙的苏州、杭州、台州、明州、镇江府、江阴军等地,在南宋时都有5次以上的续修方志的经历。地域文化的发展因而有了丰厚的基础和发展坐标。

第二,宣传地方,弘扬地方文化。种种迹象表明,宋代地方志不再仅仅是为了强化中央与地方的联系,还是为了加强地方之间的横向联系。其立足点是以地方为根本,努力宣扬地方自身。梁克家在《淳熙三山志·序》中说:"上穷千载建创之始,中阅累朝因革之由,而益之以今日之所闻见,厥类惟九,靡不论载。"目的之一,是"使四方知是邦于是为盛"。宋宁宗嘉定年间,孙崈在其所作《保昌志·序》中明确指出:

> 南雄斗大州,得文献、人物之英,章相典型之旧,州之名遂显。加以岭梅之清胜,池莲之芳腴,望安、聚远之豁舒,瑞湘、蓝田之幽邃,名贤留题,宗工记叙,发越表襮,遂为岭南佳郡。比萃图志,欲刊以传远。②

南雄州(今广东南雄)是广东路的一个小州,属于落后地区,但将历代当地名人和与当地有关的名人事迹、文章以及自然景观、人文景观集中于一册,也是相当可观的。大量刊印,广为传播,可提高地方的知名度,有利于改善社会地位,也有利于地域文化的交流。

第三,教育乡人,增强居民文化和道德修养。盛世修志,修志当然也是盛事。每次修志,在征集资料过程中,就起到动员居民收集资料、保护文物古迹、学习先贤事迹和文章的作用。成书之后,其教化作用就更强了。宋理宗宝祐五年(1257年),福建兴化军仙游县(今福建仙游)县尉

---

① 《太平寰宇记》洪亮吉序。
② 转引自张国淦:《中国古方志考》,中华书局1962年版,第609页。

黄岩孙在《仙溪志·跋》中说：

> 订郡志之失纪载者，访碑刻之未流传者，博观约取，诞去实存，而笔诸小序，尤深致其意。论财赋必以惜民力为本，论山川必以产人杰为重。人物取前言往行，否则爵虽穹弗载焉；诗文取其义理法度，否则辞虽工弗录焉。按是非于故实之中，寓劝戒于微言之表，匪宣为纪事设也。

所载事物，不单纯是为了记事表物，都有深意在内，从取舍之中显示微言大义，发挥教育功能。具体如董弅在《严州图经》旧序中所说：

> 凡是邦之遗事略具矣，岂特备异日职方举闰年之制？抑使为政者究知风俗利病，师范先贤懿绩；而承学晚生，览之可以辑睦而还旧俗；宦达名流，玩之可以全高风而励名节。渠小补哉！

吴子良在《赤城续志·序》中也说：

> 而书岂徒取其详而已乎？使读《赤城志》者，诠评流品，而思励其行；细咀篇什，而思畅其才；睹是非而开漫漶，念得失而重沿革，悟劝戒而审趋舍。讵小补哉！①

两个人不约而同地发出了大有补益的赞叹，将地方志看作一方的教科书。既是乡土教材，又是政治教材和历史教材，还是开智力、提高文化水平的文学教材。显然，由于地方志所载都是当地身边的事物，有亲切感，可接受性强，教育作用胜过泛泛的教化理论。其导向、激励和规范功能十分突出。

---

① 《台州经籍志》卷13。

第四,培养乡土感情并增强地方凝聚力。地方志修撰的前后,能够充分调动起当地居民的乡土感情,具体讲就是自豪感和责任感。李昂英说过:

> 志州之土地风气,莫先于表其产之良,以矜式生乎后之士,此一书大纲领也。①

修志总结一方文化遗产,总是要罗列最优秀的事物和人才,以夸耀于世人和后人。或者人文昌盛可以鼓吹,或者山清水秀可以标榜,荣誉感油然而生,激励着当地人意气风发更加努力,更加珍惜当地文化和一草一木。即使偏僻荒凉的小地方,因修志也会刻意搜集出一些值得炫耀的事物,使当地人了解到生养自己的这块土地上的优越之处,摆脱自卑感,增强自信心,热爱家乡,为家乡增光添彩。有志者还会希冀身后载入地方志,因而发奋学习,博求功名,力争立功于当世,留芳于千古。地方文化由此得到的推动力,不可低估。

再者,以前的地方志,多是朝廷统一下令修撰,地方是被动的。宋代各地自发修志已蔚然成风,体例因地而异,因人而异,风格多样,体现了地方的主观能动性。我们讲过,前代的地方志是为了使中央更好地控制地方,以中央为出发点。宋代地方志是以地方为出发点,在某种程度上,具有维护地方利益的意图。如罗愿在《新安志·序》中说:

> 夫所为记山川道里者,非以示广远也,务知险易,不忘戒也;其录丁口畎亩,非以览富厚也,务察息耗,毋由夺也;其书贡赋物产,非以给嗜欲也,务裁阔狭,同民利也。

告诫官吏保境守险,暗示他们不要为升官发财而厚敛赋税,滥用民力,用

---

① 《文溪集》卷3《重修南海志序》。

心是良苦的。上述情况,都表明自强自立的地方自我意识。

总而言之,宋代地方志呈现出的繁荣新气象,成为整理地域文化、弘扬地域文化的行为,可以说是地域文化的结聚和基本建设。其整体意义在于,使地域文化色彩更加鲜明,受此强化,各地形成更有特色的文化单元。

地 名 索 引

本索引收集本书正文中的所有地名。索引按第一字笔画多少排列，圆圈内的数字表示同页内出现的次数。

七　画

九　画

十一画

后　记

　　还是在读大学的时候,我对社会历史的地域差异产生了浓厚的兴趣。大学是在开封师院——后来恢复为河南大学读的。大概是由于位处中州腹地的缘故吧,对四面八方种种不同现象比较敏感:为什么同一时代、同一社会制度下,不同地域的政治、经济、文化各有异态呢? 这其实是个很平常的问题,但如放到学术研究中,就不寻常了。带着这个问题,便留心有关史料,见了就随手录下。大学毕业论文也是我发表的第一篇论文,写的就是关于宋代农民起义的地域差异。

　　接下来在南方读硕士,在北方读博士,地域比较意识日益增强。除发表了几篇有关文章外,于 1988 年完成了《宋代地域经济》一书的初稿,经两次修改,1992 年由河南大学出版社出版。一个青年人能出本书就不错了,我很满足,没想到引起了不小的反响。《文献》《史学月刊》《河南日报》《开封日报》等报刊,发表了书讯或简介;相识或不相识的师友在《中国史研究》《中国经济史研》《信阳师院学报》和台湾《新史学》等杂志上发表了篇幅不小的书评;1994 年该书获得河南省优秀社会科学成果二等奖;台湾的云龙出版社 1995 年又出版了该书繁体字本;由于该书脱销,河南大学出版社又于 1996 年 5 月第二次印刷。这使我很受鼓舞。

　　鼓舞的直接结果,就是这本姐妹作《宋代地域文化》。正式写作开始于 1995 年 1 月 2 日,至 6 月份写出了初稿。我有个习惯,凡写出初稿,必须有个重新读书收集资料阶段。初稿是在原来准备的资料基础上的初步研究,写着写着会发现新的问题和微妙问题,思路理顺确定了,框架打好了,欠缺之处也需要补充。于是,又用了半年时间一头钻进书中,如饥似渴(这个形容词一点也不过分)地吸取新的营养。到了 12 月份,由于河南大学出版社确定将此书列入 1996 年出版的第二批宋史研究丛书,我才不得不开始进入修改阶段,于 1996 年 8 月初,抄改完毕。在抄改时,我感觉进入了一个痴迷状态,尽管俗务鞅掌,家务前所未有的繁忙,但兴趣和精力却完全投入了进去,此外的事物似乎都成虚无身外之物。那段时间一天多次停电,便秉烛——真是秉烛,有时连蜡烛也来不及安放,一手举着,一手写作,兴致盎然,欲罢不能,上瘾了。显然,这是一个最佳状态,难得的境界,我体会到了幸福。你看这书生气傻不傻。

一般而言,做学问,尤其是在现代社会做古史的学问,是清苦的。清,自然是求之不得的;苦,也在意料之中。好也罢不好也罢,埋头做起心爱的课题来,任人说三道四,任人升官发财。抬起头喘息时,也只是想能在较好的环境中,不求功利、从从容容地研究出些什么,把自己的心得见解告诉人们,希望能为文化做出些贡献。有时甚至以祈求的态度希望社会接受这些微不足道的帮助。口头上懒得说学术在社会文明中的作用,内心总有一种责任感。

在本书的写作过程中,我的师兄、广东社科院的袁征博士来信说:"宋代地域文化不易搞,难于一部宋代文化史,因为不易蒙混。"他的微言大义我理解了:普通文化史的史料问题不大,东方不亮西方亮,哪个地区的史料拿来都可以用;地域文化却难能用普通史料,极受限制,以面上的史料用之于点,就是蒙混。既然选定了这样一个课题自讨苦吃,就必须下大功夫做史料的收集整理。尽管本书的史料准备已十多年,仍然难以收全,仍有很大的地域差异,有的地方相关史料极少。弥补的办法是做系统的统计,这才真正是艰苦的事,费十多天时间列出一张表格,虽只占半页纸或仅一二行,其价值却不可低估。本书在这方面做了不小的努力。

我在学术界的交往中很腼腆,这一点细想起来连自己也感到奇怪。此时此刻反思,一是自知顽劣,不敢造次;二是懒,不善主动交往求教;三是看不惯某些习气,走向偏激。好在我多读了几年大学,受到一些名家教诲。在宋史研究方面,大学时直接受教于周宝珠先生、张秉仁先生、姚瀛艇先生;硕士生期间师从于暨南大学陈乐素先生;博士生期间,师从于河北大学漆侠先生。他们在我的学术道路上,从启蒙教导,到扶持关怀,给予我极大的帮助,在此表示崇高的敬意和由衷的感激。我的师长、原河南

大学出版社总编辑朱绍侯先生,我的学友、河大出版社副编审刘小敏女士,为这两本书的出版付出许多心血;河南省教委先后将这两本书列入资助的科研项目,大力支持;国家哲学社会科学规划办公室又将本书课题列为1996年度资助项目,值此机会,一并感谢。还应向《历史研究》致敬,该刊发表过我的两篇关于宋代历史地域研究的论文,其中1995年第一期发表的《略论宋代地域文化》,即是本书部分内容的概括,遂为人民大学复印报刊资料《中国古代史》(二)和《中国地理》转载,使我受到新的鼓舞,并进一步认识到这一选题的重要性。

最后,愿这本小册子能使我结识更多的师友,恳切希望得到批评指教。

程民生

1997年5月于河南大学历史文化学院

再版后记

从初版至今,经常想到过再版本书,但没想到跨度这么大。一是时间跨度,从 1997 年到 2016 年,凡 19 年间;二是出版单位跨度,从河南大学出版社到安徽文艺出版社,跨了上千里不说,还跨行了;三是书名跨度,从《宋代地域文化》应要求改为《宋代地域文化史》。换句话说,如果只看封面,还以为是另一本书呢。

其实,从初版不久,我就新发现不少相关史料,陆陆续续收集,已有万把字了。按说,有此早已期望的机会,又有早有就准备的资料,理应借机修改、充实、完善,可惜当时(今年)一直太忙,竟白白放弃了!罪过!罪过!

原版再出,想来很简单,实际上并非如此。很庆幸,我遇到了一个体贴、负责的责编周丽女士。我明显地感觉到,她尽可能地不愿打扰我,但就此事仅发来的电子邮件就有十余封!连原书也没让我提供,是她自己从网上购买的,其他辛苦劳作,竟不知有多少!

所以,不像其他书籍那样需要感谢一大批人,本书的再次出版,唯一要感谢的就是从未谋面的责编周女士:敬礼!

程民生

2016 年 11 月 21 日

匆匆于河南大学